falstaff

BARGUIDE

DIE BESTEN BARS IN DEUTSCHLAND, ÖSTERREICH UND DER SCHWEIZ

2023

Die 750 besten Cocktailbars und
350 besten Weinbars,
bewertet von Gästen und Insidern.

Impressum

HERAUSGEBER
Wolfgang M. Rosam, Angelika Rosam

MEDIENINHABER
Falstaff Verlags-GmbH
Führichgasse 8, 1010 Wien
T: +43 (1) 9042141
falstaff.com

GESCHÄFTSFÜHRUNG
Elisabeth Kamper, Ronald Tomandl

CHEFREDAKTION
Philipp Elsbrock, Roland Graf,
Benjamin Herzog, Dominik Vombach

REDAKTION
Julia Hamester, Natalia Rebow (Chefs vom Dienst)
Kemal Kara, Sophie Maria Piff, Daniel Riesinger, Kara Wilding
Georg Morawitz-Holeschofsky, Robert Pleniger (Daten)
Philipp Braun, Markus Curin, Christina Fieber,
Sven Friese, Larissa Graf,
Christina Knauseder-Csipek, Caroline Metzger, Michael Pech,
Michael Pöppl, Cai-Simon Preuten, Juliane Reichert,
Werner Ringhofer, Ingo Swoboda (Autoren)
Florence Wibowo (Fotoredaktion)

LEKTORAT
Sandra Bak

GESTALTUNG UND PRODUKTION
Marcus Wiesner (Grafik)
Konstantin Riemerschmid (Produktion/Litho)

DRUCK
Neografia

GENIESSE
das UNGEWÖHNLICHE
SMALL BATCH HANDCRAFTED
HENDRICK'S
DISTILLED and BOTTLED IN SCOTLAND
GIN
EST. 1886
Außergewöhnlich durch die
Infusion mit Rose & Gurke
Verantwortungsvoller Genuss ab 18 Jahren.

Inhalt

4 Impressum

8 Symbolik

10 Editorial

12 Der Guide im Überblick

14 Die Bewertung im Überblick

DIE BARS

16 Einleitung

24 Bars Deutschland

174 Bars Österreich

348 Bars Schweiz

INDEX

418 Bars nach Namen von A bis Z

FETTERCAIRN
SINGLE MALT SCOTCH WHISKY
1824
FETTERCAIRN
RARE. PURE. ENLIGHTENED.
FETTERCAIRN
HIGHLAND SINGLE MALT
SCOTCH WHISKY
ESTD 1824
AGED 12 YEARS
70cl PRODUCT OF SCOTLAND 40%vol
WWW.FETTERCAIRNWHISKY.COM

Symbolik

SYMBOLE COCKTAILBARS

- Garten
- Kalte Speisen
- Warme Speisen
- Barrierefreie Toilette
- Elektronische Zahlungsmöglichkeit

SYMBOLE WEINBARS

- Garten
- Kalte Speisen
- Warme Speisen
- Barrierefreie Toilette
- Feinkostverkauf
- Elektronische Zahlungsmöglichkeit

DIE GLÄSER-SYMBOLE

- 95–100 Punkte
- 90–94 Punkte
- 85–89 Punkte
- 80–84 Punkte

Editorial

Wolfgang M. Rosam
Falstaff-Herausgeber

Liebe Leserinnen, liebe Leser!

Es ist eine besondere Freude, Ihnen den neuen Falstaff-Barguide präsentieren zu dürfen. Denn rund 1100 Betriebe stellen nicht nur einen neuen Rekord an Genussorten dar. Sie unterstreichen auch die Einzigartigkeit dieses Reiseführers durch die Weinbars, »Speakeasys«, Hotelbars oder Restaurants mit hervorragender Wein- und/oder Cocktailkultur im deutschen Sprachraum. Allein die Sieger 2023 aus Österreich, Deutschland und der Schweiz wurden heuer in 62 Kategorien ausgezeichnet.
Und eine weitere Entwicklung gibt unserem Bekenntnis zu einem so umfangreichen und gedruckten Guide recht: Denn die Grenze zwischen Vinotheken und Cocktailbars wird im wahrsten Sinn des Wortes immer »fluider«. Junge Bartender (und ihre Gäste) entdecken die Freuden der unkomplizierten »Natural Wines«, wenn man so will: die »Highballs« aus den internationalen Rieden. Umgekehrt kommen immer mehr Produkte für die Bar auch aus Winzerhand – vom Wermut über Gin bis zur Beerenauslese als Süßequelle in einem Cocktail.

Vielleicht ist es aber viel einfacher: Genießer finden einfach immer zusammen. Vor und hinter der Bar. Auf Ihr Wohl!

WOLFGANG M. ROSAM
wolfgang.rosam@falstaff.com

Foto: Ian Ehm

Naked
Malt
BLENDED MALT SCOTCH WHISKY
EXTRA MATURED IN
NAKED FIRST-FILL
SHERRY CASKS
The spirit of freedom
...ENJOY WHISKY YOUR WAY!
Naked
Malt
OFFICIAL SCOTCH PARTNER OF
THE WORLD'S 50 BEST BARS 2022
www.nakedmalt.com
GENIESSEN SIE ALKOHOL VERANTWORTUNGSVOLL

Der Guide im Überblick

COCKTAILBARS UND WEINBARS

Über 3300 Cocktailbars und 650 Weinbars aus dem deutschsprachigen Raum standen für die Bewertung durch die Falstaff-Community zur Wahl, und über 16.000 Votings gingen bis Ende August 2022 ein. Die insgesamt 750 Bars beziehungsweise 350 Weinbars mit den besten Bewertungen haben es in diesen Guide geschafft. Da Cocktail- und Weinbars über unterschiedliche Bewertungskriterien verfügen, wurde in zwei separaten Votings abgestimmt.

Die Listung der Bars erfolgt nach dem Land: In Österreich sind die Bundesländer von Ost nach West (beginnend mit Wien und Niederösterreich), in Deutschland und in der Schweiz alphabetisch nach Bundesland beziehungsweise Kanton sortiert. Innerhalb des Bundeslands/Kantons sind die Betriebe nach dem Ortsnamen und innerhalb des Orts alphabetisch nach dem Betriebsnamen geordnet. Dabei werden Cocktail- und Weinbars gemeinsam gelistet, der Unterschied ist anhand der Gläsersymbole (Cocktailbar 🍸 oder Weinbar 🍷) und der Bewertungskategorien zu erkennen.

Am Ende des Guides finden Sie ein Register (in Länder unterteilt), das es Ihnen zusätzlich erleichtert, jede Bar rasch und einfach zu finden: den Index nach Namen von A bis Z.

Glenfiddich®
Glenfiddich
SINGLE MALT SCOTCH WHISKY
OUR ORIGINAL TWELVE
12
THE WORLD'S
MOST AWARDED
SINGLE MALT SCOTCH WHISKY
GENIESSEN SIE VERANTWORTUNGSVOLL.
Glenfiddich® Single Malt Scotch Whisky is a registered trademark of William Grant & Sons Ltd

Die Bewertung im Überblick

DIE BEWERTUNG

Bewertet hat – wie von anderen Falstaff-Guides gewohnt – die Falstaff-Community. Zudem gab es eine Fachjury aus Insidern: Personen, die hauptberuflich mit Bars, Weinbars und Trinken zu tun haben, und freiberufliche Barflies.

COCKTAILBARS

Die Gesamtwertung der Cocktailbars ergibt sich aus vier Einzelkategorien:

- Drinks (max. 50 Punkte)
- Ambiente (max. 20 Punkte)
- Service (max. 20 Punkte)
- Sortiment (max. 10 Punkte)

Die höchstmögliche Bewertung beträgt 100 Punkte.
Die Cocktailbars sind in fünf Kategorien unterteilt: American Bar, Loungebar, Club, Restaurantbar und Hotelbar.

WEINBARS

Die Gesamtwertung der Weinbars ergibt sich aus vier Einzelkategorien:

- Weinangebot (max. 50 Punkte)
- Service (max. 20 Punkte)
- Essen (max. 20 Punkte)
- Ambiente (max. 10 Punkte)

Die höchstmögliche Bewertung beträgt 100 Punkte.
Die Weinbars sind in vier Kategorien unterteilt: Klassische Weinbar, Weinbar in einer Vinothek, Weinbar in einem Restaurant und Weinbistro.

Die angegebenen Daten wurden von den Betrieben an Falstaff übermittelt. Die aktuellsten Informationen und Öffnungszeiten finden Sie immer in der Falstaff-Bar-App, auf www.falstaff.com sowie auf der Website des jeweiligen Betriebs.

BUDWEISER
Budvar
UNSER
SIGNATURE DRINK.
UNVERÄNDERT
SEIT 1895.

Foto: Getty Images

Cocktail des Jahres

GIN TONIC

Er geht wirklich immer. Ein schneller Steh-Aperitif, bevor der reservierte Tisch bereit ist? Gin Tonic! Kennt man die Qualität der Bar im Seminarhotel nicht so ganz: Gin Tonic! Will man die Arbeit einer Bar schnell einschätzen: Gin Tonic! Braucht man Zeit zum Cocktailkarten-Studium, möchte aber dazu schon einen Drink: Gin Tonic! Die Liste ließe sich fortsetzen, denn die beste Beschreibung des lange Zeit mit Großbritannien assoziierten Longdrinks ist ebenfalls englisch und lautet »versatility«. Vielseitig ist der Gin Tonic in jedem Fall, es gibt ihn praktisch für jeden Gaumen.

Das ist er aber erst in den letzten Jahrzehnten geworden, woran nicht nur immer exotischere Aromageber des Gins – die man als Purist durchaus kritisch sehen kann – Anteil hatten. Gerne wird aber die Rolle des Tonic Waters unterschätzt, das als Filler schließlich zwei Drittel in einer klassischen Mischung ausmacht. Die Dynamik, die dieser Markt aufgenommen hat, mit trockeneren, fruchtigeren und rauchigen Tonics beispielsweise, resultiert unmittelbar aus dem Erfolg eines Drinks. Falls Sie es nicht eh schon erraten haben, von welchem die Rede ist: Gin Tonic!

Foto: Stocksy

Champagnercocktail d. Jahres

DEATH IN THE AFTERNOON

Die Herausgeber von »So red the nose« haben 1935 clever gewählt. Denn Ernest Hemingway steht an der Spitze ihrer 30 Autoren, die im 64-seitigen Buch ihren Lieblingsdrink vorstellen. »Papa Hemingway« eröffnet die Kollektion und mit Ausnahme von »Tarzan«-Erfinder Edgar Rice Burroughs sind alle anderen Romanciers heute vergessen. Da helfen auch Drink-Namen wie »Fun in bed« (so hieß Frank Scullys Mix aus Applejack und Traubensaft) nicht. Doch den Cocktail Nummer eins der witzigen Rezeptsammlung gibt es heute noch und er trägt den Namen seines Erfinders in die Bars dieser Welt hinaus. »Drei bis fünf davon langsam trinken«, rät der spätere Literaturnobelpreisträger und Bar-Säulenheilige kennerhaft. Und die Warnung, dass der »Death in the afternoon« alias »Hemingway« ein Drink für »Leute mit Haaren auf der Brust« sei, schließt sich unmittelbar an. Denn die Mischung aus Absinth und Champagner ist ebenso kräftig wie auch optisch interessant. »Opaleszente Milchigkeit« ist das Ziel, weshalb das Rezept zwar die Menge des Absinths («one jigger«) angibt, nicht aber den Champagner, den es für diesen Effekt braucht. Am besten in der Bar des Vertrauens testen!

KRUGER'S AMERICAN BAR

»RETREAT AND ENJOY THE CLASSY WAY«

Im Zentrum Wiens, am Beginn der Fußgängerzone der Kärntnerstaße gelegen hat das Kruger's täglich ab 18 Uhr, Sonntag ab 19 Uhr geöffnet. Die Krugerstraße beherbergte unzählige Dichter, Musiker und Prominente, sowie Ludwig van Beethoven oder John Irving, der die Straße auch im Hotel New Hampshire erwähnt. Noch heute hält die Kruger's American Bar diese alte Barkultur hoch, sowohl einrichtungsseitig als auch in der Cocktailkarte. Die exklusiven Originalledergarnituren aus den 20-iger und 30-iger Jahren, teilweise aus Paris, wurden stilecht renoviert und verleihen dem Kruger's seinen unvergleichlich gemütlichen Clubcharakter. Die einmalige Atmosphäre schätzen auch internationale Gäste wie Brad Pitt oder Angelina Jolie, die seit Anfang 2006 bereits im Kruger's ihren Cocktail genossen haben.
Die Bar diente unter anderem als Drehort für verschiedene Produktionen, wie zum Beispiel: Tatort „Das Tor zur Hölle" 2022 sowie Ben Saber - „Heute Nacht".

Kruger's American Bar | Krugerstraße 5 | 1010 Wien | krugers.at

SIEGER

Foto: Marco Polex | Haas, Robert / SZ-Photo

Sonderpreis Barkultur

CHARLES SCHUMANN & GÜNTER MATTEI

Die Zusammenarbeit zwischen dem bekanntesten Barmann Deutschlands und dem aus Österreich stammenden Grafikkünstler Günter Mattei umfasst bereits über vier Jahrzehnte. 2023 feiert ihr gemeinsames Werk seinen 40. Geburtstag: »Schumann's Barbuch«. Das gegen die damalige Mode ohne bunte Bilder auskommende 170-seitige Werk inszenierte die Bar als Sehnsuchtsort. Und – was Charles Schumann wichtiger ist – als Treffpunkt der Kreativen. So kamen auch Gäste der Bar (damals noch in der Maximilianstraße) wie Gregor von Rezzori, Michael Krüger oder Wolf Wondratschek zu Wort. Vor allem aber war es die Vorstufe zum legendären Band »Schumann's American Bar«, dem in viele Sprachen übersetzten Bestseller der Mixologie. Die Rezepte, mit denen mittlerweile die dritte Generation mixen lernt, bekamen so von Anfang an einen kulturellen Kontext.
Am besten beschreibt wohl Günter Matteis Erinnerung den Stellenwert dieses Solitärs: »Das Buch tat sich anfänglich schwer in den Buchhandlungen und den Weg dorthin fand es erst langsam über die ›Kunstbuchhandlungen‹, wo es als ›Kultobjekt‹ gehandelt wurde.« Was es bis heute geblieben ist.

Burschik's
VERMOUTH
WIEN
Burschik's
ROSÉ
VERMOUTH
enjoy!
SEIT 1891
www.burschik.com
#burschiksvermouth

Foto: PR

Marken-Botschafter

GERT WEIHSMANN, PERNOD RICARD

Spannend wie im Krimi war auch diese Frage: Wer wird die Auszeichnung als Erste(r) erhalten? Und da passt es ja, dass die Antwort Gert Weihsmann lautet. Denn der langjährige Promotor des Prestige-Portfolios von Pernod Ricard hat heuer seinen zweiten Roman vorgelegt. Auf den »Ischgler Schnee«, der sich aus den vielfältigen Erinnerungen an alpine Partys ohne Morgen speist, folgte das »Wiener Lied«.
Dass dabei selbst auf der Mörderjagd in der »Loos Bar« eingekehrt wird oder auch eifrig »PJ«-Champagner getrunken wird, verwundert niemanden, der die lange Karriere des gebürtigen Kärntners verfolgt hat. Denn mit Stil repräsentiert Weihsmann eine Marke, die für das Lebensgefühl der Belle Époque steht.
Dazu gehören Kultiviertheit und ein Sinn für das Schöne – nicht von ungefähr schimmert profundes Musikwissen auch im »Wiener Lied« durch. Seit drei Jahrzehnten ist der 61-Jährige ein verlässlicher Barpartner oder, wie man es bei Pernod Ricard selbst nennt, ein «Créateur de Convivialité«: *Vraiment!*

Illustration: Marcus Wiesner

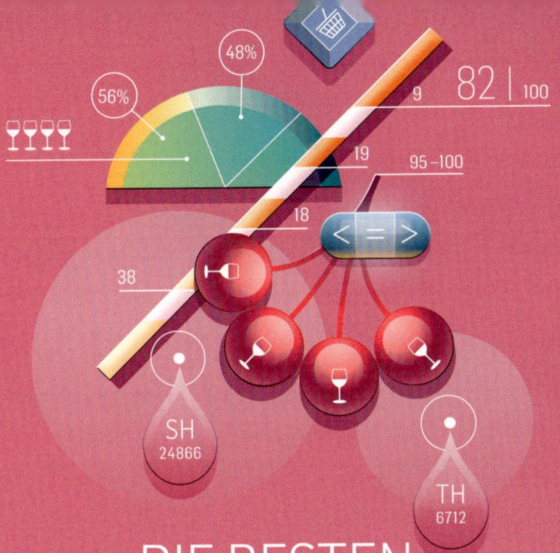

DIE BESTEN BARS UND WEINBARS IN DEUTSCHLAND

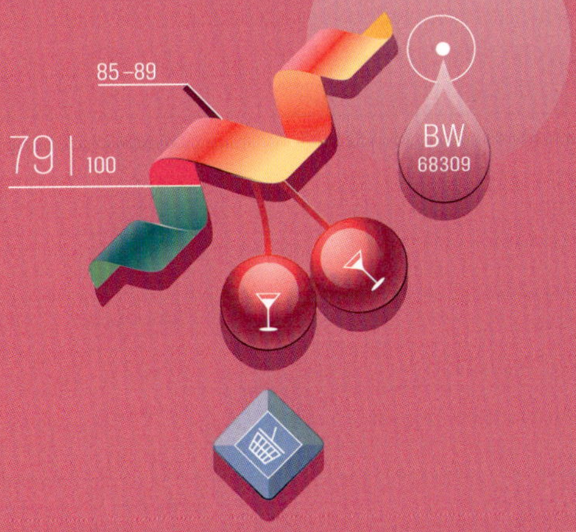

Die Top-Cocktailbars in Deutschland

Les Fleurs du Mal 80539 München (BY)	Seite 67	97 Punkte
Seiberts 50672 Köln (NW)	Seite 151	97 Punkte
Velvet 12043 Berlin (BE)	Seite 102	97 Punkte
Buck and Breck 10119 Berlin (BE)	Seite 84	96 Punkte
Die goldene Bar 80538 München (BY)	Seite 63	96 Punkte
Puzzle Bar 20457 Hamburg (HH)	Seite 118	96 Punkte
Schumann's Bar am Hofgarten 80539 München (BY)	Seite 71	96 Punkte
Le Lion 20095 Hamburg (HH)	Seite 116	95 Punkte
Little Link 50672 Köln (NW)	Seite 150	95 Punkte
Herbarium Bar 37073 Göttingen (NI)	Seite 133	95 Punkte
Embury 60311 Frankfurt am Main (HE)	Seite 123	95 Punkte
Jahreszeiten Bar 20354 Hamburg (HH)	Seite 115	95 Punkte
Tantris 80805 München (BY)	Seite 72	95 Punkte
Toddy Tapper 50670 Köln (NW)	Seite 153	95 Punkte
Suderman 50670 Köln (NW)	Seite 152	95 Punkte

Die Reihung ergibt sich aus Gesamtpunktzahl und Getränkebewertung.

SIEGER

Foto: PR

Gastgeber des Jahres

SVEN RIEBEL, SEVEN SWANS & THE TINY CUP, FRANKFURT

Wem langweilig im Leben ist, spüre stets den letzten Monaten eines Sven Riebels nach. Denn vermutlich waren diverse Barstationen, neue Drinkkreationen sowie Eventformate dabei. Wie etwa »Aroma – The Tree Project«, bei dem es, wie immer, um das gustatorische Reisen geht. Wer ein Renommee dieser Größe hat, kann es getrost in ein »Tiny Cup« füllen.

Foto: Sarah Swantje Fischer

Barfrau des Jahres

SARAH SWANTJE FISCHER, VELVET, BERLIN

Die studierte Fotografin mit Kreuzberger Atelier bereichert das Team der preisgekrönten Meister des Wildsammelns nicht erst seit gestern, inzwischen sogar federführend. Mit synästhetischer Gabe schleift sie seit Jahren an Aroma und Ausdruck der Drinks im Velvet und bietet zudem Workshops zur gelungenen Cocktailfotografie für Gastronomen an.

Foto: PR

Bartender des Jahres

MARTIN KRAMER, CHARLES BAR, WITTENBERG

Zwar hat Herr Schumann hier ausnahmsweise einmal nicht die Hände im Spiel, der Herr Kramer dafür umso mehr. Einmal ganz abgesehen von dem schmucken Kreuzgewölbe mitsamt der jahrhundertealten Malereien, ist ein Besuch bei ihm Gold wert. Dies schimmert hier grün, denn aus seinen Händen stammt einer der besten Gin Basil Smashs – ohne Alkohol.

Foto: PR

Innovativster Bartender

DAVID RIPPEN, SQUAREBAR, DÜSSELDORF

Als erfolgreicher Betreiber der Düsseldorf-Derendorfer Squarebar hat er sein Können am Tresen bereits seit 2013 unter umfassenden Beweis gestellt. Seit Juli dieses Jahres schwenkt er den Shaker auch in Pempelfort, namentlich in der Venerie Bar des Muze-Hotels. Ästhetisch mag die neue Bar etwas gradliniger sein, aromatisch am Puls sind sie beide.

SIEGER

Foto: PR

Rookie-Bartender des Jahres

ELIAS HEINTZ, BONVIVANT COCKTAIL BISTRO, BERLIN

Als Neunjähriger fing er bereits an, Theater zu spielen, und das trifft sich ganz hervorragend: Denn der stets wohlgelaunte junge Mann mit den fröhlichen Hemden weiß, wie er sein Gegenüber bei Laune hält. Auf seiner Bühne des Bonvivant Cocktail Bistros legt er zuverlässig einen gekonnten Stunt aus Aufmerksamkeit am Gast und Aromatik im Glas hin.

Foto: Baschi Bender

Barteam des Jahres

ONE TRICK PONY, FREIBURG

Natürlich gehen Auszeichnungen dieser Natur immer an ein ganzes Team. Geklatscht werden darf dennoch einmal dezidiert für das Duo, namentlich Boris Gröner und Andreas Schöler, und die Dauer von sechs Jahren, in der die beiden die durstigen Lippen der Schwarzwälder Universitätsstadt benetzen. So lange diese Bar besteht, ist gewiss nicht alles zu spät.

Foto: PR

American Bar

LES FLEURS DU MAL, MÜNCHEN

Das Licht. Der Raum. Die Stille. Das Les Fleurs du Mal ist der Inbegriff einer Bar, ein Rückzugsort im besten Sinne. Im Zentrum steht der riesige, häufig beschriebene Tisch, im Prinzip ein eigener Charakter. Im Zentrum steht aber auch das Gespräch mit dem Barkeeper, der abgestimmt auf die persönlichen Wünsche, stilvoll und mit bestem Handwerk Drinks auflegt.

Foto: PR

American Bar

EMBURY BAR, FRANKFURT AM MAIN

Wie so oft sind es die kleinen Dinge. Hier etwa die etwas weniger auffällige Karte mit den kleineren Gläsern. Diese umfasst nicht nur die mit beachtlichem Geschick gemixten Cocktails, sondern all die Destillate, aus denen diese Bar gebaut ist. Was Bücher für Bibliotheken sind, ist das Destillat an diesem Ort: Stunden des Lernens.

Foto: kamil rutkowski photography

Hotelbar

HERBARIUM BAR, GÖTTINGEN

»Don't call it Piña Colada!«, denn Yannick Bertram mixt ihn ganz gewiss anders. Irgendwo zwischen Dschungel, Bar und Oase angesiedelt, findet hier Zeitgeist im Hotel »FREIgeist« statt. Und spätestens an dieser Stelle wird deutlich, weshalb Göttingen Studentenstadt ist. Gilt eben auch fürs Studium von Spirituosen und der ganzheitlichen Naturheilkunde.

Foto: PR

Restaurantbar

MÉNAGE BAR, MÜNCHEN

Nun ist es nicht gerade so, dass es der Ménage Bar an Auszeichnungen mangelt. Dies soll uns jedoch nicht aufhalten. Johannes Möhring und René Soffner schaffen seit bald vier Jahren, über aller Tage Abend, ihren Gästen sensorische Erlebnisse zu bescheren. Im wörtlichen Sinne sollten sie daher viel eher als »Gastrokünstler« bezeichnet werden.

Foto: www.nilshasenau.com

Neueröffnung des Jahres

FREDERICK'S, BERLIN

Dass ein neues Projekt von Arnd Henning Heißen vermutlich erfolgreich wird, war zu erwarten. Dass er allerdings auf einem Raum von zwei Ebenen auf rund 1400 Quadratmetern mit einem Restaurant, Bar, Lounge und Deli auftrumpft, ist ein Paukenschlag. Die Akkuratesse, mit der er dabei bei seinen Drinks vorgeht, trägt seine beflissene Handschrift.

Foto: PR

Bar-Juwel

BENT BAR, HEIDELBERG

Minimalistisch und klar, nah am Wasser gebaut, doch stets wohlauf: Die Bent Bar mitsamt ihrer kleinen Schwester, der Frollein Bent, hat sich ihre Aufmerksamkeit auch außerhalb des akademischen Publikums verdient. Ein ewiger Klassiker ist gewiss der Sake-Drink »Zoidberg« – wobei Matthias Schallies und Milan Nesin sich darauf keineswegs ausruhen.

Die Top-Weinbars in Deutschland

Rutz – Zollhaus 10961 Berlin (BE)	Seite 97	97 Punkte
Sansibar 25980 Rantum (Sylt, SH)	Seite 169	96 Punkte
Heimat | Essen & Weine 60311 Frankfurt am Main (HE)	Seite 123	96 Punkte
Geisel 80335 München (BY)	Seite 64	95 Punkte
Rocaille 40476 Düsseldorf (NW)	Seite 145	95 Punkte
Eiskeller 40213 Düsseldorf (NW)	Seite 142	95 Punkte
Saittavini 40545 Düsseldorf (NW)	Seite 145	94 Punkte
Wein | Kultur | Bar 01277 Dresden (SN)	Seite 162	94 Punkte
Vineria 90408 Nürnberg (BY)	Seite 77	94 Punkte
High Fidelity 70182 Stuttgart (BW)	Seite 53	94 Punkte
KaDeWe 10789 Berlin (BE)	Seite 91	94 Punkte
Schmidt Z&KO 12161 Berlin (BE)	Seite 98	94 Punkte
Aresto 30159 Hannover (NI)	Seite 133	93 Punkte
Freundschaft 10117 Berlin (BE)	Seite 87	93 Punkte
Grapes 80331 München (BY)	Seite 65	93 Punkte

Die Reihung ergibt sich aus Gesamtpunktzahl und Weinangebot-Bewertung.

WIENER
LEBENS
LUST.
Original
Wiener
Wermut
Original
Sissi
Wermut
18% vol. | 500 ml
Weiß
Franz
Wermut
18% vol. | 500 ml
Rot
PUR / GEMIXT
EIN GENUSS. / EIN ERLEBNIS.
WIENER-WERMUT.AT

SIEGER

Foto: PR

Sonderpreis Special Selection

KINFELTS KITCHEN & WINE, HAMBURG

»Eat, talk, smile, drink, laugh, kiss – repeat« lauten die Lettern an der eukalyptusgrünen Wand des lichten Orts voller Leckereien zwischen Hummersuppe und Schnitzel. Die Weinkarte umfasst 36 Seiten und lässt keine Region aus. Auch an Aperitivi muss hier keiner Durst leiden, und wer schon einmal da ist: Grappa aus dem Sauternes-Fass.

Foto: PR

Neueröffnung Weinbar

EZSRA, BERLIN

Das zuletzt im Herzen des Kiezes eröffnete Kleinod ist ein Ort des Teilens. Auf der Karte stehen stets um die zehn Gerichte: Sie sind klein, bestehen aus regionalen Zutaten und werden begleitet von feiner Musik, europäischen Weinen, mitunter famosem Naturwein und Bier aus deutschen Gefilden. Der Slogan passt: »Wild Wines. Wild Food. Wild Times«.

GENUSS OHNE REUE

Die ganze Pflanze für den ganzen Menschen

Genuss und Gesundheit muss kein Gegensatz sein. »Wer genießen kann, ist auch genießbar« besagt eine alte Lebensweisheit! Denn wichtige Hormone werden erst im gesellschaftlichen Umfeld ausgeschüttet und können uns helfen das Leben freudvoller zu gestalten. Wenn es dabei zum berühmten »Glaserl zu viel« kommt, können die hochwertigen Pflanzenextrakte von Vitalsee unterstützen. Insbesondere das Pflanzenextrakt THUNBERGIA laurifolia 300, kann die Leberzellregeneration & Leberentgiftung fördern.

Die Leber ist eine wahre Entgiftungsfabrik, in unserem Körper. Giftstoffe werden über die Leber ausgeschieden, sie produziert zudem Gallensäuren, die für die Verdauung und den Fettabbau unbedingt notwendig sind. Durch die dauerhafte Einnahme von Medikamenten, aber auch durch zu viel Fett, Alkohol und Süßes kann das Organ erheblich belastet werden.

THUNBERGIA laurifolia 300 kann den sogenannten »Brain Fog« nach einer feucht-fröhlichen Nacht vermeiden!

Daher gilt es, die Leber zu schützen -

Erfahren Sie mehr unter: www.vitalsee.at

Foto: PR

Klassische Weinbar

KADEWE | WEINBAR, BERLIN

Für all jene, die bislang kein Verständnis für die Gemütlichkeit derer hatten, die beim Wochenendeinkauf den Nerv besaßen, sich an einen Weintresen zu setzen: Diese Bar ist die Erklärung. Aus über 40 offenen Weinen bedient der Gast sich selbst per Knopfdruck mit elaborierter »By the Glass«-Technologie; zudem Fingerfood vom Feinsten.

Foto: Ulrich van Stipriaan

Weinbar in einer Vinothek

GRÄFE'S WEIN & FEIN, RADEBEUL

Das Wein & Fein von Matthias Gräfe gibt es seit über 20 Jahren in der Radebeuler Hauptstraße – und es hat sich im Laufe der Jahre immer mehr zum unkomplizierten Treff für anspruchsvolle Genießer entwickelt. Alle Weine und Champagner aus dem über 500 Positionen starken Sortiment gibt es im kleinen angegliederten Bistro zum Regalpreis plus 15 Euro.

Foto: PR

Weinrestaurant/-bistro

FRANK WEINBAR, MÜNCHEN

Aus diversen Gründen ein Juwel mit Potenzial zum Lieblingsort. Die sich in der Münchner Residenz befindliche Bar empfängt zur Mittagspause, sie lädt ein vor dem Kino und fängt auf nach dem Theater. Die Zutaten kommen von regionalen Lieferanten oder gar aus dem Garten, die Weine vornehmlich aus Franken. Auf einen »Gerupften Käse« zu Frank!

BADEN-WÜRTTEMBERG

Club Bernstein ⅢI

76530 Baden-Baden

Für die Jubelfeier nach dem Sieg gegen die Bank gibt es keinen besseren Ort als die opulent eingerichtete Bar des legendären Casinos. Es muss nicht immer Champagner sein: Ein »Sloe Sour« aus Sloe Gin, Zitronensaft, Zuckersirup und einer halben Grapefruit ist ein idealer Start in den Abend.

Kaiserallee 1
+49 7221 3024696
www.bernstein-club.com
Kategorie: Club

Drinks:	**45** | 50
Ambiente:	**18** | 20
Service:	**18** | 20
Sortiment:	**9** | 10
Gesamt:	**90** | 100

Monte Christo

76530 Baden-Baden

Spanische Lebensart lässt grüßen. Andreas Oster macht dafür die große Theke zur Bühne für seine authentischen innovativen und exklusiven Tapas. Natürlich werden dazu ausgewählte spanische Weine angeboten, ein rundum gelungenes und schlüssiges Genusskonzept.
Schwerpunkt: Spanien

Eichstraße 5
+49 7221 393434
www.monte-christo-baden-baden.de
Kategorie: Weinbar im Restaurant

Weinangebot:	**44** | 50
Service	**18** | 20
Essen	**17** | 20
Ambiente:	**8** | 10
Gesamt:	**87** | 100

Maerz

74321 Bietigheim-Bissingen

Benjamin und Christian Maerz sind Vollblutgastronomen und bieten in ihrem Familienbetrieb eine große kulinarische Bandbreite von bodenständigen Gerichten bis zur Gourmetküche. Entsprechend breit gefächert ist auch die Weinauswahl, die Klassiker, Newcomer und Neuentdeckungen beinhaltet.

Kronenbergstraße 14
+49 7142 42004
www.maerzundmaerz.de
Kategorie: Weinbar im Restaurant

Weinangebot:	**44** | 50
Service	**18** | 20
Essen	**18** | 20
Ambiente:	**8** | 10
Gesamt:	**88** | 100

Bartenders

74564 Crailsheim

Ein Mekka für Menschen, deren Vektoren auf Genuss geeicht sind: Drinks aus hochwertigen Zutaten, die eine PET-Flasche noch niemals gesehen haben, treffen auf Besucher, die am Tresen gerne an einer Rosmarinpflanze riechen und es zu schätzen wissen, vor dem nächsten Sour an einer Santa Damiana zu ziehen.

Bergwerkstraße 2
+49 7951 4723283
www.meinbartenders.de
Kategorie: Loungebar

Drinks:	**45** I 50
Ambiente:	**17** I 20
Service:	**19** I 20
Sortiment:	**8** I 10
Gesamt:	89 I 100

Weinba(a)r

78166 Donaueschingen

Weil Trinken hungrig macht, hat das Barfood in der gemütlich-schicken Bar einen besonderen Stellenwert und umfasst auch variantenreiche Burger und traditionelle Vesperplatten. Viele Cocktails und Drinks passen dazu, aber auch Whisk(e)y und Spirituosen sind adäquate Begleiter bis tief in die Nacht.

Burgring 6
+49 771 17510050
www.burg-aasen.de
Kategorie: Klassische Weinbar

Weinangebot:	**45** I 50
Service	**18** I 20
Essen	**18** I 20
Ambiente:	**8** I 10
Gesamt:	89 I 100

Drexlers Wein und Essen

79098 Freiburg im Breisgau

Badisch, italienisch und französisch: Küchenchef Mario Fuchs bringt alle Stile gekonnt und überzeugend kulinarisch zusammen. Dazu empfiehlt der kompetente Service eine ganze Reihe an offenen Weinen, für mehr lässt man sich die gut sortierte Weinkarte bringen. Auch hier waren Kenner am Werk!

Rosastraße 9
+49 761 5957203
www.drexlers-restaurant.de
Kategorie: Weinbar im Restaurant

Weinangebot:	**46** I 50
Service	**18** I 20
Essen	**17** I 20
Ambiente:	**8** I 10
Gesamt:	89 I 100

Hemingway

79098 Freiburg im Breisgau

Es wäre ein wohl verschwendeter Raum, das alte Weinlager für etwa einen Keller herzugeben. Diese Bar muss keinerlei Abstriche machen, jenem Lager den richtigen Anstrich zu verleihen: schneidige Drinks mit schmucken Zigarren, dies alles unter Steingewölbe. Und klar, Hemingway hätte es sowieso gemocht.

Eisenbahnstraße 54
+49 761 20734500
www.hotel-victoria.de
Kategorie: Hotelbar

Drinks:	**46** I 50
Ambiente:	**18** I 20
Service:	**19** I 20
Sortiment:	**9** I 10
Gesamt:	92 I 100

One Trick Pony

79098 Freiburg im Breisgau

Dass Boris Gröner und Andreas Schöler keineswegs Fälle von Inselbegabung sind, wurde inzwischen deutlich. Ihr Metier haben sie dennoch im Blick, den Gusto ihrer Gäste erst recht; dabei hören sie nicht auf, ihre meisterhafte Mixküche am Brodeln zu halten. Trinken unter Palmen, nun auch mit Terrasse.

Oberlinden 8
+49 761 61250351
www.onetrickpony.bar
Kategorie: American Bar

Drinks:	**47** I 50
Ambiente:	**18** I 20
Service:	**19** I 20
Sortiment:	**9** I 10
Gesamt:	93 I 100

Trotte

79098 Freiburg im Breisgau

Eigentlich schade, dass »trotte« kein Adjektiv ist. Eines, das für gehobene Weinkultur steht; einen Ort, an dem man einen Lacourte-Godbillon-Champagner Terroirs D'Ecueil trinkt und sich dazu ein Lachsbrötchen mit Wasabi und Kresse einverleibt. Dann könnte man also sagen: »Eine ganz schön trotte Bar.«

Fischerau 28
+49 76 151464680
www.trotte-weinbar.de
Kategorie: klassische Weinbar

Weinangebot:	**47** I 50
Service	**18** I 20
Essen	**17** I 20
Ambiente:	**8** I 10
Gesamt:	90 I 100

Bent Bar

69117 Heidelberg

Minimalistisches Interieur, doch großzügiger Außenbereich, kein Heidelberger Sommertag sollte vergehen ohne Spaghettieis und Daiquiri mit Blick aufs Wasser. Ein gemütliches Refugium, das auch ohne viel Blingbling und Bohei erbaulicher Magnet für Barflies mit Haltung darstellt, untertags wie nachts.

Leyergasse 2
+49 6221 7356848
www.bentbar.de
Kategorie: Loungebar

Drinks:	**45** I 50
Ambiente:	**18** I 20
Service:	**17** I 20
Sortiment:	**8** I 10
Gesamt:	88 I 100

NEO

69115 Heidelberg

Orte, die sich tatsächlich so anfühlen wie »Crispy California« oder »Eden of Garden« sind weitgehend zu bevorzugen. Wenn sie dann auch noch nach Hummer, Avocado, Tobiko, Trüffelcreme sowie Rose, Rhabarber, Erdbeere und Minze schmecken, wird deutlich: Der Himmel schmeckt nach Kalifornien und Japan.

Zollhofgarten 2
+49 6221 7239099
www.neo-heidelberg.de
Kategorie: Loungebar

Drinks:	**45** I 50
Ambiente:	**19** I 20
Service:	**18** I 20
Sortiment:	**8** I 10
Gesamt:	90 I 100

Club Kaiser Skybar

74076 Heilbronn

»Room with a view« ist das Mindeste, was über den Hochsitz am Kaiserturm zu sagen wäre. Und wer weniger auf Jagd nach Wild denn auf Wasabi ist, sollte hier auf Pirsch gehen. Beim »South Side« nebst Shisha, Sushi und Zigarre lässt sich die Heilbronner »Sea Breeze« gleich viel atmosphärischer einatmen.

Gottlieb-Daimler-Straße 9d
+49 7131 1376175
www.clubkaiser.de
Kategorie: Loungebar

Drinks:	**44** | 50
Ambiente:	**19** | 20
Service:	**18** | 20
Sortiment:	**8** | 10
Gesamt:	89 | 100

Aurum

76131 Karlsruhe

Moderner Style, luftig und großstädtisch, gemütlich und charmant, lockere Atmosphäre. Wer hier einkehrt, hat nicht nur die entspannte und gekonnt umgesetzte Cross-over-Küche im Blick, sondern auch die gut sortierte Weinauswahl, die kaum Wünsche offenlässt. Unbedingt reservieren! Schwerpunkt: Deutschland

Alter Schlachthof 45
+49 721 66499745
www.aurum-weinbar.de
Kategorie: Weinbar im Restaurant

Weinangebot:	**45** | 50
Service	**19** | 20
Essen	**18** | 20
Ambiente:	**8** | 10
Gesamt:	90 | 100

Carlos CocktailBar

76133 Karlsruhe

Für immer unvergessen bleibt der »Seamans Last Pie« des ehemaligen süddeutschen Cocktailmeisters David Loncarek. Zwischen »Spicy Nuts«, »Morning Glory Fizz« und »Lemon Curd Martini« schwelgt man mit ihm in Reisen, die geografisch wie gustatorisch geprägt waren von Abenteuerlust statt Allergien.

Markgrafenstraße 32
+49 721 46719460
www.carloscocktailbar.de
Kategorie: American Bar

Drinks:	**45** | 50
Ambiente:	**18** | 20
Service:	**18** | 20
Sortiment:	**8** | 10
Gesamt:	89 | 100

Der KofferRaum

76133 Karlsruhe

Koffer sind zum Reisen da, Räume zum Bleiben: Diese Bar vereint sie beide, indem ihre Gäste anhand der Fixsterne im Festtagsmenü von etwa »Mixology Monday« in die Hauskundschaft überführt werden oder nun mit der Crew verreisen: beispielsweise in die Südstaaten beim BBQ-Drink à la »Pork Belly Sour«.

Hirschstraße 17
+49 721 18054803
www.derkofferraum.de
Kategorie: American Bar

Drinks:	**46** | 50
Ambiente:	**18** | 20
Service:	**19** | 20
Sortiment:	**9** | 10
Gesamt:	92 | 100

Guts & Glory 🍸🍸🍸

76133 Karlsruhe

Ganz recht: Wer nicht wagt, der nicht gewinnt – und wer nicht trinkt, schon gleich gar nicht; denn der verpasst einen von inzwischen 345.128 gemixten Drinks, mit wie auch ohne Alkohol. In den Ring zu steigen, muss nicht immer gefährlich sein; meist kennt man sich danach bloß besser – dank Superkraft.

Hirschhof 5
+49 721 90990045
www.gutsandglory.bar
Kategorie: American Bar

Drinks:	**48** I 50
Ambiente:	**18** I 20
Service:	**19** I 20
Sortiment:	**8** I 10
Gesamt:	93 I 100

Salon Ruppel 🍸🍸

76137 Karlsruhe

Mo Kaba hat aus der Not eine Tugend gemacht und inmitten der Turbulenzen auf tosender See die Fahnen gehisst. Auf ihnen steht »Salon Ruppel«, denn das war der Name des Friseursalons vorher. Der ehemalige Kapitän des »Guts & Glory« brauchte eine frische Brise: Auch Piraten wollen schöne Haare und Drinks.

Amalienstraße 49
+49 178 8001040
www.salon-ruppel.com
Kategorie: American Bar

Drinks:	**46** I 50
Ambiente:	**17** I 20
Service:	**18** I 20
Sortiment:	**8** I 10
Gesamt:	89 I 100

Santo's Cocktailbar 🍸🍸🍸

76137 Karlsruhe

Gehobene Bars, in denen noch Flips serviert werden, ohne dass der Gast dafür krumm angesehen wird, sind eine Rarität geworden, weshalb die Santo's Cocktailbar eigentlich unter Denkmalschutz gestellt gehört. Auch das Barfood hält sich an Traditionen. Einmal Thunfisch-Baguette und Champagner Flip, bitte.

Karlstraße 67–69
+49 721 38370
www.cocktail-karlsruhe.de
Kategorie: Hotelbar

Drinks:	**45** I 50
Ambiente:	**18** I 20
Service:	**19** I 20
Sortiment:	**9** I 10
Gesamt:	91 I 100

SIN

76133 Karlsruhe

Die ehedem unter dem Namen des Betreibers »Miad« bekannte Institution heißt nun »Sin«, hat an ihrem Konzept aber wenig geändert. Es bleibt Speakeasy, dunkel, in der Luft ein Hauch von Ruch und Rauch. Definitiv ein Ort, der weniger beschrieben, denn gelebt werden will. Ganz »vibin n' thrivin« eben.

Waldstraße 30
+49 157 30651529

Kategorie: American Bar

Drinks:	**44** I 50
Ambiente:	**18** I 20
Service:	**19** I 20
Sortiment:	**9** I 10
Gesamt:	90 I 100

The Curtain Bar

76227 Karlsruhe

Keinesfalls mit der Berliner Bar Curtain Club zu verwechseln, trumpft dieser Ort auf mit einem voll bepackten »Bienenstock«: Es tummeln sich dort Menschen wie Mixturen, allesamt treffen sie sich in Düften von Wodka, Limette, Honig, Chili, Kürbiskernöl und Thymian. Der Goldene Reiter war gestern.

Amalienbadstraße 16
+49 721 942660
www.hotelderblauereiter.de
Kategorie: Hotelbar

Drinks:	**46** I 50
Ambiente:	**18** I 20
Service:	**18** I 20
Sortiment:	**8** I 10
Gesamt:	90 I 100

The Door

76133 Karlsruhe

Nach Belieben werden hier Barklassiker serviert, es wird im Backyard gebechert oder das Publikum sonst wie beglückt. Denn diese preisgekrönte Bar weiß, was der Karlsruher Gaumen braucht, und für diesen kredenzt sie den Wochendrink. Außerdem bietet sie Cocktailkurse, Tastings und Cocktail-Caterings an.

Hirschstraße 17
+49 0721 47001760
www.the-door.bar
Kategorie: American Bar

Drinks:	**44** I 50
Ambiente:	**18** I 20
Service:	**18** I 20
Sortiment:	**8** I 10
Gesamt:	88 I 100

Friedrichs 🍸🍸🍸

78467 Konstanz

Hier, im Hotel 47°, deckt man dank Barchef Erim Türkmen und Team das Spektrum der Spirituosen ab, die zur aktuellen Stunde in den Drink gehören, Fokus liegt auf Gin und Whisk(e)y. Dankbar ist nicht nur der atmosphärische Außenbereich, sondern auch das Angebot alkoholfreier Drinks wie etwa dem »Spring Fever«.

Reichenaustraße 17
+49 7531 12749777
www.restaurant-friedrichs.de
Kategorie: Hotelbar

Drinks:	**46** I 50
Ambiente:	**18** I 20
Service:	**19** I 20
Sortiment:	**8** I 10
Gesamt:	91 I 100

Chaplin's Bar 🍸🍸🍸

71634 Ludwigsburg

»Alle elementare Komik gründet sich darauf, dass der Mensch in einer lächerlichen und peinlichen Lage handeln muss«, so eine Devise von Charlie Chaplin, Namensgeber der Bar. In dem 300-jährigen Steingewölbe war es das Credo der Crew, einen Ort zu schaffen, an dem der Komiker sich wohlgefühlt hätte.

Schlossstraße 17
+49 7141 929211
www.chaplins.bar
Kategorie: Club

Drinks:	**45** I 50
Ambiente:	**18** I 20
Service:	**19** I 20
Sortiment:	**8** I 10
Gesamt:	90 I 100

Hagestolz 🍸🍸🍸

68159 Mannheim

»Mein Glück, daß es das Wort Hagestolz nicht mehr gibt. So kann ich in aller Ruhe einer werden, und trotzdem kann mich keiner einen schimpfen«, so Rainald Goetz. Glück im Unglück, denn dank Paul Sieferle gibt es Wort wie Ort: Er liegt im Jungbusch und hält einen »Grasshopper« für alle Käuze bereit.

Jungbuschstraße 26

www.hagestolzbar.de
Kategorie: American Bar

Drinks:	**46** I 50
Ambiente:	**18** I 20
Service:	**18** I 20
Sortiment:	**8** I 10
Gesamt:	90 I 100

Ihro 🍸🍸🍸

68159 Mannheim

Mit einem »peanut/pandan/orange« in der Hand und einer großen Portion fleischfreier Dim-Sum auf einem Stück Holz – sei es am Tisch oder Tresen – lässt sich in dieser Bar erleben, wie visuelle, olfaktorische und aromatische Artistik zusammenspielen können, wenn eine Equipe am selben Estragon zieht.

Kirchenstraße 28
www.ihro-bar.de
Kategorie: Loungebar

Drinks:	**47** I 50
Ambiente:	**19** I 20
Service:	**18** I 20
Sortiment:	**8** I 10
Gesamt:	92 I 100

Odeon Bar 🍸🍸🍸

68159 Mannheim

Die in Mannheim gern erzählte Legende, New York habe sich das Straßensystem von der »Quadratestadt« abgeschaut, ist freilich nicht belegt, ein Blick auf diese Bar indes gilt als Hinweis. Oder hat in New York irgendwer einen Drink aus Grand Cru Gin, Mispelgeist, Rose und rosa Pfeffer gesehen? Eben.

G7 10
Kategorie: Restaurantbar

Drinks:	**46** I 50
Ambiente:	**19** I 20
Service:	**19** I 20
Sortiment:	**8** I 10
Gesamt:	92 I 100

Sieferle & KØ Bar 🍸🍸🍸

68159 Mannheim

Dann beherrschen Paul Sieferle und Team eben möglicherweise Mannheims Barszene – so what? Wen's stört, genehmige sich einen »Rhubarb & Baiser« mit einem Irish Whiskey, Rhabarber, Fino Sherry, grünem Apfel, Aquavit, frischer Zitrone, Bitters und Eiweiß – und plötzlich möchte man ihn zum Bürgermeister wählen.

Neckarvorlandstraße 17a
+49 621 44589434
www.stabiledrinks.de
Kategorie: American Bar

Drinks:	**47** I 50
Ambiente:	**18** I 20
Service:	**19** I 20
Sortiment:	**9** I 10
Gesamt:	93 I 100

Haus Zauberflöte Bar 🍸🍸

77652 Offenburg

Es gibt keine Pflicht, unaufhaltsam auf sich aufmerksam zu machen – sieht es dieser Tage auch selten so aus. Dieser Ort ist eine Oase des »Ohne«: keine Werbung, keine Labels, keine Marken. Wer wirklich einmal abschalten will, komme hierher und sinniere ob all des Schönen, das keinerlei Namen trägt.

Lindenplatz 12
+49 781 9666696
www.haus-zauberfloete.de
Kategorie: Hotelbar

Drinks:	**44** I 50
Ambiente:	**19** I 20
Service:	**18** I 20
Sortiment:	**8** I 10
Gesamt:	89 I 100

Schoellmanns 🍸🍸🍸

77652 Offenburg

Ein Schloss im Himmel ist nicht nur günstiger als eine Wohnung in Berlin, sondern auch schöner. Und so schmeckt das »Castle in the Clouds« nach frischen roten Trauben, peruanischem Pisco, Limette, Wermut und Kornblume. Die Schlossküche serviert Artischocken und Safranmajo. Dem royalen Himmel so nah.

Hauptstraße 88
+49 781 9194999
www.schoellmanns.de
Kategorie: Restaurantbar

Drinks:	**46** | 50
Ambiente:	**18** | 20
Service:	**17** | 20
Sortiment:	**9** | 10
Gesamt:	90 | 100

Bar Buena Vista Club 🍸🍸

77977 Rust

Es gibt Faktoren, die für die Behaglichkeit einer Bar bedeutend sind: der gelungene Grad an schummrigem Licht, der perfekte Anteil an Holzelementen und natürlich die deliziösen Drinks. Zudem ist die Liebe zum geschnitzten Detail vorhanden und die namentliche »Buena Vista« kommt nicht von unbestimmt.

Europa-Park-Straße 4+6
+49 7822 776688
www.europapark.de
Kategorie: Hotelbar

Drinks:	**43** | 50
Ambiente:	**18** | 20
Service:	**19** | 20
Sortiment:	**9** | 10
Gesamt:	89 | 100

NEGRONI

Orangenscheibe oder Orangenzeste
Eiswürfel
3 cl roter Wermut
3 cl Campari
3 cl Gin

Entdecken Sie die besten Cocktail-Rezepte!
falstaff.de/cocktail-rezepte

Bar Colosseo Europa-Park 🍸🍸 77977 Rust

Zumutung genug, dass es im römischen Kolosseum nicht möglich ist, in pompösem Panorama den passgenauen Drink kredenzt zu bekommen. Hier wird Abhilfe geschaffen: zwischen Negroni und Americano aromatisch. Und inmitten von kolossaler Weltgeschichte und Springbrunnen-Ästhetik wird Zukunft geschrieben.

Europa-Park Straße 4+6
+49 7822 8605922
www.europapark.de
Kategorie: Restaurantbar

Drinks:	**44** I 50
Ambiente:	**18** I 20
Service:	**18** I 20
Sortiment:	**8** I 10
Gesamt:	88 I 100

Bar El Circo 🍸🍸 77977 Rust

Man könnte meinen, Themenbars seien Geschmackssache. Wem, wiederum, hat Zirkus im Kindesalter etwa nicht gefallen? Hier werden bunte Kinderträume mit farbigen Drinks für Erwachsene vermengt und am Ende ist es ganz egal, ob es um Karussell oder Cocktail geht: Zum Schluss will man immer »noch eine Runde«!

Europa-Park-Straße 4+6
+49 7822 776688
www.europapark.de
Kategorie: Restaurantbar

Drinks:	**44** I 50
Ambiente:	**18** I 20
Service:	**18** I 20
Sortiment:	**9** I 10
Gesamt:	89 I 100

Foto: Simon Metzger | GRAFIKSTUEBLE.DE

Bar Eriksson

77977 Rust

Nicht nur namentlich, sondern auch wahrlich eine Bar für Entdecker: hilfreich, wenn dem Besucher das Herz für Fisch, Aquavit und Wikinger Vibes schlägt, notwendig nicht; immerhin ist das bootsfahrende Volk bekannt für sein fortschrittliches Denken. Das schmeckt der Gast mit jedem Schluck und Bissen.

Roland-Mack-Ring 3
+49 7822 8605922
www.europapark.de
Kategorie: Hotelbar

Drinks:	**43** | 50
Ambiente:	**19** | 20
Service:	**18** | 20
Sortiment:	**9** | 10
Gesamt:	89 | 100

Foto: MarkusGarscha.de

Spirit of St. Louis

77977 Rust

Wenn es in Großstädten die sogenannten »Bartenders-Bars« gibt, ist es im Europa-Park definitiv diese Bar. Auf der Terrasse sitzend und mit Leuchtturm in Sicht, ist eine Hummersuppe wegweisend für den Abend, zudem steht eine auffällige Auswahl an gereiften Spirituosen in Neu-England-Flair zur Wahl.

Peter-Thumb-Straße 6
+49 7822 8605922
www.europapark.de
Kategorie: Hotelbar

Drinks:	**45** | 50
Ambiente:	**17** | 20
Service:	**18** | 20
Sortiment:	**9** | 10
Gesamt:	89 | 100

Olli's

74523 Schwäbisch Hall

Als die »geilste Bar in Schwäbisch Knall« wird das Lebensprojekt von Oliver Jerkovic in einer Miniserie bezeichnet, die er anlässlich seines 20. Jubiläums veröffentlichte. Nicht nur geografisch im Herzen der Altstadt, findet hier Barkultur auf höchstem Niveau statt. Gratulation, liebes Olli's-Team!

Untere Herrngasse 2
+49 791 9413790
www.ollis-cafe-bar.de
Kategorie: Loungebar

Drinks:	**46** | 50
Ambiente:	**18** | 20
Service:	**19** | 20
Sortiment:	**9** | 10
Gesamt:	92 | 100

Fou Fou

70182 Stuttgart

Als eines der festen Etablissements im Bohnenviertel, sollte diese Cocktail- und Champagnerbar beim Bummeln für einen Drink eingeplant werden – etwa den »Seaside Gin Tonic« mit Küstenkräutern wie Gundermann, Löffelkraut, Braun- und Schwarzalge. Auf die Ohren gibt es Funk, Soul und Pflasterstein.

Leonhardstraße 13
+49 711 51891511
www.bar-foufou.de
Kategorie: American Bar

Drinks:	**45** | 50
Ambiente:	**19** | 20
Service:	**17** | 20
Sortiment:	**8** | 10
Gesamt:	89 | 100

High Fidelity

70182 Stuttgart

Bernd Kreis, ein ehemaliger Sommelier und erfahrener Weinhändler, steht hinter dem Konzept der Weinbar. Seine Auswahl ist nicht nur interessant, sondern auch spannend. Das gilt vor allem für das Frankreich-Sortiment, das immer wieder Neuentdeckungen anbietet. Erstklassige Beratung!

Brennerstraße 23
+49 711 2484330
www.highfidelity.bar
Kategorie: Klassische Weinbar

Weinangebot:	**48** | 50
Service	**19** | 20
Essen	**18** | 20
Ambiente:	**9** | 10
Gesamt:	94 | 100

Holzmaler Bar

70182 Stuttgart

Tatsächlich hatte die heutige Speakeasy Bar zu Beginn des 19. Jahrhunderts als Holzmalerei fungiert. Wie wäre es etwa mit einem Razzoni aus Himbeer-Geist, Wermut und Campari Bitter? Würde zumindest hervorragend zur bunten Wandmalerei passen, wo Josephine Baker höchstselbst und mit Bananen aufwartet.

Weberstraße 9
+49 1575 1185580
www.holzmaler.de
Kategorie: American bar

Drinks:	**47** | 50
Ambiente:	**18** | 20
Service:	**18** | 20
Sortiment:	**8** | 10
Gesamt:	91 | 100

Jigger & Spoon 🍸🍸🍸

70174 Stuttgart

Als »die erste Speakeasy-Bar Stuttgarts« hat sich die Bar zwischen Berliner Platz, Börse und Rotebühlplatz auf die Fahnen geschrieben, ihre Gäste ungestört von den Ansprüchen des Alltags einen allürenfreien Drink einnehmen zu lassen. Gelassenheit will gelernt sein; dabei hilft ein »Morn Star Margarita«.

Gymnasiumstraße 33
+49 711 21952260
www.jiggerandspoon.de
Kategorie: American Bar

Drinks:	**48** I 50
Ambiente:	**19** I 20
Service:	**18** I 20
Sortiment:	**9** I 10
Gesamt:	94 I 100

Le Petit Coq 🍸🍸🍸

70178 Stuttgart

Menschen, die im Jahr des Hahns geboren sind, sind, gemäß der chinesischen Astrologie, nachdenklicher und sehr fähiger Natur. Sollte dies auch für deren Bars gelten, hätten wir mit diesem Modell einen Beweis statuiert. Auf einen »Empty Pockets« in der eleganten Speakeasy-Bar bei Ferro F. Ceylan.

Hauptstätter Straße 59
+49 152 33604352
www.lepetitcoq.de
Kategorie: American Bar

Drinks:	**46** I 50
Ambiente:	**19** I 20
Service:	**17** I 20
Sortiment:	**9** I 10
Gesamt:	91 I 100

o.T. Bar 🍸🍸

70173 Stuttgart

Klare Kante und eine kühle Brise kosmopolitischer Kunststätte wehen durch die hellen Hallen aus Karminrot und Beton. Sie verheißen Baumeister, Hölzel oder Dix, sie schmecken nach Bier, Hugo und Chianti. Damit Kunst leicht verdaulich bleibt und Anita Berber den Cocktail in konformer Couleur bekommt.

Kleiner Schloßplatz 1
+49 711 2804439
www.cube-restaurant.de
Kategorie: Loungebar

Drinks:	**43** I 50
Ambiente:	**19** I 20
Service:	**18** I 20
Sortiment:	**8** I 10
Gesamt:	88 I 100

Paul & George 🍸🍸

70182 Stuttgart

Der Gerechtigkeit halber sollte jede Stadt mit einer Bar dieser Form beseelt sein: Backstein, Holztresen, Barhocker und ein Backboard zum Benetzen der durstigen Lippen der Bürger. Dies gelingt hervorragend mit einem »Rainman«: Rye Whiskey, Dry Wermut, Chartreuse Vert, Espresso-Sirup und Zedernholz.

Weberstraße 3
+49 711 72695181
www.paulandgeorge.de
Kategorie: American Bar

Drinks:	**45** I 50
Ambiente:	**18** I 20
Service:	**18** I 20
Sortiment:	**8** I 10
Gesamt:	89 I 100

Schwarz Weiß Bar

70182 Stuttgart

Sie haben gefehlt, sie wurden vermisst, sie sind zurück. Nun fühlt man sich etwa wie »Alice im Schlaraffenland«, wenn – auf der Terrasse sitzend – und der Wind der Wilhelmstraße nach Pisco, Mezcal, Medusa-Likör und Pandan duftet. Das Wohnzimmer Knud Scheibelts winkt wieder mit Whisk(e)y-Tastings und Drinks.

Wilhelmstraße 8a	Drinks:	**46** I 50
+49 171 1288288	Ambiente:	**18** I 20
www.schwarz-weiss-bar.de	Service:	**18** I 20
Kategorie: American Bar	Sortiment:	**9** I 10
	Gesamt:	91 I 100

Sitt Wein

70178 Stuttgart

Vinophiler Hightech? Per Knopfdruck läuft in der angesagten Location einer Mischung aus Weinbar und Weinhandel, der angewählte Wein ins Glas. Inhaber Nicolas Sigloch kümmert sich kompetent um das Angebot und legt dabei großen Wert auf nachhaltigen und ökologischen Weinbau.

Tübinger Straße 91	Weinangebot:	**47** I 50
+49 711 50475890	Service	**18** I 20
www.sitt-wein.de	Essen	**18** I 20
Kategorie: Weinbar in Vinothek	Ambiente:	**7** I 10
	Gesamt:	90 I 100

TA OS

70173 Stuttgart

Am Schwäbischen kommt hier kaum einer vorbei, zumindest nicht beim Essen. Das ist ganz auf die Region abgestimmt, ein bisschen Österreich ist auch dabei. Dagegen gibt man sich im gemütlichen Ambiente bei den Drinks und Cocktails gekonnt klassisch und teils experimentell-international. Great!

Bärenstraße 3	Weinangebot:	**46** I 50
+49 711 242380	Service	**18** I 20
www.ta-os-weinbar.de	Essen	**18** I 20
Kategorie: Weinbar im Restaurant	Ambiente:	**9** I 10
	Gesamt:	91 I 100

apart

79822 Titisee-Neustadt

»apart«: »Aufgrund seiner Eigenart auffallend sowie besonders reiz- und geschmackvoll«, so die Selbstbezeichnung. Sehr treffend für eine Bar, die nicht nur 28 Seiten Menü vorweist, sondern auch noch an einem Ort residiert, an dem Menschen eher Urlaub machen. Tun sie auch für diesen Tresen.

Parkstraße 4–6	Drinks:	**43** I 50
+49 7651 8090	Ambiente:	**18** I 20
www.parkhotel-waldeck.de	Service:	**18** I 20
Kategorie: Hotelbar	Sortiment:	**8** I 10
	Gesamt:	87 I 100

Bartista

72070 Tübingen

Wer im Herzen der Altstadt, zwischen Stiftskirche und Marktplatz, durstig wird, setzt das Studium der feinen Aromen hier fort. Amerikanistik schmeckt auch bei einem »Americano GR« und Biologie bei einem »Bee's Knees Best«. Angewandte Wissenschaft, Praxisbezug vorhanden, vorzügliche Vorlesungsräume.

Kirchgasse 19
+49 7071 9898919
www.bartista.de
Kategorie: Loungebar

Drinks:	**45** | 50
Ambiente:	**19** | 20
Service:	**19** | 20
Sortiment:	**9** | 10
Gesamt:	92 | 100

Liquid Kelter

72070 Tübingen

Längst hat sich herumgesprochen, dass die stets kredible Adresse für kulinarische Aficionados auch Cocktail-Connaisseuren offen steht. Wer schon nicht zum Studium an der Uni in die Neckarstadt kommt, sollte dies für einen Besuch bei Manolis Savvidis auf einen »Pavo Real« tun. Auch lehrreich, zudem lecker.

Schmiedtorstraße 17
+49 7071 551196
www.liquid-kelter.de
Kategorie: American Bar

Drinks:	**45** | 50
Ambiente:	**18** | 20
Service:	**19** | 20
Sortiment:	**8** | 10
Gesamt:	90 | 100

Blaupause

89073 Ulm

Verständlich, warum man von »blaumachen« spricht: Auf neuester Bestuhlung lässt man sich in diesem Kubus einen Klassiker kredenzen oder auch eine Eigenkreation. Beides trifft zu auf den »Blaupause Punch« mit selbst gemachtem Tannenspitzensirup und Martinique Rum – und blauer ist die Donau nie gewesen.

Neue Straße 43
+49 731 9691824

Kategorie: Loungebar

Drinks:	**45** | 50
Ambiente:	**18** | 20
Service:	**18** | 20
Sortiment:	**8** | 10
Gesamt:	89 | 100

Mudita

89073 Ulm

Als eine der »vier göttlichen Verweilungszustände« ist die Mudita, nämlich die Mitfreude und Anerkennung, ein wichtiger Begriff der buddhistischen Geistesschule. Mit einem »Lavender Kraut«, aus Lavendel-Gin, hausgemachtem Würzsirup, Limettensaft, Ingwer- und Gurkensaft intus, ist die Lektion leicht.

Neue Straße 100
+49 176 13055132
www.mudita-bar.de
Kategorie: American Bar

Drinks:	**46** | 50
Ambiente:	**18** | 20
Service:	**18** | 20
Sortiment:	**8** | 10
Gesamt:	90 | 100

Rosebottel YYY

89073 Ulm

Die Essenz einer Sache ist das, worum es geht. Rosebottel hat dies begriffen und selbst damit begonnen, Essenzen, Limonaden und Spirituosen herzustellen, die in der Bar verwendet werden. Nicht mehr wegzudenken: die »Zitronen Essence«. Für Gin Mojito, Salate, alkoholfreie Drinks – bloß eben schlauer.

Zeitblomstraße 21
+49 731 80269425
www.rosebottel.de
Kategorie: American Bar

Drinks:	**46** / 50
Ambiente:	**18** / 20
Service:	**19** / 20
Sortiment:	**9** / 10
Gesamt:	92 / 100

BAYERN

30 Leut' YYY

63739 Aschaffenburg

Ohne Zaudern sind Zeiten der Pandemie gewiss nie und nirgendwo. Solange man allerdings bei Blueberry Shrub nebst Bayerisch-Berliner Barbecue auf Sonnendeck mit mentalem Meerblick sitzen kann, ist Beklagen nicht am Platze. Viel eher sind da ein Pier, eine Petit Edmundo und Palmen in Form von Basilikum.

Am Floßhafen 20
+49 6021 6253319
www.30leut.de
Kategorie: American Bar

Drinks:	**45** / 50
Ambiente:	**19** / 20
Service:	**19** / 20
Sortiment:	**9** / 10
Gesamt:	92 / 100

Dead End YY

63739 Aschaffenburg

Das Leben endet zu allermeist tödlich, von daher haben Michael Schiffmann und Katja Langstrof durchaus recht: Man sollte es genießen. Whisky, Grinder, Rock 'n' Blues lautet die Devise und sie wird in all ihren Facetten ausgeführt. Über 500 Whisk(e)ys, Katja am Kochlöffel und aus den Boxen nur das Beste.

Kolbornstraße 5
+49 6021 362755
www.deadend.de
Kategorie: American Bar

Drinks:	**43** / 50
Ambiente:	**17** / 20
Service:	**18** / 20
Sortiment:	**10** / 10
Gesamt:	88 / 100

3M Bar

86150 Augsburg

Zwar ursprünglich für das Hotel Drei Mohren, könnte die Bar auch nach der Empfehlung einer Nacht heißen: Essen, Trinken und Übernachten in der Maximilianstraße. Mittleres etwa bei einem »Smogory Forest« mit polnischem Wodka, Latschenkieferlikör, Sūpāsawā, grünem Chartreuse und Absinth. M für magisch.

Maximilianstraße 40
+49 821 5036655
www.hotelmaximilians.com
Kategorie: Hotelbar

Drinks:	**46** | 50
Ambiente:	**18** | 20
Service:	**18** | 20
Sortiment:	**8** | 10
Gesamt:	90 | 100

Golden Glimmer Bar

86152 Augsburg

Man sollte meinen, der Mensch habe sich seine Berechtigung für einen gülden glimmernden Sommer seit nunmehr drei Jahren erarbeitet. Diese Bar indes schmiedet seit elf Jahren an ihren hochsaisonalen Highlights. Vier Besuche im Jahr sind mithin Minimum, der Sommer lädt ein zum Walzer mit Waldmeister.

Schmiedberg 3

www.goldenglimmer.de
Kategorie: Loungebar

Drinks:	**44** | 50
Ambiente:	**18** | 20
Service:	**18** | 20
Sortiment:	**7** | 10
Gesamt:	87 | 100

Kork Genuss 🍷🍷

86152 Augsburg

Weinseminare und Weinproben sind ein Teil des Angebots von Steffen Haase. Dazu schenkt der Profi in seiner Bar zu kleinen Köstlichkeiten jede Menge guter Tropfen kleiner europäischer Winzer aus, die immer wieder für Überraschung am Gaumen sorgen. Ein Dorado für Weinentdecker! Schwerpunkt: Österreich, Italien, Deutschland

Auf dem Kreuz 8	Weinangebot:	**43** | 50
+49 172 8205636	Service	**18** | 20
www.kork-genuss.de	Essen	**17** | 20
Kategorie: Klassische Weinbar	Ambiente:	**8** | 10
	Gesamt:	86 | 100

nineOfive 🍷🍷🍷

86150 Augsburg

Merkmal ist hierbei Pizza, mitunter unterscheiden sich die verschiedenen Spots durchaus. Hier gibt es etwa Panna Cotta mit winterlichem Apfelkompott, Amarettini und Haselnüssen hinterher. Guter Qualitäts-Beweis für Pizza ist immer: Internet-Auftritt ausbaufähig, Napoletana hatte 72 Stunden Teigruhe.

Fuggerplatz 9	Weinangebot:	**47** | 50
+49 821 50814365	Service	**18** | 20
www.nineofive.de	Essen	**18** | 20
Kategorie: Weinbar im Restaurant	Ambiente:	**9** | 10
	Gesamt:	92 | 100

Das schwarze Schaf 🍸🍸🍸

96049 Bamberg

Kein Grund, rot zu werden – wenngleich dieses wohnliche Juwel im Weltkulturerbe Bamberg bereits diverse Preise gewonnen hat und in seiner charmanten Schranne den Sommerhimmel mit einem »Rosy Cheeks« preist: Rhum Agricole, Wermut, Cassis, Triple Sec, Salz, Peychaud's Bitters und Soda. La vie en rose.

Schranne 7	Drinks:	**45** | 50
+49 1511 0251689	Ambiente:	**18** | 20
www.dasschwarzeschafbamberg.de	Service:	**19** | 20
Kategorie: Loungebar	Sortiment:	**9** | 10
	Gesamt:	91 | 100

East End 🍸🍸

96052 Bamberg

Nach der Wiedereröffnung im Mai feiert die Bar im Bamberger Osten bekömmliche Bambule. Barchef Michael Rott hat den Laden umgekrempelt, wie es nur geht – heraus kam ein Ort, an dem nun mit Nachdruck auf Nachhaltigkeit und den Verzicht auf Unnützlichkeiten hingearbeitet wird. Strohhalme beispielsweise.

Zollnerstraße 36
+49 951 18084730

Kategorie: Loungebar

Drinks:	**45** I 50
Ambiente:	**18** I 20
Service:	**17** I 20
Sortiment:	**9** I 10
Gesamt:	89 I 100

Weinraum 🍷🍷🍷

85221 Dachau

Keine einfache Aufgabe, jeden Tag etwas Neues auf die Teller zu zaubern. Küchenchef Ibrahim Genc gelingt das mit Bravour, zur Freude der Gäste. Dass es dazu auch noch eine gute Auswahl an feinen und feinsten Weinen aus Italien und Österreich gibt, macht die Sache genussreich rund. Schwerpunkt: Österreich, Italien

Klosterstraße 1a
+49 8131 3183874
www.weinraum-dachau.de
Kategorie: Weinbar im Restaurant

Weinangebot:	**46** I 50
Service	**18** I 20
Essen	**18** I 20
Ambiente:	**8** I 10
Gesamt:	90 I 100

L'angolo Caffé & Vino Bar 🍷🍷

89257 Illertissen

Natürlich sind hier die angebotenen Kaffeespezialitäten auf höchstem Geschmacksniveau. Für den quirligen Marco Arduini ist das Ehrensache. Aber auch die Weine aus seiner italienischen Heimat, zu denen auf Wunsch köstliche Kleinigkeiten gereicht werden, sind eine Empfehlung wert. Schwerpunkt: Italien

Hauptstraße 11
+49 7303 1596740

Kategorie: Klassische Weinbar

Weinangebot:	**43** I 50
Service	**18** I 20
Essen	**18** I 20
Ambiente:	**8** I 10
Gesamt:	87 I 100

Weinraum 🍷🍷🍷

85049 Ingolstadt

Ihre Weinkarte lebt! Das jedenfalls stellen Helga und Markus Munz unter Beweis und jonglieren über 260 Weine, darunter auch Neuseeländer und Gewächse aus dem Libanon, in ihrem modern eingerichteten Weinraum. Kleine Snacks als Weinbegleiter kommen moderat kalkuliert auf den Teller.

Bei der Schleifmühle 24
+49 841 12814634
www.weinraum-ingolstadt.de
Kategorie: Klassische Weinbar

Weinangebot:	**48** I 50
Service	**18** I 20
Essen	**17** I 20
Ambiente:	**8** I 10
Gesamt:	91 I 100

Weinschmecker 🍷🍷🍷

85049 Ingolstadt

Jürgen Nüssler und sein Team haben immer eine passende Weinempfehlung. Schließlich können sie in der chic gestalteten Vinothek auf rund 300 verschiedene Gewächse aus Deutschland, Österreich, Italien und Spanien zurückgreifen. Und als Begleitung gibt es leckere Köstlichkeiten. Klasse!

Friedrichshofener Straße 1
+49 841 99397901
www.weinschmecker-ingolstadt.de
Kategorie: Klassische Weinbar

Weinangebot:	**47** I 50
Service	**18** I 20
Essen	**17** I 20
Ambiente:	**9** I 10
Gesamt:	91 I 100

Portucalis 🍷

84028 Landshut

Weine aus den besten portugiesischen Anbaugebieten und natürlich Portwein! Im Weinladen ist die Auswahl groß und gut sortiert. In der sympathischen Weinbar kann vieles gleich probiert und getrunken werden. Und selbstverständlich gibt es dazu authentische Gerichte aus Portugals Küche. Stimmig!

Kirchgasse 229
+49 871 27549000
www.portucalis.de
Kategorie: Weinbistro

Weinangebot:	**43** I 50
Service	**18** I 20
Essen	**15** I 20
Ambiente:	**8** I 10
Gesamt:	84 I 100

Winzerkeller 🍷🍷

97340 Marktbreit

Im historischen Gewölbekeller ist jeder Monat einem Thema rund um den Wein gewidmet, dazu werden hier spannende und unterhaltsame Events veranstaltet. Aber man kann und sollte in der stimmungsvollen Location auch einfach nur Wein trinken. Oder sich zu einem Whisk(e)y oder Bier verabreden. Schwerpunkt: National, Regional

Pfarrhauses 11
+49 171 7033632
www.winzerkeller-marktbreit.com
Kategorie: Weinbar im Restaurant

Weinangebot:	**44** I 50
Service	**17** I 20
Essen	**16** I 20
Ambiente:	**9** I 10
Gesamt:	86 I 100

Auroom 🍸🍸🍸

80469 München

Sage und schreibe zwölf Jahre ist es nun her, dass diese Bar ihre schwarzen Tore geöffnet hat. Dass diese Zeit für das Glockenviertel pures Gold wert ist, schlägt sich nicht nur im Namen nieder, der sich auf das lateinische »aurum« bezieht, sondern auch in güldenen Wänden und glitzernden Getränken.

Hans-Sachs-Straße 20 +49 89 20009090 www.auroom.de **Kategorie:** American Bar	Drinks: Ambiente: Service: Sortiment:	**45** I 50 **18** I 20 **19** I 20 **8** I 10
	Gesamt:	90 I 100

Barroom 🍸🍸🍸

81667 München

Seit nun 14 Jahren beherbergt Emanuele Ingusci die wahrscheinlich kleinste Bar der Stadt. Die Durchquerung des Abends über die Nacht bis zur Ankunft in der Bar führt entlang der schönsten Gefilde der Welt – und nicht selten tun dies auch die Gespräche. Ein Raum wie eine Reise, das Gefährt: ru(h)mreiche Drinks.

Milchstraße 17 +49 89 44142762 www.barroom-muenchen.de **Kategorie:** American Bar	Drinks: Ambiente: Service: Sortiment:	**46** I 50 **19** I 20 **19** I 20 **8** I 10
	Gesamt:	92 I 100

Boilerman 🍸🍸🍸

80335 München

Auch wenn die High-End-Zentrale der bayerischen Hauptstadt seit rund fünf Jahren bekannt ist, weiß sich das Team um Marvin Jacob an Trends am Tresen anzupassen. So hat er etwa einen »Floreale Verde«, einen alkoholfreien »Basil Smash« nach Hamburger Vorbild, kreiert. Bedacht-beständig am Ball geblieben.

Bahnhofplatz 1 +49 89 9040010 www.boilerman-muenchen.de **Kategorie:** Hotelbar	Drinks: Ambiente: Service: Sortiment:	**46** I 50 **18** I 20 **18** I 20 **9** I 10
	Gesamt:	91 I 100

Call Soul 🍸🍸

80802 München

Vom Saulus zum Paulus, von Saul zu Soul: Wer Bekehrung in Form eines »Breaking Bath« braucht, sollte sich einen Platz im Labor suchen. Mit Gelinggarantie. Abgesehen davon, sind hier die wohl schmucksten Geschenkkarten erhältlich, mit denen der Mensch des Rauschs seine Brieftasche zu schmücken vermag.

Biedersteiner Straße 6 +49 174 9201674 www.callsoul-breakingbar.de **Kategorie:** Restaurantbar	Drinks: Ambiente: Service: Sortiment:	**44** I 50 **18** I 20 **19** I 20 **8** I 10
	Gesamt:	89 I 100

Champagne Characters 🍷🍷

80339 München

Wo sonst als in dieser Boutique und Tagesbar könnte man an nur einem Tag diverse Winzerchampagner verkosten und seine Favoriten direkt mit nach Hause nehmen? Ob auf ein genüssliches Gläschen mit Gründerin Nicola Neumann, ein Tasting oder direkt zum Abo – das gängige Fazit steht: Je ne regrette rien. Schwerpunkt: Schaumwein

Alter Messeplatz 6	Weinangebot:	**48** I 50
+49 89 51996899	Service	**18** I 20
www.champagne-characters.com	Essen	**14** I 20
Kategorie: Klassische Weinbar	Ambiente:	**8** I 10
	Gesamt:	88 I 100

Das Weinheim 🍷🍷

80796 München

Hinter dem profanen Namen verbirgt sich ein empfehlenswerter Genussort, an dem man entspannt dem guten Essen und Trinken frönt. Die kulinarische Auswahl ist klein, aber fein, die spannenden Weinen kommen vorwiegend von Jungwinzern aus Deutschland und Österreich. Einfach vorbeischauen und genießen! Schwerpunkt: Österreich, Deutschland

Bauerstraße 2	Weinangebot:	**43** I 50
+49 89 92655381	Service	**18** I 20
www.dasweinheim.de	Essen	**17** I 20
Kategorie: Weinbistro	Ambiente:	**8** I 10
	Gesamt:	86 I 100

Die goldene Bar 🍸🍸🍸🍸

80538 München

Es ist freilich erkennbar, was Klaus Stephan Rainer mit der Abkürzung seines Zweitnamens zu »St.« im Sinne hatte: absolute Vollkommenheit. Uniformiert, stets akkurat und am Werk der ewigen Verwandlung von Ursuppe in »Schmetterlingsmilch«, Sardinen und Forellen, kommt er mitsamt Team diesem Ziel nah.

Prinzregentenstraße 1	Drinks:	**49** I 50
+49 89 54804777	Ambiente:	**19** I 20
www.goldenebar.de	Service:	**19** I 20
Kategorie: American Bar	Sortiment:	**9** I 10
	Gesamt:	96 I 100

Falk's Bar 🍸🍸🍸

80333 München

Benannt nach Falk Volkhardt, dem Besitzer und Betreiber des Hotels Bayerischer Hof, der eben diesen Spiegelsaal nach Kriegsende beinah unzerstört vorfand. Mal eben 350 hochkarätige Zimmer drum herum gebaut, ist die Bar auch das historische Herz des Hofes. Bei Stuck und Scotch lässt es gut aushalten.

Promenadeplatz 2-6	Drinks:	**47** I 50
+49 89 2120956	Ambiente:	**19** I 20
www.bayerischerhof.de	Service:	**17** I 20
Kategorie: Hotelbar	Sortiment:	**9** I 10
	Gesamt:	92 I 100

Frank

80333 München

Für den großen und kleinen Hunger werden ab Mittag bis kurz vor Mitternacht durchgehend leckere Kleinigkeiten angeboten. Die passen bestens zu der großen Auswahl an Weinen aus rund 25 Jahrgängen, die hier auf der durchdachten Karte stehen und im stimmungsvollen Ambiente ausgeschenkt werden.

Residenzstraße 1
+49 89 23237492
www.frank-weinbar.com
Kategorie: Weinbistro

Weinangebot:	**47** I 50
Service	**18** I 20
Essen	**18** I 20
Ambiente:	**8** I 10
Gesamt:	91 I 100

Gabányi

80336 München

Mögen München und Berlin auch ungleich sein – bei Stefan Gabányi fließt alles andere als Antipathie. Viel eher rauschen hier Wellen von Whisk(e)y, ausgegossen wird gehobene Gastlichkeit und in Gedanken an die Kapitale kredenzt: »Buck and Breck«, mit Cognac, Absinth und Champagner, versöhnt verlässlich.

Beethovenplatz 2
+49 89 51701805
www.bar-gabanyi.de
Kategorie: American Bar

Drinks:	**48** I 50
Ambiente:	**18** I 20
Service:	**18** I 20
Sortiment:	**10** I 10
Gesamt:	94 I 100

Garibaldi Marienplatz

80331 München

Mit sechs Läden in München und einem in Freiburg ist das Garibaldi gewiss kein Geheimtipp mehr. Wer sich jedoch noch nicht in die Dynastie des Dolce Vita in Deutschland eingetrunken hat, beginne in der Schellingstraße, dem damals ersten Laden von Eberhard Spangenberg. Erst Probieren, dann Verweilen.

Burgstraße 2
+49 89 21667816
www.garibaldi.de
Kategorie: Weinbar in Vinothek

Weinangebot:	**47** I 50
Service	**17** I 20
Essen	**18** I 20
Ambiente:	**9** I 10
Gesamt:	91 I 100

Geisel

80335 München

Gute, sehr gute und exklusive Weine sind das Markenzeichen der legendären Weinbar zwischen Stachus und Hauptbahnhof. Vieles wird offen angeboten, nachfragen lohnt sich und beschert schon mal einen außergewöhnlichen Tropfen im Glas. Dazu isst man hausgemachte Pasta und mediterrane Spezialitäten.

Schützenstraße 11
+49 89 551377140
www.excelsior-hotel.de
Kategorie: Weinbar im Restaurant

Weinangebot:	**50** I 50
Service	**18** I 20
Essen	**18** I 20
Ambiente:	**9** I 10
Gesamt:	95 I 100

Grapes

80331 München

Mit einem wechselnden Weinsortiment aus aller Welt punktet die gemütliche und freundliche Location bei Jung und Alt. Auch Raritäten kommen hier ins Glas, und das zu moderaten Preisen. Und auch Connaisseure kommen hier auf ihre Kosten und entdecken den einen oder anderen interessanten Tropfen.

Ledererstraße 8 +49 89 242249504 www.grapes-weinbar.de **Kategorie: Weinbar im Restaurant**	Weinangebot: **48** I 50 Service **19** I 20 Essen **17** I 20 Ambiente: **9** I 10
	Gesamt: 93 I 100

Herzog

80333 München

Unter herzoglicher Hand herrscht klare Kante. Gerade im Gastraum, welcher aus Horizontalen und Vertikalen besteht, verstofflicht in Messing, Beton und Holz. Ein derart klares Koordinatensystem braucht kreative Inhalte: vegane Shrimps, tatsächliche Dorade mit Graupenrisotto, zudem ein »Coconut Mate«.

Maxburgstraße 4 +49 89 29161029 www.herzog.bar **Kategorie: Restaurantbar**	Drinks: **45** I 50 Ambiente: **18** I 20 Service: **18** I 20 Sortiment: **9** I 10
	Gesamt: 90 I 100

Isarbar

80335 München

Frosch, Brezel oder eine von Amor höchstselbst getroffene Erdbeere auf dem Drink gefällig? Diese Bar weiß die selbstbewusste Souveränität der Stadt mit ansehnlichem Augenzwinkern zu verbinden. Etwa in einem »Bavarian Tiki« mit Gin, Weißwurstsenf und einem Chip aus Laugenbrezen. Fehlt nur die Wurst.

Bayerstraße 12 +49 89 599480 www.sofitel-munich.com **Kategorie: Hotelbar**	Drinks: **45** I 50 Ambiente: **18** I 20 Service: **18** I 20 Sortiment: **8** I 10
	Gesamt: 89 I 100

Jolandas Vinothek

80339 München

Thomas Hertlein ist ein engagierter Gastgeber, der mit seiner Leidenschaft für gute Musik und noch bessere Weine in entspannter Atmosphäre seine Gäste begeistert. Ein paar marktfrische Kleinigkeiten zum Essen und dazu Hertleins Vintage-Weine – und die Welt sieht um einiges bunter aus.

Kazmairstraße 28	Weinangebot:	**46** | 50
+49 89 20930569	Service	**17** | 20
www.jolandas.de	Essen	**17** | 20
Kategorie: Weinbar in Vinothek	Ambiente:	**8** | 10
	Gesamt:	88 | 100

Josefa

80331 München

»Grüß Gott« mag in manchen Gefilden als Grußformel seltsam anmuten. Ein Besuch im Hotel Platzl hat allerdings klärende Natur. Denn wer mit seinem »Gspusi« am holzvertäfelten Tresen sitzt und sich eine Variation von Pommes an Trüffelmayonnaise einverleibt, der hinterlässt auch einen Gruß an Gott.

Sparkassenstraße 10	Drinks:	**44** | 50
+49 89 237030	Ambiente:	**18** | 20
www.platzl.de	Service:	**19** | 20
Kategorie: Hotelbar	Sortiment:	**9** | 10
	Gesamt:	90 | 100

Foto: H. Loeffler

Juliet Rose

81667 München

Analog zum »from nose to tail«-Prinzip beim Essen, schlürft man hier »from root to fruit«: Alle Aromaelemente der Pflanze – holzig, pflanzlich, blumig und fruchtig – sind vertreten. Veranschaulicht in dem »Signature Salt B« mit Brandy und Scotch nebst Wildfanggarnele an Zitronenzeste und Estragon.

Rosenheimer Straße 15	Drinks:	**46** | 50
+49 89 48048717	Ambiente:	**19** | 20
www.julietrosebar.com	Service:	**18** | 20
Kategorie: Restaurantbar	Sortiment:	**9** | 10
	Gesamt:	92 | 100

Kaminbar

80335 München

Man verbinde zwei der schönsten Elemente des menschlichen Daseins – Verweilen am Kamin und Versacken an der Bar – und erhalte die perfekte Mischung: Friede, Feuer und ein Laphroaig Dram. Vom Bahnhof aus nur einmal umfallen und das Bett ist in Sichtweite – und dazwischen ein Soiree in samtener Seligkeit.

Arnulfstraße 4	Drinks:	**43** I 50
+49 89 55115	Ambiente:	**18** I 20
www.eden-hotel-wolff.de	Service:	**18** I 20
Kategorie: Hotelbar	Sortiment:	**8** I 10
	Gesamt:	87 I 100

Kubaschewski

80335 München

Die Auswahl an Schaumweinen hat es in sich! Ein solch kenntnisreich zusammengestelltes Sortiment findet man nur selten. Unter den rund 80 prickelnden Weinen findet sich mit Sicherheit der Favorit, der zu dem Schmarren passt, der hier ebenfalls in vielen Variationen angeboten wird. Schwerpunkt: Schaumwein

Karlsplatz 5	Weinangebot:	**47** I 50
+49 1520 06070079	Service	**19** I 20
www.kubaschewski.bar	Essen	**18** I 20
Kategorie: Klassische Weinbar	Ambiente:	**9** I 10
	Gesamt:	93 I 100

Les Fleurs du Mal

80539 München

»Worüber man nicht sprechen kann, darüber muss man schweigen«, gilt erst dann, wenn der Hausherr und Hofmeister Münchens sowie der mondäne Tresen im Diesseits nicht mehr walten, wüten und dem Bonvivant mit ausreichend bösen Blumen selbst Baudelaire in Erscheinung bringen. Wittgenstein muss somit warten.

Odeonsplatz 6–7	Drinks:	**50** I 50
+49 89 229060	Ambiente:	**19** I 20
www.schumanns.de	Service:	**19** I 20
Kategorie: American Bar	Sortiment:	**9** I 10
	Gesamt:	97 I 100

Little London

80331 München

Sich von floraler Ästhetik beflügeln lassen oder auf dem Teppich bleiben? Bitte beides! Denn sowohl in der kolonial anmutenden Agora wie auch zur luxuriösen Auslese von Leckerbissen und -schlücken von Küchenchef Markus Hahn und Barchef Emmanouil v. Afordakos in den Lounges ist hier Platz en masse.

Tal 31	Drinks:	**46** I 50
+49 89 122239470	Ambiente:	**18** I 20
www.little-london.de	Service:	**18** I 20
Kategorie: American Bar	Sortiment:	**9** I 10
	Gesamt:	91 I 100

Loretta Bar

80469 München

In München, vor allem aber in dieser Bar mündet das Maß des mediterranen Flairs dieses Flecken Erde: an dem Espresso und Amaro so zuverlässig fließen, wie Milch und Honig im Paradies. Jenes wäre in diesem Fall eben eine Amarobar mit rund 400 seiner Art, Kris Krolo und Florian Rath die Amarogötter.

Müllerstraße 50	Drinks:	**44** I 50
+49 89 23077370	Ambiente:	**18** I 20
www.loretta-bar.de	Service:	**19** I 20
Kategorie: Loungebar	Sortiment:	**9** I 10
	Gesamt:	90 I 100

Lump, Stein und Küchenmeister

80331 München

Auf der überschaubaren Speisekarte der launigen Weinstube stehen herzhafte und deftige fränkische Spezialitäten, serviert in handfesten Portionen. Ein Muss dazu sind natürlich fränkische Weine, Silvaner, Müller-Thurgau, Riesling und Co. Sie werden glasweise und in Flaschen angeboten.

Alter Hof 3	Weinangebot:	**45** I 50
+49 89 70950086	Service	**17** I 20
www.lump-die-weinbar.de	Essen	**15** I 20
Kategorie: Weinbistro	Ambiente:	**8** I 10
	Gesamt:	85 I 100

Masi Wine Bar Munich

80539 München

Der perfekte italienische Espresso wird hier genauso serviert wie das genussvolle Frühstück oder der mittägliche Businesslunch. Man trifft sich im Masi zu jeder Tageszeit, bei gutem Wetter auch auf der Terrasse. Mehr als 50 Weine werden offen ausgeschenkt, eine bemerkenswert gute Auswahl.

Maximilianstraße 40	Weinangebot:	**47** I 50
+49 89 23032565	Service	**18** I 20
www.masi.it	Essen	**18** I 20
Kategorie: Klassische Weinbar	Ambiente:	**8** I 10
	Gesamt:	91 I 100

Ménage Bar

80469 München

Sous-vide, Rotovap und Ultraschall sind hier Alltagspraxis, die Theorie indes Kopfkunst. Perfektion und Intuition lassen sich erleben bei »7 Spices« von André Kohler, mit selbst gemachtem Minzrum, frischem Wassermelonensaft, dem Wasser schwarzer Oliven, Sirup aus der Tonkabohne, Limettensaft und Cola.

Buttermelcherstraße 9
+49 89 23232680
www.menage-bar.com
Kategorie: American Bar

Drinks:	**47** I 50
Ambiente:	**19** I 20
Service:	**19** I 20
Sortiment:	**8** I 10
Gesamt:	93 I 100

Negroni Bar

81667 München

Üppig, opulent und mit proppenvoller Außenterrasse, wenn der Sommer Einzug in die süddeutsche Hemisphäre gehalten hat. Denn durchaus »dolce« ist das »vita« inmitten von Vitello-tonnato-Virtuosen, »Mikonos«-Meistern, Fachleuten des Formaggio in all seinen Formen und unnachahmlichen Negroni-Nerds.

Sedanstraße 9
+49 89 48950154
www.negronibar.de
Kategorie: American Bar

Drinks:	**46** I 50
Ambiente:	**18** I 20
Service:	**18** I 20
Sortiment:	**9** I 10
Gesamt:	91 I 100

nineOfive

80803 München

Wieso denn nun immer Wein zum Essen? Pairing kann ebenso umgekehrt gehen, und dann wird etwa eine »Spargel Bombastico« serviert mit Schmandcreme, weißem regionalem Spargel, Provolone, Speck Alto Adige IGP, Prosciutto und gewickelte Schalotten, bisweilen sehr viel besser. Zum anderen hält es länger.

Herzogstraße 29
+49 89 54849556
www.nineofive.de
Kategorie: Weinbar im Restaurant

Weinangebot:	**48** I 50
Service	**18** I 20
Essen	**18** I 20
Ambiente:	**8** I 10
Gesamt:	92 I 100

Ory

80331 München

Die Ory war noch niemals eine herkömmliche Hotelbar: Sie will mehr. Bestrebt und beflissen, ist sie ein Ort, der Ästheten jedweden Metiers versammelt unter dem Versprechen, alle Sinne aus ihrer Reserve zu locken – sei es durch Architektur, Aroma oder Ambiente, in Form von Kiefer oder Chinotto.

Neuturmstraße 1
+49 89 588054570
www.ory.bar
Kategorie: Hotelbar

Drinks:	**46** I 50
Ambiente:	**19** I 20
Service:	**19** I 20
Sortiment:	**9** I 10
Gesamt:	93 I 100

Pacific Times YYY

80469 München

Nun umgibt der Pazifik nicht direkt Griechenland, Italien und Spanien, doch hindert dies Andi Till und Crew rundweg nicht daran, Choriatiki Salad, Burrata und Gazpacho zu servieren, nicht Aperitivo, Champagner oder Scotch. Das Versprechen einer sinnlichen Seefahrt durch die sieben Weltmeere hält er.

Baaderstraße 28	Drinks:	**46** I 50
+49 89 20239470	Ambiente:	**18** I 20
www.pacifictimes.de	Service:	**19** I 20
Kategorie: Restaurantbar	Sortiment:	**9** I 10
	Gesamt:	92 I 100

Pure Wine & Food YYY

80799 München

Saisonküche heißt die Devise der Küchenmacher, die ihr Qualitätskonzept konsequent durchziehen. Da macht Essen Freude und der Geschmack erlebt erinnerungswürdige Dimensionen. Auch in Sachen Wein ist man hier auf der Höhe und bietet eine Auswahl, die selbst Kenner ins Staunen bringt. Schwerpunkt: Raw/Natural Wines

Neureuther Straße 15	Weinangebot:	**45** I 50
+49 89 399936	Service	**19** I 20
www.pure-wine-food.de	Essen	**18** I 20
Kategorie: Weinbar im Restaurant	Ambiente:	**8** I 10
	Gesamt:	90 I 100

Pusser's New York Bar YYY

80331 München

Nebst gastronomischen Strömungen und Fahrt auf Kurs, ist München Musterstadt für Konsistenz und Kontinuität. Dies zeigt sich etwa an der Nachbarschaft von Oper, Hofbräuhaus sowie wie Bill und David Deck. Der patentierte »Pusser's Painkiller« schaukelt immerhin dieses Deck sicher durch die Wogen der Zeit.

Falkenturmstraße 9	Drinks:	**46** I 50
+49 89 220500	Ambiente:	**18** I 20
www.pussersbar.de	Service:	**19** I 20
Kategorie: American Bar	Sortiment:	**9** I 10
	Gesamt:	92 I 100

Roomers YYY

80339 München

»Drink in style – not in flip flops.« Das ist die einzige Regel, die es hier zu beachten gilt. Sicher dabei ist: What happens at Roomers stays at Roomers. Bloß nicht die »Fake Granny« oder der »Friday Friend«, die werden froh nach Hause oder durch die feinen Flure der stets stilsicheren Festung hofiert.

Landsberger Straße 68	Drinks:	**46** I 50
+49 89 452202730	Ambiente:	**19** I 20
www.roomers-munich.com	Service:	**18** I 20
Kategorie: Hotelbar	Sortiment:	**8** I 10
	Gesamt:	91 I 100

Rose 🍷🍷 80801 München

Ab fünf Personen kann man in der schicken Location eine individuelle Weinprobe buchen – ein unterhaltsames Erlebnis. Doch auch das alltägliche Weinangebot aus Deutschland, Österreich, Italien und Frankreich lohnt einen Abstecher. Dazu überzeugt die Küche mit feinen Brasserie-Gerichten.

Konradstraße 1
+49 89 44469186
www.rose-wein-brasserie.com
Kategorie: Weinbistro

Weinangebot:	**46** | 50
Service	**17** | 20
Essen	**17** | 20
Ambiente:	**8** | 10
Gesamt:	88 | 100

Schumann's Bar am Hofgarten 🍸🍸🍸🍸 80539 München

Was auch immer man von Charles Schumanns stets spaltendem gastgeberischem Stil halten möchte – in dieser seiner Schaffensstätte hat er gewiss ein Exempel statuiert. Ob auf Steak oder Signora Negroni: Den Stab abzutreten ist dieser gastronomische Stützpunkt jedenfalls längst noch nicht bestrebt.

Odeonsplatz 6–7
+49 89 229060
www.schumanns.de
Kategorie: Restaurantbar

Drinks:	**49** | 50
Ambiente:	**19** | 20
Service:	**19** | 20
Sortiment:	**9** | 10
Gesamt:	96 | 100

Schumann's Tagesbar 🍸🍸🍸

80333 München

Wären da nicht die Ablenkungen des Alltags, so gäben die verschiedenen Etablissements des ehemaligen Enfant terrible ausreichende Struktur. An der Tagesbar zeigt sich nicht nur seine umstrittene Unentbehrlichkeit, sondern auch seine Unternehmensführung, die ihre Umgebung zu fordern und zu verpflegen weiß.

Maffeistraße 6
+49 89 24217700
www.schumanns.de
Kategorie: Loungebar

Drinks:	**47** | 50
Ambiente:	**18** | 20
Service:	**18** | 20
Sortiment:	**8** | 10
Gesamt:	91 | 100

Sophia's Bar 🍸🍸

80333 München

Ein spanisches Frühstück für Fortgeschrittene besteht in der Sophia's Bar aus einem »Desayuno español« aus Brandy, XP Sherry, Espressolikör, Espresso und Muskat sowie Pimientos de Padrón. Die Karte ändert sich mit Saison und Sonnenstand, der Kultstatus der Cocktailklassiker indes bleibt beständig.

Sophienstraße 28
+49 89 5445551200
www.roccofortehotels.com
Kategorie: Hotelbar

Drinks:	**45** | 50
Ambiente:	**18** | 20
Service:	**18** | 20
Sortiment:	**8** | 10
Gesamt:	89 | 100

Tantris 🍸🍸🍸🍸

80805 München

Das Maison Culinaire mitsamt Gourmettempel Tantris und dem zugehörigen »DNA« stehen der Bar in nichts nach, und wer sich auf eine Adresse verlassen will, suche diese Tresen auf; gestillt werden Hunger wie Durst auf astreinem Niveau. Als das Herzstück des Maison Culinaire selbstredend in pochend Rot.

Johann-Fichte-Straße 7
+49 89 3619590
www.tantris.de
Kategorie: Restaurantbar

Drinks:	**48** | 50
Ambiente:	**20** | 20
Service:	**18** | 20
Sortiment:	**9** | 10
Gesamt:	95 | 100

The Flushing Meadows

80469 München

Der Münchener vergleicht sich nicht gern – umso verheißungsvoller daher der Seitenhieb zum New Yorker Flushing-Meadows-Park. In puncto städtischer Status verständlich, könnte es sich aber um die wörtliche Übersetzung der »Durchfluteten Weidenlandschaft« handeln. Kühe sind schließlich auch bloß Menschen.

Fraunhoferstraße 32
+49 89 552791727
www.flushingmeadowshotel.com
Kategorie: Hotelbar

Drinks:	**44** I 50
Ambiente:	**19** I 20
Service:	**19** I 20
Sortiment:	**8** I 10
Gesamt:	90 I 100

The High

80331 München

Auf »low times« folgen Highballs – nach diesem Credo arbeitet auch die Crew in der Blumenstraße. Gewächse und Dschungelstimmung zieren somit – denn »Locationem est Omen« – ebenso Bar wie Drinks. Breiter Beliebtheit erfreut seit betagtem Beisammensitzen im Gärtnerplatzviertel ein Ball namens »Basilics«.

Blumenstraße 15
+49 89 089089
www.drinkourballs.de
Kategorie: American Bar

Drinks:	**46** I 50
Ambiente:	**18** I 20
Service:	**17** I 20
Sortiment:	**8** I 10
Gesamt:	89 I 100

Trader Vic's

80333 München

Wer von bayerischem Bier zunächst gesättigt ist, dem sei ein Besuch im Reich der Barrels und Bowls befohlen. Und mit Bowls sind hier nicht die nach Farbe sortierten Salate gemeint, sondern etwa der »Lanyu Punch Bowl« für zwei Personen. Anstatt Brezn wird hier Barbecue mit einer betörenden Butter gereicht.

Promenadeplatz 2–6
+49 89 2120995
www.bayerischerhof.de
Kategorie: Restaurantbar

Drinks:	**44** I 50
Ambiente:	**18** I 20
Service:	**18** I 20
Sortiment:	**8** I 10
Gesamt:	88 I 100

Trisoux

80469 München

Einen Kuss für den »Ousaka Fizz«, einen für den Kimchi Grilled Cheese und einen für das statuierte Exempel, dass auch neue Etablissements sich in Szeneviertel organisch und weich wie auf Moos einfügen können. Apropos einfügen: das »Glory Hole« auf der Toilette wurde in würdiger Andacht beibehalten.

Müllerstraße 41
+49 89 23027755
www.trisoux.com
Kategorie: American Bar

Drinks:	**47** I 50
Ambiente:	**19** I 20
Service:	**19** I 20
Sortiment:	**8** I 10
Gesamt:	93 I 100

Usagi

80337 München

In der Isarvorstadt sollte der wissbegierige Wakameforscher die Usagi aussuchen, wo er nach einem Haus-Pet Nat dem Onsen-Ei frönt und sich an einer Münchner Isakaya freut, die in diesem originalen Stil sicherlich ihresgleichen sucht: München kann Japan, hierfür dōmo arigatō, Philipp Jüngling!

Thalkirchner Straße 16
+49 89 55293581
www.usagi.bar
Kategorie: Restaurantbar

Drinks:	**44** I 50
Ambiente:	**18** I 20
Service:	**18** I 20
Sortiment:	**8** I 10
Gesamt:	88 I 100

Zephyr

80469 München

Man schrieb das Jahr 2002 und sang Zeilen wie »Fly away on my Zephyr I I feel it more than ever I And in this perfect weather I We'll find a place together«. Visionär gar, denn acht Jahre später lud ein Ort zu genau diesem Lebensgefühl ein. Auch nach zwanzig Jahren hat sich der Zephyr nicht gelegt.

Baaderstraße 68
+49 171 3284040
www.zephyr-bar.de
Kategorie: American Bar

Drinks:	**47** I 50
Ambiente:	**18** I 20
Service:	**19** I 20
Sortiment:	**8** I 10
Gesamt:	92 I 100

Zum Wolf

80469 München

Mit Etta James und Howlin' Wolf ist dieser Raum von Rot und Ruch der bombensichere Bau für jeden einsamen Wolf, dem nach Whisk(e)y dürstet. Wenn »Le Colonel«, »El Cubano« und »Jimmy Roosevelt« schon einmal simultan am Tresen sitzen, wird gewiss Geschichte geschrieben und gemeinsam der Mond angeheult.

Pestalozzistraße 22
+49 89 55278573
www.zumwolf.com
Kategorie: American Bar

Drinks:	**44** I 50
Ambiente:	**18** I 20
Service:	**18** I 20
Sortiment:	**9** I 10
Gesamt:	89 I 100

Hannes

63843 Niedernberg

Hand aufs Herz: Wie würde man die Zeit verbringen, fielen Termine und Turbulenzen der täglichen Tretmühle weg? Vorschlag: bei Sahnekuchen, Mojitosorbet und Midori Spritz vorweg, auf einem Holzbänklein mit Blick auf den See sitzend und sich zudem einen saftigen Burger und »Sex on the Beach« einverleibend.

Leerweg
+49 6028 9990
www.seehotel-niedernberg.de
Kategorie: Hotelbar

Drinks:	**43** I 50
Ambiente:	**18** I 20
Service:	**18** I 20
Sortiment:	**8** I 10
Gesamt:	87 I 100

achtzehn97

90443 Nürnberg

Der abwechslungsreiche Mittagstisch in der coolen Location mit historischen Charme ist nicht nur bei den Nürnbergern beliebt. Im legeren Ambiente trifft man sich zum Essen und Weintrinken, meist bis spät in die Nacht. Die Weinkarte ist bestens sortiert und gerüstet für alle Geschmäcker.

Gostenhofer Hauptstraße 73
+49 911 66463990
www.achtzehn97.de
Kategorie: Weinbistro

Weinangebot:	**44** I 50
Service	**19** I 20
Essen	**17** I 20
Ambiente:	**8** I 10
Gesamt:	88 I 100

Die Blume von Hawaii

90403 Nürnberg

Es soll Zeiten geben, in denen das Reisen schwerfällt. Diese Adresse ist nicht nur im übertragenen Sinne ein »Painkiller« fürs Zuhausebleiben – sie ist ein Grund. Weshalb nach Hawaii reisen, wenn der Tiki auch am »Citrus Hill« um die Ecke gereicht wird? Aloha Au Ia 'Oe, du schöne Blume von Hawaii.

Weinmarkt 16
+49 151 42324806
www.blumevonhawaii.com
Kategorie: Loungebar

Drinks:	**46** I 50
Ambiente:	**18** I 20
Service:	**18** I 20
Sortiment:	**8** I 10
Gesamt:	90 I 100

Europa Bar ꟾꟾꟾ

90403 Nürnberg

Wer in dieser Bar keinen Drink findet, meint auch, Europa habe keine schönen Reiseziele. Vielseitig und komplex, der Vorstellung entsprechend und stets ganz anders: Europa eben. 250 Drinks, klassisch und abgewandelt, verspielt und draufgängerisch, kreieren ein Sujet, das uns alle vereint: Barkultur.

Innere Laufer Gasse 31
+49 911 2355363
www.bar-europa.de
Kategorie: American Bar

Drinks:	**46** I 50
Ambiente:	**17** I 20
Service:	**19** I 20
Sortiment:	**8** I 10
Gesamt:	90 I 100

Gelbes Haus ꟾꟾꟾ

90419 Nürnberg

Aller Widrigkeiten der Tage zum Trotze, steht es noch. Dem durch Backstein rötlichen Haus und seiner ebenso farbigen Bar wohnt nämlich ein Charme der Beständigkeit inne. Dies liegt nicht nur an den zuverlässig zünftigen Drinks, sondern auch am seit 33 Jahren konstant kreativen Chef Oliver Kirschner.

Johannisstraße 40
+49 911 390390
www.gelbes-haus.de
Kategorie: American Bar

Drinks:	**45** I 50
Ambiente:	**18** I 20
Service:	**19** I 20
Sortiment:	**9** I 10
Gesamt:	91 I 100

Gin & Julep Bar ꟾꟾ

90403 Nürnberg

Für wen die Zeit von Prohibition und Restriktion ohnehin zum Alltagsjob gehört, brauchte sich zuletzt nicht sorgen. Denn wer Gianni Ripas Bar durch die Telefonzelle betreten hat und seine Sammlung von Syphons und Shakern ansieht, weiß Bescheid: Hier wird mit Kenntnis vieler Dekaden gearbeitet.

Bindergasse 12
+49 1525 9992374
www.ginandjulep.de
Kategorie: American Bar

Drinks:	**45** I 50
Ambiente:	**18** I 20
Service:	**18** I 20
Sortiment:	**8** I 10
Gesamt:	89 I 100

APERITEA

1 cl Falernum-Rumlikör
4 cl Campari
10 cl kalter Rooibos-Vanille-Tee, aromatisiert mit Grapefruitzeste
Oliven

Heinrich's 🍸🍸

90403 Nürnberg

Allein der Mumm, mitten in der Krise eine Gastronomie zu eröffnen, ist eine Ansage. Da benennt man eine Bar schon einmal nach Kaiser Heinrich III., der einst die Rechte auf dem Nürnberger Hauptmarkt verlieh, und beansprucht auch, dass rund um die Uhr bewirtet wird. Dieses Bild täuscht an keiner Stelle.

Hauptmarkt 16
+49 911 21102244
www.heinrichs-bar.de
Kategorie: Restaurantbar

Drinks:	**45** | 50
Ambiente:	**18** | 20
Service:	**18** | 20
Sortiment:	**8** | 10
Gesamt:	89 | 100

Vineria 🍷🍷🍷

90408 Nürnberg

Monatlich wechseln die offen ausgeschenkten Weine, rund 60 sind aber immer im Angebot. Dazu noch 800 Flaschenweine auf der Karte, die elegante Weinbar ist ein Dorado für Kenner und Einsteiger gleichermaßen. Auch die Küche mit ihren mediterran inspirierten Gerichten ist einen Abstecher wert.

Kleinreuther Weg 87
+49 911 935851265
www.vineria.de
Kategorie: Weinbar in Vinothek

Weinangebot:	**49** | 50
Service	**18** | 20
Essen	**19** | 20
Ambiente:	**8** | 10
Gesamt:	94 | 100

Vintage Bar 🍸🍸🍸

90403 Nürnberg

Mit mehr als dreihundert Spirituosen, verteilt auf Drinks aus den Jahren zwischen 1850 und 1940, wird hier fündig werden, wer mit Whisk(e)y, Rum, Gin, Tequila, Mezcal sowie Wermut oder Amaro vermengt im Drink per Du geworden ist. Wer nicht, bleibt, ganz »Old Fashioned«, nun eben beim Sie: vintage.

Irrerstraße 5
+49 911 99287039
www.vintage-bar.de
Kategorie: American Bar

Drinks:	**46** | 50
Ambiente:	**18** | 20
Service:	**18** | 20
Sortiment:	**9** | 10
Gesamt:	91 | 100

Barock

93047 Regensburg

Zwar kann man bei Thomas Schackmann und seiner barocken Crew inzwischen wieder ganz und gar zeitgenössisch Champagner-Drinks schlürfen, doch wer wissen will, wie ein »Nanaimo Old Fashioned« völlig weltlich im Hier und Jetzt mundet, der bestelle ihn als Bottled Drink; dann eben ohne Glamour im Gewölbe.

Krauterermarkt 2
+49 172 8442934
www.barock-bar.com
Kategorie: American Bar

Drinks:	**44** | 50
Ambiente:	**18** | 20
Service:	**19** | 20
Sortiment:	**8** | 10
Gesamt:	89 | 100

KA5PER

93047 Regensburg

Ein Kasper, eine »12« und etliche Bottiche voll magischen Elixiers unter historischem Gewölbe – man könnte beinah meinen, es handle sich um ein Märchen. Doch es ist wahr: Seit zwölf Jahren halten die hehren Helden Hinter der Grieb das Regensburger Publikum mit ihrem flüssigen Fundus bei bester Laune.

Hinter der Grieb 5
+49 941 59579099
www.ka5per.de
Kategorie: American Bar

Drinks:	**44** | 50
Ambiente:	**18** | 20
Service:	**18** | 20
Sortiment:	**8** | 10
Gesamt:	88 | 100

nineOfive

93055 Regensburg

Die Stationen des inzwischen entstandenen Imperiums sind bisweilen zu unterscheiden. Derzeit gibt es die »Rocky Bee's Speckbirne« ausschließlich hier; tausende Weine sind zwar in allen Niederlassungen zu erstehen, doch den Oriental Daiquiri mit Thymian-Zitrone und Spezialzutaten gibt es nur hier. Signature!

Babostraße 113
+49 941 60015656
www.nineofive.de
Kategorie: Weinbar im Restaurant

Weinangebot:	**47** | 50
Service	**19** | 20
Essen	**18** | 20
Ambiente:	**9** | 10
Gesamt:	93 | 100

Palletti

93047 Regensburg

Der Vorteil an einem mittwöchlichen Besuch ist das Mittwochsdinner – etwa Rind und Kren, Saibling und Sterz sowie Hendl und Kürbis. Die Trinkfrage lässt sich kategorisch mit »Spritz« beantworten, kennt allerdings Spielraum in Form von »Oh, wie schön ist Panama«.

Gesandtenstraße 6
+49 941 51593
www.palletti-bar.de
Kategorie: Restaurantbar

Drinks:	**44** | 50
Ambiente:	**19** | 20
Service:	**19** | 20
Sortiment:	**8** | 10
Gesamt:	90 | 100

The Byrdcave ΥΥΥ

93047 Regensburg

»The Byrdcave« ist nicht allein wegen seines geschwungenen Gewölbes im Pelikanhaus die Höhle der Oberpfälzer Ornithologen. Auch in Ansinnen an den Saxophon-Artisten und Erfinder des Free Jazz, Charlie Bird Parker, wird hier ausgeschenkt, als wäre der Pelikan kein Wasser-, sondern ein »Cool Blues«-Vogel.

Keplerstraße 11
+49 941 38207825
www.thebyrdcave.de
Kategorie: American Bar

Drinks:	**46** I 50
Ambiente:	**18** I 20
Service:	**18** I 20
Sortiment:	**8** I 10
Gesamt:	90 I 100

Lausa ΥΥΥ

83022 Rosenheim

Gebeutelt von den gastronomischen Ungeheuern geläufiger Zeiten, weiß man das Gemüt hier nach gewonnenen Schlachten zu beglücken: mit tropischen Slushies und geeisten Bierkrügen – als gäbe es kein Morgen. Doch den gibt es für diesen Ort noch so lange, wie der Mule fließt. Ganz zurecht lautet hier das Credo »Lebe. Liebe. Lausa.« Und Limette.

Kaiserstraße 5
+49 1577 1347667

Kategorie: Loungebar

Drinks:	**45** I 50
Ambiente:	**18** I 20
Service:	**19** I 20
Sortiment:	**8** I 10
Gesamt:	90 I 100

Hab und Gut ΥΥΥ

94315 Straubing

Eine Cocktailbar, wie man sie sich wünscht: schummrig, voll bestückt mit Schnaps und dem Straubinger Charme in der Luft. Wer jetzt nicht glaubt, dass dieses Menü das komplette Hab und Gut des Kanons von Klassikern beinhaltet, der kann hier gut und gern sein wohlschmeckendes »Blaues Wunder« erleben.

Aprilgasse 20
+49 1573 4044774
www.hab-und-gut.eatbu.com
Kategorie: Loungebar

Drinks:	**45** I 50
Ambiente:	**19** I 20
Service:	**19** I 20
Sortiment:	**8** I 10
Gesamt:	91 I 100

Milians 🍷🍷

94315 Straubing

Gute Laune ist hier garantiert, nicht nur das engagierte und freundliche Team trägt dafür Sorge. Viel Freude bringt auch das abwechslungsreiche kulinarische Angebot: Essen, trinken und verweilen heißt das Motto des sympathischen Geschäfts. Außerdem: unterhaltsame Weinproben.

Fraunhoferstraße 22	Weinangebot: **46** | 50
+49 9421 9298317	Service **18** | 20
www.milians.de	Essen **16** | 20
Kategorie: Weinbar in Vinothek	Ambiente: **8** | 10
	Gesamt: 88 | 100

Fahr Away 🍷🍷

97332 Volkach

In ihrer kleinen, liebevoll dekorierten Weinbar präsentiert Familie Braun nicht nur fränkische Gewächse aus dem eigenen Betrieb. Auch Kollegen aus Deutschland und Österreich sind auf der Karte mit ihren Weinen präsent. Dazu Gin, Whisk(e)y und Rum, edle Brände und Liköre. Und kleine Snacks. Schwerpunkt: Franken

Hauptstraße 34	Weinangebot: **45** | 50
+49 9381 7174277	Service **18** | 20
www.weinbar-fahraway.de	Essen **16** | 20
Kategorie: Klassische Weinbar	Ambiente: **9** | 10
	Gesamt: 88 | 100

glouglou 🍷🍷🍷

97070 Würzburg

Ein umkomplizierte Küche ohne Chichi, ein gut gefüllter Weinkeller und ein Lebensgefühl, das Lust und Laune verbreitet. Genuss als Selbstverständlichkeit, das wird in der gemütlichen Location von Gästen und Service gelebt. Die Weinauswahl ist dabei durchdacht und genüsslich zusammengestellt.

Karmelitenstraße 31	Weinangebot: **47** | 50
+49 931 45228568	Service **19** | 20
www.glouglou.de	Essen **18** | 20
Kategorie: Weinbar im Restaurant	Ambiente: **8** | 10
	Gesamt: 92 | 100

Juliusspital Weingut 🍷🍷

97070 Würzburg

Ein Blick hinter die Kulissen des Traditionsbetriebs ist bei ganzjährigen Kellerführungen und Weinproben möglich. Dazu kann man die Gewächse in der gemütlich anheimelnden Weinstube des Juliusspitals bei fränkischer Vesper, aber auch zu Fisch- und Wildspezialitäten probieren und genießen.

Klinikstraße 1	Weinangebot: **43** | 50
+49 931 3931400	Service **17** | 20
www.juliusspital.de	Essen **18** | 20
Kategorie: Weinbar im Restaurant	Ambiente: **9** | 10
	Gesamt: 87 | 100

BERLIN

Altrovino 10967 Berlin

»Bella Italia« mitten in Berlin. Rund 170 verschiedene Weine stehen hier in Reih und Glied, bekannte Namen ebenso wie spannende Neuentdeckungen aus kleinen Betrieben. Natürlich können die Gewächse probiert werden, dazu gibt es gratis Geschichten und Anekdoten aus Italiens bunter Weinwelt. Schwerpunkt: Italien

Grimmstraße 17	Weinangebot:	**47** | 50
+49 30 98323693	Service	**18** | 20
www.altrovino.de	Essen	**16** | 20
Kategorie: Weinbar in Vinothek	Ambiente:	**8** | 10
	Gesamt:	89 | 100

AMANO Bar 10119 Berlin

Mitten in der Stadt und doch hoch über dem Trubel, mit tollem Ausblick und internationalem Publikum. Auf der Karte der Rooftop-Bar findet man eine angenehm übersichtliche Auswahl an Cocktails, innovative und lieb gewonnene Drinks werden vom begabten Team aber gerne auch individuell zubereitet.

Auguststraße 43	Drinks:	**45** | 50
+49 30 8094150	Ambiente:	**19** | 20
www.amanogroup.de	Service:	**18** | 20
Kategorie: Hotelbar	Sortiment:	**8** | 10
	Gesamt:	90 | 100

Apartment Bar 10557 Berlin

Vor allem an den Wochenenden herrscht hier quirlige urbane Atmosphäre und Partystimmung mit Blick in den Sternenhimmel über Berlin. Im siebten Stock des Amano Hotels am Hauptbahnhof werden vom versierten Thekenteam die Evergreens der Cocktailgeschichte serviert – vom Mojito bis zum Old Fashioned.

Heidestraße 62	Drinks:	**44** | 50
+49 152 32180907	Ambiente:	**18** | 20
www.amanogroup.de	Service:	**18** | 20
Kategorie: Hotelbar	Sortiment:	**7** | 10
	Gesamt:	87 | 100

Baden im Wein 🍷🍷

10435 Berlin

Die familiäre Atmosphäre ist spürbar, die kleine Weinbar ist ein Ort zum entspannten Wohlfühlen. Das kann man bestens bei einem Glas der angebotenen Weine, die vorwiegend aus deutschen Anbaugebieten kommen und zu moderaten Preisen eingeschenkt werden. Dazu gibt es kleine Schmankerl. Schwerpunkt: Deutschland

Schönhauser Allee 155	Weinangebot:	**45** | 50
+49 172 1557465	Service	**19** | 20
www.badenimwein.de	Essen	**14** | 20
Kategorie: Klassische Weinbar	Ambiente:	**9** | 10
	Gesamt:	87 | 100

Bar am Steinplatz 🍸🍸🍸

10623 Berlin

Hervorragende Drinks nur aus regionalen Zutaten, statt Gin gibt's feinsten Doppelwacholder. Basis sind beste Ingredienzen, vieles davon aus eigener Alchemieküche. Das Team um Willi Bittdorf bietet zudem unter dem Motto »Maximaler Genuss ohne Reue« eine beeindruckende alkoholfreie Cocktailkarte an.

Steinplatz 4	Drinks:	**47** | 50
+49 30 5544440	Ambiente:	**18** | 20
www.barsteinplatz.com	Service:	**19** | 20
Kategorie: Hotelbar	Sortiment:	**9** | 10
	Gesamt:	93 | 100

Bar Tausend 🍸🍸🍸

10117 Berlin

Gefühlt die Mutter aller Berliner Clubbars. Seit über 15 Jahren irren nun Suchende über den Schiffbauerdamm, um die geheimnisvolle Tür zu finden, hinter der das Cantina und das Tausend mit feinem Food und hervorragenden Cocktails locken. Ist man erst drin, will man so schnell nicht wieder raus.

Schiffbauerdamm 11	Drinks:	**45** | 50
+49 30 27582070	Ambiente:	**20** | 20
www.tausendberlin.com	Service:	**17** | 20
Kategorie: Club	Sortiment:	**8** | 10
	Gesamt:	90 | 100

Bar Zentral 🍸🍸🍸

10623 Berlin

Bewusstes Understatement im stilvollen Design: dunkle Wände, Backsteindecken (von der darüberfahrenden Bahntrasse), edles Holz und smoothe Musik. Hinterm Tresen zaubern Sebastian Mathow und Torsten Bender (beide früher im Green Door) fantastische Drei-Komponenten-Drinks, die ihresgleichen suchen.

Lotte-Lenya-Bogen 551	Drinks:	**46** | 50
+49 30 37433079	Ambiente:	**18** | 20
www.barzentral.de	Service:	**18** | 20
Kategorie: American Bar	Sortiment:	**9** | 10
	Gesamt:	91 | 100

Beavis.Bar

10119 Berlin

Keine Bar im üblichen Sinne – denn hier wird den puren Grundlagen jedes guten Drinks gehuldigt. Jon Cooper präsentiert rund 1000 Craft-Spirituosen aus internationalen Manufakturen, die hier zu verkosten sind. Dazu kommen viele Raritäten. Jeder Drink wird individuell auf den Gast abgestimmt gemixt.

Veteranenstraße 11	Drinks:	**46** | 50
+49 30 89545111	Ambiente:	**17** | 20
www.beavis.bar	Service:	**17** | 20
Kategorie: Loungebar	Sortiment:	**8** | 10
	Gesamt:	88 | 100

Becketts Kopf

10437 Berlin

In der »Bar zur Verfeinerung der Sinne« wird in stilvollem Rahmen die Kultur des gepflegten Trinkens gefeiert, Geist und Sinne werden vereint. Die Barkarte erzählt von Helden und Mythen, jeder einzelne Drink wie »Rob Barbe« eine ganze Geschichte, die sich auch auf Zunge und Gaumen verbreitet.

Pappelallee 64	Drinks:	**48** | 50
+49 30 44035880	Ambiente:	**18** | 20
www.becketts-kopf.de	Service:	**18** | 20
Kategorie: American Bar	Sortiment:	**9** | 10
	Gesamt:	93 | 100

Bijou Bar

10178 Berlin

Nach längerer Lockdownphase wieder ganz nach oben, das will die Crew der Bijou Bar. Den gehobenen Überblick hat man schon mal: Vom Dach des kleinen Hotels, wo stylishe Drinks und gehobenes Barfood serviert werden, hat man auch den schönsten Blick über das Scheunenviertel und den Hackescher Markt.

Monbijouplatz 1	Drinks:	**43** | 50
+49 30 61620300	Ambiente:	**18** | 20
www.monbijouhotel.com	Service:	**17** | 20
Kategorie: Hotelbar	Sortiment:	**8** | 10
	Gesamt:	86 | 100

Bonvivant Cocktail Bistro

10781 Berlin

Das Bistro vereint Essen und Trinken auf besondere Weise: Zu ambitionierten asiatisch-inspirierten Menüs wird passendes flüssiges Foodpairing serviert. Die Bar übernimmt am Abend das Ruder und überrascht mit Cocktails aus Kräutern, Essenzen und selbst gemixten Säften, mit und ohne Alkohol.

Goltzstraße 32	Drinks:	**46** | 50
+49 176 61722602	Ambiente:	**18** | 20
www. bonvivant.berlin	Service:	**18** | 20
Kategorie: Restaurantbar	Sortiment:	**8** | 10
	Gesamt:	90 | 100

Booze Bar 🍸🍸🍸

10245 Berlin

»Cocktails und Käsekrainer« – im Boxhagener Kiez mag man es lieber zünftig als vornehm. An der Theke kann man hervorragend bei perfekten Drinks wie »Liquid Cocaine« oder gutem Bier versacken, statt einer Barkarte gibt es nette Beratung. Von der Terrasse aus guckt man aufs trubelige Kiezleben.

Boxhagener Straße 105	Drinks:	47 | 50
+49 30 95591145	Ambiente:	18 | 20
	Service:	18 | 20
Kategorie: Loungebar	Sortiment:	8 | 10
	Gesamt:	91 | 100

Briefmarken 🍷🍷

10243 Berlin

Italienische Snacks und natürlich Pasta, dazu den passenden Wein aus »bella Italia«. Oder lieber eine vinophile Entdeckung, die noch nicht die große Runde gemacht hat? Im ehemaligen Briefmarkenladen ist beides möglich, hier frönt man dem »dolce vita« mit guten Weinen und leckeren Gerichten. Schwerpunkt: Italien

Karl-Marx-Allee 99	Weinangebot:	43 | 50
+49 30 42025292	Service	19 | 20
www.briefmarkenweine.de	Essen	15 | 20
Kategorie: Klassische Weinbar	Ambiente:	8 | 10
	Gesamt:	85 | 100

Bryk Bar 🍸🍸🍸

10405 Berlin

Holzpaletten und Holzkisten zum Sitzen, vor der Tür herrscht Berliner Lässigkeit. Drinnen ist es stylisher, aber sehr entspannt, im Winter auch mit Kaminfeuer. An der Theke wird mit viel Wissen und Witz gemixt: »Ick gloob, ick steh im Wald« heißt der Rye Whiskey Cocktail mit Honigsirup und Rosmarin.

Sredzkistraße 65	Drinks:	46 | 50
+49 30 22468055	Ambiente:	18 | 20
www.bryk-bar.com	Service:	18 | 20
Kategorie: American Bar	Sortiment:	9 | 10
	Gesamt:	91 | 100

Buck and Breck 🍸🍸🍸🍸

10119 Berlin

Man muss klingeln, um in die Bar mit dem kleinen, aber feinen Cocktailangebot zu kommen. Kein Wunder, es gibt nur gut ein Dutzend Plätze am Bartisch – mit persönlicher Betreuung vom Feinsten. Chef Gonçalo legt auch Wert auf Intimität und hat es so unter die »World's best 50 Bars« geschafft.

Brunnenstraße 177	Drinks:	50 | 50
+49 30 40555994	Ambiente:	18 | 20
www.buckandbreck.com	Service:	19 | 20
Kategorie: American Bar	Sortiment:	9 | 10
	Gesamt:	96 | 100

Bürkner Eck

12047 Berlin

Mildes Licht, eine fein bestückte Bar, smoothe Musik vom Plattenteller: Das »Eck« ist eine einladende Mischung aus Eckkneipe und Waterhole. Serviert werden Drinks wie »Morgan Le Fay«, dunkler Rum, Fernet und Wacholderblüte, oder der »Förster«, Whiskey Sour mit Extrakt aus selbst gesammeltem Waldmeister.

Hobrechtstraße 39	Drinks:	**46** | 50
	Ambiente:	**18** | 20
www.buerkner-eck.de	Service:	**19** | 20
Kategorie: American Bar	Sortiment:	**8** | 10
	Gesamt:	91 | 100

Die Apotheken Bar

10997 Berlin

Wo sonst holt man sich Heilung als in der Apotheke? Im historischen Ambiente am ebenso historischen Mariannenplatz (»Ton, Steine, Scherben«) wird die hohe Kunst der Medikamentierung auf natürlichen Rohstoffen ausgeübt, natürlich in trinkbarer Form: vom hauseigenen Tonic bis zum »Salbei Mint Julep«.

Mariannenplatz 6	Drinks:	**44** | 50
+49 30 69518108	Ambiente:	**18** | 20
www.apothekenbar.de	Service:	**17** | 20
Kategorie: American Bar	Sortiment:	**8** | 10
	Gesamt:	87 | 100

Ezsra

12043 Berlin

Eine der gewiss spannendsten Neueröffnungen im Herzen des Kiezes lädt ein zu Sharing Plates, Naturwein und regionalen Bieren in von Allüren befreiter Atmosphäre. Mit viel Liebe sind die Produkte und Zutaten kuratiert, und lehrreich ist ein jedes Gespräch mit dem Personal am großzügigen Tresen.

Schönstedtstraße 14	Weinangebot:	**45** | 50
+49 30 28633979	Service	**17** | 20
www.ezsra-berlin.com	Essen	**17** | 20
Kategorie: Weinbistro	Ambiente:	**7** | 10
	Gesamt:	86 | 100

FABELEI Cocktailbar

10781 Berlin

Optisch sehr hübsch, was hier auf dem Tresen landet, dazu noch gehaltvoll – sogar im literarischen Sinne. Denn zu jedem ihrer Cocktails wissen Anastasia und Filip Schöck-Bochenski eine Geschichte zu erzählen. Zu den alkoholfreien Drinks gehört der »Beltracchi«, ein kleiner, aber feiner Betrüger.

Kyffhäuserstraße 21	Drinks:	**45** | 50
+49 30 20859200	Ambiente:	**18** | 20
www.fabelei.com	Service:	**19** | 20
Kategorie: American Bar	Sortiment:	**8** | 10
	Gesamt:	90 | 100

Fairytale Bar 🍸🍸🍸 — 10407 Berlin

»Follow the white Rabbit« steht draußen angeschrieben. Durchaus denkbar, dass der verrückte Hutmacher Ihnen öffnet oder Alice Sie persönlich ins Wunderland der feinen Trinkkultur einlässt. Das Märchenhafte steht hier im Mittelpunkt, optisch wie auch in gelungenen Drinks wie dem »Frau Holle«.

Am Friedrichhain 24	Drinks:	**47** | 50
+49 170 2195155	Ambiente:	**19** | 20
www.fairytale.bar	Service:	**18** | 20
Kategorie: American Bar	Sortiment:	**8** | 10
	Gesamt:	92 | 100

Fifty Cocktail Heroes 🍸🍸🍸 — 10405 Berlin

Mehr als 50 Cocktails? Braucht man nicht! Beste Spirituosen und Zutaten sowie viel Liebe zum Detail und zur Komposition gehören zum Handwerk der heroischen Barkeeper. Am schicken Tresen und am großen Gemeinschaftstisch darf man einzigartige Drinks wie »Jimmy Choo« oder »Prenzlauer Boy« genießen.

Sredzkistraße 62	Drinks:	**45** | 50
+49 30 32662595	Ambiente:	**18** | 20
fifty-cocktail-heroes.business.site	Service:	**19** | 20
Kategorie: Loungebar	Sortiment:	**8** | 10
	Gesamt:	90 | 100

Franzotti 🍸🍸🍸 — 10965 Berlin

Fein variierte Klassiker wie den »Negroni Tedesco« aus regionalen Zutaten oder Saisonales wie »Blood & Sand« mit Blutorangen findet man drin im gemütlichen holzvertäfelten 50er-Jahre-Ambiente. Draußen trinkt man hausgemachte Limonaden mit Blick auf den Wasserfall, natürlich auch mit Schuss.

Kreuzbergstraße 71	Drinks:	**44** | 50
+49 172 3935704	Ambiente:	**19** | 20
www.barfranzotti.de	Service:	**18** | 20
Kategorie: American Bar	Sortiment:	**9** | 10
	Gesamt:	90 | 100

Fredericks 🍸🍸🍸 — 13351 Berlin

Wie der Name verrät, lässt sich hier genauso gut Erdbeer-Mascarpone-Torte verspeisen wie Hot Chocolate schlürfen, ein Augustiner und alles andere mit oder ohne Booze, gern auch zeitgleich und mit der Happy Hour von Montag bis Mittwoch. Die Woche ist in trockenen Tüchern; aber nur im übertragenen Sinne.

Lüderitzstraße 10	Drinks:	**47** | 50
+49 1578 8162886	Ambiente:	**18** | 20
fredericks-cafe-bar.business.site	Service:	**18** | 20
Kategorie: American Bar	Sortiment:	**8** | 10
	Gesamt:	91 | 100

Frederick's 🍸🍸🍸

10785 Berlin

Obacht, hier ist ein Apostroph dabei, in der Lüderitzstraße nicht, dennoch sollte man sich beim Verabreden sicher sein. Immerhin: zu Essen und Trinken wird es in jedem Falle geben, an diesem Ort indes auf mehr Raum, gehobener und auch mit deutlich mehr »fancy facto«. Es muss von allem etwas geben.

Bellevuestraße 1	Drinks:	47 I 50
+49 30 31196736	Ambiente:	18 I 20
www.fredericksberlin.com	Service:	18 I 20
Kategorie: American Bar	Sortiment:	10 I 10
	Gesamt:	93 I 100

Freundschaft 🍷🍷🍷

10117 Berlin

Ein bisschen versteckt, aber immer einen Besuch lohnend. Die mondäne Weinbar bietet alles, was man zum Einstieg oder Ausstieg in einen stimmungsvollen Abend oder eine aufregende Nacht braucht. Reserviert wird nicht, wer kommt, ist da und wählt aus der gut sortierten Weinkarte seine Favoriten.

Mittelstraße 1	Weinangebot:	49 I 50
+49 30 80492444	Service	18 I 20
www.istdeinbesterfreund.com	Essen	18 I 20
Kategorie: Klassische Weinbar	Ambiente:	8 I 10
	Gesamt:	93 I 100

Galander Charlottenburg 🍸🍸🍸

10627 Berlin

Einst war der »Stutti« ein Busbahnhof mit jeder Menge Rotlichtbars, heute ist die Gegend gutbürgerlich. In einem der einstigen Bordelle herrscht heute eher schickes, denn schäbiges Ambiente. Hier werden hervorragende Cocktails wie »Modischer Storch« oder »Kaiserkäffchen« serviert.

Stuttgarter Platz 15	Drinks:	46 I 50
+49 30 36465363	Ambiente:	19 I 20
www.galander.berlin	Service:	19 I 20
Kategorie: Loungebar	Sortiment:	9 I 10
	Gesamt:	93 I 100

Galander Haifischbar 🍸🍸🍸

10965 Berlin

Einst gab es hier Sushi zum Drink, daher auch der Name. Doch auch ohne Essen ist die Haifischbar eine Institution, die unter neuer Führung die Idee der gehobenen Barkultur hochhält. Barchefin Lucia Schürmann und ihr Team beraten gerne persönlich, erfahrene Barflies wissen das sehr zu schätzen.

Arndtstraße 25	Drinks:	46 I 50
+49 30 6911352	Ambiente:	18 I 20
www.galander.berlin	Service:	18 I 20
Kategorie: Loungebar	Sortiment:	8 I 10
	Gesamt:	90 I 100

Galander Kreuzberg ꝩꝩꝩ

10965 Berlin

Schöne American Bar im Look der Golden Twenties, hier könnte man auch Szenen für »Babylon Berlin« drehen. Die Qualität erkennt man an der besonderen Auswahl der Spirituosen, die es im zugehörigen Laden auch zu kaufen gibt, sowie an der Liebe zum Detail, mit der die Classic Cocktails serviert werden.

Großbeerenstraße 54	Drinks:	**45** | 50
+49 30 28509030	Ambiente:	**18** | 20
www.galander.berlin	Service:	**18** | 20
Kategorie: American Bar	Sortiment:	**9** | 10
	Gesamt:	90 | 100

George R ꝩꝩꝩ

10551 Berlin

Das stilisierte Bar-Logo zeigt den Kopf von George R(emus), der war ein begabter Chicagoer Prohibitionsschmuggler. Die nette Bar ist eine echte Perle im Kiez und die Betreiber Aljoscha und Alexander verstehen ihr Tresenhandwerk. Zu fein variierten Klassikern gibt's auch tolle Sandwiches.

Wilhelmshavener Straße 57	Drinks:	**45** | 50
+49 30 52666933	Ambiente:	**18** | 20
www.george-r.de	Service:	**18** | 20
Kategorie: American Bar	Sortiment:	**9** | 10
	Gesamt:	90 | 100

Gin Chilla Bar ꝩꝩ

10243 Berlin

Die Idee ist schlicht genial: Man nehme Gin und Tonic, dazu etwas Obstzeste und Eis – fertig ist der beliebteste Longdrink aller Zeiten. Im Gin Chilla sind rund 500 Gin-Sorten aus aller Welt und 30 verschiedene Tonics am Start. Die Vielfalt kann man auch bei regelmäßigen Tastings erschmecken.

Warschauer Straße 33	Drinks:	**45** | 50
+49 30 76748476	Ambiente:	**18** | 20
www.gin-chilla-bar.de	Service:	**18** | 20
Kategorie: Loungebar	Sortiment:	**8** | 10
	Gesamt:	89 | 100

Gin Chilla Selected ꝩꝩꝩ

10245 Berlin

»Gib deinem Leben einen Gin – aber unbedingt einen mit besonderem Aroma«: Das könnte hier als Motto über dem Tresen stehen, wo über 200 ausgewählte internationale Ginsorten zu verkosten sind, darunter viele Ginperlen, aber auch gewöhnungsbedürftige mit Namen wie »Schlachtplatte« oder »Bembel«.

Simplonstraße 23	Drinks:	**45** | 50
+49 30 76748476	Ambiente:	**18** | 20
gin-chilla-selected.de	Service:	**18** | 20
Kategorie: American Bar	Sortiment:	**9** | 10
	Gesamt:	90 | 100

Goldfisch Bar

10245 Berlin

Alles leuchtet: der Goldfischschriftzug, die beeindruckenden Flaschenbatterien hinterm Tresen, der Goldleuchter an der Decke. Und natürlich die Augen der Gäste, wenn ihnen die Barchefs Roman und Kai feine Drinks wie den »Corny Club« aus Pox, Sherry, Salty Caramel und Champagner servieren.

Grünberger Straße 67

Kategorie: American Bar

Drinks:	**46** I 50
Ambiente:	**17** I 20
Service:	**19** I 20
Sortiment:	**8** I 10
Gesamt:	90 I 100

GOLVET Restaurant

10785 Berlin

Der Drink vor, zu oder nach dem Sternemenü? Das Barteam um Yannik Walter weiß zu helfen und zaubert unter dem Motto »Cuisine Bartending« die entsprechenden Cocktails, ob mit oder ohne Alkohol. Vom 13 Meter langen Tresen im achten Stock hat man übrigens einen fanatstischen Blick über die Stadt.

Potsdamer Straße 58
+49 30 89064222
www.golvet.de
Kategorie: Restaurantbar

Drinks:	**46** I 50
Ambiente:	**19** I 20
Service:	**18** I 20
Sortiment:	**8** I 10
Gesamt:	91 I 100

Green Door

10781 Berlin

Gute Bars altern mit einer gewissen Nonchalance. Das Green Door vereint das Beste aus beinahe 40 Jahren Bestehen mit einem jungen Barteam unter Chefin Maria Gorbatschova, das auf den eigenen Geschmack vertraut und gerne experimentiert. Und so bleiben fantastische Drinks, die sich dennoch stets wandeln.

Winterfeldtstraße 50
+49 30 2152515
www.greendoor.de
Kategorie: American Bar

Drinks:	**48** I 50
Ambiente:	**18** I 20
Service:	**19** I 20
Sortiment:	**9** I 10
Gesamt:	94 I 100

Habel

10117 Berlin

Ein echter Klassiker im Herzen der Hauptstadt. Die traditionelle gutbürgerliche Küche, die auch Berliner Spezialitäten anbietet, wird von einer durchdachten und gut sortierten Weinkarte begleitet. Bewährte Gewächse, aber auch Weine aus jungen, modernen Betrieben sind hier zu finden.

Luisenstraße 19
+49 30 28098484
www.wein-habel.de
Kategorie: Weinbar im Restaurant

Weinangebot:	**44** I 50
Service	**18** I 20
Essen	**16** I 20
Ambiente:	**8** I 10
Gesamt:	86 I 100

Hawker Bar & Kitchen 🍸🍸🍸

10625 Berlin

Viel Kreativität weht durch die Räume dieser schicken Galeriebar. An den Wänden hängen Streaming-Metallobjekte von Betreiberin Patricia Strickland, auf den Tellern liegt moderne amerikanische Küchenkunst und in den Gläsern der Bar werden raffinierte Signature Drinks serviert – eine Kunst für sich.

Schlüterstraße 75	Drinks:	**47** I 50
	Ambiente:	**18** I 20
www.hawkerbarandkitchen.com	Service:	**18** I 20
Kategorie: Restaurantbar	Sortiment:	**8** I 10
	Gesamt:	91 I 100

Hefner Bar 🍸🍸

10623 Berlin

Hier müssen alle vorbei: die eiligen Geschäftsleute auf dem Weg zur S-Bahn, die Flaneure vom Savignyplatz, die Touristen auf dem Weg zum Hotel. Und vor dem Hefner sitzend, sieht man dem Sonnenuntergang über der Kantstraße gelassen zu, bei einem feinen »Aged Negroni« oder dem »Psycho Killer«.

Kantstraße 146	Drinks:	**43** I 50
+49 30 31017520	Ambiente:	**19** I 20
www.hefnerbar.de	Service:	**17** I 20
Kategorie: Loungebar	Sortiment:	**9** I 10
	Gesamt:	88 I 100

Herr Lindemann 🍸🍸🍸

12055 Berlin

Der Herr dieser Bar heißt nicht Erwin und eröffnet auch nicht mit dem Papst eine Herrenboutique. Peter Lindemann betreibt dafür diese wunderbare Bar mit viel Kreativität und Einsatz am Gast. Seine »Arzneikartei« beinhaltet großartige rezeptfreie Drinks von »aphrodisierend« bis »sedativ«.

Richardplatz 16	Drinks:	**47** I 50
	Ambiente:	**18** I 20
www.herr-lindemann.de	Service:	**19** I 20
Kategorie: American Bar	Sortiment:	**8** I 10
	Gesamt:	92 I 100

Hildegard 🍸🍸🍸

10789 Berlin

Eine heimelige American Bar nahe der Gedächtniskirche, betrieben von Gastroprofi Thomas Pflanz, der hier sein persönliches Shangri La gefunden hat. Zu besten Cocktails mit viel eigengebrauten Ingredienzen gibt es gute Musik, Nüsschen und charmante Betreuung – »Watermelon Man«, was brauchst du mehr?

Marburger Straße 3	Drinks:	**47** I 50
+49 30 21963283	Ambiente:	**18** I 20
www.hildegardbar-berlin.de	Service:	**19** I 20
Kategorie: Loungebar	Sortiment:	**8** I 10
	Gesamt:	92 I 100

Il Calice

10629 Berlin

Louis Bragato ist ein erfahrener Sommelier und was er an italienischen Weinen ausgesucht hat, ist von besonderer und verlässlicher Klasse. Auch spannende Neuentdeckungen stehen immer mal wieder auf der gut sortierten Karte, dazu bereitet die Küche natürlich klassische italienische Gerichte zu. Schwerpunkt: Italien

Walter-Benjamin Platz 4	Weinangebot:	**45** I 50
+49 30 3242308	Service	**17** I 20
www.enoiteca-il-calice.de	Essen	**17** I 20
Kategorie: Weinbar im Restaurant	Ambiente:	**8** I 10
	Gesamt:	87 I 100

Immertreu

10405 Berlin

Vorher reservieren kann nicht schaden, denn am langen Tresen haben maximal 20 Barflies Platz und Barchef Ricardo Albrecht hat viele treue Fans. Das mag an seiner Kompetenz in Sachen Whisk(e)y und der Auswahl an raren Spirituosen liegen. Oder auch einfach daran, dass man hier wunderbar versacken kann.

Christburger Straße 6	Drinks:	**47** I 50
+49 1578 5921221	Ambiente:	**18** I 20
www.bar-immertreu.de	Service:	**18** I 20
Kategorie: American Bar	Sortiment:	**9** I 10
	Gesamt:	92 I 100

JAJA

12043 Berlin

Erfrischend unkonventionell, hip und modern sowie in Sachen Wein bestens aufgestellt, präsentiert sich das kleine stimmungsvolle Weinbistro. Das Publikum ist gemischt und bunt, denn im kulinarischen und vinologischen Programm ist für jeden etwas dabei. Alles, nur kein Mainstream! Schwerpunkt: Raw/Natural Wines

Weichselstraße 7	Weinangebot:	**45** I 50
+49 30 52666911	Service	**17** I 20
www.jajaberlin.com	Essen	**17** I 20
Kategorie: Weinbistro	Ambiente:	**8** I 10
	Gesamt:	87 I 100

KaDeWe

10789 Berlin

Was wäre Berlin ohne das KaDeWe? In dem legendären Kaufhaus ist auch der ganze kulinarische Kosmos versammelt, inklusive der nationalen und internationalen Weinwelt mit ihren Gewächsen in allen Preissparten. Bei der Auswahl ist der freundliche und kompetente Service stets zur Stelle.

Tauentzienstraße 21–24	Weinangebot:	**48** I 50
+49 30 21210	Service	**19** I 20
www.kadewe.de	Essen	**17** I 20
Kategorie: Klassische Weinbar	Ambiente:	**10** I 10
	Gesamt:	94 I 100

KANTE

10997 Berlin

Sylvan Drews und Jean-Michel Blattner haben in den Räumen der einstigen Kantine Kohlmann das Ruder übernommen, Teilhaber ist außerdem der Künstler Wilson Gonzalez Ochsenknecht. Die räumliche Aufteilung sowie Atmosphäre bleiben ähnlich, jetzt mit dezidierter Zero-Waste-Küche und Signature-Drink-Menü.

Skalitzerstraße 64	Drinks:	**44** | 50
+49 171 8184591	Ambiente:	**17** | 20
www.kante.berlin	Service:	**17** | 20
Kategorie: Restaurantbar	Sortiment:	**8** | 10
	Gesamt:	86 | 100

Kauz und Kiebitz

12047 Berlin

Geheimrat Goethe, der hier im Namen der gehobenen Kiezkneipe zitiert wird, wäre sicher Stammmgast. Nah am Volk, dazu mit leckeren Snacks (Gulasch, Shrimp-Rolls) und diversen lokalen Craft-Bieren vom Hahn, dazu einige klassische Cocktails. Wo aber bleibt der »Geheimrat«, natürlich auf Appelwoi-Basis?

Reuterstraße 47	Drinks:	**44** | 50
+49 174 1916697	Ambiente:	**18** | 20
www.kauzundkiebitz.de	Service:	**18** | 20
Kategorie: American Bar	Sortiment:	**8** | 10
	Gesamt:	88 | 100

Kink

10119 Berlin

Hier wird, so die Betreiber, »nicht nur geschüttelt oder gerührt – wir kochen, infundieren, fermentieren und redestillieren«. Klingt nicht nur gut, sondern führt auch zu begeisternden Cocktails wie dem »Lila & Nita« – Talisker Ten, redestilliert mit Tonka, Szechuanpfeffer und Winterweizen. Wow!

Schönhauser Allee 176	Drinks:	**46** | 50
+49 30 41207344	Ambiente:	**18** | 20
www.kink-berlin.de	Service:	**18** | 20
Kategorie: Restaurantbar	Sortiment:	**8** | 10
	Gesamt:	90 | 100

Konträr

10405 Berlin

Die Idee für seine Hybridbar kam Taran Schiffer während der Pandemie: Wenn man die Welt nicht bereisen kann, holt man sie sich wenigstens nach Hause. Zu essen gibt es sehr feine internationale, moderne Gerichte auf kleinen Tellern und dazu passende ausgesuchte Naturweine aus Deutschland und Europa.

Winsstraße 53	Weinangebot:	**47** | 50
+49 30 98397466	Service	**18** | 20
www.kontrar.de	Essen	**17** | 20
Kategorie: Weinbistro	Ambiente:	**8** | 10
	Gesamt:	90 | 100

Küche Bar

10963 Berlin

Eine historische Gründerzeitküche bestimmt die coole Optik, das Equipment von Nina Zilvar, »Barfrau des Jahres 2022«, steht sogar auf dem Herd. Auf der Barkarte wird nach »Vorspeise«, »Hauptgang« oder »Dessert« unterschieden, der »Kinderteller« ist natürlich alkoholfrei. Dazu gibt's feines Barfood.

Tempelhofer Ufer 16	Drinks:	**46** I 50
+49 30 23542926	Ambiente:	**19** I 20
www.kueche-bln.com	Service:	**18** I 20
Kategorie: Loungebar	Sortiment:	**8** I 10
	Gesamt:	91 I 100

Kurpfalz-Weinstuben

10629 Berlin

Ein Traditionslokal mit Kultstatus. Seit Jahrzehnten werden in der gemütlichen Stube erstklassige Weine ausgeschenkt, aktuelle Gewächse ebenso wie reifere Jahrgänge. Dazu stehen auf der Karte Raritäten von renommierten Winzern. Immer gut sind die bodenständigen Gerichte als Begleiter zum Wein. Schwerpunkt: Deutschland

Wilmersdorfer Straße 93	Weinangebot:	**46** I 50
+49 30 8836664	Service	**17** I 20
www.kurpfalz-weinstuben.de	Essen	**17** I 20
Kategorie: Weinbar im Restaurant	Ambiente:	**8** I 10
	Gesamt:	88 I 100

Lebensstern

10785 Berlin

Es wird schon wieder Herbst – das erkennt man auch an der Barkarte im schönen Lebensstern überm Café Einstein. Der Tipp: Neben Klassikern und Signatures wie »Lebenssterns Mai Tai« sollte man stets die »Drinks für die Jahreszeit« versuchen, eben »Bratapfel Daiquiri« oder »Lebkuchen Eierlikör«.

Kurfürstenstraße 58	Drinks:	**46** I 50
+49 30 2639190	Ambiente:	**18** I 20
www.cafeeinstein.com	Service:	**19** I 20
Kategorie: American Bar	Sortiment:	**9** I 10
	Gesamt:	92 I 100

Liberate

10178 Berlin

Kein anderes Wort als opulent trifft die Einrichtung dieser Bar im Golden Twenties Style: Gold leuchtet überall, Kristallleuchter an der Decke und ein sehr schickes Publikum, das gerne feiert. Das begabte Barteam glänzt auch – mit gekonnten klassischen Cocktails von »Manhattan« bis »Mai Tai«.

Kleine Präsidentenstraße 4	Drinks:	**44** I 50
+49 30 88677778	Ambiente:	**18** I 20
www.theliberate.com	Service:	**18** I 20
Kategorie: American Bar	Sortiment:	**8** I 10
	Gesamt:	88 I 100

Liesl Weinwirtschaft 🍷🍷 12051 Berlin

Ein typisches Neuköllner Gewächs, ideenreich und trotzdem bodenständig, mehr ein bayerisch-österreichisches Wirtshaus, denn eine Bar. Nur an drei Abenden der Woche serviert man spannende, nachhaltige Naturweine kleiner Weingüter, als Vesper gibt es Brettl mit Käse, Landjägern und Sauerteigbrot.

Nogatstraße 30	Weinangebot:	**45** | 50
	Service	**17** | 20
	Essen	**16** | 20
Kategorie: Weinbar im Restaurant	Ambiente:	**7** | 10
	Gesamt:	85 | 100

Limonadier 🍸🍸🍸 10961 Berlin

Die Kunst des Limonademachens hatte im 18. Jahrhundert ihre Blütezeit, die Barkeeper waren die Nachfolger der Limonadiers. In dieser Tradition stellen Eric dos Santos und sein Team die meisten Basics selbst her, die in Drinks wie dem »Great Escape« oder der »Heiligen Erde« ihren Höhepunkt finden.

Nostitzstraße 12	Drinks:	**46** | 50
+49 170 6012020	Ambiente:	**18** | 20
www.limonadier.de	Service:	**19** | 20
Kategorie: Loungebar	Sortiment:	**8** | 10
	Gesamt:	91 | 100

Lochner Weinwirtschaft 🍷🍷 10781 Berlin

Gediegen, gemütlich und verlässlich: Die heimelige Weinstube ist seit vielen Jahren ein Ort des Genusses. Dafür sorgt zum einen die Küche mit ihren geschmackvollen bodenständigen Gerichten. Zum anderen ist die Weinauswahl kenntnisreich sortiert und birgt manche erfreuliche Überraschung. Schwerpunkt: Deutschland

Eisenacher Straße 86	Weinangebot:	**45** | 50
+49 30 23005220	Service	**18** | 20
www.lochner-weinwirtschaft.de	Essen	**18** | 20
Kategorie: Weinbar im Restaurant	Ambiente:	**8** | 10
	Gesamt:	89 | 100

Lützow Bar 🍸🍸🍸 10785 Berlin

Eine Legende? Ein Tempel? Auf jeden Fall ein wichtiger Lokaltermin bei jedem Berlinbesuch. Seit mehr als 30 Jahren wird in der Lützow Bar gehobene Barkultur zelebriert, Thomas Altenberger sorgt seit drei Jahren dafür, dass die originäre Kreativität wieder auflebt. Darauf einen »South of San Diego«!

Lützowplatz 7	Drinks:	**44** | 50
+49 30 53670094	Ambiente:	**18** | 20
www.luetzow-bar.de	Service:	**19** | 20
Kategorie: American Bar	Sortiment:	**9** | 10
	Gesamt:	90 | 100

Mauerwinzer

10435 Berlin

Ab Nachmittag füllt sich der schicke, puristisch eingerichtete Weinladen in Berlin-Mitte. Weinliebhaber und Kenner können hier aus rund 180 verschiedenen deutschen Weinen und Sekten ihre Favoriten auswählen. Entweder zum Mitnehmen oder um ihn sofort im Mauerwinzer zu genießen. Schwerpunkt: Deutschland

Wolliner Straße 20	Weinangebot:	45 | 50
+49 30 48491501	Service	18 | 20
www.mauerwinzer.de	Essen	17 | 20
Kategorie: Weinbistro	Ambiente:	8 | 10
	Gesamt:	88 | 100

meisterschueler

10117 Berlin

Es gibt viel zu sehen: Bilder von lokalen Künstlern, die man erwerben kann, interessante Zeitgenossen, die hier gerne am Tresen verweilen, dazu ein schöner Blick über die Spree. Auf der umfangreichen Barkarte findet man gute Cocktailklassiker, aber auch Eigenes wie »Choctails« auf Schokoladenbasis.

Friedrichstraße 105b	Drinks:	45 | 50
+49 30 22002288	Ambiente:	18 | 20
www.meisterschueler.bar	Service:	19 | 20
Kategorie: Loungebar	Sortiment:	9 | 10
	Gesamt:	91 | 100

Monkey Bar

10787 Berlin

Stimmt, einige Menschen kommen nur tagsüber in die Bar, weil sie die berühmten Paviane im Zoo gegenüber angucken wollen. Doch erst nach Sonnenuntergang beginnt die grandiose »Cocktailsafari« mit straighten Drinks wie »Hurricane« oder »Zombie Colada« sowie feinem Barfood aus dem benachbarten NENI.

Budapester Straße 40	Drinks:	45 | 50
+49 30 120221210	Ambiente:	19 | 20
www.25hours-hotels.com	Service:	17 | 20
Kategorie: Hotelbar	Sortiment:	8 | 10
	Gesamt:	89 | 100

Mr. Susan

10115 Berlin

Der Sommer im Mr. Susan war geprägt vom Sprizz – ob bitter, blumig oder fruchtig. Susan Choi und ihr Team lassen sich von saisonalen Aromen inspirieren. Matcha, Rote Bete oder Trüffel, die ihre kalifornische Fusionsküche prägen, können auch im Longdrink landen. Einfach mal überraschen lassen!

Krausnickstraße 1	Drinks:	47 | 50
	Ambiente:	18 | 20
www.mrsusan.com	Service:	19 | 20
Kategorie: Loungebar	Sortiment:	8 | 10
	Gesamt:	92 | 100

Nö! 🍷🍷

10117 Berlin

Ein buntes Publikum trifft sich in der sympathischen Weinbar in Berlin-Mitte. Entspannt und locker ist die Atmosphäre, der freundliche Service hat immer einen guten Tipp parat – sei es für einen Wein oder eines der wechselnden Tagesgerichte aus der mediterran orientierten Küche.

Glinkastraße 23	Weinangebot: **45** | 50
+49 30 2010871	Service **17** | 20
www.cafe-noe.de	Essen **16** | 20
Kategorie: Weinbar im Restaurant	Ambiente: **8** | 10
	Gesamt: 86 | 100

Noble Rot 🍷🍷

10245 Berlin

Für Einsteiger und Fortgeschrittene in Sachen Wein ist hier der Place to be. Denn in der modern ausgestatteten Weinbar lebt die Leidenschaft zu guten und sehr guten Gewächsen, der Funke springt ob der durchdachten Auswahl auf jeden über. Als Weinbegleitung werden hausgemachte Snacks angeboten. Schwerpunkt: Deutschland

Gärtnerstraße 6	Weinangebot: **46** | 50
+49 30 22600377	Service **19** | 20
www.weinbar-berlin.com	Essen **16** | 20
Kategorie: Klassische Weinbar	Ambiente: **8** | 10
	Gesamt: 89 | 100

Orania.Bar 🍸🍸🍸

10999 Berlin

Elegant, chic und trotzdem mitten im sozial bewegten Kreuzberg: Das Konzept der Orania.Bar will diese Gegensätze vereinen, ohne dabei abgehoben zu wirken. Das hippe Barteam von Managerin Laura Driftmann setzt dazu auf handwerkliche Spirituosen, raffinierte Rezepte und ungewöhnliche Livekonzerte.

Oranienplatz 17	Drinks: **47** | 50
+49 30 69539680	Ambiente: **18** | 20
www.orania.berlin	Service: **19** | 20
Kategorie: Hotelbar	Sortiment: **9** | 10
	Gesamt: 93 | 100

Ottorink 🍷🍷🍷

10999 Berlin

Eine schöne kleine Bar-Location, die Lebensfreude ausstrahlt und ihr buntes Publikum vinologisch immer wieder aufs Neue bestens unterhält. Denn die Auswahl an Weinen ist gut durchdacht und lässt auch Platz für unbekanntere Güter und tatsächliche Neuentdeckungen. Lohnt einen Abstecher! Schwerpunkt: Deutschland

Dresdener Straße 124	Weinangebot: **49** | 50
+49 163 7068369	Service **18** | 20
www.ottorink.de	Essen **16** | 20
Kategorie: Klassische Weinbar	Ambiente: **9** | 10
	Gesamt: 92 | 100

Provocateur Bar

10707 Berlin

Der nahe Ku'damm war in den 1920ern das Eldorado der freizügigen Boheme, die sich in den knallroten Plüschgewittern sicher sehr wohl gefühlt hätte. Einfach mal klingeln: Der Mix aus Verrufenem und asiatischer Exotik findet sich auch in den exquisiten Drinks wie »Macao Fizz 2.0« oder »Lucifer« wieder.

Brandenburgische Straße 21	Drinks:	**46** | 50
+49 151 64625945	Ambiente:	**19** | 20
www.provocateur-hotel.com	Service:	**18** | 20
Kategorie: Hotelbar	Sortiment:	**9** | 10
	Gesamt:	92 | 100

Reingold

10115 Berlin

Edles Holz, edles Leder, edles Gold: Das leuchtende Ambiente allein ist schon einen Besuch im Speakeasy wert. Hinter der geheimen Tür empfängt die Besucher ein 17 Meter langer Tresen, hinter dem souverän beste Klassiker oder Signature Cocktails wie »Botanical Women« gerührt oder geschüttelt werden.

Novalisstraße 11	Drinks:	**46** | 50
+49 30 28387676	Ambiente:	**19** | 20
www.reingold.de	Service:	**18** | 20
Kategorie: American Bar	Sortiment:	**9** | 10
	Gesamt:	92 | 100

Rum Trader

10719 Berlin

Das Kleinod hat nun ein Jahr ohne den legendären Ex-Barchef Gregor Scholl auskommen müssen (verlässliche Quellen flüstern, er tauche gelegentlich auf, um einen strengen Blick aufs Geschehen zu werfen). Nachfolger Sahand Zamani und sein Team haben die Bewährungsprobe wohl bestanden. Darauf einen »Mojito«!

Fasanenstraße 40	Drinks:	**47** | 50
+49 30 8811428	Ambiente:	**18** | 20
www.rumtrader.com	Service:	**19** | 20
Kategorie: American Bar	Sortiment:	**10** | 10
	Gesamt:	94 | 100

Rutz – Zollhaus

10961 Berlin

Sehenswert saniert, erstrahlt das historische Gemäuer am Landwehrkanal in neuem Glanz. Ein Berliner Hotspot, in dem regionale herzhafte Gerichte und echte Berliner Spezialitäten nicht fehlen dürfen. Die Weinkarte ist durchdacht zusammengestellt, vor allem deutsche Gewächse sind hier gesetzt. Schwerpunkt: Deutschland

Carl-Herz-Ufer 30	Weinangebot:	**50** | 50
+49 30 233276670	Service	**19** | 20
www.rutz-zollhaus.de	Essen	**19** | 20
Kategorie: Weinbar im Restaurant	Ambiente:	**9** | 10
	Gesamt:	97 | 100

Salut! ♀♀♀

10781 Berlin

Klingeln, reingelassen werden, an der stylishen Theke mit einem »Schöneberger Spritz« belohnt werden. Schön. Das Salut! ist nicht umsonst Lieblingswaterhole vieler Cocktailogen. Die neue Barkarte verspricht zudem mixologische Überraschungen wie »Sérieux comme le plaisir« oder »Big in Japan«.

Goltzstraße 7	Drinks:	**45** | 50
+49 30 74698504	Ambiente:	**19** | 20
www.salut-berlin.de	Service:	**19** | 20
Kategorie: American Bar	Sortiment:	**9** | 10
	Gesamt:	92 | 100

Saphire Bar ♀♀♀

10407 Berlin

Am Rand des Volksparks lockt der Cocktailhimmel. Hinter dem langen, edel gestaltenen Tresen wird aber nicht nur mit handwerklichem Können, sondern mit poetischem Geist gearbeitet, das zeigen die Namen der Drinks wie »Triumph des Selbstdarstellers« oder »Die offene Wunde im Himmlischen Berg«.

Bötzowstraße 31	Drinks:	**46** | 50
+49 30 25562158	Ambiente:	**18** | 20
www. saphirebar.de	Service:	**18** | 20
Kategorie: Loungebar	Sortiment:	**9** | 10
	Gesamt:	91 | 100

Schmidt Z&KO ♀♀♀

12161 Berlin

»Vinophile Genusswerkstatt« nennen die Macher ihre Location, zu der die Terrasse »Hinterhof Oase« gehört. In Weinschränken lagern die Flaschen perfekt temperiert, dort kann sie der Gast auswählen und sich dann am Tisch servieren lassen. Zum Genuss steuert die Küche kleine Leckereien und Snacks bei.

Rheinstraße 45–46	Weinangebot:	**47** | 50
+49 30 200039570	Service	**19** | 20
www.schmidt-z-ko.de	Essen	**19** | 20
Kategorie: Weinbar im Restaurant	Ambiente:	**9** | 10
	Gesamt:	94 | 100

Schwarze Traube ♀♀

10997 Berlin

Manchmal fragen neue Gäste in der Kiezbar nach der Cocktailkarte. Doch die braucht Atalay Aktas nicht, denn er hat stets drei oder vier Specials im Angebot, die man auf keinen Fall ablehnen sollte. Der coole Barchef interpretiert die Klassiker der Barkultur auf seine ganz besondere Weise.

Wrangelstraße 24	Drinks:	**45** | 50
+49 30 23135569	Ambiente:	**18** | 20
schwarzetraube.eatbu.com	Service:	**18** | 20
Kategorie: American Bar	Sortiment:	**8** | 10
	Gesamt:	89 | 100

Sharlie Cheen Bar 🍸🍸🍸

10119 Berlin

Ein fiktiver Sharlie Cheen, legendärer Dandy um 1915, ist Pate dieses Ladens. Dem Alkohol war er durchaus zugetan, sein Tagebuch dient heute als Barkarte. »Bangkok Bang« und »Like A Pornstar« heißen folgerichtig die Signature Drinks, die mit der richtigen Mischung aus Handwerk und Inspiration zubereitet werden.

Brunnenstraße 196	Drinks:	**46** | 50
+49 30 55527425	Ambiente:	**19** | 20
www.sharliecheenbar.berlin	Service:	**18** | 20
Kategorie: Loungebar	Sortiment:	**8** | 10
	Gesamt:	91 | 100

Stagger Lee 🍸🍸🍸

10777 Berlin

Etwas düster, dunkles Holz, lederne Clubmöbel und alte Schwarzweißfotos, fast wie in einem der Saloons, die man aus klassischen »Cowboyfilmen« kennt. Das Stagger Lee frönt dem Westernkult gerne, Drinks wie »Dark 'n' Stormy« oder »Horse's Neck« werden kreativ und mit Witz interpretiert. Yeehaw!

Nollendorfstraße 27	Drinks:	**46** | 50
+49 30 29036158	Ambiente:	**18** | 20
www.staggerlee.de	Service:	**18** | 20
Kategorie: American Bar	Sortiment:	**8** | 10
	Gesamt:	90 | 100

Stairs 🍸🍸🍸

10717 Berlin

Die wenigen Stufen runter geht es in eine cool-metropolitane Bar, wie man sie im braven Wilmersdorf lange nicht kannte. Die Cocktailkarte ist nach Dekaden der Barkultur aufgeteilt, vom »Goldenen Zeitalter« ab 1860 bis in die Jetztzeit, wo man Signatures wie »Wild Kitchen« oder »Wammerlsour« findet.

Uhlandstraße 133	Drinks:	**45** | 50
+49 30 37467688	Ambiente:	**18** | 20
www.stairsbar-berlin.com	Service:	**19** | 20
Kategorie: Loungebar	Sortiment:	**9** | 10
	Gesamt:	91 | 100

Stue Bar 🍸🍸🍸

10787 Berlin

Dezentes, aber beeindruckendes skandinavisches Design bestimmt die Optik im schicken Fünf-Sterne-Hotel am Tiergarten. Kluge Beleuchtung sorgt für den »Hygge«-Touch, der das Verweilen gerne verlängert. Das aufmerksame Barteam serviert stabile Cocktailklassiker auf Whisk(e)y- oder Gin-Basis.

Drakestraße 1	Drinks:	**46** | 50
+49 30 3117220	Ambiente:	**18** | 20
www.so-berlin-das-stue.com	Service:	**18** | 20
Kategorie: Hotelbar	Sortiment:	**9** | 10
	Gesamt:	91 | 100

Tamper meets Jigger 🍸🍸

12053 Berlin

Kaffee bestimmt das Leben von Barchef Raymund Peters, auf vielen Reisen fand er neue und interessante Sorten. Diese Liebe wirkt sich aus. Versuchen Sie mal einen »Santé«-Cocktail mit Absinth und Kaffeesirup oder »Tamper meets Jigger Coffee« (Schokoladeneis, Walnuss, Sandelholzrauch und Espresso).

Jonasstraße 22	Drinks:	**43** | 50
+49 30 68900707	Ambiente:	**18** | 20
www.tampermeetsjigger.com	Service:	**18** | 20
Kategorie: American Bar	Sortiment:	**8** | 10
	Gesamt:	87 | 100

The Coven 🍸🍸

10178 Berlin

Sex spielt hier, wie man schon am Outfit mancher Gäste sehen kann, durchaus eine Rolle. Allerdings ist es egal, welche Art von Geschlecht man bevorzugt. Berlin ist hier besonders queer und die gut aussehenden Tresenjungs verwöhnen jeden mit besten Drinks: vom »Pink Martini« bis zum »Moscow Mule«.

Kleine Präsidentenstraße 3	Drinks:	**45** | 50
+49 1511 4982524	Ambiente:	**18** | 20
www.thecovenberlin.com	Service:	**18** | 20
Kategorie: American Bar	Sortiment:	**8** | 10
	Gesamt:	89 | 100

THE GIN ROOM 🍸🍸🍸

10707 Berlin

Im Paradies für Gin-Fans gibt es über 250 Sorten, ob aus Berlin oder aus Wyk auf Föhr, ob aus Slowenien, Spanien oder Südafrika. Durchaus sinnvoll, sich beraten zu lassen, der Erfolg wird überzeugen. Auch Klassiker wie der »Negroni« oder Signature Drinks wie der »Nut an Angel« finden sich im Menü.

Pariser Straße 38	Drinks:	**45** | 50
+49 30 81307019	Ambiente:	**17** | 20
www.theginroom.de	Service:	**18** | 20
Kategorie: American Bar	Sortiment:	**10** | 10
	Gesamt:	90 | 100

The Grand Bar 🍸🍸🍸

10178 Berlin

Eine besondere Location, sogar im verwöhnten Berlin. Im außen unscheinbaren Gründerzeitbau findet man einen gelungenen optischen Mix aus Bling-Bling und abgerockter Coolness. Im schicken Restaurant wird eines der besten Steaks der Stadt gegrillt, in der Bar gibt's kreative Drinks wie »Penicillin«.

Hirtenstraße 4	Drinks:	**46** | 50
+49 30 2789099555	Ambiente:	**19** | 20
www.the-grand-berlin.com	Service:	**18** | 20
Kategorie: Loungebar	Sortiment:	**8** | 10
	Gesamt:	91 | 100

The Hat Bar

10623 Berlin

Die Band spielt »Chattanooga Choo Choo« und drüber rattern die Züge der S-Bahn. In dieser Jazzbar gibt es aber nicht nur rhythmische, sondern auch mixologische Freuden – vom gekonnt servierten »Boulevardier«-Klassiker bis zu »Ellas Summertime« mit Gin, Hibiskus, Mandelaromen und Ginger Beer.

Lotte-Lenya-Bogen 550
www.thehatbar.de
Kategorie: American Bar

Drinks:	**45** | 50
Ambiente:	**18** | 20
Service:	**19** | 20
Sortiment:	**8** | 10
Gesamt:	90 | 100

Thelonious

12047 Berlin

Hier ein Tröpfchen, da ein Dash: Es hat was Magisches, wenn man Chefin Laura zusieht, wie sie mit viel Inspiration und Wissen einen ganz besonderen Cocktail zaubert. Das der grandios schmeckt, keine Frage. Denn die nette Bar mit der guten Musik ist eines der besten Waterholes im Neuköllner Kiez.

Weserstraße 202
+49 30 55618232
www.thelonious-bar.de
Kategorie: American Bar

Drinks:	**46** | 50
Ambiente:	**18** | 20
Service:	**18** | 20
Sortiment:	**8** | 10
Gesamt:	90 | 100

TiER

12045 Berlin

»Betreten auf eigene Gefahr« steht heute auf dem Billboard neben der Tür. Warnung für unbedarfte Touristen und Alkoholverächter. Im Tier, wo Blofelds Katze im Dauerloop gestreichelt wird, nimmt man den »alkoholpädagogischen Auftrag« nämlich ernst. Also reingehen, neugierig bestellen und genießen.

Weserstraße 42
www.tier.bar
Kategorie: American Bar

Drinks:	**48** | 50
Ambiente:	**18** | 20
Service:	**19** | 20
Sortiment:	**8** | 10
Gesamt:	93 | 100

Tiger Bar

10785 Berlin

Tiger Bar und Panamarestaurant gehören zusammen und suchen stets nach dem idealen Aroma und dem feinen Geschmack. Gut, ein bisschen was Alchemistisches hat es schon, wenn dem »Summer Martini« ein Tropfen Rhabarberöl zugegeben wird. Knallt aber fantastisch, wie die jungen Leute zu sagen pflegen.

Potsdamer Straße 91
+49 30 983208435
www.oh-panama.com
Kategorie: American Bar

Drinks:	**44** | 50
Ambiente:	**18** | 20
Service:	**18** | 20
Sortiment:	**7** | 10
Gesamt:	87 | 100

Timber Doodle 🍸🍸🍸

10245 Berlin

In der Bar mit dem verzauberten Namen wird mit viel Herzblut und Poesie gemixt. Susanne Baró Fernández erzählt mit jedem Drink Geschichten und bietet, wie beim gallischen »Hungernix«, auch den passenden Snack dazu an. Serviert wird in fantasievollen Gefäßen, edlem Bleikristall und Vintagegläsern.

Wühlischstraße 37	Drinks:	**47** | 50
+49 152 53133786	Ambiente:	**18** | 20
www.timberdoodle.de	Service:	**19** | 20
Kategorie: American Bar	Sortiment:	**9** | 10
	Gesamt:	93 | 100

Truffle Pig 🍸🍸🍸

12047 Berlin

Rein in die angesagte Kiezkneipe, den Spuren des Trüffelschweins folgen, die Klingel finden und eine sehr stylishe Hinterzimmerbar entdecken. Im perfekten Speakeasy wirkt Damien Guichard hinterm Tresen und bereitet großartige Cocktailschöpfungen wie »The French Dispatch« oder »Palo Maldini« zu.

Reuterstraße 47	Drinks:	**46** | 50
+49 174 191 66 97	Ambiente:	**18** | 20
www.trufflepigberlin.de	Service:	**18** | 20
Kategorie: American Bar	Sortiment:	**8** | 10
	Gesamt:	90 | 100

Velvet 🍸🍸🍸🍸

12043 Berlin

»Spruce« ist Englisch für Fichte, bedeutet aber auch flott und adrett. Ersteres kann schon mal in den raffinierten Drinks von Ruben Neideck und Filip Kaszubski landen: »Fichtensprosse« heißt der hauseigene Cocktail auf Wodkabasis: Der Rest beschreibt sehr treffend Bar, Bartender und Publikum.

Ganghoferstraße 1	Drinks:	**50** | 50
	Ambiente:	**19** | 20
www.velvet-bar-berlin.de	Service:	**19** | 20
Kategorie: American Bar	Sortiment:	**9** | 10
	Gesamt:	97 | 100

Vesper Bar 🍸🍸🍸

10709 Berlin

Kein Wunder, dass Kinolegende Ursula Andress alias »Honey Rider« die erste Seite der Barkarte ziert: Diese schicke Ku'damm-Bar ist dem Stil und den Cocktails von James Bond gewidmet. Mit viel Gefühl und Erfahrung bereitet Barchef Ismail Karakaya den legendären »Dry Martini« und andere Classics zu.

Kurfürstendamm 160	Drinks:	**45** | 50
+49 30 85606356	Ambiente:	**18** | 20
www.vesper-bar.de	Service:	**19** | 20
Kategorie: American Bar	Sortiment:	**8** | 10
	Gesamt:	90 | 100

Victoria Bar 🍸🍸🍸

10785 Berlin

Mehr als ein charmanter Laden, in dem hervorragende Cocktails serviert werden: Die Victoria Bar ist Legende, Heimat und schönstes Wohnzimmer für alle, die Barkultur schätzen und lieben. Mit viel Gefühl für Basics entstehen hinter dem Tresen wunderbare Signatures wie »Schwarze Fee« oder »Tubby King«.

Potsdamer Straße 102	Drinks:	**47** | 50
+49 30 25759977	Ambiente:	**18** | 20
www.victoriabar.de	Service:	**19** | 20
Kategorie: American Bar	Sortiment:	**9** | 10
	Gesamt:	93 | 100

VOIMA 🍸🍸

10781 Berlin

In Barbara Ettels finnisch inspirierter Bar werden vor allem skandinavische Spirituosen und Basics verwendet. Man kann sich hochtrinken: Beim alkoholfreien »Schiffsjungen« geht es los und es dauert ein bisschen, bis man beim »Admiral« angekommen ist, notfalls gibt's »Tuore Maito«, ein Glas Milch.

Winterfeldtstraße 22	Drinks:	**45** | 50
+49 30 20985435	Ambiente:	**18** | 20
www.voima.de	Service:	**18** | 20
Kategorie: Loungebar	Sortiment:	**8** | 10
	Gesamt:	89 | 100

Vox Bar 🍸🍸

10795 Berlin

Im exklusiven Cross-over-Restaurant sollte man unbedingt mal gegessen haben, die zugehörige Bar gehört ebenfalls zu den Must-haves eines Berlinbesuchs. Schwerpunkt ist die großartige Auswahl an Whisk(e)ys, die pur oder in tollen Signature Cocktails wie dem »Potsdamer Platz« zur Entfaltung kommen.

Marlene-Dietrich-Platz 2	Drinks:	**44** | 50
+49 30 25531772	Ambiente:	**18** | 20
www.vox-restaurant.de	Service:	**17** | 20
Kategorie: Hotelbar	Sortiment:	**9** | 10
	Gesamt:	88 | 100

Weinlobbyist 🍷🍷

10827 Berlin

Bistro und Weinbar: Chef und Sommelier Serhat Aktas hat sich ein gutes und erfolgreiches Konzept ausgedacht. Die Weine sucht er selbst aus, entsprechend kenntnisreich zusammengestellt ist die Karte. Aus der kleinen Küche kommen gut gemachte Schlemmereien, die bestens zu den Weinen passen.

Kolonnenstraße 62	Weinangebot:	**47** | 50
+49 30 30640772	Service	**18** | 20
www.derweinlobbyist.de	Essen	**16** | 20
Kategorie: Weinbistro	Ambiente:	**8** | 10
	Gesamt:	89 | 100

Windhorst ꙳꙳꙳

10117 Berlin

Persönliche Beratung ist alles. Seit 1999 sorgt Günter Windhorst im Windschatten des Bahnhofs Friedrichstraße für betreutes Trinken auf höchstem Niveau. Zu gelungenen American-Bar-Klassikern kommen raffinierte Signature Drinks wie der »Pegu Club« oder der »Old Mexican Friend« über den Tresen.

Dorotheenstraße 65
+49 30 20450070
www.windhorst-bar.de
Kategorie: American Bar

Drinks:	**46** | 50
Ambiente:	**18** | 20
Service:	**18** | 20
Sortiment:	**8** | 10
Gesamt:	90 | 100

Würgeengel ꙳꙳꙳

10999 Berlin

Diese Bar beherrscht die hohe Kunst, gehobene Cocktailkultur zu zelebrieren und dennoch kieztauglich zu sein. Hinterm Tresen wirbeln mixologische Experten, auf der Bar landen unnachahmliche Drinks wie »Malcolm Lowry« auf Mezcal-Basis oder der »Buñueloni«, der Engel-Signature-Drink schlechthin.

Dresdener Straße 122
+49 30 6155560
www.wuergeengel.de
Kategorie: Loungebar

Drinks:	**46** | 50
Ambiente:	**18** | 20
Service:	**18** | 20
Sortiment:	**8** | 10
Gesamt:	90 | 100

Zyankali Bar ꙳꙳꙳

10961 Berlin

Im »Institut für Unterhaltungschemie« nimmt man seinen Job ernst, aber mit viel Humor. Barchef Tom nutzt gerne Anspielungen an Horrorfilme und Popkultur, um Drinks wie den »Pangalaktischen Donnergurgler« zu benennen. Zudem ist er der Berliner Spezialist für Absinth und hauseigene Liköre.

Gneisenaustraße 17
+49 30 68830170
www.zyankali.de
Kategorie: Loungebar

Drinks:	**45** | 50
Ambiente:	**18** | 20
Service:	**18** | 20
Sortiment:	**9** | 10
Gesamt:	90 | 100

SNOW WHITE

Zimtstaub
1 cl Limette frisch gepresst
1,5 cl Ingwerer
2 cl St-Germain Holunderblütenlikör
2 cl Bacardí Añejo Cuatro
10 cl Kokosmilch

Entdecken Sie die besten Cocktail-Rezepte!
falstaff.de/cocktail-rezepte

BRANDENBURG

Greenhouse — 16548 Glienicke/Nordbahn

Am Berliner Stadtrand wird's grün, das wissen die Hauptstädter. Im immergrünen Gewächshaus wird kalifornische Cross–over–Küche serviert: vom klassischen Burger bis zur mexikanischen Fajita – alles Fleisch stammt aus artgerechter Haltung. Dazu gibt es Klassiker wie den gelungenen »Planter's Punch«.

Oranienburger Chaussee 10–11	Drinks:	**44** | 50
+49 33056 246800	Ambiente:	**18** | 20
www.greenhouse-california.de	Service:	**18** | 20
Kategorie: Restaurantbar	Sortiment:	**8** | 10
	Gesamt:	88 | 100

Bar Fritz'n — 14467 Potsdam

In Potsdam gibt es einige entzückende Bars, man muss sie nur finden. Diese hier unweit der Brandenburger Straße zeichnet sich durch schummrig-gemütliche Atmosphäre und eine inspirierende Cocktailkarte aus. Die freundlichen Bar-Fritz'n mischen mit viel Fingerspitzengefühl und Produktkenntnis.

Dortustraße 6	Drinks:	**46** | 50
+49 173 2479353	Ambiente:	**18** | 20
www.barfritzn.de	Service:	**19** | 20
Kategorie: Loungebar	Sortiment:	**8** | 10
	Gesamt:	91 | 100

Lewy Wein-Bistro — 14467 Potsdam

Neben unkomplizierten Speisen stehen auf der kleinen Bistrokarte auch sogenannte Weinbegleiter mit Schinken und Käsespezialitäten. Lesya Richter hat dazu mit Bedacht ein abwechslungsreiches Weinsortiment zusammengestellt, viele Gewächse werden offen ausgeschenkt. Ein stimmiges Konzept.

Dortustraße 17	Weinangebot:	**44** | 50
+49 331 2008802	Service	**19** | 20
www.lewy-potsdam.de	Essen	**16** | 20
Kategorie: Weinbar im Restaurant	Ambiente:	**8** | 10
	Gesamt:	87 | 100

Schech's ꟾꟾ

14467 Potsdam

Wenn im Sommer die Tische vorm Schech's schon am frühen Abend gut besetzt sind, muss es da wohl etwas Besonderes geben. Tut es auch: Ein engagiertes Team, eine kleine, aber bemerkenswerte Barkarte mit »Whiskey Sour« oder saisonalem »Waldemar« und natürlich die »Schechwiches« für den Hunger danach.

Dortustraße 68
+49 331 58392666

Kategorie: Loungebar

Drinks:	**44** | 50
Ambiente:	**17** | 20
Service:	**19** | 20
Sortiment:	**8** | 10
Gesamt:	88 | 100

BREMEN

Blauer Fasan ꟾꟾꟾ

28195 Bremen

Lässig und leger, zwei Attribute die in der Szenebar mit Überzeugung gelebt werden. Die Gäste schätzen die lockere Atmosphäre, vor allem aber die Arbeit des professionellen Teams. Das mixt Cocktails wie aus dem Bilderbuch und schüttelt Drinks auf höchstem Niveau aus dem Ärmel.

Böttcherstraße 3–5
+49 421 40896781
www.blauerfasan.de
Kategorie: Loungebar

Drinks:	**46** | 50
Ambiente:	**18** | 20
Service:	**19** | 20
Sortiment:	**8** | 10
Gesamt:	91 | 100

Bobby Lane Bar ꟾꟾꟾ

28209 Bremen

Gediegenes Ambiente, entspannte Atmosphäre, internationale Drinks und Spirituosen: Das ist das Erfolgsrezept der Bar im Stadtteil Schwachhausen, die bei Jung und Alt gleichermaßen beliebt ist. Peruanischen »Pisco Sour« und »Marakesch Mule« mit Oriental Tea Gin Fusion muss man probiert haben!

Wachmannstraße 47
+49 421 5178885
www.bobby-lane.de
Kategorie: American Bar

Drinks:	**46** | 50
Ambiente:	**18** | 20
Service:	**18** | 20
Sortiment:	**9** | 10
Gesamt:	91 | 100

Engel Weincafé

28203 Bremen

Ab 10 Uhr wird im gemütlichen Engel Frühstück serviert, und das in vielen leckeren Variationen. Ab den frühen Abendstunden trifft man sich hier zum erfrischenden Longdrink oder bestellt einen Gin Mare aus Spanien, der nur selten angeboten wird. Auf der Wochenkarte stehen kleine Gerichte und Snacks.

Ostertorsteinweg 31/33	Weinangebot:	**45** | 50
+49 421 69642390	Service	**18** | 20
www.engelweincafe-bremen.de	Essen	**17** | 20
Kategorie: Weinbar im Restaurant	Ambiente:	**9** | 10
	Gesamt:	89 | 100

Lemon Lounge

28195 Bremen

Barmanagerin Victoria May steht für innovative, saisonal-regionale Drinks und Twists verschiedener Klassiker, die zu kleinen ofenfrischen Snacks in der neuen Location angeboten werden. In der alten Lounge finden nur noch Cocktailkurse und Bartending-Abende statt.

Am Wall 177	Drinks:	**44** | 50
+49 421 57705364	Ambiente:	**18** | 20
www.lemonlounge.de	Service:	**18** | 20
Kategorie: Loungebar	Sortiment:	**9** | 10
	Gesamt:	89 | 100

Ludwig's

28209 Bremen

Sehr klassisch ist das Ambiente der traditionellen Bar, ein Hort des guten Geschmacks, der sich auf eine beachtliche Weinauswahl kapriziert, zu der kleine Köstlichkeiten wie Antipasti und Quiche bestellt werden können. Sehr gutes Angebot an offenen Weinen zu fair kalkulierten Preisen.

Wachmannstraße 47	Weinangebot:	**46** | 50
+49 421 5178885	Service	**19** | 20
www.ludwigs-weinbar.de	Essen	**18** | 20
Kategorie: Klassische Weinbar	Ambiente:	**9** | 10
	Gesamt:	92 | 100

Olive – Brot und Wein 🍷

28205 Bremen

Mediterranes Lebensgefühl mitten in Bremen. Die Olive spielt natürlich eine zentrale Rolle in dem schönen Altbau-Ladenlokal, entsprechend schmackhaft zubereitet sind auch die Leckereien aus der Küche. Die Weinauswahl ist bunt und vielfältig und kapriziert sich auf europäische Gewächse.

Hamburger Straße 189	Weinangebot:	**43** | 50
+49 421 22297588	Service	**17** | 20
www.olive-weinbar.de	Essen	**15** | 20
Kategorie: Klassische Weinbar	Ambiente:	**8** | 10
	Gesamt:	83 | 100

HAMBURG

Amaranto 🍷🍷

22085 Hamburg

Manche Gäste kommen wegen der abwechslungsreichen hausgemachten Tapas, andere wegen der Weine, die hier angeboten werden. Die Kombination macht's am Ende, denn im chic-gemütlichen Ambiente der angesagten Hamburger Weinbar spricht man die Sprache des guten Geschmacks. Beim Essen wie beim Trinken. Schwerpunkt: Spanien

Winterhuder Weg 146	Weinangebot:	**44** | 50
+49 40 22691111	Service	**18** | 20
www.amaranto.de	Essen	**16** | 20
Kategorie: Weinbistro	Ambiente:	**7** | 10
	Gesamt:	85 | 100

Apples Bar 🍸🍸🍸

20095 Hamburg

Alberto Costa kennt nicht nur die Vorlieben seiner Stammgäste, der Barchef ist immer ein guter Ratgeber für den passenden Drink. Meist ist es Gin, zum Beispiel aus Estland. Why not? Daneben werden hier auch saisonale Cocktails und spezielle Drinks aus frischen Äpfeln angeboten. Nomen est omen.

Bugenhagenstraße 8	Drinks:	**46** | 50
+49 40 33321771	Ambiente:	**18** | 20
www.apples-restaurant.de	Service:	**19** | 20
Kategorie: Hotelbar	Sortiment:	**8** | 10
	Gesamt:	91 | 100

Bar du Nord

22301 Hamburg

Zeitlos schön und kuschelig ist das Ambiente der Bar, die im Herzen Hamburgs liegt und ein beliebter Treffpunkt für Nachtschwärmer ist. Das liegt auch an der freundlichen Barcrew, die nicht nur ein klassisches Cocktailprogramm anbietet, sondern auch Highballs vom Feinsten mixt.

Dorotheenstraße 33	Drinks:	**43** | 50
+49 172 4195608	Ambiente:	**18** | 20
www.bardunord.de	Service:	**17** | 20
Kategorie: American Bar	Sortiment:	**8** | 10
	Gesamt:	86 | 100

Bar Noir

20355 Hamburg

In der chic gestylten Bar beginnt das Nachtleben bereits um 17 Uhr. Wer möchte, bekommt dann Kaffee oder Tee, doch auch die bunt gestaltete Barkarte ist schon am Start. Die Champagner-Auswahl bietet einen guten Einstieg, nicht verpassen sollte man die Jin-Gui-Signatures wie Shiso Smash.

Stadthausbrücke 10	Drinks:	**46** | 50
+49 40 33441400	Ambiente:	**20** | 20
www.tortue.de	Service:	**19** | 20
Kategorie: Hotelbar	Sortiment:	**9** | 10
	Gesamt:	94 | 100

Berglund

22303 Hamburg

Schwedisch ist hier nur der Name. Die klassische Bar mit gedämpftem Licht und langem Tresen bietet ihren Gästen einen guten Querschnitt durch die internationalen Drinks und Cocktails. Die freundliche Barcrew erfüllt auch Zutatenwünsche und ist offen für kreative Ideen.

Gertigstraße 14	Drinks:	**45** | 50
+49 40 60430208	Ambiente:	**18** | 20
www. berglund-bar.com	Service:	**18** | 20
Kategorie: American Bar	Sortiment:	**8** | 10
	Gesamt:	89 | 100

Berliner Bahnhof ΥΥΥ

20095 Hamburg

Die Mischung macht's. Im schicken modernen Designambiente gibt es neben einer guten Auswahl an Pasta, Salaten und belegten Broten dazu auch kühles Bier und ausgesuchte Weine aus europäischen Anbaugebieten. Und natürlich perfekt gemachte Drinks und Cocktails, professionell gemixt und geschüttelt.

Deichtorstraße 1–2	Drinks:	**47** I 50
+49 40 20982392	Ambiente:	**19** I 20
www.berlinerbahnhof.com	Service:	**17** I 20
Kategorie: Restaurantbar	Sortiment:	**8** I 10
	Gesamt:	91 I 100

Black Forest Bar ΥΥΥ

20251 Hamburg

Für die Barszene der Hansestadt eine echte Bereicherung. Ein bisschen Schwarzwald-Ambiente ohne Kitsch, dafür mit dem richtigen Händchen für badische Snacks und Drinks, Cocktails und Obstbrände. Tobias Henn hält die Zügel in der Hand und präsentiert seine Heimat kulinarisch in modernem Ambiente.

Curschmannstraße 9	Drinks:	**46** I 50
+49 40 30031400	Ambiente:	**18** I 20
www.blackforest-bar.de	Service:	**18** I 20
Kategorie: American Bar	Sortiment:	**8** I 10
	Gesamt:	90 I 100

Boilerman ΥΥΥ

20253 Hamburg

Gute Musik in entspannter Atmosphäre und Highballs. Klassisch oder modern, in jedem Fall vom Feinsten. Das ist der Anspruch der schicken Bar, in der der »Gin Basil Highball« zum ersten Mal ins Glas kam. Auch fast vergessene Klassiker kommen hier zu neuen Ehren, Highball all over the world!

Eppendorfer Weg 211	Drinks:	**46** I 50
+49 40 42102135	Ambiente:	**18** I 20
www.boilerman.de	Service:	**19** I 20
Kategorie: American Bar	Sortiment:	**9** I 10
	Gesamt:	92 I 100

Boilerman ΥΥΥ

20457 Hamburg

Barmanager Nico Grote und sein freundliches Team haben es richtig gut drauf. Was die ambitionierte Crew in dem cool designten Ambiente zusammenmixt, gehört zu den Top-Drinks der Hansestadt. Favoriten auf der Karte sind die Highballs, die ohne Shaker auskommen und aus besten Spirituosen bestehen.

Osakaallee 12	Drinks:	**45** I 50
+49 40 555575440	Ambiente:	**18** I 20
www.boilerman-hafenamt.de	Service:	**19** I 20
Kategorie: Hotelbar	Sortiment:	**9** I 10
	Gesamt:	91 I 100

Bootshaus

20457 Hamburg

Mit Blick über die Elbe, hat das puristische, hochwertig eingerichtete Restaurant seinen eigenen Charme. Verständlich, dass die Küche gleichzieht und feine, aromatisch geschmackvolle Speisen ohne Schnickschnack serviert. Eine breite Auswahl an Weinen, Drinks und Spirituosen macht das Ganze rund.

Am Kaiserkai 19
+49 40 33473744
www.bootshaus-hafencity.de
Kategorie: Restaurantbar

Drinks:	**44** | 50
Ambiente:	**19** | 20
Service:	**18** | 20
Sortiment:	**8** | 10
Gesamt:	89 | 100

Botanic District

20251 Hamburg

Ein Raum für entspanntes Genießen und kommunikatives Come-together. Nicht nur zum »After Work« kommt man hier zusammen, die Bar im Stadtteil Eppendorf ist bis spät in die Nacht Treffpunkt für Freunde der guten Drinks und Cocktails. Gut essen kann man hier auch, Tapas und Burger sind die Favoriten.

Hegestraße 14–16
+49 40 46095310
www.botanic-district.de
Kategorie: American Bar

Drinks:	**46** | 50
Ambiente:	**18** | 20
Service:	**19** | 20
Sortiment:	**8** | 10
Gesamt:	91 | 100

Botanist Bar

20354 Hamburg

Aus der richtigen Mischung ausgesuchter Kräuter, Gewürze, Obst, Gemüse und hochwertiger Spirituosen zaubern die talentierten Barten-der großartige Drinks und Cocktails. Mit und ohne Alkohol. Das Ambiente unterstreicht den Botanic-Gedanken – ein rundum gelungenes und stimmiges Konzept!

Drehbahn 49
+49 40 30999595
www.meatery.de
Kategorie: Restaurantbar

Drinks:	**44** | 50
Ambiente:	**18** | 20
Service:	**18** | 20
Sortiment:	**8** | 10
Gesamt:	88 | 100

Brooklyn BBQ Bar

22765 Hamburg

Nach New York ist es noch ein ganzes Stück, aber die kulinarische Richtung stimmt schon mal. Meat Platter, Chicken Wings, Fries und natürlich Burger und Pastrami-Sandwiches machen hier die Gäste glücklich. Dazu bestellt man die passenden coolen Drinks beim Team, und schon ist das Brooklyn-Feeling da!

Bahrenfelder Straße 221
+49 40 60792430
www.brooklynbbqbar.de
Kategorie: Restaurantbar

Drinks:	**43** | 50
Ambiente:	**18** | 20
Service:	**18** | 20
Sortiment:	**8** | 10
Gesamt:	87 | 100

Brooklyn Burger Bar

20457 Hamburg

Hot time in the city! Die Szenebar lässt nichts anbrennen und bringt immer wieder neue und ideenreiche Burger-Kreationen auf die Teller. Natürlich auch Klassiker, manchmal sogar in Veggie-Variante. Bier geht dazu immer, auch coole Drinks und gut gemixte Cocktails stehen auf der Karte.

Alter Fischmarkt 3	Drinks:	**44** | 50
+49 40 34994866	Ambiente:	**17** | 20
www.brooklynburgerbar.de	Service:	**18** | 20
Kategorie: American Bar	Sortiment:	**8** | 10
	Gesamt:	87 | 100

Carls Weinbar

20457 Hamburg

Thomas Martin und seine Küchencrew wissen genau, welche französischen Gerichte zu den ausgesuchten Weinen der »Grande Nation« passen, die hier mit Blick auf die Elbe angeboten werden. Ein Duett des guten Geschmacks, französische Lebensart mitten in der Hansestadt.
Schwerpunkt: Frankreich

Am Kaiserkai 69	Weinangebot:	**43** | 50
+49 40 300322400	Service	**17** | 20
www.carls-brasserie.de	Essen	**17** | 20
Kategorie: Weinbistro	Ambiente:	**8** | 10
	Gesamt:	85 | 100

Christiansen's

20359 Hamburg

Uwe Christiansen ist ein erfahrener Barkeeper, Filmdarsteller, Buchautor und Moderator. Aber vor allem ist er kompetenter Berater in seiner Bar auf St. Pauli. Auch wer sich in der Barszene auskennt, erfährt von Uwe noch Neues und bekommt einen coolen Drink gemixt, der einen ins Staunen versetzt.

Pinnasberg 60	Drinks:	**47** | 50
+49 40 3172863	Ambiente:	**18** | 20
www.christiansens.de	Service:	**19** | 20
Kategorie: American Bar	Sortiment:	**10** | 10
	Gesamt:	94 | 100

Ciu'

20095 Hamburg

Im Herzen Hamburgs und mit schönem Blick auf die Binnenalster ist die angesagte Location eine wahre Fundgrube für alle, die gerne klassische und kreative Drinks gleichsam schätzen. Ob »Banana Daiquiri« oder »Sloe Gin Fizz«: Die freundlichen Bartender mixen auf hohem Genussniveau!

Ballindamm 14–15	Drinks:	**44** | 50
+49 40 32526060	Ambiente:	**18** | 20
www.ciudiebar.de	Service:	**18** | 20
Kategorie: American Bar	Sortiment:	**9** | 10
	Gesamt:	89 | 100

Clockers 🍸🍸🍸

22767 Hamburg

Zum Bummel über den Kiez gehört ein Abstecher in die schlicht eingerichtete, aber kultige Bar auf St. Pauli. Neben den Klassikern und einer grandiosen Auswahl an Gins, kommen hier auch exklusive Spirituosen aus eigener Herstellung in die Gläser. Unbedingt buchen: ein Gin-Tasting!

Paul-Roosen-Straße 27	Drinks: **47** | 50
	Ambiente: **18** | 20
www.clockers.hamburg	Service: **19** | 20
Kategorie: American Bar	Sortiment: **8** | 10
	Gesamt: 92 | 100

Clouds 🍸🍸🍸

20359 Hamburg

Hoch hinauf geht es in die Bar in der 23. Etage, am langen Tresen der Szenelocation ist man dem Barhimmel ganz nah. Zum Aperitif bestellt man Champagner, danach die angesagten Cocktails »Playboy« oder »Kiez Gin Sour«. Kleine Snacks stehen auf der Karte. Achtung: Der Dresscode ist casual-elegant!

Reeperbahn 1	Drinks: **46** | 50
+49 40 30993280	Ambiente: **19** | 20
www.clouds-hamburg.de	Service: **19** | 20
Kategorie: Restaurantbar	Sortiment: **8** | 10
	Gesamt: 92 | 100

DaCaio im Hotel »The George« 🍸🍸🍸

22087 Hamburg

»Very british« ist in der Hansestadt oft anzutreffen. Richtig kultig wird das in der Bar des Hotels »The George« zelebriert, wenn schon am frühen Nachmittag das Barleben langsam erwacht. Wodka, Rum und Gin sind in der gemütlichen Location gesetzt, die Longdrinks und homemade Cocktails legendär.

Barcastraße 3	Drinks: **48** | 50
+49 40 2800301810	Ambiente: **18** | 20
www.thegeorge-hotel.de	Service: **19** | 20
Kategorie: Hotelbar	Sortiment: **9** | 10
	Gesamt: 94 | 100

Die alte Druckerei 🍷🍷

20095 Hamburg

Hier war jahrzehntelang wirklich eine Druckerei, die jetzige Inhaberin übernahm sie von ihren Eltern und baute die Räume während der Pandemie mit Auge für Design und Interieur um. Insbesondere jüngeres Publikum schätzt die Weinbar als angesagten Treffpunkt. Die Weinkarte zählt zu den interessanten der Stadt.

Kattrepel 2	Weinangebot: **46** | 50
+49 170 7013786	Service **16** | 20
www.die-ale-druckerei.de	Essen **17** | 20
Kategorie: Klassische Weinbar	Ambiente: **9** | 10
	Gesamt: 88 | 100

Drilling

22763 Hamburg

Café, Bar und Destille: alles unter einem Dach, deswegen der Name. Klingt gut und ist gut! Denn Inhaber Thorsten Frerichs legt nicht nur Wert auf das Angebot von unzweifelhaften Qualitätsprodukten, sondern auch auf perfekte handwerkliche Zubereitung – ob Kaffee, Cocktail oder Drink.

Friesenweg 4 +49 179 9769435 www.drilling.hamburg **Kategorie: American Bar**	Drinks: Ambiente: Service: Sortiment:	**47** I 50 **18** I 20 **19** I 20 **8** I 10
	Gesamt:	92 I 100

Dripbar

20359 Hamburg

Beratung tut hier gut, denn die außergewöhnliche Bar auf dem Kiez hat auch ein außergewöhnliches Getränkeprogramm. Der Kreativität sind kaum Grenzen gesetzt, die Bartender führen kompetent durch die Drink- und Cocktailideen, die teils nach dem Slow-Drip-Verfahren zubereitet werden.

Antonistraße 4 +49 174 1007658 Kategorie: Loungebar	Drinks: Ambiente: Service: Sortiment:	**47** I 50 **18** I 20 **18** I 20 **8** I 10
	Gesamt:	91 I 100

Fabbro

20253 Hamburg

Auf der Speisekarte stehen vorwiegend mediterran inspirierte Speisen, herrlich italienisch. Natürlich darf die hausgemachte Pasta, in Bioqualität angepriesen, da nicht fehlen. Wenn wundert es, dass dazu auch italienische Weine angeboten werden. Mit Grandezza serviert, alles fürs Dolce Vita! Schwerpunkt: Italien

Eppendorfer Weg 176 +49 40 87098849 www.dalfabbrowinebar.de **Kategorie: Weinbar im Restaurant**	Weinangebot: Service Essen Ambiente:	**45** I 50 **17** I 20 **18** I 20 **8** I 10
	Gesamt:	88 I 100

Fontenay Bar

20354 Hamburg

Für Hamburger und Gäste gleichermaßen ein Place to be. Hamburg pur! Nicht nur die Aussicht über die Alster ist grandios, auch das Angebot an Drinks lässt nichts zu wünschen übrig. Ob mit oder ohne Alkohol. Unbedingt probieren: »Horse's Neck« und »Lime Flake«, created by Rocco Tolomeo.

Fontenay 10 +49 40 60566050 www.thefontenay.com **Kategorie: Hotelbar**	Drinks: Ambiente: Service: Sortiment:	**47** I 50 **19** I 20 **17** I 20 **9** I 10
	Gesamt:	92 I 100

Freudenhaus 🍸🍸🍸

20359 Hamburg

Es geht unkompliziert und leger zu, im stimmungsvollen Freudenhaus auf dem Kiez in Hamburg. Dafür sorgt schon die riesige Auswahl an Gin, Rum und vor allem an Whisk(e)y. Wer in diese Geschmackswelt einsteigen möchte, sollte hier, bei sehr kompetenter Beratung, beginnen.

Hein-Hoyer-Straße 7–9 +49 40 314642 www.stpauli-freudenhaus.de **Kategorie: Restaurantbar**	Drinks: Ambiente: Service: Sortiment:	**44** | 50 **18** | 20 **19** | 20 **10** | 10
	Gesamt:	91 | 100

HYGGE 🍸🍸🍸

22607 Hamburg

Ein urbaner Hotspot, der im ehemaligen Pferdestall nicht nur kreative, bodenständige und saisonal ausgerichtete Speisen anbietet. Ein gute Getränkeauswahl ist das zweite Aushängeschild der gemütlichen Location: coole klassische und moderne Drinks, exklusive Weine und perfekt gemixte Cocktails.

Baron-Voght-Straße 179 +49 40 82274160 www.hygge-hamburg.de **Kategorie: Restaurantbar**	Drinks: Ambiente: Service: Sortiment:	**46** | 50 **19** | 20 **18** | 20 **9** | 10
	Gesamt:	92 | 100

Jahreszeiten Bar 🍸🍸🍸🍸

20354 Hamburg

Ein hanseatischer Klassiker ist die Hotelbar des traditionsreichen Hauses. Viel Platz ist hier nicht, doch ein Abstecher lohnt immer. Denn neben rund 70 verschiedenen Whisk(e)y-Sorten und knapp 25 Gins, kommen hier perfekt gemachte klassische internationale Drinks und Cocktails ins Glas.

Neuer Jungfernstieg 9–14 +49 40 34943302 www.fairmont-hamburg.com **Kategorie: Hotelbar**	Drinks: Ambiente: Service: Sortiment:	**48** | 50 **19** | 20 **19** | 20 **9** | 10
	Gesamt:	95 | 100

Kinfelts Kitchen & Wine

20457 Hamburg

Mit ihrer international und französisch inspirierten Küche hat sich das geschmackvoll modern gestylte Restaurant einen Platz in Hamburgs Gastroszene erarbeitet. Die Gäste schätzen aber auch die umfangreiche und äußerst kenntnisreich zusammengestellte Weinauswahl. Großartig!

Am Kaiserkai 56	Weinangebot:	47 | 50
+49 40 30068369	Service	19 | 20
www.kinfelts.de	Essen	18 | 20
Kategorie: Weinbistro	Ambiente:	9 | 10
	Gesamt:	93 | 100

Kleines Phi

20357 Hamburg

Stylish und gemütlich, die szenige Bar hat ihre Fangemeinde. Und das zu Recht, denn hinter dem Tresen stehen Bartender, die nicht nur ihr Handwerk perfekt beherrschen, sondern auch kreativ sind und auf die Wünsche der Gäste eingehen. Gute Auswahl an Cocktails mit dem gewissen Etwas.

Feldstraße 42	Drinks:	44 | 50
	Ambiente:	18 | 20
kleinesphi.eatbu.com	Service:	18 | 20
Kategorie: American Bar	Sortiment:	8 | 10
	Gesamt:	88 | 100

Le Lion

20095 Hamburg

Mit seinem »Gin Basil Smash« hat Jörg Meyer Cocktailgeschichte geschrieben, der Klassiker steht natürlich auch auf der spannenden Karte der angesagten Bar unweit des Hamburger Rathauses. Dazu kommen hier exquisite Klassiker und Eigenkreationen ins Glas, aber auch Rum- und Champagnerdrinks.

Rathausstraße 3	Drinks:	49 | 50
+49 40 334753780	Ambiente:	19 | 20
	Service:	18 | 20
Kategorie: American Bar	Sortiment:	9 | 10
	Gesamt:	95 | 100

MASH Hamburg

22767 Hamburg

Das Beste aus der amerikanischen Steakhouse-Tradition, das ist die Essenz von MASH im alten Fischerhafen. Zu den exquisiten Fleischgerichten aus aller Welt, serviert in verschiedenen Cuts, werden nordamerikanische Weine angeboten, aber auch Gewächse aus »Old Europe«. Great!

Große Elbstraße 148	Drinks:	46 | 50
+49 40 809008111	Ambiente:	18 | 20
www.mashsteak.de	Service:	18 | 20
Kategorie: Restaurantbar	Sortiment:	8 | 10
	Gesamt:	90 | 100

Nakama

20457 Hamburg

In dem schnörkellos eleganten Restaurant hat die asiatische Fusion-Küche eine authentische Heimat, auch die Freestyle-Sushi-Kompositionen begeistern immer wieder. Nicht weniger spannend sind die Cocktail-Food-Pairings und Drinks mit Sake, die dazu vom freundlichen Service angeboten werden.

Willy-Brandt-Straße 51	Drinks:	44 | 50
+49 40 49205111	Ambiente:	18 | 20
www.nakama-hamburg.de	Service:	18 | 20
Kategorie: Restaurantbar	Sortiment:	8 | 10
	Gesamt:	88 | 100

Neumanns Bistro

20146 Hamburg

In ungezwungener und gemütlicher Atmosphäre werden im Neumanns Bistro kenntnisreich ausgesuchte Weine, vorwiegend aus europäischen Anbauregionen, ausgeschenkt. Und das gleich an zwei Standorten in der Hansestadt. Beachtlich ist dazu die Gin-Kollektion, die Küche verwöhnt mit herzhaften Gerichten.

Grindelhof 77	Weinangebot:	45 | 50
+49 40 38076567	Service	17 | 20
www.neumanns-bistro.de	Essen	17 | 20
Kategorie: Weinbistro	Ambiente:	8 | 10
	Gesamt:	87 | 100

Nikkei Nine

20354 Hamburg

Die Kombination aus japanischer und peruanischer Küche ist genial, eine Fusion und geschmackliche Symbiose, die spannende Gerichte hervorbringt. Die gleiche Mischung gibt es auch bei den Drinks und Cocktailkreationen an der sehenswerten Bar, ein erlebenswertes innovatives Getränkekonzept!

Neuer Jungfernstieg 9–14	Drinks:	47 | 50
+49 40 34943399	Ambiente:	18 | 20
www.nikkei-nine.de	Service:	18 | 20
Kategorie: Restaurantbar	Sortiment:	8 | 10
	Gesamt:	91 | 100

Poletto Winebar

20251 Hamburg

Remigio Poletto pflegt italienische Lebensart mit Leidenschaft und einer gehörigen Portion guten Geschmacks. Das macht sich nicht nur bei den Speisen bemerkbar, die in der schicken Weinbar serviert werden. Auch die Weinauswahl ist eine Extraklasse, Klassiker und Newcomer vom Feinsten! Schwerpunkt: Italien

Eppendorfer Weg 287	Weinangebot:	45 | 50
+49 40 38644700	Service	18 | 20
www.poletto-winebar.de	Essen	18 | 20
Kategorie: Klassische Weinbar	Ambiente:	8 | 10
	Gesamt:	89 | 100

Puzzle Bar 🍸🍸🍸🍸

20457 Hamburg

Die schicke Bar mit dem langen Tresen ist ein wahrer Cocktailtempel in exklusiver Lage im 15. Stock des Campus Towers. Dennis Ilies ist hier der Chef im Ring, ein talentierter Bartender und Mixologe, der Klassiker auf seine Art interpretiert und Eigenkreationen viel Dynamik mitgibt. Weltklasse!

Versmannstraße 2	Drinks:	**49** | 50
+49 40 32082838	Ambiente:	**20** | 20
www.puzzle-bar.de	Service:	**18** | 20
Kategorie: American Bar	Sortiment:	**9** | 10
	Gesamt:	96 | 100

Skyline Bar 20up 🍸🍸🍸

20359 Hamburg

Mit diesem grandiosen Ausblick auf Hafen und Elbe ist die stylishe Bar in 90 Metern Höhe ein Hotspot der Superlative. Bis spät in die Nacht werden klassische Drinks und Cocktails serviert, dazu gibt es erstklassige Sushi-Spezialitäten von Hamburgs bekanntester Sushi-Meisterin Chantira »Tuk« Bedick.

Bernhard-Nocht-Straße 97	Drinks:	**46** | 50
+49 40 3111970470	Ambiente:	**20** | 20
www.empire-riverside.de	Service:	**18** | 20
Kategorie: Hotelbar	Sortiment:	**8** | 10
	Gesamt:	92 | 100

The Chug Club 🍸🍸🍸

20359 Hamburg

Ohne Tequila oder Mezcal geht hier gar nichts, die gibt es in vielen Varianten. Denn in der coolen Cocktailbar auf St. Pauli, in der auch geraucht werden darf, hat man sich auf Chugs spezialisiert. Drink more: Die mögliche Vielfalt macht Laune und sorgt für erfrischende Abwechslung.

Taubenstraße 13	Drinks:	**48** | 50
+49 40 35735130	Ambiente:	**17** | 20
www.thechugclub.bar	Service:	**19** | 20
Kategorie: American Bar	Sortiment:	**9** | 10
	Gesamt:	93 | 100

The Local 🍸🍸

22767 Hamburg

Was ein jeder Gastronom hier lernen kann: Bequeme Stühle bleiben in nachhaltiger Erinnerung, schöne Karaffen und eine freundliche Behandlung auch. Und wenn dann noch der »White Negroni – Nick Blacknell & Wayne Collins« und die Omakase des lokalen Collaborateurs stimmen, bleibt die Nacht in memento.

Wohlers Allee 10	Drinks:	**46** | 50
+49 40 52166821	Ambiente:	**17** | 20
www.thelocal.bar	Service:	**18** | 20
Kategorie: Loungebar	Sortiment:	**7** | 10
	Gesamt:	88 | 100

The Rabbithole

22767 Hamburg

Die Getränkekarte der angesagten Bar listet vorwiegend Eigenkreationen auf, ideenreiche Drinks mit Genussgarantie. Oder man bestellt einfach Whisk(e)y oder Rum, auch dafür ist man hier am richtigen Ort. Ein Hausshot ist gesetzt: Der »Carrot Cake« ist quasi das Erkennungszeichen der Hasenbar.

Kleine Freiheit 42
+49 40 75364333
www.the-rabbithole.de
Kategorie: American Bar

Drinks:	**47** | 50
Ambiente:	**18** | 20
Service:	**19** | 20
Sortiment:	**8** | 10
Gesamt:	92 | 100

Tipsy Baker Bar

20354 Hamburg

Bier und Schnaps, dazu eine Scheibe Brot und eine Salzgurke. Auch das wird in der Szenebar serviert, nicht nur als definitiver Absacker für Nachschwärmer. Die bunte Cocktailauswahl, ein guter Mix aus new and classic, hat berechtigterweise ihre Fangemeinde, »Copenhagen Mule« ist on the top!

Esplanade 29/30

www.tipsy-baker.de
Kategorie: American Bar

Drinks:	**44** | 50
Ambiente:	**17** | 20
Service:	**18** | 20
Sortiment:	**8** | 10
Gesamt:	87 | 100

W die Weinbar

22299 Hamburg

Das W steht natürlich für Wein, aber auch für Wechsel. Denn das attraktive Angebot der schön eingerichteten Weinbar wird ständig ergänzt mit neuen Entdeckungen und spannenden Newcomern. Kleine herzhafte Speisen und Snacks passen dazu ideal, ein gelungenes Konzept mit Genussgarantie!

Dorotheenstraße 180
+49 40 87973368
www.w-die-weinbar.de
Kategorie: Klassische Weinbar

Weinangebot:	**46** | 50
Service	**18** | 20
Essen	**17** | 20
Ambiente:	**8** | 10
Gesamt:	89 | 100

Weinladen St. Pauli

22767 Hamburg

Entspannt, locker und leger, frei von jeglichen Attitüden und verkrusteten Ritualen. Wer St. Paulis angesagten Weinladen betritt, erlebt eine unkomplizierte, bestens sortierte Weinwelt mit kompetenter Beratung ohne Besserwisserei. Großartig, wie hier Wein als Genuss vermittelt wird!

Paul-Roosen-Straße 29
+49 40 22859407
www.weinladen.de
Kategorie: Weinbar in Vinothek

Weinangebot:	**47** | 50
Service	**18** | 20
Essen	**16** | 20
Ambiente:	**8** | 10
Gesamt:	89 | 100

Witwenball 🍸🍸🍸

20357 Hamburg

Die Goldenen Zwanziger standen Pate bei der Neueinrichtung der legendären Location, die längst ein schickes Restaurant wurde. Zu der bunten, bodenständig-internationalen Küche gibt es Getränke und Drinks aus aller Welt, viele offene Weine und rund 350 Flaschen, die auf ihre Entsorgung warten. Schwerpunkt: Bioweine

Weidenallee 20	Weinangebot:	**47** | 50
+49 40 53630085	Service	**18** | 20
www.witwenball.com	Essen	**17** | 20
Kategorie: Weinbar im Restaurant	Ambiente:	**9** | 10
	Gesamt:	91 | 100

HESSEN

Soul4Drinks 🍸🍸🍸

61231 Bad Nauheim

Wenn die Bartender über ihre Cocktails plaudern, dann spitzen die Gäste die Ohren. In launigen Workshops kann man das erleben oder gleich in die Bar unter dem Kuppeldach einkehren. Denn dort werden gut gemachte Drinks und perfekt gemixte Cocktails serviert, dazu Spirituosen und Craft-Biere.

Ernst-Ludwig-Ring 1	Drinks:	**45** | 50
+49 6032 6070536	Ambiente:	**19** | 20
www.soul4drinks.de	Service:	**18** | 20
Kategorie: Loungebar	Sortiment:	**8** | 10
	Gesamt:	90 | 100

Genusserie 🍸🍸

61118 Bad Vilbel

Im stimmungsvollen Gewölbekeller aus dem 17. Jahrhundert ist viel Kreativität eingezogen. Eine riesige Auswahl an Cocktails, kreativ und professionell zusammengestellt und gemixt, lässt urbanes Bar-Feeling aufkommen. Immer lohnenswert: die angebotenen Tastings.

Frankfurter Straße 1	Drinks:	**44** | 50
+49 6101 9898398	Ambiente:	**18** | 20
www.genuss-badvilbel.de	Service:	**18** | 20
Kategorie: American Bar	Sortiment:	**9** | 10
	Gesamt:	89 | 100

Vinocentral 🍷🍷

64293 Darmstadt

Seit fast 30 Jahren ist das ehemalige Bahnhofshotel ein Place to be in Sachen Wein. Rund 1500 Gewächse lagern hier, Weine aus aller Herren Länder, in vielen Geschmacks- und Qualitätsstufen und für jeden Geldbeutel. Das Team kennt sich damit bestens aus, die Beratung ist erstklassig!

Platz der Deutschen Einheit 21	Weinangebot:	**47** | 50
+49 6151 80940	Service	**18** | 20
www.vinocentral.de	Essen	**16** | 20
Kategorie: Weinbar in Vinothek	Ambiente:	**8** | 10
	Gesamt:	89 | 100

Y Wine & Kitchen 🍷🍷🍷

65343 Eltville am Rhein

Die Dependance in Wiesbaden ist noch nicht ganz fertig, aber in Eltville kann man in die bunte Weinwelt von Simone Schiller und Ahmet Yildirim eintauchen. Ihre Y-Kollektion aus Wein, Sekt und Gin ist farblich gekennzeichnet, die modern-schicke Location in schrillen Farben ausstaffiert. Sehenswert!

Rheingauer Straße 22	Weinangebot:	**47** | 50
+49 6123 7096563	Service	**17** | 20
www.y-wineandkitchen.com	Essen	**18** | 20
Kategorie: Weinbar im Restaurant	Ambiente:	**9** | 10
	Gesamt:	91 | 100

22nd Lounge & Bar 🍸🍸

60311 Frankfurt am Main

Frankfurt hat seinen besonderen Reiz, die City von oben zu betrachten ist bei Tag und Nacht einfach großartig. Vom 22. Stock des Hotels Innside aus ist das möglich. Die urban gestylte Bar und Lounge mit Panoramablick ist nicht nur für Durstige, die hier alles bekommen, was das Herz begehrt, ein Muss.

Neue Mainzer Straße 66–68	Drinks:	**43** | 50
+49 69 21088350	Ambiente:	**19** | 20
www.22nd-frankfurt.de	Service:	**18** | 20
Kategorie: Hotelbar	Sortiment:	**8** | 10
	Gesamt:	88 | 100

Balthasar Ress 🍷🍷

60311 Frankfurt am Main

Sehenswert ist die Neue Altstadt im Herzen Frankfurts, erlebenswert die Weinbar und Vinothek des Weinguts Ress mitten im Geschehen. Wein genießen im schicken modernen Interieur, doch bei gutem Wetter sitzt man draußen und schaut bei einem Glas Wein auf die wiederaufgebauten historischen Häuser.

Am Markt 13	Weinangebot:	**44** | 50
+49 69 87208956	Service	**18** | 20
www.balthasar-ress.de	Essen	**16** | 20
Kategorie: Weinbar in Vinothek	Ambiente:	**8** | 10
	Gesamt:	86 | 100

Blumen

60316 Frankfurt am Main

Klassiker aus der Küche, dazu Klassiker im Glas. Micha Mayer bietet seinen Gästen beides, der ambitionierte Gastgeber versteht es vortrefflich seinen Gästen neben feinen, französisch-mediterran inspirierten Speisen auch gute und beste Drinks aus dem internationalen Barportfolio anzubieten.

Rotlintstraße 60
+49 69 49086510
www.blumen.restaurant
Kategorie: Restaurantbar

Drinks:	**44** I 50
Ambiente:	**18** I 20
Service:	**19** I 20
Sortiment:	**7** I 10
Gesamt:	88 I 100

Die Rote Bar

60311 Frankfurt am Main

Eleganz trifft Atmosphäre, die schicke Bar am Mainkai ist ein Place to be für entspannte Momente in der pulsierenden Stadt. Die kann man hier von einem professionellen Barteam gestalten lassen: mit »Himbeere Daiquiri«, einem genial gemixten »Sublime Brabble« oder einfach einem Glas Champagner.

Mainkai 7
+49 69 293533
www.rotebar.com
Kategorie: American Bar

Drinks:	**45** I 50
Ambiente:	**18** I 20
Service:	**18** I 20
Sortiment:	**8** I 10
Gesamt:	89 I 100

Drinksmith Bar

60594 Frankfurt am Main

Wenn in der Szenelocation nach dem »Pink Panther« verlangt wird, dann holt der Bartender die Flasche mit dem Strawberry Gin hervor. Auch das sonstige Getränkeprogramm ist kreativ-bunt und vielfältig. Biere wie »India Pale Ale« und Rotweine wie »Karl May Blutsbruder« machen die Sache rund.

Wallstraße 14

www.drinksmithbar.com
Kategorie: American Bar

Drinks:	**44** I 50
Ambiente:	**18** I 20
Service:	**19** I 20
Sortiment:	**8** I 10
Gesamt:	89 I 100

East Grape

60314 Frankfurt am Main

Großartig, was Ralf Müller-Arnold und sein engagiertes Team in der ansprechend eingerichteten Location anbieten. Eben nicht nur ein Getränk im Glas, sondern Enthusiasmus, Wissen und Leidenschaft für den Wein, der auf Wunsch von hessischen Tapas und kleinen regionalen Spezialitäten begleitet wird. Schwerpunkt: Deutschland

Louis-Appia-Passage 12
+49 69 17526232
www.eastgrape.de
Kategorie: Klassische Weinbar

Weinangebot:	**47** I 50
Service	**19** I 20
Essen	**15** I 20
Ambiente:	**8** I 10
Gesamt:	89 I 100

Embury ΥΥΥΥ

60311 Frankfurt am Main

Wem der Sinn nach einer Bar wie aus einem Buche exzellenter Barkultur steht, ist hier goldrichtig. Gülden scheint es auch aus dem Glas, das qua Aufmerksamkeit und Expertise exakt so gefüllt wird, wie man es sich im tiefsten Herzen zwar gewünscht, doch erst vor Ort zu verstehen gelernt hat.

Kirchnerstraße 6–8	Drinks:	**48** I 50
+49 1515 1793046	Ambiente:	**19** I 20
www.embury.bar	Service:	**18** I 20
Kategorie: American Bar	Sortiment:	**10** I 10
	Gesamt:	95 I 100

Frank W. ΥΥ

60329 Frankfurt am Main

Das Interieur ist auffällig schlicht gehalten, dennoch strahlt es ein gewisses Flair aus. Das bunte Publikum schätzt das unaufgeregte Handling, wenn gut gemachte Speisen serviert werden und der dazu passende Wein eingeschenkt wird. Mal aus deutschen Weinbergen, mal aus europäischen Anbaugebieten. Schwerpunkt: Europa

Gutleutstraße 15	Weinangebot:	**46** I 50
+49 178 2974842	Service	**18** I 20
www.gutleut15.de	Essen	**17** I 20
Kategorie: Klassische Weinbar	Ambiente:	**8** I 10
	Gesamt:	89 I 100

Harry's New York Bar ΥΥΥ

60594 Frankfurt am Main

Für Frankfurts Nachtleben ein unverzichtbarer Hotspot. Im klassischen Barambiente trifft man sich bei Livemusik zum entspannten Plausch und bestellt einen der vielen Cocktails, die die Bartender professionell mixen. Tipp: Cocktail des Monats und unterhaltsame Cocktailkurse.

Walther-von-Cronberg-Platz 1	Drinks:	**45** I 50
+49 69 664014000	Ambiente:	**18** I 20
www.lindner.de	Service:	**19** I 20
Kategorie: Hotelbar	Sortiment:	**8** I 10
	Gesamt:	90 I 100

Heimat I Essen & Weine ΥΥΥΥ

60311 Frankfurt am Main

Ein engagiertes freundliches Team in Küche und Service sorgt sich bestens um die Gäste, die nicht nur die attraktiv zubereiteten Speisen mit Heimatcharakter schätzen. Die gut sortierte Weinkarte hält so manche Überraschung bereit und ist eine echte Fundgrube, noch dazu moderat kalkuliert. Schwerpunkt: Europa

Berliner Straße 70	Weinangebot:	**48** I 50
+49 69 29725994	Service	**19** I 20
www.heimat-restaurant.de	Essen	**20** I 20
Kategorie: Weinbar im Restaurant	Ambiente:	**9** I 10
	Gesamt:	96 I 100

Hunky Dory

60329 Frankfurt am Main

Zu sehen gibt es in der cool und dekorativ gestylten Bar einiges. Aber natürlich auch zu trinken, denn die Szenebar hat sich ein umfassendes Drink-Programm auf die Fahnen geschrieben. Rang und Namen sind hier gesetzt, die freundlichen Bartender lassen aber auch ihrer Kreativität freien Lauf.

Baseler Straße 10	Drinks:	**47** | 50
+49 69 27240111	Ambiente:	**18** | 20
www.hunkydorybar.com	Service:	**19** | 20
Kategorie: American Bar	Sortiment:	**8** | 10
	Gesamt:	92 | 100

Kinly Bar

60329 Frankfurt am Main

Mit Plastik wird hier nicht bezahlt, in der angesagten Szenebar mitten im Frankfurter Rotlichtviertel zählt nur cash! Dafür bekommt man im unprätentiösen Speakeasy-Ambiente erstklassige Drinks und perfekt gemixte Cocktails. Aus aller Welt oder auch Eigenkreationen mit genialem Geschmackstouch!

Elbestraße 29	Drinks:	**49** | 50
+49 69 27107670	Ambiente:	**17** | 20
www. kinlybar.com	Service:	**19** | 20
Kategorie: American Bar	Sortiment:	**9** | 10
	Gesamt:	94 | 100

Logenhaus

60322 Frankfurt am Main

Barchef Tim Junker hat sich einiges vorgenommen und möchte die klassische Barkultur mit neuen Elementen verbinden. Das bewährte Angebot bereichert Junkers mit seinen komplexen Eigenkreationen, aber auch das Gesamterlebnis Bar ist in dem mondänen Boheme-Interieur ein wichtiger Faktor.

Finkenhofstraße 17	Drinks:	**42** | 50
+49 69 84775743	Ambiente:	**19** | 20
www.logenhaus-bar.com	Service:	**18** | 20
Kategorie: American Bar	Sortiment:	**8** | 10
	Gesamt:	87 | 100

Omonia

60318 Frankfurt am Main

Das wohltuend puristische Interieur hat ein besonderes Flair, das die vielen Stammgäste schätzen. Doch sie kommen vor allem wegen der ausgezeichneten griechischen Küche, die alle Klassiker mit einem angenehm modernen Touch zubereitet. Gute Auswahl an griechischen Weinen und Spirituosen. Schwerpunkt: Griechenland, Deutschland

Eckenheimer Landstraße 126	Weinangebot:	**45** | 50
+49 69 593314	Service	**19** | 20
www.restaurant-omonia.de	Essen	**17** | 20
Kategorie: Weinbar im Restaurant	Ambiente:	**9** | 10
	Gesamt:	90 | 100

Paris' Bar

60596 Frankfurt am Main

Nur wenige Schritte vom Schweizer Platz in Sachsenhausen entfernt gelegen, bietet die gemütliche Weinbar eine ganze Reihe an regionalen Weinen. Dazu Gewächse aus europäischen Regionen und aus Übersee. Kleine Snacks und italienische und französische Käse runden den Genuss ab.

Oppenheimer Landstraße 27	Weinangebot:	47 I 50
+49 69 96233811	Service	18 I 20
www.parisbar-frankfurt.de	Essen	17 I 20
Kategorie: Weinbistro	Ambiente:	9 I 10
	Gesamt:	91 I 100

Pearly Gates

60313 Frankfurt am Main

Eingebettet in eine Industriefassade aus Glas und Stahl, tauchen die Gäste in ein Barambiente der 1920er-Jahre ein. Serviert werden hier internationale Klassiker mit Rang und Namen, aber auch Eigenkreationen der talentierten Bartender. Am Wochenende heizen DJs zusätzlich die Stimmung an.

Kleine Hochstraße 20	Drinks:	46 I 50
+49 69 96869683	Ambiente:	18 I 20
www.pearlygates-bar.de	Service:	18 I 20
Kategorie: American Bar	Sortiment:	9 I 10
	Gesamt:	91 I 100

Raum & Wein

60316 Frankfurt am Main

Der Weinhandel ist sehr gut sortiert, das zum Kauf passende Weinwissen gibt es vom freundlichen und kompetenten Personal gratis dazu. In der angeschlossenen Vinothek kann man viele Gewächse probieren, zum Einstieg in die nationale oder internationale Weinwelt empfiehlt sich eine Weinprobe.

Friedberger Landstraße 86	Weinangebot:	45 I 50
+49 69 95644216	Service	18 I 20
www.raumundwein.de	Essen	16 I 20
Kategorie: Weinbar in Vinothek	Ambiente:	8 I 10
	Gesamt:	87 I 100

Roomers Bar

60329 Frankfurt am Main

Eine Bar wie aus dem Bilderbuch. Chic durchgestylt, geschmackvoll eingerichtet, burlesker Charme, ein bisschen verrucht und in fahles Licht getaucht. Die Favoriten des internationalen Publikums heißen »EGD«, »PPK« oder einfach »Dirty Diana«. Auch die kleinen Snacks sind eine Versuchung wert.

Gutleutstraße 85	Drinks:	47 I 50
+49 69 271342815	Ambiente:	19 I 20
www.roomers-frankfurt.com	Service:	19 I 20
Kategorie: Hotelbar	Sortiment:	8 I 10
	Gesamt:	93 I 100

Rot & Vogel

60316 Frankfurt am Main

Frische und selbst gemachte Zutaten sind für die Bartender in der puristisch eingerichteten Location die unverzichtbare Basis ihrer Kreationen. Highballs und Longdrinks, Klassiker und Standards: Alles wird sorgfältig und professionell zubereitet. Tipp: »Nimm2« oder der würzig-pikante »Slip n Grip«.

Rotlintstraße 28	Drinks:	**43** I 50
+49 176 42734998	Ambiente:	**16** I 20
www.rotundvogel-frankfurt.de	Service:	**18** I 20
Kategorie: Loungebar	Sortiment:	**8** I 10
	Gesamt:	85 I 100

Seven Swans & The Tiny Cup

60311 Frankfurt am Main

Sie ist weit und breit die kleinste Bar, aber sie hat Flair und Charme und vor allem ein gutes sortiertes Getränkeprogramm. Im minimalistischen Design werkeln die Bartender professionell und bereiten Drinks und Cocktails zu, die zur internationalen Klasse gehören.

Mainkai 4	Drinks:	**47** I 50
+49 178 8539718	Ambiente:	**19** I 20
www.thetinycup.de	Service:	**19** I 20
Kategorie: Loungebar	Sortiment:	**8** I 10
	Gesamt:	93 I 100

Shuka Bar

60329 Frankfurt am Main

Durch eine Hintertür im originell eingerichteten Restaurant, das orientalische Fusion-Küche anbietet, gelangt man in die Shuka Bar. Im schummrigen Licht bestellt man japanischen Whiskey oder Sake-Cocktails. Feines Barfood wie Jerusalem-Kebap oder Yakitori Chicken machen den Genuss perfekt.

Niddastraße 56	Drinks:	**48** I 50
+49 69 2566772280	Ambiente:	**18** I 20
www.barshuka.com	Service:	**18** I 20
Kategorie: Restaurantbar	Sortiment:	**8** I 10
	Gesamt:	92 I 100

Sullivan

60311 Frankfurt am Main

Eine klassische Bar in durchdachtem urbanem Design und schickem Wohlfühlcharakter im Stil des Architekten Frank Lloyd Wright. Die sorgfältig konzipierte Cocktailkarte bietet jede Menge Klassiker aus der internationalen Barwelt, daneben gibt es erlesene Spirituosen und feines Barfood.

Kaiserstraße 12	Drinks:	**45** I 50
+49 69 92884900	Ambiente:	**18** I 20
www.sullivan-bar.de	Service:	**18** I 20
Kategorie: American Bar	Sortiment:	**8** I 10
	Gesamt:	89 I 100

VAIVAI 🍸🍸

60322 Frankfurt am Main

Abwechslungsreiche Antipasti und hausgemachte Pasta, dazu saftige Steaks vom Grill – und alles in bester Qualität. Dafür nimmt man gerne das schlichte Ambiente in Kauf und freut sich an der gut sortierten Weinkarte, die bewährte Klassiker und spannende Neuentdeckungen bietet.

Grüneburgweg 16	Drinks: **45** I 50
+49 69 90559305	Ambiente: **18** I 20
www.vaivai.de	Service: **18** I 20
Kategorie: Restaurantbar	Sortiment: **8** I 10
	Gesamt: 89 I 100

Weingarten 🍷🍷

60487 Frankfurt am Main

Gute Stimmung und eine launige Atmosphäre sind hier immer, die Gäste im Weingarten spüren die Leidenschaft, mit der Lars Kabiersch sein Weinangebot pflegt. Qualität ist dabei das oberste Gebot! Das gilt auch für die Küche, die kleine Snacks und Leckereien unprätentiös auf die Teller zaubert. Schwerpunkt: Deutschland, Frankreich

Clemensstraße 3	Weinangebot: **44** I 50
+49 173 6396214	Service **18** I 20
www.weingarten-frankfurt.de	Essen **17** I 20
Kategorie: Weinbar in Vinothek	Ambiente: **8** I 10
	Gesamt: 87 I 100

Westlage 🍷🍷

60323 Frankfurt am Main

Willkommen in der Pfalz, und das mitten in Frankfurt. Denn die Weinbar im Westen hat sich ganz der Nachbarregion verschrieben und führt alles im Sortiment, was den Pfälzern lieb und teuer ist. Neben hausgemachten Delikatessen vor allem natürlich Weine aus dem zweitgrößten deutschen Anbaugebiet. Schwerpunkt: Pfalz

Grüneburgweg 92	Weinangebot: **44** I 50
+49 69 95509470	Service **18** I 20
www.westlage-frankfurt.de	Essen **15** I 20
Kategorie: Klassische Weinbar	Ambiente: **9** I 10
	Gesamt: 86 I 100

Yaldy 🍸🍸🍸

60329 Frankfurt am Main

Die puristisch eingerichtete Bar mit dem massiven Tresen im Bahnhofsviertel wurde schnell zum Szenetreffpunkt eines bunten Publikums. Das schätzt nicht nur das unkomplizierte Essen im »Parisian Style«, sondern auch die gute Auswahl an Drinks und Weinen, die hier ins Glas kommen.

Moselstraße 15	Drinks: **48** I 50
+49 69 24005716	Ambiente: **18** I 20
www.yaldy.bar	Service: **19** I 20
Kategorie: Loungebar	Sortiment: **9** I 10
	Gesamt: 94 I 100

Switch

65795 Hattersheim am Main

Wer montags in die gemütliche Bar einkehrt, bekommt aus der Küche regionale Spezialitäten wie Hausmacher Wurst oder Handkäs mit Musik serviert. Dazu ausgesuchte Weine und Apfelwein. Natürlich kann man auch einen Drink oder Cocktail ordern, die Auswahl ist richtig gut und attraktiv.

Am Kirchgarten 11
+49 173 6513360
www.switch-diecocktailbar.de
Kategorie: Loungebar

Drinks:	**45** I 50
Ambiente:	**18** I 20
Service:	**18** I 20
Sortiment:	**9** I 10
Gesamt:	90 I 100

Orientierbar

65719 Hofheim am Taunus

Um die Mittagszeit werden in der gemütlichen Bar täglich abwechslungsreiche Bowls und Wraps angeboten, Reservierung ist erwünscht. In den Abendstunden gilt die ganze Leidenschaft der Bartender den klassischen Cocktails und preisgekrönten Eigenkreationen. Ein Dorado für perfekt gemachte Drinks!

Kirschgartenstraße 15
+49 6192 9772374
www.orientierbar-hofheim.de
Kategorie: Loungebar

Drinks:	**46** I 50
Ambiente:	**17** I 20
Service:	**19** I 20
Sortiment:	**8** I 10
Gesamt:	90 I 100

Bar Seibert

34117 Kassel

In fahles Licht getaucht und mit bequemen Möbeln ausgestattet, kommt hier echte Barstimmung auf. Zu kleinen Snacks bestellt man einen von Seiberts Klassikern, oder man findet in der großen Auswahl einen Gin, Wodka oder Rum. Viermal pro Jahr lockt ein unterhaltsames Showprogramm die Gäste an.

Friedrich-Ebert-Straße 47
+49 561 69022715
www.barseibert.de
Kategorie: Loungebar

Drinks:	**47** I 50
Ambiente:	**18** I 20
Service:	**19** I 20
Sortiment:	**9** I 10
Gesamt:	93 I 100

drei/galerie – store – bar

34117 Kassel

Manche Gäste kommen wegen der guten Musik, andere, um die Kunst an den Wänden zu bestaunen. Alle aber lieben die Drinks und Cocktails, die von den freundlichen Bartendern vor ihren Augen ins Glas gezaubert werden. Mixkunst auf hohem Niveau, ergänzt von kleinen leckeren Snacks.

Theaterstraße 3
+49 176 89072900
www.drei-bar.de
Kategorie: American Bar

Drinks:	**43** I 50
Ambiente:	**18** I 20
Service:	**18** I 20
Sortiment:	**8** I 10
Gesamt:	87 I 100

King Schulz Bar

34117 Kassel

Die Bar hat in der Stadt längst Kultcharakter, eine angesagte Szenelocation mit viel Flair und Charme. Aber vor allem mit coolen Bartendern, die ohne viel Aufhebens auf Wünsche eingehen und natürlich auch das Beste schütteln und mixen, was die internationale Barwelt hergibt.

Weigelstraße 14	Drinks:	**46** | 50
+49 561 50347565	Ambiente:	**18** | 20
www.kingschulz.de	Service:	**18** | 20
Kategorie: American Bar	Sortiment:	**8** | 10
	Gesamt:	90 | 100

Fine Sparklings

65399 Kiedrich

Aus einer Leidenschaft wurde ein schlüssiges und erfolgreiches Konzept, Sabine Ratzer lässt es für Gäste in den Gläsern prickeln. In ihrer geschmackvoll eingerichteten Scheune bietet sie ein kleines, aber feines Sortiment an Champagnern und Sekten an, immer aber auch andere Getränke. Sie müssen nur prickeln.

Aulgasse 10	Drinks:	**43** | 50
+49 172 6138566	Ambiente:	**18** | 20
www.fine-sparklings.de	Service:	**18** | 20
Kategorie: American Bar	Sortiment:	**8** | 10
	Gesamt:	87 | 100

5 Jahreszeiten

35037 Marburg

Bei gutem Wetter ist die Dachterrasse der Place to be in Marburg. Grandioser Blick, ein bisschen Großstadt-Feeling und eine Getränkeauswahl, die kaum Wünsche offenlässt. Doch auch im Innenraum ist die Stimmung immer gut, was an den talentierten Bartendern und ihren coolen Drinks liegt.

Reitgasse 5	Drinks:	**44** | 50
+49 6421 8868988	Ambiente:	**17** | 20
www.das5.de	Service:	**18** | 20
Kategorie: Restaurantbar	Sortiment:	**8** | 10
	Gesamt:	87 | 100

Villa Biedermeier 🍸🍸

35037 Marburg

Das ehemalige Gartenhaus ist chic und gemütlich herausgeputzt, das gediegene Interieur versprüht Wohlfühlatmosphäre. In aller Ruhe und fern der Alltagshektik kann man hier eine gute und feine Auswahl an Cocktails genießen, Klassiker wie modern aufgepeppte Eigenkreationen.

Gerhard-Jahn-Platz 3	Drinks: **44** | 50
+49 6421 1769698	Ambiente: **18** | 20
	Service: **18** | 20
Kategorie: Loungebar	Sortiment: **8** | 10
	Gesamt: 88 | 100

Breuer's 🍷🍷🍷

65385 Rüdesheim am Rhein

Ausgeschenkt werden in dem gemütlichen Gasthaus in der legendären Drosselgasse nicht nur Weine aus dem eigenen Betrieb. Zu herzhaften, teils regionalen und saisonalen Klassikern und Spezialitäten und den hausgemachten Tapas locken auch rund 350 Raritäten aus mehreren Jahrzehnten.

Steingasse 10	Weinangebot: **49** | 50
+49 6722 90500	Service **18** | 20
www.ruedesheimer-schloss.com	Essen **17** | 20
Kategorie: Weinbar im Restaurant	Ambiente: **8** | 10
	Gesamt: 92 | 100

Balthasar Ress 🍷🍷

65183 Wiesbaden

Der vinophile Treffpunkt in der Landeshauptstadt. Seit rund zehn Jahren ist die Vinothek der angesagte Anlaufpunkt für Genießer und Weinfreunde. Glasweise werden hier nicht nur Eigengewächse eingeschenkt, auch Weine von befreundeten Winzern kann man in launiger Runde probieren. Dazu kleine Snacks.

Mauergasse 10	Weinangebot: **44** | 50
+49 611 5058469	Service **18** | 20
www.balthasar-ress.de	Essen **16** | 20
Kategorie: Weinbar in Vinothek	Ambiente: **8** | 10
	Gesamt: 86 | 100

Lenz – Genuine Drinks 🍸🍸

65183 Wiesbaden

Mit viel guter Laune geht Sascha Lenz an die Arbeit und bereitet großartige klassische Cocktails und Drinks zu, die immer seine Handschrift tragen. Sein »Wiesbaden Mule« mit Gin aus der Landeshauptstadt und der »Lenzinger« sind nicht für die Stammgäste längst Klassiker. Unbedingt probieren!

Wagemannstraße 17	Drinks: **43** | 50
+49 611 88003931	Ambiente: **17** | 20
www.lenz-genuine-drinks.de	Service: **18** | 20
Kategorie: Loungebar	Sortiment: **8** | 10
	Gesamt: 86 | 100

Manoamano

65183 Wiesbaden

Wie Pizza und Cocktails zusammenpassen, erleben die Gäste in der Wiesbadener Szenebar. Zur klassischen »Margerita« einen »Blood & Sand« oder lieber einen »Chocolate Martini«? Die Auswahl an Drinks ist verlockend, auch klassische Whiske(y)s, Rums und Gins stehen auf der Karte.

Taunusstraße 31
+49 611 17245818
www.manoamano-bar.de
Kategorie: Loungebar

Drinks:	**46** | 50
Ambiente:	**18** | 20
Service:	**19** | 20
Sortiment:	**8** | 10
Gesamt:	91 | 100

MECKLENBURG-VORPOMMERN

#Bornbar

17094 Groß Nemerow

Geschmackvoll gestaltete Bar im Wellnesshotel und ideal, um vor dem Essen im feinen Hotelrestaurant einen Aperitif zu genießen oder den Abend mit Blick auf den See ausklingen zu lassen. Der versierte Barchef Sami Fathallah setzt auf individuelle Beratung am Tresen und kreative Signature Drinks.

Bornmühle 35
+49 39605 600
www.bornmuehle.de
Kategorie: Hotelbar

Drinks:	**44** | 50
Ambiente:	**17** | 20
Service:	**18** | 20
Sortiment:	**8** | 10
Gesamt:	87 | 100

Weinander

17424 Heringsdorf

Bei Heringsdorf denkt man nicht unbedingt an Wein. Doch hoch im Norden auf Usedom haben Rita Beller und Boris Klemenz eine vinologische Dependance geschaffen, in der sie nicht nur bewährte Klassiker und spannende Weinexoten, sondern auch hochprozentige Destillate anbieten. Tolle Auswahl!

Friedenstraße 13
+49 177 8667035
www.weinander.de
Kategorie: Klassische Weinbar

Weinangebot:	**44** | 50
Service	**19** | 20
Essen	**16** | 20
Ambiente:	**8** | 10
Gesamt:	87 | 100

Weinander

17033 Neubrandenburg

Das Weinbistro von Rita Teller und Boris Klemenz ist längst eine etablierte Location, wenn es um gute Weine und Spirituosen geht. Das kompetent zusammengestellte Sortiment ist ausreichend breit aufgestellt, auch Rum, Liköre und Gin kann man hier probieren und kaufen.
Schwerpunkt: Ungarn, Deutschland

Turmstraße 26
+49 1573 5854446
www.weinander.de
Kategorie: Weinbar in Vinothek

Weinangebot:	**45** | 50
Service	**18** | 20
Essen	**16** | 20
Ambiente:	**8** | 10
Gesamt:	87 | 100

NIEDERSACHSEN

Geeske & der swarte Roelf

26757 Borkum

Gute Musik läuft in der gemütlichen Location immer, ein Inselort zum Wohlfühlen. Hier kann man sich entspannt zurücklehnen und genießen, was die Crew an hausgemachten Leckereien anzubieten hat. Dazu trinkt man einen Cocktail mit frischen Kräutern aus dem eigenen Garten.

Jann-Berghaus-Straße 1
+49 162 4691488
www.diegeeske.de
Kategorie: Restaurantbar

Drinks:	**43** | 50
Ambiente:	**19** | 20
Service:	**17** | 20
Sortiment:	**7** | 10
Gesamt:	86 | 100

Monkey Rosé

38100 Braunschweig

Genuss ins Glas zu bringen, das ist die Idee der ansprechend ausstaffierten Weinbrasserie am Altstadtmarkt. Umgesetzt wird sie bravourös, das Weinangebot ist kompetent in alle Geschmacksrichtungen zusammengestellt. Dazu kann man Brasserie-Klassiker bestellen, comme il faut!

Altstadtmarkt 1
+49 531 28793388
www.monkey-rose.de
Kategorie: Weinbistro

Weinangebot:	**45** | 50
Service	**17** | 20
Essen	**18** | 20
Ambiente:	**9** | 10
Gesamt:	89 | 100

Vielharmonie 🍸🍸

38100 Braunschweig

Mitten in der Braunschweiger Innenstadt überzeugt der gelungene Mix aus Restaurant und Bar. Die Küche ist in viele Richtungen attraktiv, mal kosmopolitisch, mal regional und saisonal. Dazu besticht die Auswahl an Drinks und Cocktails, vor allem die 80 Gins sind die Helden der Getränkekarte.

Bankplatz 7	Drinks:	**44** | 50
+49 531 41611	Ambiente:	**18** | 20
www.vielharmonie-bs.de	Service:	**19** | 20
Kategorie: Restaurantbar	Sortiment:	**8** | 10
	Gesamt:	89 | 100

Esprit 🍸🍸🍸

37073 Göttingen

Der erstklassige Kaffee kommt aus der roastfactory in Hannover, damit beginnt die Frühstückszeit in der Location, die es seit rund 40 Jahren gibt. Abends regieren hier die Bartender und schöpfen aus dem richtig gut sortierten Angebot an Drinks, Cocktails, Highballs, Spirituosen und Weinen.

Lange-Geismar Straße 19	Drinks:	**46** | 50
+49 551 50766600	Ambiente:	**18** | 20
www.cafe-bar-esprit.de	Service:	**18** | 20
Kategorie: Loungebar	Sortiment:	**8** | 10
	Gesamt:	90 | 100

Herbarium Bar 🍸🍸🍸🍸

37073 Göttingen

Grüne Oase in Göttingens Innenstadt. In der sehenswerten Bar dreht sich alles um Pflanzen und Kräuter, die als frische Zutaten und zur Verfeinerung der bemerkenswerten Drinks und Cocktails verwendet werden. Rund 16 Signature Drinks werden angeboten, einer interessanter als der andere.

Berliner Straße 30	Drinks:	**48** | 50
+49 551 999530	Ambiente:	**19** | 20
www.freigeist-goettingen.de	Service:	**19** | 20
Kategorie: Hotelbar	Sortiment:	**9** | 10
	Gesamt:	95 | 100

Aresto 🍷🍷🍷

30159 Hannover

Restaurant und Weinbar, eine hier besonders gelungene Kombination. Denn zu den guten, meist bodenständigen Gerichten mit mediterranem Touch findet sich in der riesigen Weinauswahl immer das passende Gewächs. Der engagierte Service hilft gerne dabei, auch Raritäten sind hier noch zu haben. Schwerpunkt: Deutschland

Klostergang 2	Weinangebot:	**49** | 50
+49 511 323759	Service	**18** | 20
www.aresto.de	Essen	**18** | 20
Kategorie: Weinbar im Restaurant	Ambiente:	**8** | 10
	Gesamt:	93 | 100

Kröpcke

30159 Hannover

Mit der neuen Terrasse hat das Restaurant an Attraktivität gewonnen. Gleich geblieben ist die gute Küche, die unkomplizierte Gerichte auf die Teller bringt. Auch die Weinauswahl ist bestens bestückt und hält eine gute Auswahl offener Gewächse aus deutschen und europäischen Regionen bereit.

Georgstraße 35 +49 511 32628445 www.moevenpick.com **Kategorie: Weinbar im Restaurant**	Weinangebot: **47** I 50 Service **17** I 20 Essen **18** I 20 Ambiente: **8** I 10
	Gesamt: 90 I 100

Lieblingsbar

30419 Hannover

Am Herrenhäuser Marktplatz betreiben Manuel Mauritz und Chi Trung Khuu ihr Restaurant mit Bar, das schon einige Auszeichnungen einheimsen konnte. Nicht ohne Grund, denn neben der unkomplizierten, attraktiven Küche ist das Getränkeangebot riesig und umfasst auch tolle alkoholfreie Cocktails.

Herrenhäuser Markt 5 +49 511 76809126 www.lieblingsbar.de **Kategorie: Restaurantbar**	Drinks: **45** I 50 Ambiente: **18** I 20 Service: **18** I 20 Sortiment: **9** I 10
	Gesamt: 90 I 100

Lucky 7

30161 Hannover

Das junge Barteam hat es drauf. Mehrfach ausgezeichnet, lassen die ambitionierten Bartender keine Gelegenheit aus, ihre Drinks, Cocktails und Longdrinks in Perfektion zuzubereiten. Lucky Punch für die Gäste, die in dem klassischen Ambiente aus rund 80 verschiedenen Drinks wählen können.

Raschplatz 5 +49 511 23557812 www.lucky7-bar.de **Kategorie: Loungebar**	Drinks: **44** I 50 Ambiente: **18** I 20 Service: **18** I 20 Sortiment: **8** I 10
	Gesamt: 88 I 100

Mon Bonheur

30163 Hannover

Savoir-vivre mitten in Hannover. Zu diesem Glück kommt man in der sympathischen, gemütlichen Bar, die sich ganz dem französischen Genuss verschrieben hat. Alles, was die Grande Nation kulinarisch zu bieten hat, gibt es hier zu kaufen und natürlich gleich vor Ort zu genießen. Bon appétit!

Voßstraße 53 +49 511 53078717 www.monbonheur.de **Kategorie: Loungebar**	Drinks: **43** I 50 Ambiente: **18** I 20 Service: **18** I 20 Sortiment: **8** I 10
	Gesamt: 87 I 100

Pelikan Bar im Sheraton Hotel ŸŸ

30177 Hannover

Ein bisschen historisches Ambiente, ein schickes Interieur, lockere Stimmung und gut ausgebildete Bartender: Das Konzept der Hotelbar geht auf, hier trifft man sich zum entspannten Plausch bei gut gemachten Drinks, perfekt gemixten Cocktails oder einem der vielen angebotenen Whisk(e)ys.

Pelikanplatz 31 +49 511 9093899 www.pelikanbar.de **Kategorie: American Bar**	Drinks: Ambiente: Service: Sortiment:	**45** | 50 **18** | 20 **18** | 20 **8** | 10
	Gesamt:	89 | 100

Tropeano Di-Vino ŸŸŸ

30559 Hannover

Die gemütliche Atmosphäre im Restaurant ist einnehmend. Hier hat die klassische italienische Küche eine Heimat, ohne den Blick über den Tellerrand zu verlieren. Patrone Biago Tropeanos hat dazu die passenden Weine im Keller, bekannte italienische Klassiker und erfrischende Neuentdeckungen. Schwerpunkt: Italien

Kleiner Hillen 4 +49 511 3533138 www.restaurant-tropeano.de **Kategorie: Weinbar im Restaurant**	Weinangebot: Service Essen Ambiente:	**47** | 50 **18** | 20 **19** | 20 **8** | 10
	Gesamt:	92 | 100

Weinperle ŸŸŸ

26465 Langeoog

Strand in Sicht! Die erste Vinothek auf der Insel ist bestens sortiert und muss sich hinter keiner Düne verstecken. Gute und sehr gute Tropfen aus Deutschland und europäischen Nachbarländern gibt es bei Bernd Frech ebenso wie Raritäten aus Übersee, Gin und Rum.

Barkhausenstraße 7 +49 174 3828958 www.weinperle-langeoog.de **Kategorie: Weinbar in Vinothek**	Weinangebot: Service Essen Ambiente:	**46** | 50 **18** | 20 **17** | 20 **10** | 10
	Gesamt:	91 | 100

Milchbar Norderney ŸŸŸ

26548 Norderney

Das unkomplizierte Food-&-Drinks-Konzept hat auf der Insel Kultstatus. Ob der legendäre Milchreis, diverse Pasta und Antipasti oder Herzhaftes: Die Gäste lieben die Milchbar und ihre Köstlichkeiten. In den Abendstunden lockt bei coolen Drinks und Cocktails das Wolkenkino über dem nahen Meer.

Damenpfad 33 +49 4932 927344 www.milchbar-norderney.de **Kategorie: Restaurantbar**	Drinks: Ambiente: Service: Sortiment:	**44** | 50 **19** | 20 **18** | 20 **9** | 10
	Gesamt:	90 | 100

NORDRHEIN-WESTFALEN

Gin Library Bar ꟾꟾ — 52062 Aachen

Bei der Menge an Gins, die dieser Tage im Umlauf sind, ist es verwunderlich, dass erst Aachen mit einer liquiden Buchhandlung damit um die Ecke kommen muss. Toller Service, professionelle Barkeeper, entspannte Wohnzimmeratmosphäre. Die Gin-Tastings führen die Gäste rund um die Welt.

Am Büchel 11
+49 160 94454665
www.theginlibrary.de
Kategorie: American Bar

Drinks:	**45** I 50
Ambiente:	**17** I 20
Service:	**18** I 20
Sortiment:	**9** I 10
Gesamt:	89 I 100

Blank Bar ꟾꟾ — 32105 Bad Salzuflen

Barkultur und Cocktailkunst in Bad Salzuflen – weit über den Feierabenddrink hinaus. Die Blank Bar ist bekannt für feine Getränke und die eine oder andere exotische Kreation. Empfehlenswert sind die Signature Drinks wie der »Spicy Harry B.« mit Eight Rules Gin, Ananaspüree, Limettensaft und Chilisirup.

Schießhofstraße 7
+49 1512 5923717
Kategorie: Loungebar

Drinks:	**44** I 50
Ambiente:	**18** I 20
Service:	**18** I 20
Sortiment:	**8** I 10
Gesamt:	88 I 100

Spirit of India ꟾꟾꟾ — 32105 Bad Salzuflen

Dass sich hinter den Mauern des Lippischen Hofs eine Bar im indischen Stil verbirgt, sieht man dem Hotel nicht an. Doch längst hat die Location Kultstatus, flüssiges Aushängeschild ist der »Spirit of India Colada«. Spektakulär ist das Ambiente mit Meerwasseraquarien, Plüschsofas und Holztischen.

Schießhofstraße 20
+49 5222 534534
www.spirit-of-india.de
Kategorie: Hotelbar

Drinks:	**45** I 50
Ambiente:	**18** I 20
Service:	**18** I 20
Sortiment:	**9** I 10
Gesamt:	90 I 100

Jivino

33602 Bielefeld

Azulejos im Blick, in der Nase die Rosmarinpflanze im Terrakottatopf und heiß Dampfendes im Tontöpflein serviert: Die Jivino Enoteca bietet ein mediterranes Erlebnis in Ostwestfalen – und das zu jeder Jahreszeit. Weine aus Italien, Tapas aus Spanien und ein Ambiente wie am Mittelmeer. Schwerpunkt: Spanien

Obernstraße 51	Weinangebot: **44** | 50
+49 521 5609530	Service **18** | 20
www.jivino-enoteca.de	Essen **17** | 20
Kategorie: Weinbar im Restaurant	Ambiente: **8** | 10
	Gesamt: 87 | 100

LIV

33607 Bielefeld

Der Name ist neu, die Qualität geblieben: Aus Max Raebel wurde 2022 das LIV. Historiker hatten die Nazi-Vergangenheit des Bielefelder Künstlers zu Tage gefördert. Die Betreiber Mirko Schmidt und Ivo Klumpp reagierten. Im LIV wird nun das Leben gefeiert, bei Pizza, Drinks und House-Musik.

Boulevard 1	Drinks: **45** | 50
+49 177 5471776	Ambiente: **18** | 20
www.liv-bielefeld.de	Service: **18** | 20
Kategorie: American Bar	Sortiment: **8** | 10
	Gesamt: 89 | 100

VIN PUR

33615 Bielefeld

Zurück zur Natur, das Motto prägt die Weinidee von Torben Bunte. Was der engagierte Händler und Experte verkauft und in seiner Weinboutique ausschenkt, zählt zu der Kategorie »Naturweine«. Darunter fallen auch die angesagten Orange-Weine, die Bunte in guter Auswahl anbietet. Regelmäßige Tastings. Schwerpunkt: Raw/Natural Wines

Rolandstraße 20	Weinangebot: **46** | 50
+49 521 89724499	Service **17** | 20
www.vinpur.de	Essen **18** | 20
Kategorie: Weinbar in Vinothek	Ambiente: **8** | 10
	Gesamt: 89 | 100

Wernings Weinstube

33602 Bielefeld

Im historischen Kreuzgewölbe des 13. Jahrhunderts oder auf der Terrasse auf dem Alten Markt unter freiem Himmel: Wernings Weinstube bietet die großen Namen der Weinwelt und junge, aufstrebende Winzer. Seit drei Generationen serviert Familie Werning dazu eine verlässliche gutbürgerliche Küche.

Alter Markt 1	Weinangebot: **47** | 50
+49 521 1365151	Service **18** | 20
www.wernings-weinstube.de	Essen **18** | 20
Kategorie: Weinbar im Restaurant	Ambiente: **9** | 10
	Gesamt: 92 | 100

Barzani

44787 Bochum

Mit dem Pearlz hat Serkar Barzani Qualität ins Bochumer Bermuda-3Eck gebracht. Mittlerweile trägt die Bar seinen Namen, das Konzept ist erstklassig geblieben. Die Gin-Auswahl ist durchdacht, die Cocktailkarte präsentiert sich abwechslungsreich. Ein Tipp für einen Trip in den »tiefen Westen«.

Kortumstraße 3	Drinks:	**46** | 50
+49 162 6974413	Ambiente:	**18** | 20
www.barzani.bar	Service:	**18** | 20
Kategorie: American Bar	Sortiment:	**8** | 10
	Gesamt:	**90** | 100

Livingroom

44787 Bochum

Ein gigantisches Wohnzimmer, das keine Wünsche offenlässt: Mitten in Bochum laden Seran Bahtijari und Lukas Rüger in den Livingroom – an die 16 Meter lange Theke, in die Lounge, zum Casual oder Fine Dining. Alles unter einem Dach. Zu den spannenden Gerichten passt die ambitionierte Weinauswahl.

Luisenstraße 9–13	Weinangebot:	**46** | 50
+49 234 9535685	Service	**18** | 20
www.livingroom-bochum.de	Essen	**18** | 20
Kategorie: Weinbar im Restaurant	Ambiente:	**8** | 10
	Gesamt:	**90** | 100

Yamas Mezé

44787 Bochum

Griechische Küche und griechischer Wein auf höchstem Niveau. Das Yamas ist ein einmaliger Treffpunkt für Genießer hellenischer Hochkultur im Ruhrgebiet. Griechische Küche ist mehr als nur Gyros, griechischer Wein mehr als nur Retsina. Immer frisch, immer ausgewogen und vielfältig. Schwerpunkt: Griechenland

Massenbergstraße 1	Weinangebot:	**45** | 50
+49 234 5309643	Service	**18** | 20
www.yam.as	Essen	**18** | 20
Kategorie: Weinbar im Restaurant	Ambiente:	**8** | 10
	Gesamt:	**89** | 100

Kinkel-Stuben

53227 Bonn

Wer Weinraritäten und ausgewiesene Spitzengewächse sucht, ist hier genau richtig. Aber auch jede Menge Alltagsweine bieten Bärbel und Lothar Schrempp in ihrer schön dekorierten und heimeligen Weinstube an, einige davon werden glasweise ausgeschenkt. Herzhaftes zum Wein gibt es auch, perfekt! Schwerpunkt: Deutschland

Kinkelstraße 1	Weinangebot:	**48** | 50
+49 228 441558	Service	**19** | 20
www.kinkelstuben.de	Essen	**17** | 20
Kategorie: Weinbistro	Ambiente:	**9** | 10
	Gesamt:	**93** | 100

The Old Jacob

53111 Bonn

Ein bisschen viktorianisches Flair weht durch die empfehlenswerte Bar, in der nicht nur Cocktailklassiker das Geschehen hinter dem Tresen beherrschen. Auch charaktervolle Biere gehören zum Repertoire der gemütlichen Location, ebenso exzellente nationale und internationale Spirituosen.

Kesselgasse 1a	Drinks:	**46** | 50
	Ambiente:	**18** | 20
www.theoldjacob.com	Service:	**18** | 20
Kategorie: Loungebar	Sortiment:	**9** | 10
	Gesamt:	91 | 100

Shaker's

53111 Bonn

400 Cocktails. 100 Whisk(e)y-, 50 Rum- und 40 Wodka-Sorten: Die Auswahl an der 20 Meter langen Theke ist gigantisch. Im Shaker's stimmen aber auch Qualität und Ambiente. In der geschmackvoll eingerichteten American Bar kommt Urlaubsfeeling auf. In lauen Sommernächten zieht es die Gäste auf die Terrasse.

Bornheimer Straße 26	Drinks:	**44** | 50
+49 228 9814490	Ambiente:	**18** | 20
www.shakers-bonn.de	Service:	**18** | 20
Kategorie: American Bar	Sortiment:	**9** | 10
	Gesamt:	89 | 100

Weinkommissar

53111 Bonn

Fachhandel und Weinbar, die Location in Bonns City fährt zweigleisig – und das mit Erfolg. Die Auswahl ist stimmig und durchdacht, was man offen probiert hat, kann bei Gefallen gleich mitgenommen werden. Kleine schmackhafte Gerichte sind das i-Tüpfelchen des guten Konzepts. Freundliche Beratung.

Friedrichstraße 20	Weinangebot:	**45** | 50
+49 228 9650065	Service	**18** | 20
weinkommissar-bonn.business.site	Essen	**16** | 20
Kategorie: Klassische Weinbar	Ambiente:	**8** | 10
	Gesamt:	87 | 100

Balke

44139 Dortmund

Fußballer, Models, Zivilisten: Balke lädt sie alle ein und hat dabei einiges zu bieten. Neben hervorragenden Drinks auf der üppig ausgestatteten Karte auch einen eigenen Gin aus handverlesenen Zutaten. Geheimtipps aus der Spirituosenwelt erfährt der Gast in einem der unterhaltsamen Tastings.

Hohe Straße 127	Drinks:	**45** | 50
+49 231 22611022	Ambiente:	**17** | 20
www.fussballermodelszivilisten.de	Service:	**18** | 20
Kategorie: American Bar	Sortiment:	**8** | 10
	Gesamt:	88 | 100

Cabernet & Co.

44139 Dortmund

Fest verankert im Dortmunder Kreuzviertel ist das Cabernet & Co. vor allem mit Weinen von Saar und Mosel und aus Portugal. Im Mittelpunkt stehen kleinere Betriebe, zu denen immer ein persönlicher Draht besteht. Die monatlichen Winzerabende bieten eine gute Gelegenheit zum Fachsimpeln. Schwerpunkt: Mosel, Saar, Portugal

Essener Straße 13
+49 231 1206420
www.cabernet-und-co.de
Kategorie: Klassische Weinbar

Weinangebot:	**46** | 50
Service	**19** | 20
Essen	**14** | 20
Ambiente:	**8** | 10
Gesamt:	87 | 100

Vida

44229 Dortmund

Barchef Roland Kulik ist verantwortlich für die »liquid kitchen« und Drinks wie den »Mojito Vida Style« oder die »Neo Margarita« mit Jalapeño-Salz. Aus der Küche gibt es dazu feines Barfood: Austern oder die beliebte Currywurst by Dyllong. Gerichte aus dem Spitzenrestaurant werden auch serviert.

Hagener Straße 231
+49 231 95009940
www.vida-dortmund.com
Kategorie: Restaurantbar

Drinks:	**45** | 50
Ambiente:	**18** | 20
Service:	**18** | 20
Sortiment:	**7** | 10
Gesamt:	88 | 100

20° Restobar

40213 Düsseldorf

Ob Longdrink, Highball oder Cocktail: Alles, was an Drinks in der internationalen Barszene Rang und Namen hat, wird in der freundlich-hellen Bar serviert. Auch ein Signature-Aperitif wie der »Tim's« aus Aperol, Rotem Wermut, Cherry Heering und Tonic Water. Gut auch der unalkoholische »Summergarden«.

Mutter-Ey-Platz 3
+49 172 8902320
www.20grad.com
Kategorie: Restaurantbar

Drinks:	**43** | 50
Ambiente:	**18** | 20
Service:	**18** | 20
Sortiment:	**8** | 10
Gesamt:	87 | 100

Alexander

40219 Düsseldorf

Eine klassische Cocktailbar mit erstklassigem Angebot, das weit über Klassiker wie Whiskey Sour hinausgeht. Molekulare Drinks werden nicht nur serviert, sondern auch in unterhaltsamen Schulungen gelehrt. Spannend und lecker sind die verschiedenen Flights. Regelmäßig wechselnde Barkeeper-Specials.

Düsselstraße 71
+49 211 8763759
www.bar-alexander.com
Kategorie: American Bar

Drinks:	**44** | 50
Ambiente:	**18** | 20
Service:	**19** | 20
Sortiment:	**9** | 10
Gesamt:	90 | 100

BEUYS Bar

40213 Düsseldorf

Eine Hommage an den Künstler Jospeh Beuys, das Ambiente aber weniger schrill als dessen Werke, eher elegant und stilsicher. Im Glas setzt sich das Konzept fort: Drinks von hoher Qualität wie der »Beuys in the hood« aus Popcorn Bourbon, Ahornsirup, Zitrone, Eiweiß und Apfelschaum. Auch to go.

Neubrückstraße 2	Drinks: **45** / 50
+49 173 7633337	Ambiente: **18** / 20
www.beuys-bar.com	Service: **18** / 20
Kategorie: American Bar	Sortiment: **8** / 10
	Gesamt: 89 / 100

Boothby's

40215 Düsseldorf

Perfekt gemixte Drinks in lockerer Wohnzimmeratmosphäre. Signature Cocktails mit Rum, Whisk(e)y und Gin von hoher Qualität und kreativ zubereitet. Kenner ordern beim freundlichen Team den »Boothby Negroni« mit Erdbeere und Artischocke oder den »Gibson Cocktail«, gemixt nach einem Rezept von 1908.

Hüttenstraße 44	Drinks: **45** / 50
+49 211 15811495	Ambiente: **18** / 20
www.boothbys-bar.com	Service: **18** / 20
Kategorie: American Bar	Sortiment: **8** / 10
	Gesamt: 89 / 100

Bouchon

40477 Düsseldorf

Treffen, wohlfühlen und genießen: So lautet das Motto von Patrick Zielonka, der sich mit seinem Düsseldorfer Restaurant »Le Bouchon« ganz auf die kulinarische Seite Frankreichs geschlagen hat – auf dem Teller und im Glas. Die Weinkarte bietet eine sorgfältig ausgearbeitete Tour de France. Schwerpunkt: Frankreich

Blücherstraße 70	Weinangebot: **44** / 50
+49 211 97713417	Service **19** / 20
www.lebouchon-duesseldorf.de	Essen **18** / 20
Kategorie: Klassische Weinbar	Ambiente: **8** / 10
	Gesamt: 89 / 100

Breidenbacher

40212 Düsseldorf

Die Bar im Luxushotel an der Kö. Manager Carsten Möller lädt hier zu Cocktailkreationen in extravagantem Ambiente ein: schwarzer Marmor, edles Holz, das Ganze perfekt ausgeleuchtet. In der Raucher-Lounge mit begehbarem Humidor liegen 124 verschiedene kubanische und dominikanische Zigarren bereit.

Königsallee 11	Drinks: **45** / 50
+49 211 160900	Ambiente: **18** / 20
www.breidenbacherhof.com	Service: **19** / 20
Kategorie: Hotelbar	Sortiment: **8** / 10
	Gesamt: 90 / 100

Concept Riesling 🍷🍷

40213 Düsseldorf

Ein unkomplizierter Ort im kulinarischen Hotspot der NRW-Landeshauptstadt – auf dem Markt des Carlsplatzes. Der Focus liegt auf Riesling, der in allen Facetten und Geschmacksrichtungen angeboten wird. Die lockeren Tastings sind die ideale Möglichkeit, in den Spirit der Crew reinzuschnuppern. Schwerpunkt: Riesling, Deutschland (Jungwinzer)

Carlsplatz, Stand A5
+49 151 16587478
www.conceptriesling.com
Kategorie: Weinbar in Vinothek

Weinangebot:	**47** | 50
Service	**19** | 20
Essen	**14** | 20
Ambiente:	**8** | 10
Gesamt:	88 | 100

Eiskeller 🍷🍷🍷🍷

40213 Düsseldorf

Ob Weineinsteiger oder Weinfreak: Im Eiskeller – Weinbar und Weinhandel zugleich – findet jeder etwas für seinen Geschmack. 250 Positionen umfasst das Sortiment, davon ist ein Großteil biologisch oder biodynamisch produziert. Regelmäßig finden Tastings und Veranstaltungen rund um den Wein statt. Schwerpunkt: Bioweine

Eiskellerberg 1–3
+49 211 20052686
www.eiskellerbar.de
Kategorie: Klassische Weinbar

Weinangebot:	**49** | 50
Service	**20** | 20
Essen	**17** | 20
Ambiente:	**9** | 10
Gesamt:	95 | 100

Elephant Bar 🍸🍸🍸

40213 Düsseldorf

Gepflegte Barkultur in der Altstadt im Stil der 60er-Jahre. Das Ambiente verspricht eine Zeitreise, die von hausgemachten Drinks und Cocktails begleitet wird. Mit der passenden Musik werden daraus die Goldenen Sixties. Mittlerweile seit sechs Jahren in der Stadt – und nicht mehr wegzudenken.

Kurze Straße 3
+49 1520 2000409

Kategorie: American Bar

Drinks:	**45** | 50
Ambiente:	**18** | 20
Service:	**19** | 20
Sortiment:	**8** | 10
Gesamt:	90 | 100

Ellington 🍸🍸🍸

40215 Düsseldorf

Eine Bar für Kenner und die, die es einmal werden wollen. Unaufdringliche Eleganz und ein Speakeasy-Charme, dazu Mixgetränke und Drinks von ambitionierten Barkeepern, die ihr Handwerk auch weitergeben. Im Ellington finden Cocktailkurse statt, bei denen Rezepte und Tricks gelehrt werden.

Scheurenstraße 5
+49 172 2903451
www.ellington-bar.de
Kategorie: American Bar

Drinks:	**47** | 50
Ambiente:	**17** | 20
Service:	**18** | 20
Sortiment:	**8** | 10
Gesamt:	90 | 100

Finns Wine & Kitchen 🍷🍷🍷 — 40476 Düsseldorf

Spitzenkoch Sven-Niklas Nöthel hat eine Art Weinbar plus erdacht mit leckerem Barfood, aber auch kleinen edlen Gerichten. Die Weine reichen von echten Raritäten bis zu süffigen Tropfen. Die Karte bietet wechselnde Spezialitäten aus der ganzen Welt – für echte Kenner, aber auch Gelegenheitstrinker.

Tannenstraße 23a
+49 211 20081860
www.finnswinebar.de
Kategorie: Weinbistro

Weinangebot:	**45** I 50
Service	**19** I 20
Essen	**18** I 20
Ambiente:	**8** I 10
Gesamt:	90 I 100

Galerie am Karlplatz 🍷🍷🍷 — 40213 Düsseldorf

Am Rande des Düsseldorfer Epizentrums der Genüsse, dem Markt auf dem Carlsplatz, liegt das schicke Lokal von Julia und Dieter Ahrweiler. Eine Fundgrube für bekannte und weniger bekannte Weine bester Qualität. Empfehlenswert sind die Flights: drei Weine einer Kategorie, ein fairer Preis.

Benrather Straße 6b
+49 211 86399990
www.galerie-am-karlplatz.de
Kategorie: Klassische Weinbar

Weinangebot:	**46** I 50
Service	**18** I 20
Essen	**18** I 20
Ambiente:	**8** I 10
Gesamt:	90 I 100

Herr Noil 🍷🍷 — 40219 Düsseldorf

In Unterbilk haben sich Tim und Nadine Blumhoff ihren Bartraum erfüllt und ihren Sohn Lion – nur verkehrt herum – im Namen verewigt. Mehr als 180 Weine warten auf die Gäste, alle aus Europa, mit dem Schwerpunkt Deutschland. Dazu gibt's Tapas und Desserts und hintenraus einen edlen Absacker.

Wissmannstraße 1
+49 1522 2734579
www.herr-noil-weinbar.metro.bar
Kategorie: Klassische Weinbar

Weinangebot:	**47** I 50
Service	**18** I 20
Essen	**16** I 20
Ambiente:	**8** I 10
Gesamt:	89 I 100

Mash 🍸🍸🍸 — 40213 Düsseldorf

Nach dem Steak ist vor dem Steak. Doch dazwischen geht man in die dem Restaurant angeschlossene Bar und gönnt sich einen Klassiker von der Cocktailkarte. Oder eine Sours-Variante. Oder man bestellt einen der vielen US-Whiskeys aus der Raritätenabteilung. Gutes Fleisch, guter Service, gute Getränke.

Mühlenstraße 34
+49 211 81999873
www.mashsteak.de
Kategorie: Restaurantbar

Drinks:	**46** I 50
Ambiente:	**18** I 20
Service:	**18** I 20
Sortiment:	**8** I 10
Gesamt:	90 I 100

Mojito's Fine Cocktailbar

40219 Düsseldorf

Kent Steinbachs Leidenschaft für gepflegte Barkultur gipfelt in einer Hommage an den berühmtesten kubanischen Drink: den Mojito. Barchef Erik Waxweiler und sein Team mixen nach dem Originalrezept aus Havanna: milde Minze, bester Rum, Limettensaft, Rohrzucker und Soda. Mixology vom Feinsten.

Hammer Straße 29–31 +49 211 1682210 www.mojitos.net **Kategorie: American Bar**	Drinks: Ambiente: Service: Sortiment:	**42** I 50 **18** I 20 **18** I 20 **8** I 10
	Gesamt:	86 I 100

Parlin

40213 Düsseldorf

Unter der sehenswerten Stuckdecke im Parlin, wenige Schritte vom Düsseldorfer Rheinufer entfernt, lässt es sich vorzüglich essen und trinken. Der freundliche Service empfiehlt gerne etwas von der üppigen Weinkarte mit einer großen Zahl an guten und sehr guten Weinen von renommierten Gütern. Schwerpunkt: Frankreich

Altestadt 12–14 +49 211 87744595 www.parlin-weinbar.de **Kategorie: Weinbistro**	Weinangebot: Service Essen Ambiente:	**46** I 50 **18** I 20 **18** I 20 **9** I 10
	Gesamt:	91 I 100

Petit Punch

40477 Düsseldorf

Die Anlaufstelle für Rum und Co in Düsseldorf-Pempelfort. Benannt nach einem Drink von der Inselgruppe der französischen Antillen – und der ist noch immer der Hausdrink: »Ti Punch«. Weit mehr als 50 Rumsorten stehen auf der Karte und Pate für viele der Cocktails der sympathischen Bar.

Jülicher Straße 9 +49 174 8631219 **Kategorie: American Bar**	Drinks: Ambiente: Service: Sortiment:	**46** I 50 **19** I 20 **18** I 20 **8** I 10
	Gesamt:	91 I 100

Qomo

40221 Düsseldorf

Den Ausblick in exakt 172,5 Meter Höhe sollte man nicht verpassen. Dazu gibt es in der schicken Bar im Rheinturm neben Gins, Whisk(e)ys und Spirituosen eine reiche Auswahl an Wein, Sekt und Sake. Klassiker stehen nicht auf der Karte, dafür jede Menge selbst kreierte Signature Drinks.

Stromstraße 20 +49 211 86320018 www.qomo-restaurant.com **Kategorie: Restaurantbar**	Drinks: Ambiente: Service: Sortiment:	**45** I 50 **20** I 20 **18** I 20 **8** I 10
	Gesamt:	91 I 100

RheinTon 🍷🍷

40479 Düsseldorf

Die Rheinton-Chefs Binali Ihtiyar und Tobias Ludowigs locken mit ihrem offenen Konzept und einer spannenden Weinauswahl Nachbarn, Kenner und Gelegenheitsgäste in ihre gemütliche Bar in der Gartenstraße. Entdeckungen und Newcomer gehören zum Programm, immer begleitet von leckeren Snacks. Schwerpunkt: Frankreich

Gartenstraße 28
+49 179 7512046
www.wein-rheinton.de
Kategorie: Klassische Weinbar

Weinangebot:	**46** | 50
Service	**18** | 20
Essen	**15** | 20
Ambiente:	**8** | 10
Gesamt:	87 | 100

Rocaille 🍷🍷🍷🍷

40476 Düsseldorf

Morgens ein Croissant aus der eigenen Backstube. Mittags marktfrische Bistro-Küche. Abends beste Tropfen aus dem schier unerschöpflichen Keller der Mega-Weinbar mit über 2200 Positionen aus der ganzen Welt. Besonders edle Flaschen können ungestört in der Weinbibliothek verkostet werden.

Weißenburgstraße 19
+49 211 97711737
www.rocaille.de
Kategorie: Weinbistro

Weinangebot:	**50** | 50
Service	**18** | 20
Essen	**19** | 20
Ambiente:	**8** | 10
Gesamt:	95 | 100

Saittavini 🍷🍷🍷

40545 Düsseldorf

Michelangelo Saittas Liebe zum Wein reicht weit zurück, sein erstes Glas in der Heimat Sizilien trank er mit acht Jahren. Längst ist er mit seinem Saittavini eine Institution in Düsseldorf, mit erlesenen Tropfen aus ganz Europa im Angebot. In seinem Weinkeller lagern mehr als 10.000 Flaschen. Schwerpunkt: Italien

Luegallee 79
+49 211 57797918
www.saittavini.de
Kategorie: Weinbar in Vinothek

Weinangebot:	**50** | 50
Service	**18** | 20
Essen	**18** | 20
Ambiente:	**8** | 10
Gesamt:	94 | 100

Sir Walter

40213 Düsseldorf

Gegenüber der Deutschen Oper hat sich Walid El Sheikh seine eigene Bühne geschaffen. Das Sir Walter ist ein Hort gepflegter Barkultur und ein Treffpunkt für anspruchsvolle Bargänger und Genussmenschen. Hinter dunklen Samtvorhängen verbirgt sich längst eine Topadresse im Düsseldorfer Nachtleben.

Heinrich-Heine-Allee 12
+49 174 7117154

Kategorie: Club

Drinks:	**45** I 50
Ambiente:	**19** I 20
Service:	**18** I 20
Sortiment:	**8** I 10
Gesamt:	90 I 100

Squarebar

40476 Düsseldorf

David Rippen kennt keine Grenzen. Der Mann hinter der Squarebar ist verantwortlich für die innovativen Rezepturen der kreativen Drinks wie »Cypress Dill« oder »Pimms my Ride«. Das im Spirit der 1950er-Jahre gehaltene Interieur sorgt für nostalgisches Bar-Feeling – aber immer mit dem nötigen Humor.

Collenbachstraße 57
+49 211 93078770
www.squarebar.online
Kategorie: American Bar

Drinks:	**48** I 50
Ambiente:	**18** I 20
Service:	**19** I 20
Sortiment:	**8** I 10
Gesamt:	93 I 100

The Paris Club

40211 Düsseldorf

Aus der stylishen Bar in der 17. Etage können die Gäste einen Traumblick über die Rheinmetropole genießen – in der Hand einen Drink »made in France«. Hochklassige Highballs stehen auf der Karte, ebenso wie Spitzenweine und Top-Champagner. Hinter dem Konzept steht Hamburgs Top-Barkeeper Jörg Meyer.

Louis-Pasteur-Platz 1
+49 211 900910263
www.25hours-hotels.com
Kategorie: Hotelbar

Drinks:	**45** I 50
Ambiente:	**20** I 20
Service:	**18** I 20
Sortiment:	**8** I 10
Gesamt:	91 I 100

The View

40221 Düsseldorf

The View – der Name ist Programm. Der Blick aus dem 16. Stockwerk auf Düsseldorf ist genial, das Ambiente weltstädtisch und urban. Gin-Freunde lassen sich von der Wahl des Barkeepers überraschen, bei den Cocktails setzt die Crew vor allem auf internationale Klassiker. Sehr gute Auswahl an Barfood.

Speditionstraße 9
+49 211 447171665
www.theview-duesseldorf.de
Kategorie: Hotelbar

Drinks:	**43** | 50
Ambiente:	**19** | 20
Service:	**18** | 20
Sortiment:	**8** | 10
Gesamt:	88 | 100

Venerie

40479 Düsseldorf

Zur Erklärung des Namens: David Rippen ist Kopf der Square Bar – diesem wiederum war sein ganz rechtens proppenvoller Laden nicht genug, weshalb er bei Eröffnung des MUZE Art-Boutiquehotels glatt die Konzeption deren Bar übernahm. Wenn fähigen Menschen langweilig wird, entsteht Gutes, Beweis anbei.

Prinz-Georg Straße 126
+49 211 3611560
www.muzehotel.de
Kategorie: Hotelbar

Drinks:	**49** | 50
Ambiente:	**18** | 20
Service:	**18** | 20
Sortiment:	**8** | 10
Gesamt:	93 | 100

Williams Bar & Kitchen

40217 Düsseldorf

Im Traditionshaus Mengwasser ist das Williams beheimatet, eine elegante Bar im London-Style mit toller Terrasse. Zu den Signature Drinks gehören der frisch-fruchtige »Who the Fck ist Hugo« und der »Lemon Cheesecake« – beide auf Kornbasis. Die Küche bringt dazu feine kleine Gerichte auf den Teller.

Friedrichstraße 115 a
+49 211 93372800
www.williams-bar.com
Kategorie: Restaurantbar

Drinks:	**44** | 50
Ambiente:	**19** | 20
Service:	**18** | 20
Sortiment:	**8** | 10
Gesamt:	89 | 100

WYNO

40233 Düsseldorf

Einkaufen und einkehren: Seit 2021 teilt sich das Wyno den Laden mit dem Bulle Bistro. Eine gelungene Kombination. In der Bar, die auch Weinhandel ist, gibt es eine Auswahl an guten Tropfen von Winzern, die naturnah, häufig sogar biodynamisch arbeiten. Entspannte Atmosphäre, tolle Terrasse.

Birkenstraße 47A
+49 171 7804104
www.wyno-weinhandel.de
Kategorie: Klassische Weinbar

Weinangebot:	**45** | 50
Service	**18** | 20
Essen	**16** | 20
Ambiente:	**9** | 10
Gesamt:	88 | 100

Emma 2 🍷🍷🍷

45130 Essen

Authentisch, persönlich, gemütlich: Im Weinlokal in der Emmastraße 2 nahe des Rüttenscheider Sterns sollen sich die Gäste vor allem wohlfühlen. Und das gelingt. Nicht zuletzt durch die Auswahl von 800 verschiedenen, teils legendären Weinen, die zum Großteil auch glasweise bestellt werden können.

Emmastraße 2	Weinangebot:	**49** | 50
+49 201 74927278	Service	**18** | 20
www.emma2.de	Essen	**16** | 20
Kategorie: Klassische Weinbar	Ambiente:	**9** | 10
	Gesamt:	**92** | 100

Rotisserie du Sommelier 🍷🍷🍷

45131 Essen

Moderne französische Küche mit westfälischem Herz wird im Szeneviertel Rüttenscheid serviert. Für die passenden Weine sorgt der Chef persönlich. Die Gäste profitieren von Thomas Friedrichs Leidenschaft für gute Tropfen. Der Sommelier hat 300 Positionen aus Frankreich und Deutschland auf der Karte. **Schwerpunkt: Deutschland, Frankreich**

Wegenerstraße 3	Weinangebot:	**47** | 50
+49 201 9596930	Service	**18** | 20
www.rotisserie-ruettenscheid.de	Essen	**17** | 20
Kategorie: Weinbistro	Ambiente:	**8** | 10
	Gesamt:	**90** | 100

Richter's Bar 🍸🍸🍸

32052 Herford

Die ersten Geburtstage feierte Richter's Bar unter den Einschränkungen der Pandemie, doch mittlerweile läuft der Laden im früheren »Café Wien« an der Radewiger Brücke. Nuredin Bytyci hat in Herford einen Nerv getroffen – und der »Negroni Sour« kann in gemütlicher Atmosphäre am Aa-Ufer strömen.

Radewiger Straße 28	Drinks:	**45** | 50
+49 5221 1760840	Ambiente:	**18** | 20
	Service:	**18** | 20
Kategorie: American Bar	Sortiment:	**9** | 10
	Gesamt:	**90** | 100

Botanik 🍸🍸🍸

50676 Köln

Die Barneuheit in Köln liegt über den Dächern der Domstadt. Im elften Stock des mehr als 140 Jahre alten Wasserturms ist die Aussicht grandios. Im Fokus der Getränkekarte stehen unter anderem Kräuter, Samen, Beeren und Früchte. Botanische Akzente schmücken den Raum. Eine Bereicherung!

Kaygasse 2	Drinks:	**45** | 50
+49 221 20080	Ambiente:	**19** | 20
www.wasserturm-hotel-cologne.com	Service:	**18** | 20
Kategorie: Hotelbar	Sortiment:	**8** | 10
	Gesamt:	**90** | 100

Crevette Rosé

50825 Köln

Für gute Drinks muss in Köln niemand in die Innenstadt oder ins Belgische Viertel fahren. In Ehrenfeld lädt Tobias Mintert zu Gin und mehr ein. Dabei steht der Trinkgenuss im Vordergrund. Früher unter dem Namen Bar Zwei, heute als Crevette Rosé – als Brasserie und Bar. Am Wochenende mit Frühstück.

Venloer Straße 437 +49 173 3935331 **Kategorie:** American Bar	Drinks:	**43** | 50
	Ambiente:	**18** | 20
	Service:	**18** | 20
	Sortiment:	**8** | 10
	Gesamt:	87 | 100

Die hängenden Gärten von Ehrenfeld

50823 Köln

Ein Himmel aus (Papier-)Blumen, plüschige Sofas und gute Musik von lokalen DJs. Hinterm Tresen dieser Bar im Look einer kölschen Eckkneipe steht freundliches Personal, das sich auskennt: mit der stattlichen Bierauswahl, aber auch mit gut gemixten Drinks und Cocktails. Eine Ehrenfelder Empfehlung.

Vogelsangerstraße 140 +49 221 5892338 www.haengendegaerten.de **Kategorie:** Loungebar	Drinks:	**44** | 50
	Ambiente:	**17** | 20
	Service:	**18** | 20
	Sortiment:	**7** | 10
	Gesamt:	86 | 100

Friesen Barkultur

50670 Köln

Unter der Woche eine American Bar, am Wochenende ein Nachtclub – und immer hervorragende Drinks. Die Szenebar im Friesenviertel fällt auf, im rustikalen-stylishen Ambiente wird nicht nur geschwoft, sondern auch getanzt zu House-Musik von angesagten DJs der Stadt. Das Motto: Cheers & Dance!

Friesenstraße 41 +49 177 4140802 www.friesen-bar.com **Kategorie:** American Bar	Drinks:	**47** | 50
	Ambiente:	**18** | 20
	Service:	**18** | 20
	Sortiment:	**9** | 10
	Gesamt:	92 | 100

Harry's New York Bar ỲỲỲ

50667 Köln

Seit fast 20 Jahren ist die Bar im Dorint Hotel ein fester Bestandteil des Kölner Nachtlebens. Liebhaber und Gelegenheitstrinker schwärmen von der Auswahl an Gin, Whisk(e)y, Rum und Bränden sowie von den Cocktails, die auch in der Virgin-Variante toll schmecken. Zudem: leckere Snacks und Burger.

Pipinstraße 1	Drinks:	**45** I 50
+49 221 280601210	Ambiente:	**18** I 20
hotel-koeln-city.dorint.com	Service:	**18** I 20
Kategorie: Hotelbar	Sortiment:	**9** I 10
	Gesamt:	90 I 100

HENNE.Weinbar

50672 Köln

Eine Perle der Kölner Innenstadt. Die kleine und sehr feine Menükarte bietet etwas für jeden Geschmack – und für jeden Wein, der hier im Vordergrund steht. Das Angebot ist gut sortiert und vielfältig: In den Kategorien »classic«, »freekshow« und »icon« sind edle Tropfen zu jedem Anlass zu finden.

Pfeilstraße 31	Weinangebot:	**48** I 50
+49 221 34662647	Service	**18** I 20
www.henne-weinbar.de	Essen	**18** I 20
Kategorie: Weinbar im Restaurant	Ambiente:	**9** I 10
	Gesamt:	93 I 100

Little Link

50672 Köln

Die Cocktailbar im Belgischen Viertel spielt gerne mit Gegensätzen: klassisch und modern, edel und lässig. Im Glas gibt's Klassiker und avantgardistische Eigenkreationen. Das gewisse Extra bringen die selbst produzierten Zutaten wie Steinpilz-Whiskey oder Brombeer-kaviar. Ein Tipp fürs Szeneveedel.

Maastrichter Straße 20	Drinks:	**49** I 50
+49 162 7833366	Ambiente:	**18** I 20
www.littlelink.de	Service:	**19** I 20
Kategorie: American Bar	Sortiment:	**9** I 10
	Gesamt:	95 I 100

Lorbass

50672 Köln

Das Belgische Viertel. Flair wie im New York der 20er-Jahre. Und viel rheinischer Charme. Das Lorbass ist eine Größe im Kölner Nachtleben. Die Gäste schätzen die Auswahl von rund 50 Sorten Gin. Daneben stehen Cocktails und Highballs hoch im Kurs, auf Wunsch abgestimmt auf den persönlichen Geschmack.

Antwerpener Straße 34	Drinks:	**45** I 50
+49 173 2777797	Ambiente:	**18** I 20
www.lorbass-bar.de	Service:	**18** I 20
Kategorie: American Bar	Sortiment:	**8** I 10
	Gesamt:	89 I 100

Ona Mor Bar Köln

50674 Köln

»Liebling der Götter« – Ona. »Ausgefallen und hervorragend« – Mor. Im pulsierenden Nachtleben des Belgischen Viertels hat die Bar der Familie Romano mit dem klangvollen Namen ihren Stammplatz gefunden. Picknick, Garten, Beach oder Wald: Die Barkeeper zaubern erstklassige Eigenkreationen ins Glas.

Roonstraße 94	Drinks:	**44** | 50
+49 221 16874524	Ambiente:	**17** | 20
www.onamor.de	Service:	**18** | 20
Kategorie: American Bar	Sortiment:	**8** | 10
	Gesamt:	87 | 100

Piano Bar

50667 Köln

Ein Barklassiker wie aus einem Film. Leise Pianoklänge, ein mahagonigetäfelter Tresen, verschwiegene Barkeeper. Der Dom ist nah, der Touristentrubel hier aber weit weg. Zu Tee oder Kaffee gibt es hausgemachte Patisserie, zu vorgerückter Stunde bestellt man beste Drinks und Cocktails.

Trankgasse 1–5	Drinks:	**46** | 50
+49 221 2701	Ambiente:	**18** | 20
www.excelsiorhotelernst.com	Service:	**18** | 20
Kategorie: Hotelbar	Sortiment:	**9** | 10
	Gesamt:	91 | 100

Rosebud

50674 Köln

Gemütlich-warme Atmosphäre, ein einladender Tresen, eine ausgesprochen freundliche Crew: Die gute Stimmung im Rosebud ist ansteckend. Und die Drinks passen perfekt. Cocktailklassiker, Empfehlungen des Hauses oder einfach nur ein Kölsch. Mittlerweile hat das Rosebud auch eine ansehnliche Weinkarte.

Heinsbergstraße 20	Drinks:	**44** | 50
+49 221 27207412	Ambiente:	**18** | 20
www.rosebudbar.de	Service:	**18** | 20
Kategorie: Loungebar	Sortiment:	**8** | 10
	Gesamt:	88 | 100

Seiberts

50672 Köln

Der Sieger in der Kategorie »American Bar« im Falstaff-Barguide 2022. Eine Kölner Institution mit einem charismatischen Chef und Drinks auf höchstem Niveau. Volker Seiberts »Seiberts« ist eine Oase der Erholung inmitten des Trubels der Innenstadt. Erstklassiges Handwerk, edle Tropfen und einladende Atmosphäre.

Friesenwall 33	Drinks:	**50** | 50
+49 221 30195013	Ambiente:	**19** | 20
www.seiberts-bar.com	Service:	**19** | 20
Kategorie: American Bar	Sortiment:	**9** | 10
	Gesamt:	97 | 100

Spirits

50674 Köln

Die Klassiker, die Highballs, die Champagner-Cocktails oder die Sours: alles perfekt gemixte Drinks. Dazu läuft in der Szenebar ein abwechslungsreiches Musikprogramm mit gutem Groove von Jazz bis House – und das nicht aus der Konserve. Im Spirits untermalen lokale DJ-Größen den Abend.

Engelbertstraße 63
+49 221 20538044
www.spiritsbar.de
Kategorie: American Bar

Drinks:	**47** I 50
Ambiente:	**18** I 20
Service:	**19** I 20
Sortiment:	**9** I 10
Gesamt:	93 I 100

Suderman

50670 Köln

Fantasievolle Drinks, Herrengedecke 4.0, tolle Biere und circa 300 Spirituosen: Das Suderman steht für ausgezeichnete Qualität und Liebe zum Detail. Gegen den kleinen Hunger gibt es hausgemachte Sandwiches, serviert vom ausgesprochen freundlichen Team in gemütlich-lässigem Ambiente.

Sudermanplatz 3
+49 221 96265506
www.sudermanbar.de
Kategorie: American Bar

Drinks:	**47** I 50
Ambiente:	**19** I 20
Service:	**19** I 20
Sortiment:	**10** I 10
Gesamt:	95 I 100

Südstadt

50678 Köln

Schlichter Name, prächtiges Angebot: Der Weinladen in der Kölner Südstadt ist bestens sortiert, bietet Entdeckungen und spürt Trends auf, die oft im Verborgenen bleiben. Tiefe Einblicke ins Glas und in die Weinwelt ermöglichen die Online-Tastings mit Namen wie: »6 Flaschen für ein Halleluja Vol. 2«.

Im Ferkulum 30
+49 221 16852257
www.weinladen.de
Kategorie: Weinbar in Vinothek

Weinangebot:	**47** I 50
Service	**18** I 20
Essen	**15** I 20
Ambiente:	**8** I 10
Gesamt:	88 I 100

Tanica

50674 Köln

Ein Wohlfühlort mit Genussgarantie. Die Speisekarte der Cross-over-Küche hält attraktive und vollwertige Miniaturgerichte bereit, die Weinauswahl ist umfangreich und bietet eine Vielzahl an bemerkenswerten Gewächsen. Das alles ist liebevoll arrangiert, der freundliche Service agiert aufmerksam.

Engelbertstaße 31a
+49 221 2405271
www.rosticceria-massimo.de
Kategorie: Weinbar im Restaurant

Weinangebot:	**44** I 50
Service	**18** I 20
Essen	**19** I 20
Ambiente:	**9** I 10
Gesamt:	90 I 100

The Grid Bar 🍸🍸🍸 50670 Köln

Klingeln, warten, genießen. Hinter der Eingangstür zur Grid Bar öffnet sich ein stylisher Barkosmos mit goldener Decke und Tresen in Bernsteinoptik. Hier entstehen großartige Aromakombinationen mit klangvollen Namen: »Prince of Wales« oder »Aviation 75«. Am Wochenende mit angesagten DJs.

Friesenstraße 62	Drinks:	**46** | 50
+49 221 99875058	Ambiente:	**18** | 20
www.thegridbar.de	Service:	**18** | 20
Kategorie: American Bar	Sortiment:	**9** | 10
	Gesamt:	91 | 100

Toddy Tapper 🍸🍸🍸🍸 50670 Köln

Indika Silva hat nicht nur den Namen seiner Bar im Agnesviertel aus Sri Lanka mit nach Köln gebracht. In seiner Karte sind auch die Bar-Bestseller mit sri-lankischem Touch versehen, viele der Eigenkreationen sind mit Arrak, einem vergorenen Palmnektar, gemixt. Asiatisch, gastfreundlich, würzig.

Schillingstraße 27	Drinks:	**48** | 50
+49 221 44707408	Ambiente:	**19** | 20
www.toddytapper.de	Service:	**19** | 20
Kategorie: Loungebar	Sortiment:	**9** | 10
	Gesamt:	95 | 100

Woods 🍸🍸🍸 50670 Köln

Barchef Simon Bach serviert auch Kölsch, doch seine Passion sind die 21 eigenen Cocktailkreationen. Dazu gibt es Klassiker und einen Plausch mit den Barkeepern über Gott und die Barwelt. Für echte Kenner und die, die welche werden wollen, gibt es Tastings zu Whisk(e)y, Gin, Rum oder Tequila.

Friesenstraße 49	Drinks:	**45** | 50
+49 221 42336672	Ambiente:	**18** | 20
www.woods-cologne.de	Service:	**19** | 20
Kategorie: American Bar	Sortiment:	**8** | 10
	Gesamt:	90 | 100

Bungertshof Weinstube 🍷🍷 53639 Königswinter

Inmitten der Weinberge, im Weinort Oberdollendorf in Königswinter bei Bonn, liegt die Weinstube des Bungertshofs, der auf eine lange Geschichte zurückblicken kann. Das Ambiente ist gemütlich, die Weinauswahl erlesen und die Gerichte sind herzhaft-bodenständig. Die Terrasse ist zu empfehlen. Schwerpunkt: Deutschland, Riesling

Heisterbacher Straße 149	Weinangebot:	**46** | 50
+49 2223 3010	Service	**17** | 20
www.bungertshof.com	Essen	**15** | 20
Kategorie: Weinbar im Restaurant	Ambiente:	**9** | 10
	Gesamt:	87 | 100

Winelive im Rheinhof 🍷🍷🍷

40667 Meerbusch-Büderich

Auf der abwechslungsreichen Karte stehen Gourmetpizzen, Trüffelspaghetti oder Fischspezialitäten. Im Weinmenü finden sich rund 500 verschiedene Gewächse für jeden Geschmack und jeden Geldbeutel. Klassiker und Newcomer. Alltagsweine und Raritäten. Brasserie, Weinhandel und Weinbar.

Moerser Straße 127	Weinangebot: **48** I 50
+49 2132 6586460	Service **18** I 20
www.winelive-duesseldorf.de	Essen **18** I 20
Kategorie: Weinbar im Restaurant	Ambiente: **8** I 10
	Gesamt: 92 I 100

Lux 🍸🍸

48143 Münster

Im Museum für Kunst und Kultur glüht abends nicht nur der Grill. Innovative Highballs und Drinks wie der »Chocolate Manhattan«, ein von New York und Österreich inspirierter Dessertbegleiter, wandern dann ebenso über die Theke wie Spirituosen, Gins, Whisk(e)ys, und Craft-Biere aus der ganzen Welt.

Domplatz 10	Drinks: **45** I 50
+49 251 98161030	Ambiente: **18** I 20
www.das-lux.de	Service: **18** I 20
Kategorie: Restaurantbar	Sortiment: **8** I 10
	Gesamt: 89 I 100

Goldstück 🍸🍸🍸

45657 Recklinghausen

Der herzliche Charme des Ruhrpotts ist hier spürbar – im Ambiente, auf dem Teller und im Glas. Zu hausgemachten Speisen im ehemaligen Bürgermeisterhaus bestellt man natürlich Bier, aber auch Wein oder einen ganz klassischen »Sex on the beach«. Tolle Gin-Auswahl und exklusive Tonics.

Reitzensteinstraße 58–60	Drinks: **45** I 50
+49 2361 8484906	Ambiente: **18** I 20
www.goldstück-recklinghausen.de	Service: **18** I 20
Kategorie: Loungebar	Sortiment: **9** I 10
	Gesamt: 90 I 100

La Vie 🍷🍷

53721 Siegburg

Gemütliche Polstersessel, Champagner aus der Schatzkammer, und wer mag, greift zu einer der fachgerecht gelagerten Zigarren: Im La Vie lässt es sich luxuriös abschalten. Aber auch für den Alltag finden sich Weine, Drinks und Snacks auf der Karte der Brasserie mit schummrig-gediegener Atmosphäre.

Am Herrengarten 1	Weinangebot: **44** I 50
+49 152 23163536	Service **18** I 20
www.lavie-siegburg.de	Essen **15** I 20
Kategorie: Weinbistro	Ambiente: **8** I 10
	Gesamt: 85 I 100

RHEINLAND-PFALZ

Der große Gatsby

55131 Mainz

Wer den gleichnamigen Film gesehen hat, weiß, was ihn erwartet. Nämlich eine Location im Stil der 1920er-Jahre, gekonnt durchgestylt und gemütlich-chic eingerichtet. Wer hier Platz nimmt, ist in guten Händen, denn die Getränkeauswahl ist breit gefächert und die Eigenkreationen sind immer ein Glas wert.

Drususstraße 1
+49 6131 3399270
www.gatsby-mainz.de
Kategorie: American Bar

Drinks:	**46** | 50
Ambiente:	**19** | 20
Service:	**19** | 20
Sortiment:	**9** | 10
Gesamt:	93 | 100

Favorite

55131 Mainz

Familie Barth hat in ihrem weitläufigen Hotel einiges zu bieten. Neben einem Gourmetrestaurant auch eine gemütliche, zeitgemäß eingerichtete Weinbar, die nicht nur Hotelgästen offen steht. Kleine Sacks werden hier bis Mitternacht angeboten, das Weinangebot kommt vorwiegend aus Deutschland.

Karl-Weiser-Straße 1
+49 6131 8015477
www.favorite-mainz.de
Kategorie: Weinbar im Restaurant

Weinangebot:	**46** | 50
Service	**18** | 20
Essen	**18** | 20
Ambiente:	**9** | 10
Gesamt:	91 | 100

Ladendorfs Weinhaus

55116 Mainz

Ein modernes Weinhaus zu schaffen, in dem entspannter Genuss unkompliziert und leger möglich ist, das ist den Ladendorfs trefflich gelungen, hier fühlt man sich bestens aufgehoben. Das Küchenangebot ist abwechslungsreich und die Weine sind in allen Qualitätskategorien mit Bedacht und Kenntnis ausgesucht. Schwerpunkt: Deutschland

Gaustraße 73
+49 6131 2493609
www.ladendorfs-weinhaus.com
Kategorie: Weinbar im Restaurant

Weinangebot:	**45** | 50
Service	**19** | 20
Essen	**18** | 20
Ambiente:	**8** | 10
Gesamt:	90 | 100

Laurenz

55118 Mainz

Mitten im Wohngebiet ist diese sympathische Location ein beliebter Treffpunkt für Gourmets und Weinliebhaber. Denn beide kommen hier auf ihre Kosten! Die abwechslungsreiche Küche spricht an, die Weinauswahl zeigt die ganze Phalanx von einfachen Weinen bis zu Spitzengewächsen. Schwerpunkt: Deutschland

Gartenfeldstraße 9	Weinangebot: **45** I 50
+49 6131 2168660	Service **18** I 20
www.laurenz-mainz.de	Essen **18** I 20
Kategorie: Klassische Weinbar	Ambiente: **9** I 10
	Gesamt: 90 I 100

M-Lounge & Bar

55116 Mainz

Eingebettet in historisches Gemäuer, präsentiert sich die Mainzer Hotelbar im gläsernen Atrium im modernem Design. Hier trifft man sich auf ein Glas Wein, zum Kaffee oder zum Absacker, auf der Getränkekarte steht auch eine gute Auswahl an klassischen Drinks und Cocktails.

Templerstraße 6	Drinks: **44** I 50
+49 6131 7311537	Ambiente: **18** I 20
www.hyattrestaurants.com	Service: **18** I 20
Kategorie: Hotelbar	Sortiment: **8** I 10
	Gesamt: 88 I 100

Rheinhattan Bar

55116 Mainz

Die guten alte Zeiten: In dem anheimelnden Ambiente mit Tapeten aus der Gründerzeit und den schweren englischen Möbeln werden sie lebendig. Ein schöner Ort zum entspannten Zurücklehnen, dabei immer einen erstklassigen Cocktail, eine hausgemachte Spezialität oder einen ausgesuchten Whisk(e)y im Glas.

Neutorstraße 8	Drinks: **47** I 50
+49 176 46062291	Ambiente: **18** I 20
www.rheinhattanbar.de	Service: **19** I 20
Kategorie: Loungebar	Sortiment: **8** I 10
	Gesamt: 92 I 100

Spiritus 🍸🍸🍸

55116 Mainz

Das urige Ambiente schafft eine ganz eigene Stimmung, hier herrscht immer gute Laune. Das liegt auch an dem vielfältigen Barangebot, das für fast jeden Geschmack etwas bereithält: feine internationale Spirituosen genauso wie klassische Drinks und Cocktails aus natürlichen Zutaten.

Neutorstraße 5–7
+49 1512 1269573
www.spiritus-mainz.de
Kategorie: American Bar

Drinks:	**47** | 50
Ambiente:	**18** | 20
Service:	**19** | 20
Sortiment:	**9** | 10
Gesamt:	93 | 100

Interieur No. 253 🍷🍷

53424 Remagen

Ein schickes Ambiente zum entspannten Wohlfühlen ist die passende Bühne für die feinen, teils saisonal und bodenständig geprägten Speisen, die hier angeboten werden. Der freundliche Service empfiehlt dazu treffsicher die passende Weinbegleitung aus der bestens sortierten Karte.

Hans-Arp-Allee 1
+49 2228 911111
www.interieur-no253.de
Kategorie: Weinbar im Restaurant

Weinangebot:	**45** | 50
Service	**18** | 20
Essen	**16** | 20
Ambiente:	**10** | 10
Gesamt:	89 | 100

Das Weinhaus

54290 Trier

Zum familiengeführten Restaurant gehört eine Vinothek, die sich ganz den Weinen von Mosel, Saar und Ruwer verschrieben hat. Besondere Gewächse sind hier zu finden, die Auswahl ist durchdacht und kenntnisreich zusammengestellt. Bei den Rotweinen schaut man über den regionalen Tellerrand. Schwerpunkt: Mosel, Ruwer, Saar

Brückenstraße 7	Weinangebot:	49 | 50
+49 651 1704924	Service	18 | 20
www.weinhaus-trier.de	Essen	17 | 20
Kategorie: Weinbar in Vinothek	Ambiente:	8 | 10
	Gesamt:	92 | 100

Oechsle

54290 Trier

Frische Fische und Meeresfrüchte, in dem renommierten Weinhaus bekommt man beides in bester fangfrischer Qualität. Auch die dazu angebotenen Weine haben Klasse, vorwiegend sind es Gewächse von der Mosel. Darunter nicht nur Klassiker, sondern auch Weine junger aufstrebender Güter. Schwerpunkt: Mosel, Ruwer, Saar

Palaststraße 5–7	Weinangebot:	45 | 50
+49 651 9917555	Service	17 | 20
www.oechsle-weinhaus.de	Essen	16 | 20
Kategorie: Weinbistro	Ambiente:	7 | 10
	Gesamt:	85 | 100

Verzauber Bar

54290 Trier

Der Name trifft ins Schwarze, die Bar verzaubert Gäste mit einem besonders herzlichen Service und sehr professionellen Bartendern. Und natürlich mit der Hauptsache, nämlich erstklassigen Drinks und klassischen ebenso wie innovativen Cocktails und Eigenkreationen. Hokuspokus at its best!

Saarstraße 90	Drinks:	46 | 50
+49 176 32213281	Ambiente:	18 | 20
www.verzauber.bar	Service:	18 | 20
Kategorie: American Bar	Sortiment:	7 | 10
	Gesamt:	89 | 100

Weinbar Trier 🍷🍷 — 54290 Trier

Dass in der renommierten Trierer Weinbar die vielfältigen Rieslinge der Mosel im Fokus stehen, ist verständlich. Aber auch Gewächse aus den europäischen Nachbarländern gibt es hier zu probieren, einige Flaschen auch aus Übersee. Täglich sind rund 20 Weine im offenen Ausschank erhältlich!

Simeonstraße 12
+49 651 99466955
www.weinbar-trier.de
Kategorie: Weinbar in Vinothek

Weinangebot:	**47** | 50
Service	**18** | 20
Essen	**15** | 20
Ambiente:	**8** | 10
Gesamt:	88 | 100

EINRAUM 🍸🍸🍸 — 67547 Worms

Die heimelige legere Wohnzimmeratmosphäre der kleinen Bar in der Wormser Innenstadt ist die ideale Kulisse für entspannte Stunden. Die kann man bei einem organisierten Tasting erleben, oder einfach vorbeikommen und einen der ausgefallenen Cocktails bestellen. Zurücklehnen und genießen.

Weckerlingplatz 1
+49 6241 4961959
www.einraum.bar
Kategorie: American Bar

Drinks:	**46** | 50
Ambiente:	**18** | 20
Service:	**19** | 20
Sortiment:	**8** | 10
Gesamt:	91 | 100

SAARLAND

Marie-Luise & Jypsie's 🍷🍷 — 66625 Nohfelden

Langweilig wird es in dem schicken Restaurant nie, denn die Küche ist vielfältig und flexibel, das attraktive kulinarische Angebot saisonal wechselnd, aber immer vom Feinsten. Und die Weine? Die sind mit viel Sachverstand ausgesucht, dazu gibt es eine kleine Cocktailauswahl und Biere. Schwerpunkt: Deutschland

Brühlstraße 6b
+49 6852 4859922
www.vinothek-marie-luise.de
Kategorie: Weinbar in Vinothek

Weinangebot:	**44** | 50
Service	**17** | 20
Essen	**16** | 20
Ambiente:	**8** | 10
Gesamt:	85 | 100

Louis Bar 🍸🍸

66740 Saarlouis

Hier waren Profis am Werk und haben ein Interieur geschaffen, dessen Design eine offene Weltläufigkeit versprüht. Man fühlt sich wohl und genießt die Bar als Rückzugsort mit Genussgarantie. Die dafür passenden Getränke wandeln zwischen Klassik, Moderne und Eigenkreation. Großartig!

Prälat-Subtil-Ring 22
+49 6831 89440440
www.lamaison-hotel.de
Kategorie: Hotelbar

Drinks:	**44** I 50
Ambiente:	**18** I 20
Service:	**18** I 20
Sortiment:	**8** I 10
Gesamt:	88 I 100

SACHSEN

Dresden Gin House 🍸🍸

01067 Dresden

In der entspannten Hotelbar in der Dresdener Altstadt huldigt Barchef Wilhelm Streich der Wacholderbeere in all ihren Variationen. Das ambitionierte Team serviert hervorragende Longdrinks, aber vor allem raffinierte Gin-Cocktails, bei denen unterschiedlichste Aromen mit den Basics harmonieren.

An der Frauenkirche 13
+49 351 417270
www.dresden-ginhouse.de
Kategorie: Hotelbar

Drinks:	**45** I 50
Ambiente:	**18** I 20
Service:	**18** I 20
Sortiment:	**8** I 10
Gesamt:	89 I 100

Frank's Bar 🍸🍸

01099 Dresden

Perfektes und gemütliches Waterhole im schönen Dresden, ideal, um mal länger zu sitzen und sich dabei von Barchef Ilja Eisoldt beraten zu lassen. Der ist stets auf der Suche nach besonderen internationalen Spirituosen, die er mit viel Gefühl in spannende Cocktails wie »Rekindled Memory« verwandelt.

Alaunstraße 80
+49 351 65888380
www.franksbar.de
Kategorie: American Bar

Drinks:	**44** I 50
Ambiente:	**18** I 20
Service:	**18** I 20
Sortiment:	**8** I 10
Gesamt:	88 I 100

Herz American Bar 🍸🍸🍸

01097 Dresden

Ein Kleinod der kompromisslosen Barkultur mit schönem, aber zurückhaltendem Ambiente, einer übersichtlich-spannenden Barkarte und einem perfekten und zugleich freundlichen Service. Spätestens beim »Illusionist« merkt man, dass Chef Stephan Herz lange Jahre im legendären Schumann's gearbeitet hat.

Wallgäßchen 4	Drinks:	**46** | 50
+49 351 85096108	Ambiente:	**18** | 20
www.herz.bar	Service:	**18** | 20
Kategorie: American Bar	Sortiment:	**8** | 10
	Gesamt:	90 | 100

Karl May Bar 🍸🍸🍸

01067 Dresden

Der begnadete Fabulierer Karl May hätte sich hier sicher wohlgefühlt. An den Wänden die Originalcover seiner berühmten Romane, edles Barambiente wie im New York der 50er-Jahre und den gästefreundlichen Service von Barchef Niko Pavlidis, der aus der Vielzahl der Spirituosen fabulöse Cocktails mischt.

Taschenberg 3	Drinks:	**47** | 50
+49 351 4912720	Ambiente:	**18** | 20
www.kempinski.com	Service:	**19** | 20
Kategorie: Hotelbar	Sortiment:	**9** | 10
	Gesamt:	93 | 100

Pinta Cocktailbar 🍸🍸🍸

01099 Dresden

Die Cocktailkarte ist zu umfangreich? Da haben die jungen Damen und Herren hinterm Tresen etwas für Sie: den Wochendrink! Je nach Saison und Laune kann das ein fantastischer »Negroni« sein oder ein feines Tonic mit einer ungewöhnlichen, gerade entdeckten neuen Ginsorte. Lassen Sie sich überraschen!

Louisenstraße 49	Drinks:	**44** | 50
+49 351 8106761	Ambiente:	**18** | 20
www.pinta-dresden.de	Service:	**18** | 20
Kategorie: American Bar	Sortiment:	**10** | 10
	Gesamt:	90 | 100

SonderBar 🍸🍸

01187 Dresden

Lieber »Intensiv & Würzig« oder gleich »Üblich & Unanständig«? In neun Basiskategorien ist die Cocktailauswahl in der American Bar aufgeteilt, aufgrund unterschiedlicher Aromen überraschen Jens Lukas und sein Barteam ihre Gäste mit kreativen Drinks wie »Forrest Collins« oder »Pornstar Martini«.

Würzburger Straße 40	Drinks:	**45** | 50
+49 351 4719595	Ambiente:	**18** | 20
www.sonderbar.de	Service:	**18** | 20
Kategorie: American Bar	Sortiment:	**8** | 10
	Gesamt:	89 | 100

Sushi- und Austernbar 🍷🍷🍷

01067 Dresden

Handmade Sushi, frische Austern und eisgekühlter Champagner: ein genüsslicher Dreiklang nicht nur für Festtage. Neben dem kulinarischen Trio werden in der stylishen Bar auch Cocktailspezialitäten angeboten, natürlich aus besten Zutaten gemixt und von Profis zubereitet. Ein cooles Bar-Feeling!

Taschenberg 3	Weinangebot:	**45** | 50
+49 351 48484801	Service	**18** | 20
www.kastenmeiers.de	Essen	**18** | 20
Kategorie: Weinbar im Restaurant	Ambiente:	**9** | 10
	Gesamt:	90 | 100

Twist Bar 🍸🍸🍸

01067 Dresden

Sehr modern, sehr angenehm, sehr professionell. Die Hotelbar im sechsten Stock des Meliá ist ein besuchenswerter Hotspot im schönen Dresden. Barchef Marlon Kutschke und sein Team bieten feine Cocktailklassiker an, kreieren aber gerne auch individuelle fantasievolle Drinks wie »Dill The End of Time«.

Salzgasse 4	Drinks:	**45** | 50
+49 351 795150	Ambiente:	**19** | 20
www.ven-dresden.de	Service:	**18** | 20
Kategorie: Hotelbar	Sortiment:	**9** | 10
	Gesamt:	91 | 100

Wein | Kultur | Bar 🍷🍷🍷

01277 Dresden

Wer spontan Lust auf ein Glas Wein hat, der ist bei Silvio Nitzsche in besten Händen und sollte ohne Reservierung vorbeischauen. Was der Sommelier in seiner gemütlichen Bar anbietet, ist breit gefächert, Weine für jeden Geschmack aus vielen unterschiedlichen Rebsorten, Ländern und Anbauregionen.

Wittenberger Straße 86	Weinangebot:	**50** | 50
+49 351 3157917	Service	**19** | 20
www.weinkulturbar.de	Essen	**16** | 20
Kategorie: Klassische Weinbar	Ambiente:	**9** | 10
	Gesamt:	94 | 100

Weinzentrale 🍷🍷🍷

01099 Dresden

Jens Pietzonka hat schon ein bewegtes Weinleben hinter sich, der mehrfach ausgezeichnete Sommelier ist ein ausgewiesener Fachmann, der sein Wissen gerne und ohne Allüren weitergibt. Respekt! In seiner Weinbar kann man das live erleben, rund 300 spannende Weine garantieren Genuss pur. Schwerpunkt: Deutschland, Europa

Hoyerswerdaer Straße 26	Weinangebot:	**47** | 50
+49 351 89966747	Service	**19** | 20
www.weinzentrale.com	Essen	**17** | 20
Kategorie: Klassische Weinbar	Ambiente:	**9** | 10
	Gesamt:	92 | 100

Herder Zehn 🍷🍷

09599 Freiberg

Die kleine Speisekarte steckt voller geschmackvoller Überraschungen, ebenso die gut sortierte Weinkarte, die Gewächse aus Europa anbietet. Deutschland und Frankreich haben im Sortiment die Nase vorn, neben den bekannten Gütern gibt es aber auch Weine von spannenden Neuentdeckungen. Schwerpunkt: Deutschland, Burgund

Herderstraße 10	Weinangebot:	**45** | 50
+49 3731 23013	Service	**18** | 20
www.herder10.com	Essen	**17** | 20
Kategorie: Weinbar in Vinothek	Ambiente:	**8** | 10
	Gesamt:	88 | 100

Brick's 🍸🍸

04109 Leipzig

Über eine Wendeltreppe geht es in den Keller, wo schön schummrig 90er-Jahre-Atmosphäre mit bunten Wänden und Tabakqualm herrscht. Schon beim Bestellen mekt man: Die Jungs hinterm Tresen verstehen ihr Handwerk und zaubern leckere Klassiker wie den »Mint Julep« oder diverse Gin-Highballs mit Wumms.

Am Brühl 52	Drinks:	**44** | 50
+49 341 9614327	Ambiente:	**17** | 20
	Service:	**18** | 20
Kategorie: Loungebar	Sortiment:	**8** | 10
	Gesamt:	87 | 100

Château9 🍷🍷

04103 Leipzig

Weinvielfalt in puristisch-gemütlicher Atmosphäre. Aus rund 360 Gewächsen können die Gäste ihre Favoriten wählen, natürlich kommen die Weine aus den unterschiedlichsten Anbauregionen der Welt. Kleine kulinarische Weinbegleiter und Schlemmereien machen den Genuss rund.

Dresdner Straße 3–5	Weinangebot:	**46** | 50
+49 341 99383862	Service	**19** | 20
www.chateau9.de	Essen	**15** | 20
Kategorie: Weinbar in Vinothek	Ambiente:	**9** | 10
	Gesamt:	89 | 100

Falco 🍸🍸🍸

04105 Leipzig

Stylishes Ambiente im 27. Stock des Leipziger Edelhotels, in dem Sternekoch Peter Maria Schnurr die Gastronomie prägt. Hinterm Tresen mit bester Aussicht zaubert Nils Wimberger mit internationalen Spirituosen und Aromen einzigartige Signature Drinks wie »Touch of India« oder »Böhse Onkels«.

Gerberstraße 15	Drinks:	**44** | 50
+49 341 9882727	Ambiente:	**20** | 20
www.falco-leipzig.de	Service:	**18** | 20
Kategorie: Restaurantbar	Sortiment:	**9** | 10
	Gesamt:	91 | 100

Imperii Bar 🍸🍸🍸 04109 Leipzig

An dieser Stelle der Messestadt kreuzten sich einst zwei römische Handelsstraßen. Heute wird mehr das moderne Rom zitiert: edles Holz, moderne Möbel, italienisch-stylish, dazu international und regional inspirierte Cocktails wie »The Burning Huntsman«, mit weltmännischem Charme gemischt und serviert.

Brühl 72	Drinks:	**46** I 50
+49 341 96283789	Ambiente:	**18** I 20
www.imperii.de	Service:	**19** I 20
Kategorie: Loungebar	Sortiment:	**9** I 10
	Gesamt:	92 I 100

Le Grand – Brasserie 🍷🍷🍷 04109 Leipzig

Die mondän gestylte Bar im Lichthof des Steigenberger Grandhotels ist nicht nur Treffpunkt für Hotelgäste. Denn zu den schmackhaften Bistrogerichten aus der Küche gibt es eine ganze Reihe attraktiver Drinks. Super Idee: klassische Originalgetränke aus der Rubrik »Cocktail History«.

Salzgässchen 6	Weinangebot:	**46** I 50
+49 341 3505810	Service	**18** I 20
www.steigenberger.com	Essen	**17** I 20
Kategorie: Weinbar im Restaurant	Ambiente:	**9** I 10
	Gesamt:	90 I 100

Le Grand – Bar 🍸🍸🍸 04109 Leipzig

Sehr beeindruckend, dieser hohe Lichthof im edlen Hotel, das auch ein stilvoller Treffpunkt für Feinschmecker und Cocktailkenner in Leipzig geworden ist. Das aufmerksame Tresenpersonal des Le Grand versorgt mit feinen Klassikern und beeindruckenden Signatures wie dem »Ennio Morricone«.

Salzgäßchen 6	Drinks:	**46** I 50
+49 341 3505810	Ambiente:	**18** I 20
www.steigenberger.com	Service:	**18** I 20
Kategorie: Hotelbar	Sortiment:	**8** I 10
	Gesamt:	90 I 100

Renkli 🍷🍷🍷 04107 Leipzig

Minimalistisch eingerichtet, aber voller Lebensfreude und geballtem Weinwissen: Das reicht aus, um die kleine Weinbar zu einem Hotspot für Weinfreaks, Anfänger und Profis zu machen. Beraten wird hier locker und unkompliziert, aber immer zielsicher. Also keine Angst vor »großen« Weinnamen.

Karl-Liebknecht-Straße 2	Weinangebot:	**46** | 50
	Service	**19** | 20
	Essen	**17** | 20
Kategorie: Klassische Weinbar	Ambiente:	**8** | 10
	Gesamt:	90 | 100

Rorschach 🍸🍸 04275 Leipzig

Im schön schummrigen American-Bar-Ambiente im Untergeschoss mixen Maurice Le Petit und sein Team aufs Bezauberndste. Gerne variieren sie historische Legenden auf raffinierte Art und Weise, dazu kommen Eigenkreationen wie »Buenos Tardes Amigo« oder »Walter Mitty«, die oft Filme oder Songs zitieren.

Arndstraße 44	Drinks:	**45** | 50
+49 341 3038691	Ambiente:	**17** | 20
www.rorschach-bar.de	Service:	**18** | 20
Kategorie: American Bar	Sortiment:	**8** | 10
	Gesamt:	88 | 100

Gräfe's Wein & Fein 🍷🍷🍷 01445 Radebeul

Rund 500 verschiedene Weine (Schwerpunkt: Deutschland) und Champagner gibt's im Weinfachhandel, etliche davon mit überraschender Jahrgangstiefe. Im angeschlossenen Bistro kann man aus etwa 20 offenen Weinen wählen oder man nimmt eine Flasche aus dem Regal plus 15 Euro Korkgeld.

Hauptstraße 19	Weinangebot:	**48** | 50
+49 351 8365540	Service	**19** | 20
www.graefes-weinundfein.de	Essen	**17** | 20
Kategorie: Weinbar in Vinohek	Ambiente:	**8** | 10
	Gesamt:	92 | 100

Kult-Hippo-Bar 🍸🍸🍸 02681 Schirgiswalde-Kirschau

In dem Luxusresort in der Oberlausitz findet sich ein verwunschener Ort aus Tausendundeiner Nacht: Die hübsche orientalische Lounge bietet nicht nur Shisha-Pfeifen an, sondern auch die passenden Drinks: versiert gemixte Klassiker und Eigenkreationen wie »Rosemary Sour« und natürlich den »Hippo«.

Bautzener Straße 74	Drinks:	**45** | 50
+49 3592 5200	Ambiente:	**19** | 20
www.bei-schumann.de	Service:	**18** | 20
Kategorie: Hotelbar	Sortiment:	**9** | 10
	Gesamt:	91 | 100

SACHSEN-ANHALT

51°

06632 Freyburg (Unstrut)

Langer Tresen, lange Bartische, dazu eine unkomplizierte Küche und coole Drinks. In der angesagten Location trifft sich nicht nur die »Jeunesse dorée«, auch echten Barprofis gefallen das urbane Interieur und die gute Stimmung, vor allem aber das professionelle, internationale Barprogramm.

Schützenstraße 9
+49 34464 359390
51grad.ursprung.de
Kategorie: Weinbar im Restaurant

Weinangebot:	**46** I 50
Service	**18** I 20
Essen	**18** I 20
Ambiente:	**8** I 10
Gesamt:	90 I 100

Cuvée 2.0

06108 Halle

Wenn »Wine meets cuisine« oder andere Weinveranstaltungen auf dem Programm stehen, sollte man unbedingt vorher reservieren. Denn viel Platz ist nicht vorhanden, aber das vinophile Angebot ist attraktiv und die kleine Küche ambitioniert. Ein gelungenes Konzept mit moderaten Preisen.

Bernburger Straße 10
+49 177 7012349
www.cuvee2punkt0.de
Kategorie: Klassische Weinbar

Weinangebot:	**44** I 50
Service	**18** I 20
Essen	**18** I 20
Ambiente:	**9** I 10
Gesamt:	89 I 100

Lujah

06108 Halle

Den Namen verdankt André Hamanns schicke Bar im »Händelkarree« dem in Halle allgegenwärtigen Komponisten. »Hallelujah« sagen aber auch die Gäste, seit das Lokal wieder geöffnet ist. Zur umfangreichen Cocktailauswahl – vom »Cosmopolitan« bis zum »Old Cuban« – kommt eine beeindruckende Gin-Karte.

Kleine Ulrichstraße 36
+49 345 4789900
www.lujah.de
Kategorie: Loungebar

Drinks:	**46** I 50
Ambiente:	**19** I 20
Service:	**18** I 20
Sortiment:	**9** I 10
Gesamt:	92 I 100

Mo's Daniel's

06108 Halle (Saale)

Freundliche, helle Bar am Rand der Innenstadt von Halle, ideal für den After-Work-Drink. Serviert werden gelungene »Mojitos« in mehreren Variationen, aber auch ein feiner »Moskow Mule«. Damit der Zuckerspiegel stabil bleibt, kommen aus der Küche deftige Gerichte wie Pasta, Burger oder Pelmeni.

Bernburger Straße 1
+49 345 6869800
www.mosdaniels.de
Kategorie: American Bar

Drinks:	**44** I 50
Ambiente:	**18** I 20
Service:	**18** I 20
Sortiment:	**8** I 10
Gesamt:	88 I 100

Charles Bar

06886 Lutherstadt Wittenberg

In der schönen Altstadtbar erlebt man selbst, warum Barchef Martin Kramer schon so viele Contests gewonnen hat: ein überzeugendes Konzept, regelmäßige durchdachte Tastings und natürlich fantastische Signature Drinks wie den »Heisenberg« aus »Breaking Bad«, der Physik, Alchemie und Popkultur vereint.

Markt 7
+49 1512 0765107
www.charlesbar.de
Kategorie: American Bar

Drinks:	**47** I 50
Ambiente:	**18** I 20
Service:	**18** I 20
Sortiment:	**9** I 10
Gesamt:	92 I 100

SCHLESWIG-HOLSTEIN

Bar im Severin's

25980 Keitum

Internationale Barkultur auf Sylt? Die gibt es! Denn im Serverin's stehen Profis hinter dem Tressen und schütteln und mixen, was in der kosmopolitischen Barwelt Rang und Namen hat. Auch Eigenkreationen wie »Mai Tai Remastered« mit Orangenlikör und Mandeln stehen ganz oben im Kurs der Gäste.

Am Tipkenhoog 18
+49 4651 460660
www.severins-sylt.de
Kategorie: Hotelbar

Drinks:	**46** I 50
Ambiente:	**19** I 20
Service:	**18** I 20
Sortiment:	**8** I 10
Gesamt:	91 I 100

Pius' Weinwirtschaft

25980 Keitum

Der Spaß am Wein kommt hier von alleine, denn 35 Gewächse werden offen ausgeschenkt. Ein großartiges Angebot und eine ideale Möglichkeit, neue Winzer und Geschmäcker kennenzulernen. Daneben stehen noch rund 300 Flaschenweine auf der Karte, den Hunger stillt man mit herzhaften Snacks.

Am Kliff 5
+49 4651 8891438
www.pius-keitum.de
Kategorie: Weinbistro

Weinangebot:	**46** | 50
Service	**18** | 20
Essen	**16** | 20
Ambiente:	**8** | 10
Gesamt:	88 | 100

Banmaai

24105 Kiel

Eintauchen in die Aromenwelt der modernen Thai-Küche: Dafür bietet das durchgestylte Interieur des schicken Restaurants die passende Bühne. Der aufmerksame Service kümmert sich freundlich um das Wohl der Gäste und empfiehlt auch abwechslungsreiche Drinks und Cocktails zu den schmackhaften Speisen.

Brunswiker Straße 24
+49 431 58780978
www.banmaai.de
Kategorie: Restaurantbar

Drinks:	**42** | 50
Ambiente:	**17** | 20
Service:	**18** | 20
Sortiment:	**7** | 10
Gesamt:	84 | 100

Deck 8

24103 Kiel

Alle Mann an Deck? Frauen natürlich auch! Aber bitte niemand in Jogginghose oder Shorts, in Kiels kultiger Bar ist »smart casual« erwünscht. Wer dann noch einen kleinen Eintritt zahlt, kommt in den Genuss von einer ganzen Reihe cooler Drinks und Cocktails, die Barchef Ravi bereithält.

Raiffeisenstraße 2
+49 431 37499576
www.atlantic-hotels.de
Kategorie: Hotelbar

Drinks:	**43** | 50
Ambiente:	**19** | 20
Service:	**19** | 20
Sortiment:	**8** | 10
Gesamt:	89 | 100

Moralist 🍸🍸 24105 Kiel

Die Gin-Tastings sind legendär, gleichsam informativ und spannend. Aber die Szenebar hat noch mehr zum Thema Gin zu bieten, etwa New Western Dry Gins wie »Sylter Hopfen« oder gesüßte Gins und seltene Ginliköre. Auf der Cocktailkarte stehen fast alle Klassiker, auch Champagner-Cocktails.

Holtenauer Straße 59
+49 431 12817440
www.moralist-bar.de
Kategorie: Loungebar

Drinks:	**44** | 50
Ambiente:	**18** | 20
Service:	**18** | 20
Sortiment:	**9** | 10
Gesamt:	89 | 100

Dietrich's 🍸🍸🍸 23552 Lübeck

In gemütlicher Runde bleiben die Gäste gerne bei Clemens Dietrich bist spät in die Nacht hängen. Denn der engagierte Barchef hat einiges zu bieten und lässt auch Kenner ins Schwärmen geraten. Mit seinen über 600 Flaschen mixt er alle Cocktails, die jemals in der Welt waren. Einfach ausprobieren!

An der Untertrave 108
+49 1590 1447454
www.dietrichs-luebeck.de
Kategorie: American Bar

Drinks:	**46** | 50
Ambiente:	**18** | 20
Service:	**18** | 20
Sortiment:	**9** | 10
Gesamt:	91 | 100

Sansibar 🍷🍷🍷🍷 25980 Rantum (Sylt)

Sylt und die Sansibar sind eine Erfolgsgeschichte. Wer auf Deutschlands beliebtester Insel verweilt, muss einmal in der Sansibar gewesen sein. Die Weinkarte ist die Bibel des guten Geschmacks: Alles, was Rang und Namen hat, ist dort vertreten. Dazu herrliche Wohlfühlgerichte mit Fleisch und Fisch.

Hörnumer Straße 80
+49 4651 964647
www.sansibar.de
Kategorie: Weinbar im Restaurant

Weinangebot:	**50** | 50
Service	**19** | 20
Essen	**18** | 20
Ambiente:	**9** | 10
Gesamt:	96 | 100

Foto: Ydo Sol Images

Miles

25980 Sylt

Die schicke, gestylte Bar im Landhaus Stricker hat nicht nur urbanes Flair, Holger Bodendorf legt auch besonderen Wert auf ein gut sortiertes Angebot aus der internationalen Barszene. Bemerkenswert sind die Longdrinks mit Gin, die große Auswahl an Cognacs und die erstklassigen Signature Drinks!

Boy-Nielsen Straße 10
+49 4651 88990
www.landhaus-stricker.com
Kategorie: Hotelbar

Drinks:	**46** I 50
Ambiente:	**18** I 20
Service:	**18** I 20
Sortiment:	**9** I 10
Gesamt:	91 I 100

Weinraum Sylt

25980 Sylt-Ost

Olaf Mauksch zelebriert Weine, aber – Gott sei Dank – ohne überkommene verstaubte Rituale. Einfach und umkompliziert geht es in seiner modern gestalteten Weinbar zu: Was in die Gläser oder als Flasche an den Tisch kommt, sind kenntnisreich ausgesuchte Gewächse aus der Alten und Neuen Welt.

Elisabethstraße 4
+49 4651 9676336
www.weinraum.co
Kategorie: Klassische Weinbar

Weinangebot:	**48** I 50
Service	**18** I 20
Essen	**17** I 20
Ambiente:	**8** I 10
Gesamt:	91 I 100

Hardy's

25980 Westerland

Ein schickes Restaurant, in dem es entspannt und leger zugeht, ist der Mittelpunkt des Hotels. Vor oder nach dem Essen trifft man sich an der Bar, deren Getränkeangebot auch klassische Drinks wie den »Bittered Sling 12« und »El President« aus dem Kuba der 1920er-Jahre umfasst. Großartig!

Strandstraße 2
+49 4651 8580
www.hotelstadthamburg.com
Kategorie: Hotelbar

Drinks:	**46** I 50
Ambiente:	**18** I 20
Service:	**19** I 20
Sortiment:	**8** I 10
Gesamt:	91 I 100

THÜRINGEN

Hemingway

99084 Erfurt

Ein Hauch von Afrika mit dunklem Holz, Leder und Antilopengeweihen: Seit 25 Jahren gibt es diese American Bar im Herzen Erfurts nun schon. Aus über 100 Gin- und mehr als 200 Rum-Sorten zaubern die gut gelaunten Barkeeper sehr respektable Cocktails, gern nach persönlicher Beratung.

Michaelisstraße 45
+49 361 5519944
www.hemingway-erfurt.de
Kategorie: American Bar

Drinks:	**46** / 50
Ambiente:	**18** / 20
Service:	**18** / 20
Sortiment:	**9** / 10
Gesamt:	91 / 100

Foto: Tim Kloecker/103prozent.de

Modern Masters

99084 Erfurt

Inhaber Torsten Spuhn hat zahlreiche internationale und nationale Bar-Contests gewonnen. Seine besonderen Fähigkeiten bewundern kann man, wenn man sich aus der umfangreichen Barkarte entschieden hat – einen »Queen Victoria Sour«, bitte! – und ihm dann beim Zaubern seiner Cocktails zusehen kann.

Michaelisstraße 48
+49 361 5507255
www.modern-masters.de
Kategorie: American Bar

Drinks:	**47** / 50
Ambiente:	**18** / 20
Service:	**18** / 20
Sortiment:	**9** / 10
Gesamt:	92 / 100

BARokoko

99867 Gotha

Der Blick über Gothas barocke Altstadt ist schon etwas Besonderes. Die stilvolle Bar, die zu einer Tanzschule gehört, bietet ein angenehmes Ambiente mit feinen Drinks aus ausgewählten Zutaten. Einer der Schwerpunkte sind klassische und rare Whisk(e)ysorten, inklusive begeisterter Beratung durchs Team.

Erfurter Straße 1
+49 3621 5127641
www.barokoko.bar
Kategorie: American Bar

Drinks:	**43** I 50
Ambiente:	**16** I 20
Service:	**17** I 20
Sortiment:	**7** I 10
Gesamt:	83 I 100

nineOfive

07743 Jena

Im Gegensatz zu einigen Orten in Großstädten des Landes, endlich mal eine neapolitanische Pizza, deren Rand nicht die Hälfte der Pizza einnimmt. Dazu ein Glas Wein, vielleicht auch drei, und die Sache sitzt. Zudem Kräuter frisch von der Terrasse, einen Klaus Peter Keller Riesling Kabinett Limestone.

Löbdergraben 7
+49 3641 7968844
www.nineofive.de
Kategorie: Weinbar im Restaurant

Weinangebot:	**47** I 50
Service	**18** I 20
Essen	**19** I 20
Ambiente:	**8** I 10
Gesamt:	92 I 100

Wein-Tanne

07743 Jena

Im mittelalterlichen Gemäuer findet man eine gelungene Mischung aus abendlichem Gasthaus und nächtlicher Bar. Das freundliche Team offeriert ein gutes Wein- und ein einfallsreiches Cocktailangebot wie den »Kraut's Horses Neck« auf Williamsbasis. Seit 1. September wird auch die Küche neu bespielt.

Jenergasse 13
+49 3641 7968702
www.weintanne-jena.de
Kategorie: Restaurantbar

Drinks:	**43** I 50
Ambiente:	**17** I 20
Service:	**19** I 20
Sortiment:	**8** I 10
Gesamt:	87 I 100

Weinbar Weimar

99423 Weimar

Mehr als 100 offene, vorwiegend deutsche Weine: Das ist eine Ansage für Kenner und Einsteiger. Ausgeschenkt werden die Gewächse – die Jahrgänge können variieren – in der gemütlichen holzvertäfelten Weinstube oder im idyllischen Sommergarten, geschmackvoll begleitet von kleinen Leckereien.

Humboldtstraße 2
+49 3643 4699533
www.weinbar-weimar.de
Kategorie: Weinbistro

Weinangebot:	**47** I 50
Service	**18** I 20
Essen	**18** I 20
Ambiente:	**9** I 10
Gesamt:	92 I 100

Stoli Espresso
ESPRESSO MARTINI
FERTIG GEMIXT
7CL STOLI ESPRESSO
+1 ESPRESSO
= PERFEKTER ESPRESSO MARTINI
STOLICHNAYA
Stoli Espresso
FOR THE PERFECT
ESPRESSO MARTINI
JUST ADD 1 ESPRESSO
COFFEE FLAVOURED VODKA LIQUEUR
ERANTWORTUNGSVOLL.AT

85–89
83 | 100
NÖ
3034
B
40476
W
NÖ
S
T
ST
OÖ
K
V
B
4
3
2
1
4
3
2
1
90–94
S
5020
79 | 100
W
1010

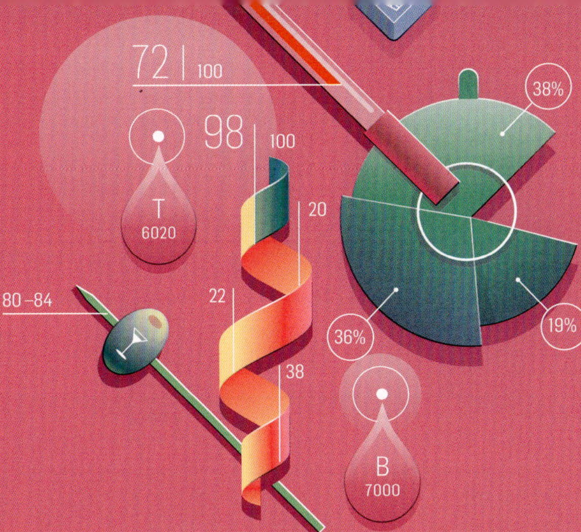

DIE BESTEN BARS UND WEINBARS IN ÖSTERREICH

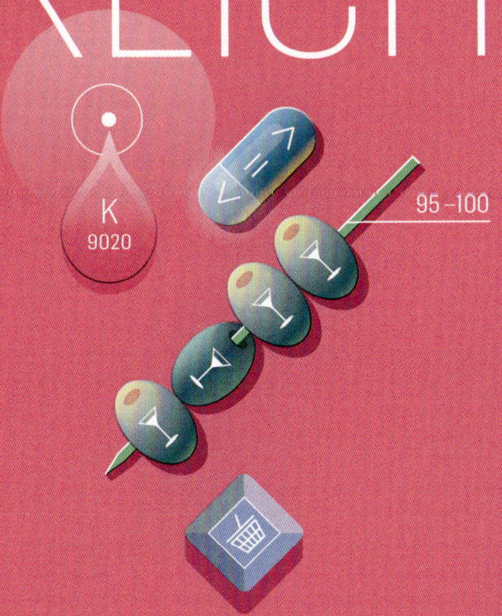

Die Top-Cocktailbars in Österreich

Dino's Apothecary Bar 1010 Wien	Seite 206	96 Punkte
Tür 7 1080 Wien	Seite 246	96 Punkte
Halbestadt 1090 Wien	Seite 248	95 Punkte
Josef Cocktailbar 1010 Wien	Seite 210	95 Punkte
The Sign 1090 Wien	Seite 249	95 Punkte
The Bank Bar 1010 Wien	Seite 220	95 Punkte
Hammond Bar 1020 Wien	Seite 226	94 Punkte
Englhof Cocktailbar 6277 Zell am Ziller (T)	Seite 341	94 Punkte
D-bar 1010 Wien	Seite 205	93 Punkte
Liquid Diary 6020 Innsbruck (T)	Seite 328	93 Punkte
Bruder 1060 Wien	Seite 234	93 Punkte
Burdock 5020 Salzburg (S)	Seite 315	93 Punkte
Fabios 1010 Wien	Seite 207	93 Punkte
Josef Highball Bar 1010 Wien	Seite 211	93 Punkte
Kleinod 1010 Wien	Seite 211	93 Punkte

Die Reihung ergibt sich aus Gesamtpunktzahl und Getränkebewertung.

DIE VOLLE FRUCHT IM GLAS

Mehr als 100 verschiedene Destillate werden am Sammerhof in Kirchham hergestellt. Von ganz klassisch bis unglaublich ausgefallen. Eine Genussreise durch das Reich der destillierten Aromen.

Die Sortenvielfalt der Boutique-Destillery am Sammerhof unweit des Traunsees ist beeindruckend. Rund 100 verschiedene Obst-, Getreide- und Gemüsesorten werden hier zu feinsten Destillaten verarbeitet. Neben den klassischen Kern- und Steinobstsorten haben es Christian Brunner vor allem seltene Wild- und Beerenfrüchte wie Kirschlorbeer, Traubenkirsche, Dirndl, Schlehe, Waldhimbeere oder die besonders schwierige Erdbeere angetan. Ein weiteres Highlight sind Südfrüchte: Ob Blutorange, Zitrone, Limette oder Grapefruit, alle bestechen durch ihr ausgeprägt frisches Aroma. »Das Wichtigste ist die Fruchtqualität«, sagt Brennmeister Christian Brunner. »Wir verwenden viel Zeit darauf, Obstbauern zu finden, die dem Obst die Zeit geben zu reifen. Nur so können wir die Aromatik der Früchte in unseren Destillaten verwirklichen.«

Ulrike Reisenberger und Christian Brunner
sammerhof.at

SIEGER

Foto: PR

Gastgeber des Jahres

ANDREAS HOTTER, ENGLHOF BAR, ZELL AM ZILLER

Die geschnitzte Bar in einem Hotel – hat man das nicht schon öfter gesehen? Definitiv nicht! Denn die Spirituosenauswahl und die alpine Mixologie Andi Hotters sind unique. Das lässt er aber niemanden spüren, im Gegenteil: Für Teenager mit dem ersten Highball findet er ebenso die perfekte Ansprache wie für Whisk(e)y-Connaisseure, die extra anreisen.

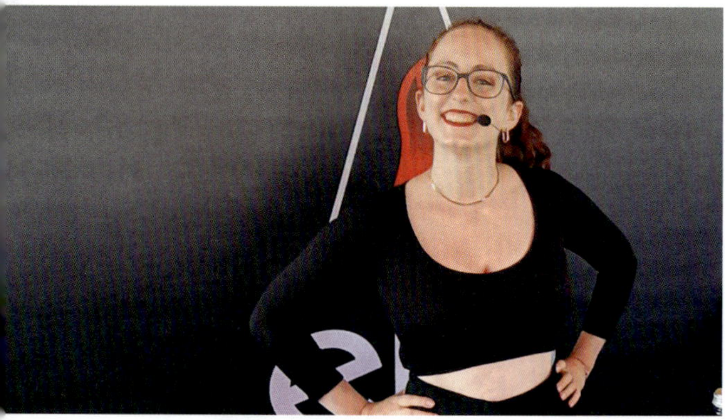

Foto: Roland Graf

Barfrau des Jahres

LAURA PEEZ, SPUTNIK BAR, WIEN

Wenn's laaft, dann laaft's. Skifahrer-Weisheiten gelten offenbar auch am Tresen. Denn mit der Eröffnung des »Sputnik« als ihrer Wirkungsstätte kann Laura Peez endlich ihre Klasse zeigen. Den Sieg bei den »Martini Masters« gab es obendrauf für die clevere Frohnatur, die bereits in der »26°East« und der »Sechser« mit Drinkkreationen glänzte.

Foto: PR

Bartender des Jahres

GLENN ESTRADA, TÜR 7, WIEN

Der Ruhepol im All-Star-Team in der Josefstadt: Seit der Eröffnung der Ausnahme-Location sorgt Glenn bereits für die Cocktails, die das „Speakeasy" mit dem intimen Charakter (und keiner Karte) berühmt gemacht haben. Daher bitten wir ihn einmal nicht vor seinen Bartresen, sondern generell vor den Vorhang: als verdienten Feinmechaniker am Shaker.

Foto: beigestellt

Innovativster Bartender

DANIEL SCHOBER, TREEHAUS, WIEN

Stärker denn je zurück: Nach jahrelangem Dasein als Drink-Entwickler lässt es Daniel Schober im wunderbaren »Baumhaus« des Cocktails krachen. Vom schnell gezapften aromasatten Highball bis zum elaborierten Agaven-Drink ist alles dabei. »Die Rückkehr des Jigger-Ritters«, würde der Star-Wars-Fan wohl selbst sagen. Wir sagen nur: köstlich!

Foto: Philipp Ernst

Rookie-Bartender des Jahres

PAULINE SCHOLZ, JOSEF COCKTAILBAR , WIEN

Das Umsatteln der ursprünglichen (und international ausgebildeten) Hotelfachfrau hat sich bezahlt gemacht: In Rekordzeit hat sie es unter die besten drei der »World Class« geschafft und ist mittlerweile Fixgröße der »Josef Bar«, keine schlechte Bilanz. Und neben den Drinks überzeugt die polyglotte »Polly« auch am Gast. Ein Neuzugang mit viel Klasse!

Foto: Nikolaus Mautner Markhof

Barteam des Jahres

KLEINOD-GRUPPE, WIEN

Das vermutlich größte Barteam der Stadt, das vom »Stammhaus« bis zum Stadtpark-Pop-up für Cocktailfreude sorgt, punktet mit Klasse. Das zeigt sich an den Neukreationen, aber auch bei der makellosen Qualität der Klassiker. Bar-Spirit wird hier zum »Prunkstück« – wie eine weitere Wirkungsstätte heißt.

ESTD 1905
FENTIMANS
Gins
grosse Liebe
Durch ein besonderes Brauverfahren, dem »Botanical Brewing«, erhalten die Tonics von Fentimans Ihre unvergleichliche Geschmackstiefe.
ESTD 1905
FENTIMANS
SERVE CHILLED
FENTIMANS
BOTANICALLY BREWED
CLASSIC
PREMIUM INDIAN
TONIC WATER
NATURAL BOTANICALS AND QUININE
Natural Botanical Tonic Water with Herbal Extracts and Quinine
EXQUISITELY CRAFTED
Auch erhältlich bei SpiritLovers.at

Foto: Nikolaus Mautner Markhof

American Bar

DINO'S APOTHECARY BAR, WIEN

Geborgen wie in einem Schiffsbauch, umsorgt von einer Legende des Wiener Nachtlebens, so präsentiert sich das »Dino's« (mittlerweile mit Garten). Der Humor kommt bei allem Können von Heinz Kaiser und seinem Bereitschaftsdienst nicht zu kurz; der »Phettberg« etwa vereint in der Tat Frucade und Eierlikör. Habitués nehmen »Gimlet Caprese«.

Foto: PR

American Bar

TÜR 7, WIEN

Ausdauernd wie beim Berglauf – der neuen Leidenschaft von Geri Tsai – zeigt er sich an der Spitze der heimischen Bars. Die Beratungskompetenz am Gast ist nur in dem boutiqueartigen Ambiente möglich. Und sie gipfelt in einer »hospitality«, die diesen Namen zu Recht in englischer Sprache verdient. Denn man agiert auf internationalem Level.

Foto: PR

Restaurantbar

CAFÉ KANDL, WIEN

Der Schwerpunkt hat sich ein wenig verschoben, seit Robin Roger Peller 2019 das alte »Kandl« zum ganz neuen gemacht hat: weniger Cocktails, dafür aber eine umso umfänglichere Auswahl an »wilden« Weinen. Sie begleiten die immer schon feine Küche am Schottenfeld und zeigen, wie viel Geschmack die oft belächelten »Hipster« tatsächlich haben.

Foto: Julius Hirtzberger

Hotelbar

SUITE MARNIER | THE RITZ-CARLTON, WIEN

Raum ist der neue Luxus und insofern passt die temporäre Bar auf zwei Etagen (samt Balkon) auch perfekt zum The Ritz-Carlton. Die rund um Grand Marnier inszenierte Mixology steht dem Konzept in nichts nach – ganz im Stile der Belle Époque wird hier die Trinkkultur mit viel Esprit gepflegt. Anders gesagt: »Margarita« unter Lobmeyr-Lustern.

Foto: PR

Neueröffnung des Jahres

NEUE HOHEIT BAR | ROSEWOOD, WIEN

Eine spektakuläre Location in der Stadt für den Erstauftritt der Luxushotelgruppe hinzustellen, ist die eine Sache. Sie mit mixologischem Leben zu erfüllen wie Moritz Niederstrasser, eine andere. Wie schon in seiner Zeit in Bamberg, bringt er bis hin zu den »Bottled Cocktails« mit Bio-Spirits das Beste aus regionaler Fertigung zum Gast.

Foto: PR

Bar-Juwel

151 RESTAURANT & BAR, KLAGENFURT

Viktrings Finest: Ein Besuch in dieser Location, die noch dazu nicht direkt am Wörthersee liegt, fühlt sich immer irgendwie nach Urlaub an. Großartige Küche, auch wenn man als »Bistro« tiefstapelt. Champagner auf Eis und die Cocktailkreationen von »Mr. Swizzle« Daniel Schellander machen ein Gesamtkunstwerk mit tollem Außenbereich aus.

Foto: Adrian Almasan

Speakeasy

FITZCARRALDO, WIEN

Das hat Wien noch nicht gesehen: Eine Warteschlange vorm Getränkeautomaten weist den Weg. Getrunken wird aber hinter der Tür – und zwar vom Feinsten. Die Optik von »Bali Brunch«-Macher Hank Ge und die mixologische Kompetenz Samy Walfischs gingen eine lustvolle Ehe ein. Die eigenen Cordials und originelle Garnituren erhöhen den Trinkspaß.

Foto:Adrian Almasan

Tagesbar des Jahres

EVERYBODY'S DARLING, WIEN

Klar ist TV-Koch Alexander Kumptner das bekannteste Gesicht der Bar mit spektakulärem Esszimmer. Doch die Teamleistung hat dafür gesorgt, dass an der »schwierigen« Ecke ein Hort des »Daydrinking« entstehen konnte, der Leichtigkeit bei den Drinks zelebriert. Das umfasst explizit auch die alkoholfreien Optionen, die man hier beherrscht.

Die Top-Weinbars in Österreich

Die Weinbank – Wirtshaus 8461 Ehrenhausen (ST)	Seite 277	96 Punkte
Kork & Gloria 5611 Großarl (S)	Seite 312	96 Punkte
Palais Coburg Weinbar 1010 Wien	Seite 216	96 Punkte
Wein & Co Stephansplatz 1010 Wien	Seite 223	96 Punkte
Heunisch & Erben 1030 Wien	Seite 229	96 Punkte
MAST Weinbistro 1090 Wien	Seite 249	96 Punkte
Döllerers Enoteca 5431 Kuchl (S)	Seite 313	95 Punkte
Pub Klemo 1050 Wien	Seite 233	95 Punkte
Wein & Co 8010 Graz (ST)	Seite 284	95 Punkte
Magazin 5020 Salzburg (S)	Seite 318	95 Punkte
O boufés 1010 Wien	Seite 216	95 Punkte
Wein & Co Mariahilfer Straße 1070 Wien	Seite 244	94 Punkte
Selektion Vinothek Burgenland 7000 Eisenstadt (B)	Seite 272	94 Punkte
Ursprung 6561 Ischgl (T)	Seite 333	94 Punkte
Wein & Co Hietzing 1130 Wien	Seite 251	93 Punkte

Die Reihung ergibt sich aus Gesamtpunktzahl und Weinangebot-Bewertung.

SIEGER

Foto: PR

Sonderpreis Special Selection

VINOTHEK FOHRINGER, SPITZ

Geht es um die Wachau, gibt es für alle mit Lücken bei einer »Vertikale« eigentlich nur eine Adresse abseits der Weingüter selbst: Fohringer! Was sich über die Jahre nicht nur durch räumliche Nähe, sondern durch wertschätzende Beziehungen zu den Winzern an der Donau ergeben hat, ist das Epizentrum von Steinfeder, Federspiel und Smaragd.

Foto: Wein & Co

Neueröffnung Weinbar

WEIN & CO SCHOTTENTOR, WIEN

Kaum wiederzuerkennen – im hellen und erweiterten Design – ist der Standort der Handelskette gegenüber der Uni. Als Motto gilt aber weiterhin: »Der Shop ist die Weinkarte«. Und so lässt sich auf mittlerweile mehr Platz (die Lounge!) das Sortiment an österreichischen und internationalen Raritäten erkunden. Was für ein fulminanter Start!

Please savour responsibly
Crafted without compromise from American and European oak sherry seasoned casks.
THE MACALLAN DOUBLE CASK RANGE
Photography by Steve McCurry
The MACALLAN
MAKE THE CALL
The MACALLAN
HIGHLAND SINGLE MALT SCOTCH WHISKY
12
DOUBLE CASK

Foto: PR

Klassische Weinbar

WEINBAR IM PALAIS COBURG, WIEN

Man braucht nicht viel sagen, wenn in sechs Kellern (hier ehrfürchtig »Bewahrer« genannt) 60.000 Flaschen lagern. Doch spannend ist, was auf die Karte der ruhigen Bar mit Blick auf die »Hohe Kasematte« kommt. Denn die 100 Seiten mit Jahrgangstiefe müssen ja nicht immer sein. Sie können es aber in diesem Möglichkeitsraum der Vinophilie.

Foto: Martin Kubik

Weinbar in einer Vinothek

EULENNEST VINOTHEK & WEINBAR, WIEN

Über allem wacht die putzige Eule. Für das nachtaktive Tier gibt es auch einiges zu sehen bei 500 Etiketten, einer wunderbaren Antipasti-Auswahl und den »Weinen der Woche«. Mit ihnen sorgt der absolut unprätentiöse (H)Ort des Weingenusses für Abwechslung, die nicht nur Stammgäste goutieren. Und sei's nur ein Kost-Sechzehntel via Coravin.

Foto: Konstantin Reyer

Weinrestaurant/-bistro

REZNICEK, WIEN

Keine Weinbar, ein veritables Wirtshaus ist es geworden, in dem Sommelier-Profi Simon Schubert nunmehr selbstständig seine Leidenschaft mit kleinen Weingütern und reifen Kreszenzen auslebt. Zu Rindswangerln und Cordon bleu im wunderbar patinierten Ambiente wählt man von Naturweinen und Empfehlungen eines echten Routiniers. Ein Gustoplatzerl!

Foto: WSNA

DIE BESTEN SOMMELIERS ÖSTERREICHS

Standen einst nur Küchenchefs hochdekorierter Gourmetadressen im Rampenlicht, finden inzwischen auch Sommeliers gebührende Anerkennung. Wein und Foodpairing führen heute ein Verhältnis auf Augenhöhe, glänzen doch feinsinnige Gerichte erst wirklich mit der richtigen Weinbegleitung.

Kein Spitzenrestaurant kann es sich noch leisten, auf eine entsprechend herausragende Weinkarte zu verzichten und auf einen Profi, der sie zu bedienen weiß. Mit einer langen Liste allbekannter Namen und Châteaus in dicken Weinwälzern ist es längst nicht mehr getan: Es braucht Experten, die Weinkarten nicht nur kundig zusammenstellen, sondern auch betreuen – Sommeliers, die sie warten, selektieren und unter Umständen auch entrümpeln. Das Wichtigste aber ist, dem Gast den passenden Wein zu empfehlen; und zwar nicht nur zum Gericht, sondern auch zum jeweiligen Geschmack. Dafür braucht es Erfahrung, Expertise, aber auch jede Menge Gespür. Ohne die permanente Beschäftigung mit der Materie geht nichts, ohne psychologisches Feingefühl noch weniger. Die meisten Gäste sind önologisch kundig oder interessiert, wollen nicht belehrt oder gar missioniert werden. Die Kunst eines Sommeliers ist es, den Geschmack und die Vorlieben seiner Gäste herauszufinden, auf sie einzugehen – aber auch zu überraschen und an neue, spannende Gewächse heranzuführen. Lust auf Neues machen, ohne zu überfordern. Erfahrene Sommeliers können genau das. Lässt man ihnen gar freie Hand, können sich mitunter ganz neue Weinhorizonte auftun.

DIE WEINKARTE IST DIE VISITENKARTE JEDES SOMMELIERS

Was zählt, sind nicht nur Größe und Anzahl der Positionen, sondern auch so genannte »Short Lists«, also eine kleine, feine, aber spannende Auswahl. Während man von hochdekorierten Häusern einen gewissen Umfang und eine Bandbreite samt Jahrgangstiefe und perfekt gereifter Gewächse erwartet, reicht es bei kleinen, önologisch ambitionierten Lokalen, wie sie gerade im urbanen Raum aus dem Boden schießen, einen Ausschnitt der Weinwelt zu zeigen.

Foto: Shutterstock

So oder so, wichtig ist eine durchdachte Zusammenstellung, ein kluger Mix aus Bekanntem und Neuem – kurz: eine individuelle Handschrift.

Auch eine Spezialisierung kann durchaus Sinn machen – also, nicht nach dem Motto »Aus jedem Dorf einen Hund«, sondern Schwerpunkte setzen: eine Region oder eine Stilistik etwa – die sollte dann aber Substanz und Tiefgang aufweisen. Wir zeigen auf Basis von Votings der Falstaff-Gourmetclubmitglieder und einer Fachjury die besten Sommeliers des Landes und in welcher Kategorie sie besonders glänzen.

Foto: PR

Beste Weinkarte

HERMANN BOTOLEN, FUHRMANN, WIEN

Er ist einer der ganz großen Weinwisser des Landes: Hermann Botolen. Bekannt für profunde Expertise, gilt er außerdem als Trüffelhund für önologische Spezialitäten. Der Ausnahmesommelier besitzt nicht nur ein untrügliches Gespür fürs Food and Wine Pairing, sondern auch die Gabe, die önologischen Vorlieben seiner Gäste im Nu zu erahnen, abzuspeichern und elegant zu erweitern – sie an der Hand zu nehmen und behutsam in neue Gefilde zu führen, ohne sie je zu bevormunden. Seine zahlreichen Anhänger vertrauen ihm blind und wühlen sich erst gar nicht durch die exquisite Karte – er weiß ohnehin besser als sie selbst, was sie mögen. Die Leidenschaft für edle Gewächse wurde im legendären Altwienerhof von Burgundernarr Rudi Kellner geweckt, er war im Gründungsteam von Wein & Co, später Restaurantleiter und Sommelier im Meinl am Graben – seit 2016 betreibt er das Fuhrmann in der Josefstadt. Seine Weinkarte ist ein Meisterwerk an Tiefgang und Kreativität, gespickt mit jeder Menge Raritäten – dabei bespielt er das klassische Fach ebenso virtuos wie die Avantgarde.

Foto: Armin Walcher

Nachwuchs-Sommelier

MAXIMILIAN ZANKL, RESTAURANT OBAUER, WERFEN

Er ist 27 Jahre jung und schon Head Sommelier in einem der führenden Gourmetrestaurants des Landes. Mit enormem Fachwissen und leidenschaftlichem Einsatz bringt er frischen Wind in die Weinkarte des hochdekorierten Hauses. Eloquenz, Humor und Gespür für den Gast sind seine Stärken. Ein neuer Stern am Sommelierhimmel!

Foto: Tina Herzl

Klassische Weinkarte

WOLFGANG KNEIDINGER, PALAIS COBURG, WIEN

Der Vollprofi ist Herr über die umfangreichste Weinkarte Österreichs. Ein Paradies für Liebhaber großer Namen und renommierter Weingüter. Wolfgang Kneidinger verwaltet den Schatz nicht nur, sondern spürt auch immer neue önologische Schmankerl auf. Mit Know-how und Einfühlungsvermögen weiß er das auch dem Gast bestens zu vermitteln.

Foto: Michael Gruber

Natural-Weinkarte

STEVE BREITZKE UND MATTHIAS PITRA, MAST, WIEN

Das Mast wurde in kürzester Zeit zum Mekka für Natural-Wine-Anhänger. Die Weinkarte ist üppig bestückt mit charakteristischen Gewächsen aus Österreich, aber auch aus Weinregionen, die man hierzulande kaum kannte. Die beiden Topsommeliers sind Spürhunde in Sachen alternative Weine, aber auch Garanten für Qualität abseits önologischer Eskapaden.

Foto: PR

Schaumweinkarte

JOSEF NEULINGER, ALMHOF SCHNEIDER, LECH

Beredt, charmant und voller Begeisterung: Das sind die Markenzeichen von Josef Neulinger. Seine Weinauswahl zählt zu den besten des Landes, er brilliert in allen Kategorien. Herausragend seine Schaumweinkarte – vom spannenden Pet Nat bis zu aufregendem Champagner kleiner Winzer und renommierter Häuser – in allen Facetten und Stilistiken.

Foto: Konstantin Reyer

Erlesene Weinkarte

SIMON SCHUBERT, REZNICEK, WIEN

Simon Schubert hat sich bereits bei etlichen Topadressen einen Namen als Spitzensommelier gemacht. Im eigenen Lokal beweist er nun, wie spannend eine Weinkarte sein kann, die nicht durch Größe, sondern durch gekonnte Auswahl und eine ganz persönliche Handschrift besticht. Er zeigt in Kurzform, was önologisch auf der Welt passiert.

Foto: Lukas Ilgner

Jahrgangstiefe

CHRISTIAN ZACH, DIE WEINBANK, EHRENHAUSEN

Er zählt zu den besten seiner Zunft: Christian Zachs Weinkarte ist Paradebeispiel für individuelle Auswahl bester Gewächse aus Österreich und der Welt. In Sachen Jahrgangstiefe ist er vor allem bei steirischen Weinen unerreicht. Mit feinem Humor und profundem Wissen weiß er seine Gäste auch für Weine abseits des Mainstreams zu begeistern.

Foto: Thomas Droeszler

Angebot glasweise

MARKUS GOULD UND ROBERT BRANDHOFER
HEUNISCH & ERBEN, WIEN

Es gibt fast nichts, was es in dem Eldorado für Weinliebhaber nicht gibt – von gediegen bis crazy. Um auch möglichst viel davon kennenzulernen, bieten die beiden Vollprofis eine erstaunliche Auswahl an Weinen, die im Glas ausgeschenkt werden. Markus Gould ist dabei der perfekte Fachmann an der Front: eloquent, sprühend und überzeugend!

Foto: PR

Angebot »Heimische Weine«

RENÉ ANTRAG, STEIRERECK, WIEN

Der gebürtige Sachse eroberte nach dem Abgang von Sommelierlegende Adi Schmid die Herzen und Gaumen der Steirereck Gäste im Sturm. Er glänzt nicht nur im klassischen Fach, sondern ist auch in Sachen Avantgarde am Puls der Zeit. Vor allem die Auswahl heimischer Gewächse ist atemberaubend. Ein wandelndes Weinlexikon und ein perfekter Gastgeber!

Foto: PR

Groß- & Kleinflaschen

ALEXANDER KOBLINGER, DÖLLERER, GOLLING AN DER SALZACH

Der Master Sommelier ist nicht nur vielfach ausgezeichneter Weinfachmann, sondern auch Sake Samurai. Seine Karte begeistert mit feinsten Kreszenzen aus aller Welt, die er auch in großen Gebinden und kleinen Flaschen anbietet. Alex Koblinger ist kein Selbstdarsteller, vielmehr überzeugt er mit Expertise und Hingabe an seinen Beruf.

Foto: PR

Internationales Weinangebot

HERMANN BOTOLEN, FUHRMANN, WIEN

Er kennt so gut wie jede Weinregion bis in die kleinsten Ritzen. Seine fast schon akribische Kenntnis in Sachen Frankreich macht ihm so schnell keiner nach – von Bordeaux bis zum Jura spürt er Trouvaillen auf, die auch geschulte Gaumen nicht kennen. Dafür kostet er sich in jeder freien Minute durch die Schätze der Weinwelt.

WIEN

Agrodolce

1010 Wien

Die Antipasti-Teller sind die ideale »Unterlage« zu den handverlesenen italienischen Weinen und Grappe. Entweder wählt man selbst an der reich bestückten Vitrine oder man lässt sich die besten Tagesschmankerl zusammenstellen. Feine Pasta ergänzt dieses Schlaraffenland im Zeichen der Trikolore. Schwerpunkt: Italien

Hoher Markt 4
+43 664 1010444
www.agrodolce.at
Kategorie: Klassische Weinbar

Weinangebot:	**43** I 50
Service	**19** I 20
Essen	**17** I 20
Ambiente:	**8** I 10
Gesamt:	87 I 100

Atmosphere Rooftop Bar

1010 Wien

Die Aussicht von der Rooftop-Bar gewährt mitunter neue Wien-Blicke, die man bei einer Pinsa oder Panna Cotta genießt. Bei den Drinks hält man es ganz nach dem Motto »La Grande Bellezza« auch italienisch: leichte, bunte und mit den mixologischen Twists des versierten Barteams versehene Erfrischungen.

Schubertring 5–7
+43 1 31188616
www.ritzcarlton.com
Kategorie: Hotelbar

Drinks:	**46** I 50
Ambiente:	**20** I 20
Service:	**18** I 20
Sortiment:	**8** I 10
Gesamt:	92 I 100

Bar Campari

1010 Wien

Im Grunde ist diese Bar in drei Worten beschrieben: Hort des Aperitivo. Schulmäßig wird hier italienisches Dolce Vita glasweise verabreicht. Dass sich auch andere Spirituosen aus dem Campari-Reich zwischen »Seltz«, »Garibaldi« und Co mischen, tut dem keinen Abbruch (»Boulvardier« statt »Negroni«!).

Seitzergasse 6
+43 1 5323553
barcampari.at
Kategorie: Loungebar

Drinks:	**46** I 50
Ambiente:	**20** I 20
Service:	**19** I 20
Sortiment:	**8** I 10
Gesamt:	93 I 100

Béla's Wohnzimmer & Bar 🍸🍸 1010 Wien

Eine neue Apéro-Karte mit leichten, italienisch inspirierten Drinks ergänzt die Signatures des Hauses wie den »Highdudler« oder den »Créme de Tequila«. Stilvolle Wohnzimmeratmosphäre, die eine Hommage an den Gründer des legendären Café Herrenhof am Hotelstandort, Béla Waldmann, ist.

Fahnengasse 1
+43 1 534041
steigenberger.com
Kategorie: Loungebar

Drinks:	**43** I 50
Ambiente:	**19** I 20
Service:	**18** I 20
Sortiment:	**8** I 10
Gesamt:	88 I 100

BILLA Corso Weinbar 🍷🍷🍷 1010 Wien

Aus Grün wurde Gelb, das war es dann aber auch schon mit der Umfirmierung zu »Billa Corso« am Hohen Markt. Denn inhaltlich gibt hier nach wie vor die umfassende Auswahl der über 1000 Weine den Ton an, die man vor Ort zu kleinen Happen degustieren kann. Daneben gibt es ein kuratiertes Spirituosenangebot.

Hoher Markt 12, 2. Stock
+43 0800 242400
www.billa.at
Kategorie: Klassische Weinbar

Weinangebot:	**48** I 50
Service	**19** I 20
Essen	**17** I 20
Ambiente:	**8** I 10
Gesamt:	92 I 100

Bonbonniere 🍸 1010 Wien

Pianomusik und ein aus der Zeit gefallenes Ambiente zwischen Plüsch und Porzellan – seit bald 85 Jahren ist die »Bonbonniere« in Familienbesitz und Gaby Gabriel führt sie mit dem Champagnerglas in die Zukunft. Staunend sehen sich Zufallsbesucher und Stammgäste an. Beider Kommentar: einzigartig!

Spiegelgasse 15
+43 1 5126886

Kategorie: Loungebar

Drinks:	**41** I 50
Ambiente:	**18** I 20
Service:	**17** I 20
Sortiment:	**7** I 10
Gesamt:	83 I 100

Bristol Bar 🍸🍸

1010 Wien

Stilvoll und geborgen wie im Bauch eines Ocean Liners fühlt man sich in der Bar des Hotels, das heuer seinen 130. Geburtstag feiert. Ob ein Gläschen Vintage Port oder ein »Prince of Wales« hier besser passt? Egal, denn beides wird von Stefan Wasserls Barteam mit Grandezza gereicht. Ruhepol mit Flair!

Kärntner Ring 1
+43 1 51516546
www.bristol-lounge.at
Kategorie: Hotelbar

Drinks:	**43** I 50
Ambiente:	**19** I 20
Service:	**18** I 20
Sortiment:	**8** I 10
Gesamt:	88 I 100

burg.ring 1 🍸🍸

1010 Wien

Eigentlich ist man ja keine Neighbourhood-Bar im strengen Sinne, doch der Stammgastanteil ist auch abseits des Frühstücks hoch. Mit Blick auf den Ring lässt man sich die Auswahl an Spritz(igem) schmecken. »Pink Grapefruit Margarita« oder »Lychee Capiroska« runden die Abteilung »frisch-fruchtig« ab.

Burgring 1
+43 1 5811393
www.burgring.at
Kategorie: Restaurantbar

Drinks:	**43** I 50
Ambiente:	**18** I 20
Service:	**18** I 20
Sortiment:	**7** I 10
Gesamt:	86 I 100

RUBY COBBLER

1 cl Zuckersirup (2:1)
2 cl Lustau Oloroso Sherry
2 cl frischer Zitronensaft
5 cl Burschik's Red Vermouth
Früchte der Saison

Entdecken Sie die besten Cocktail-Rezepte!
falstaff.at/cocktail-rezepte

Cantina Osteria Friulana 🍷🍷🍷

1010 Wien

Schioppetino, Ribolla Gialla und natürlich Friulano – der Weinschrank ist gut befüllt und das ausschließlich mit Weinen aus dem Friaul. Denn auch bei der Küche hält man es mit der beliebten Ausflugsregion – von den Antipasti bis hin zum Dolce. Topadresse für italophile Weintrips, mitten in Wien! Schwerpunkt: Friaul

Bartensteingasse 3
+43 1 8906496
www.cantinafriulana.at
Kategorie: Weinbar im Restaurant

Weinangebot:	**47** | 50
Service	**18** | 20
Essen	**18** | 20
Ambiente:	**8** | 10
Gesamt:	91 | 100

Capsule 🍷🍷🍷

1010 Wien

Als beeindruckende Wand wurde die Auswahl an Champagnerflaschen angelegt, bei der man zwischen Winzerchampagnern und Preziosen großer Häuser wie Krug gustiert. Kompetente Beratung geleitet Novizen durch die Welt des Sprudels. Kleine Snacks und eine Karte der Crus ergänzen das »prickelnde« Gesamtkonzept.

Tiefer Graben 9
+43 650 2334544
capsule-champagne.com
Kategorie: Klassische Weinbar

Weinangebot:	**48** | 50
Service	**18** | 20
Essen	**17** | 20
Ambiente:	**9** | 10
Gesamt:	92 | 100

Casino Bar 🍸🍸

1010 Wien

Nicht nur die Glücksgöttin Fortuna überrascht am Spieltisch, auch das Barteam hat mit Optionen wie Baijiu Angebote, die über den normalen Cocktail hinausgehen. Dass der Genius Loci mit einem »Lucky Lillet« ebenso lockt, ist charmant. Dazu wartet die reiche Weinauswahl im mondänen City-Casino.

Kärntner Straße 41	Drinks:	**43** I 50
+431512483621500	Ambiente:	**18** I 20
wien.casinos.at	Service:	**18** I 20
Kategorie: American Bar	Sortiment:	**8** I 10
	Gesamt:	87 I 100

Chill Out Lounge 🍸🍸

1010 Wien

Flammkuchen und Burger kann man hier genauso essen, wie man sich von der Cocktailkarte leiten lassen kann. Die listet eine Fülle an klassischen After-Work-Optionen wie »Caipirinha« oder »Cosmopolitan« auf. Und man darf gerne auch auf der süßeren Seite sein wie beim Hauscocktail »Sex in the City«.

Salvatorgasse 6	Drinks:	**43** I 50
+4315351213	Ambiente:	**18** I 20
chillout-lounge.at	Service:	**18** I 20
Kategorie: Loungebar	Sortiment:	**8** I 10
	Gesamt:	87 I 100

Chin Chin 🍸🍸

1010 Wien

Wie als Gast in einer privaten Kunstsammlung fühlt man sich schon auf dem Weg zur Bar, die natürlich den Fokus auf klare Spirituosen im »Martinispitz« legt – darunter übrigens auch einige Hausabfüllungen für Martin Hos Gesamtkunstwerk. Gerne wird auch mit asiatischen Nuancen beim Geschmack gespielt.

Seilerstätte 16	Drinks:	**43** I 50
+4315123488	Ambiente:	**19** I 20
	Service:	**18** I 20
Kategorie: Loungebar	Sortiment:	**8** I 10
	Gesamt:	88 I 100

Civediamo

1010 Wien

Schaumweine und ein »Spritz« in ruhiger Innenstadtlage sind natürlich gesetzt, doch eine reine »Aperitivo-Bar« will man keine sein. Dank des angeschlossenen Weinhandels umsorgt man Italienkenner auch mit raren Rebsorten wie Pignoletto und Primitivo. Ein kleiner Urlaub liegt also stets nahe im »Ersten«.

Köllnerhofgasse 6	Weinangebot:	**45** I 50
+43 660 1515300	Service	**19** I 20
civediamo.at	Essen	**16** I 20
Kategorie: Weinbar in Vinothek	Ambiente:	**8** I 10
	Gesamt:	88 I 100

Comida y Ron

1010 Wien

Understatement kann man sich hier leisten, denn seit Langem stellt Salar Geramis »Rum Cocktail«-Bar (so die Eigendefinition) einen Ort echter karibischer Lebensfreude dar. Dazu gehören neben dem Dreigestirn Zucker-Limette-Rum natürlich auch die kreolischen Gerichte. Und eine Auswahl von 300 Rums!

Stubenring 20	Drinks:	**45** I 50
+43 1 5124024	Ambiente:	**18** I 20
www.comida.at	Service:	**18** I 20
Kategorie: Restaurantbar	Sortiment:	**9** I 10
	Gesamt:	90 I 100

D-bar

1010 Wien

Zehn Jahre sorgt nun nicht nur das Ringstraßenhotel für Kulinarik und Glamour, auch die Bar mit ihrem bestens eingespielten Team erfreut seither. Exotik, die von der Kooperation mit dem Völkerkundemuseum inspiriert ist, verblüfft neben den Klassikern, gern mit »dark spirits« (oder Haus-Gin) gemixt.

Schubertring 5–7	Drinks:	**48** I 50
+43 1 31188	Ambiente:	**18** I 20
ritzcarlton.com	Service:	**19** I 20
Kategorie: Hotelbar	Sortiment:	**8** I 10
	Gesamt:	93 I 100

Dany's Weincabinet

1010 Wien

Eine Insel des Weingenusses, die das Vorbeigehen schwer macht. Denn bei »Dany« Oprchalová wird dem österreichischen Wein gehuldigt. Das kann eine erfrischende Spritzer-Runde am Nachmittag sein oder auch eine Einführung in Rebsorten-Geheimtipps – denn Weinneuheiten gibt es hier immer zu verkosten. **Schwerpunkt:** Österreich

Göttweihergasse 1	Weinangebot:	**44** I 50
+43 670 4063014	Service	**18** I 20
www.danys.at	Essen	**14** I 20
Kategorie: Klassische Weinbar	Ambiente:	**8** I 10
	Gesamt:	84 I 100

Dino's Apothecary Bar 🍸🍸🍸🍸

1010 Wien

Er müsste nichts mehr beweisen, aber er tut's. Heinz Kaiser erweiterte seine Bar heuer um einen Garten. Auch dort wird die 64-seitige Barkarte zum Lesestoff. Im Zweifel immer für die mexikanische Option entscheiden! Oder einen Champagner-Drink wie den – ebenfalls neuen – »Pink Mink Royal« probieren.

Salzgries 19	Drinks:	**49** | 50
+43 1 5357230	Ambiente:	**19** | 20
www.dinos.at	Service:	**19** | 20
Kategorie: American Bar	Sortiment:	**9** | 10
	Gesamt:	96 | 100

Émile im Hilton Vienna Plaza 🍸🍸

1010 Wien

Im Art-déco-Haus am Ring mixt das mit Fliege und Hosenträgern ausstaffierte Barpersonal angemessen-exquisite Drinks, die hochwertig sind, ohne altbacken zu sein: Für den »Émile Sbagliato« trifft Bourbon auf Grand Manier und Prosecco, die »Lazy Lemonade« erfrischt wiederum mit Gin und Weizenbier.

Schottenring 11	Drinks:	**45** | 50
+43 1 3139022402	Ambiente:	**18** | 20
emile-plaza.at	Service:	**18** | 20
Kategorie: Hotelbar	Sortiment:	**8** | 10
	Gesamt:	89 | 100

Enrico Panigl 🍷🍷

1010 Wien

Die Verbindung aus gemütlicher Bar mit italienischem Flair klappt gleich auf mehreren Ebenen: Zu Tisch kommen gute Weine und ausgezeichneter Prosciutto nebst klassischen Antipasti. Dazu gibt es italienische Hadern aus den Boxen und die urlaubstaugliche Freundlichkeit von Chef Toni hinter der Bar. **Schwerpunkt:** Toskana, Burgenland

Schönlaterngasse 11	Weinangebot:	**44** | 50
+43 664 2224666	Service	**17** | 20
www.enricopanigl.at	Essen	**16** | 20
Kategorie: Weinbistro	Ambiente:	**8** | 10
	Gesamt:	85 | 100

Everybody's Darling 🍸🍸🍸

1010 Wien

Beinahe gefährlich verführerisch, denn in der Tagesbar lässt es sich durch den ganzen Tag genießen – leichte Snacks und ebensolche Drinks für den Tag, abends geht es mit einer feinen Auswahl Signatures weiter: »Matcha Margarita« etwa ist eine spannende Asia-Neuausrichtung des Mexiko-Klassikers.

Tuchlauben 22	Drinks:	**46** | 50
+43 664 1050550	Ambiente:	**19** | 20
www.everybodysdarling.at	Service:	**19** | 20
Kategorie: American Bar	Sortiment:	**8** | 10
	Gesamt:	92 | 100

Fabios 🍸🍸🍸

1010 Wien

Es waren ausnahmslos Könner, die mit Bellini, Grappa und Co den Tresen in Wiens bekanntestem Italiener bespielten. Doch Ferenc Haraszti war es vorbehalten, endlich vom »Schlauch« ins Zentrum des Geschehens zu rücken. Damit können die Kreationen schließlich dort glänzen, wo sie hingehören: nel cuore!

Tuchlauben 4–6	Drinks:	**47** | 50
+43 1 5322222	Ambiente:	**19** | 20
fabios.at	Service:	**19** | 20
Kategorie: Restaurantbar	Sortiment:	**8** | 10
	Gesamt:	93 | 100

Fino 🍷🍷

1010 Wien

In der netten Bar mit kleinem Schanigarten dreht sich alles um österreichische Weine in kleiner, feiner Auswahl. Dazu kommt auch der Prosecco als Option. Er schmeckt zu den Antipasti-Spezialitäten aus dem Veneto auf dem Teller noch besser, auch der freundliche Service trägt zur Kurzurlaubsstimmung bei.

Kleeblattgasse 5	Weinangebot:	**45** | 50
+43 676 845034811	Service	**19** | 20
www.finowien.com	Essen	**17** | 20
Kategorie: Weinbistro	Ambiente:	**8** | 10
	Gesamt:	89 | 100

First American Bar 🍸🍸🍸

1010 Wien

Hier gibt es sie noch, die »spirits cabinets« wie in den noblen angelsächsischen Bars. Und bei Zoran und Baba sind sie seit 25 Jahren mit Whisk(e)y und Rum befüllt, dass auch Kenner ins Schwärmen kommen. Doch es muss kein »Last Word« oder »The Ed« sein, auch die bunten Daiquiris wissen zu gefallen.

Schulerstraße 16	Drinks:	**44** | 50
+43 1 5132207	Ambiente:	**18** | 20
www.firstamericanbar.at	Service:	**19** | 20
Kategorie: Loungebar	Sortiment:	**9** | 10
	Gesamt:	90 | 100

Fräuleins fabelhafter Sommergarten

1010 Wien

Hier müssen die Gäste selber ran – zumindest auf dem Grillplatz, der in bayerischer Gewandung hier am Donaukanal geschaffen wurde. Neben der kleinen Fraktion der diversen »Spritz«-Optionen lockt daher auch eine Auswahl an blau-weißen Brauspezialitäten. Auch die Weinkarte folgt der sommerlichen Thematik.

Donaukanal, Rotenturmufer 1890/3	Drinks: **43** | 50
+43 699 10413092	Ambiente: **18** | 20
fräuleins.at	Service: **18** | 20
Kategorie: Loungebar	Sortiment: **8** | 10
	Gesamt: 87 | 100

Golser

1010 Wien

Oh, wie schön ist Pannonia! Das Burgenland kann nämlich längst nicht nur Rotwein, wie die Bar der Privatbrauerei Gols beweist: vom guten hauseigenen Fassbier, auch Craft-Variationen sowie saisonale Sorten wie Marillenbier, über Weine bis zu vegetarischen und fleischigen Schmankerln aus der Region. Schwerpunkt: Burgenland

Mahlerstraße 13	Weinangebot: **43** | 50
+43 664 88345156	Service **18** | 20
www.pannonisch.at	Essen **15** | 20
Kategorie: Klassische Weinbar	Ambiente: **8** | 10
	Gesamt: 84 | 100

Grüner Kakadu

1010 Wien

Mit den allseits bekannten und beliebten Positionen auf der Karte werden schon viele glücklich, so richtig spannend wird's aber bei den »Kakadu«-Specials. Da trifft dann Sherry auf Trüffelhonig und Parmesan oder es wird die bekannte Gin-Gurken-Kombination mit Basilikum und Thai-Chili aufgemotzt.

Marc-Aurel-Straße 10	Drinks: **43** | 50
+43 664 1360501	Ambiente: **18** | 20
www.gruenerkakadu.com	Service: **18** | 20
Kategorie: Restaurantbar	Sortiment: **8** | 10
	Gesamt: 87 | 100

Haas&Haas

1010 Wien

Immer die Wendeltreppe hinab! Und dann kommt man kaum aus dem Staunen heraus, welche Geheimtipps Familie Haas hier eingelagert hat. Wer glaubt, die heimische Winzerszene gut zu kennen, wird ebenso überrascht wie alle Freunde heimischer Genusshandwerker. Kurz: kuratiert mit Herz und Verstand! Schwerpunkt: Österreich

Ertlgasse 4	Weinangebot:	**44** | 50
+43 1 53333534	Service	**19** | 20
wein-feinkost.at	Essen	**17** | 20
Kategorie: Weinbar in Vinothek	Ambiente:	**9** | 10
	Gesamt:	89 | 100

Hannelore

1010 Wien

Vom Start weg hat der Mix aus clubversierter Elektronikmusik mit elaborierten Cocktails einen Nerv bei Wiens Partyvolk getroffen. Vom »Blue Mustard« redet heute keiner mehr, umso mehr von den Cocktails, die mit mexikanischem Furioso die natürlich reichlich fließenden Champagnersorten ergänzen.

Dorotheergasse 6–8	Drinks:	**44** | 50
+43 676 5610262	Ambiente:	**19** | 20
hannelore.business.site	Service:	**18** | 20
Kategorie: Loungebar	Sortiment:	**8** | 10
	Gesamt:	89 | 100

Hausbar

1010 Wien

Unter dem Künstlerhaus passiert seit einiger Zeit Wundervolles: Aus der Küche kommen kreative, gern vegetarisch-vegane Gerichte, die sich nicht festlegen wollen (gut so!), die Drinks sind ein Teil des Menüs, den man sich nicht entgehen lassen sollte. Und sie funktionieren auch solo hervorragend.

Karlsplatz 5	Drinks:	**46** | 50
+43 664 75010417	Ambiente:	**19** | 20
www.hausbar-wien.at	Service:	**18** | 20
Kategorie: American Bar	Sortiment:	**9** | 10
	Gesamt:	92 | 100

Ignacio Vinos e Ibéricos

1010 Wien

Ein authentisches Stück Spanien hat man sich vorgenommen – und genau das ist es auch geworden. Beim Greißler gibt es lauter iberische Herrlichkeiten, man kann aber gottlob direkt in der Bar verkosten, was im Angebot ist: Delikatessen en masse und dazu Weinseligkeit in Rot, Weiß und Rosé. Muy bien! Schwerpunkt: Spanien

Salztorgasse 7	Weinangebot:	**46** | 50
+43 1 9220851	Service	**18** | 20
www.ignacio.at	Essen	**17** | 20
Kategorie: Weinbistro	Ambiente:	**8** | 10
	Gesamt:	89 | 100

Imperial Bar Wien 🍸🍸

1010 Wien

Viel mondäner kann man seine Cocktails nicht schlürfen als unter den gewaltigen Lustern des historischen Salons in den samtbezogenen Fauteuils. Dass dabei nur Hochwertiges und von Experten Zubereitetes in die Gläser kommt, versteht sich fast von selbst. Jeden Freitag lauscht man außerdem Live-Jazz.

Kärntner Ring 16
+43 1 50110339

Kategorie: Hotelbar

Drinks:	**42** | 50
Ambiente:	**19** | 20
Service:	**18** | 20
Sortiment:	**8** | 10
Gesamt:	87 | 100

Joma 🍸🍸

1010 Wien

Bar trifft Café trifft Brasserie – denn die Figlmüller-Gruppe »kann« nicht nur riesige Schnitzel. Hier werden die Tische den ganzen Tag entsprechend bespielt, vom Frühstück über Lunch und guten Kaffee bis zu feinen Drinks und Barfood. Das Sommerhighlight sind die kreativen Spritzer-Variationen.

Hoher Markt 10
+43 1 5321032
joma-wien.at
Kategorie: Restaurantbar

Drinks:	**43** | 50
Ambiente:	**18** | 20
Service:	**18** | 20
Sortiment:	**8** | 10
Gesamt:	87 | 100

Josef Cocktailbar 🍸🍸🍸🍸

1010 Wien

Barkarte? Lieber ein eigenes Magazin, feat. Fotos von Mastermind Philipp M. Ernst. Der ästhetische Stil der Präsentation ändert aber nichts an der entspannten Atmosphäre, in der die Cocktails serviert werden. Etwa das witzige »Mexican Breakfast«, das neben den schon berühmten Espuma-Drinks steht.

Sterngasse 1
+43 1 5322044
www.josef-bar.at
Kategorie: American Bar

Drinks:	**49** | 50
Ambiente:	**18** | 20
Service:	**20** | 20
Sortiment:	**8** | 10
Gesamt:	95 | 100

Josef Highball Bar

1010 Wien

Die frische Option des Cocktailtrinkens steht bei Andrea Hörzer und Philipp M. Ernst im Mittelpunkt. Da wird der »Mule« modernisiert – es muss nicht immer Wodka sein! – oder mit Kaffee-Soda für Prickeln im Highball-Glas gesorgt. Kreativkeller für »easy drinking«, natürlich stylish à la »Josef«.

Sterngasse 3 +43 1 2951515 www.josef-bar.at **Kategorie:** American Bar	Drinks:	**47** I 50
	Ambiente:	**19** I 20
	Service:	**19** I 20
	Sortiment:	**8** I 10
	Gesamt:	93 I 100

Kempinski Lobby Lounge & Bar

1010 Wien

Erlesen geht es im wunderschönen Hotel am Ring zu: Zum Afternoon Tea gesellen sich noble Snacks und süße Köstlichkeiten, abends geht es mit einer kleinen, feinen Auswahl Cocktails weiter, da darf dann auch Exquisites ins Glas: Im Signature »Everlast« trifft zum Beispiel Champagner auf Holunderlikör.

Schottenring 24 +43 1 2361000 www.kempinski.com **Kategorie:** Hotelbar	Drinks:	**44** I 50
	Ambiente:	**18** I 20
	Service:	**19** I 20
	Sortiment:	**9** I 10
	Gesamt:	90 I 100

Kleinod

1010 Wien

Edles Design trifft auf fachkundig zubereitetes Flüssiges – kein Wunder, dass die Gäste in Scharen kommen und man sich für seine Mixology regelmäßig Preise abholt. Die Drinks erfreuen Auge und Gaumen, die Vielfalt überzeugt. Zwei Tipps, nicht nur für Filmfans: »Tyler Durden« und »Marla Singer«!

Singerstraße 7 +43 1 5120325 www.kleinod.wien **Kategorie:** American Bar	Drinks:	**47** I 50
	Ambiente:	**19** I 20
	Service:	**19** I 20
	Sortiment:	**8** I 10
	Gesamt:	93 I 100

Kleinod Prunkstück 🍸🍸🍸

1010 Wien

Der richtige Grad an Schummrigkeit im schicken Ambiente sorgt für Atmosphäre. Ob man dabei den Rückzug in eine der Sitzecken oder doch die Tanzfläche vorzieht, bleibt jedem selbst überlassen. Die Signature Cocktails sind großes Kino, so mancher Drink-Klassiker wird dabei gekonnt auf links gedreht.

Bäckerstraße 4
+43 664 1221992
www.kleinod-prunkstueck.wien
Kategorie: American Bar

Drinks:	**46** | 50
Ambiente:	**19** | 20
Service:	**18** | 20
Sortiment:	**8** | 10
Gesamt:	91 | 100

Kleinod Stadtgarten 🍸🍸

1010 Wien

Das Lokal direkt im Stadtpark bietet eine gute Mischung aus Trubel und Entspannung im Grünen. In den Gläsern geht es erfrischend zu: Hugo-Variationen (zum Beispiel mit hausgemachtem Himbeer-Physalis-Weißer-Tee-Sirup) oder Brombeer-Mojito schmecken, die Auswahl an Highballs und Spirits stimmt auch.

Johannesgasse 33
+43 664 9277592
www.kleinod-stadtgarten.wien
Kategorie: American Bar

Drinks:	**44** | 50
Ambiente:	**19** | 20
Service:	**18** | 20
Sortiment:	**8** | 10
Gesamt:	89 | 100

KLYO 🍸🍸

1010 Wien

Schon bei der Platzwahl tut man sich schwer: im hellen Inneren, auf der Dachterrasse der Urania oder am Steg über dem Donaukanal? Zu trinken gibt es etwa hauseigenen Gin. In den Signature »Muse Urania« kommen Sternfrucht, Limette und Zitronenmelisse, die Spirituose folgt ganz nach Gästewunsch.

Uraniastraße 1	Drinks:	**43** | 50
+431 7105946	Ambiente:	**19** | 20
www.klyo.at	Service:	**18** | 20
Kategorie: Restaurantbar	Sortiment:	**7** | 10
	Gesamt:	87 | 100

Kornat 🍷🍷🍷

1010 Wien

Das berühmte Fischlokal kann von erdigem Fischeintopf bis zu den edlen Königskrabben und Carabineros alles, auch die gemütliche Weinbar im Untergeschoss ist ein Tausendsassa: Zwischen Weinregalen und -kisten probiert man sich durch das breite Angebot aus Kroatien, Österreich und darüber hinaus. Schwerpunkt: Fisch, Kroatien, Österreich

Marc-Aurel-Straße 8	Weinangebot:	**46** | 50
+431 5356518	Service	**18** | 20
www.kornat.at	Essen	**18** | 20
Kategorie: Weinbar im Restaurant	Ambiente:	**8** | 10
	Gesamt:	90 | 100

Kruger's Bar 🍸🍸🍸

1010 Wien

Seit über einem Jahrhundert eine der ultimativen Wiener Adressen für authentisches American-Bar-Feeling – die schweren Lederfauteuils aus den Eröffnungsjahren laden genauso zum Dableiben ein wie klassische Barmusik und die umfangreiche Karte. Und der hausgemachte Gurken-Gin tut das sowieso auch!

Krugerstraße 5	Drinks:	**45** | 50
+43 115122455	Ambiente:	**19** | 20
www.krugers.at	Service:	**17** | 20
Kategorie: American Bar	Sortiment:	**9** | 10
	Gesamt:	90 | 100

Lamée Rooftop

1010 Wien

Schon das knallbunte Mobiliar auf der Terrasse sorgt für gute Laune, der Nahblick von oben auf den Ersten Bezirk und den Stephansdom tut ein Übriges. Die Weine stammen vom eigenen Bioweingut, die Drinks kommen frisch und bunt daher – wie der Signature-»Sangria« mit Gin und viel Fruchtigem.

Lichtensteg 2	Drinks:	**42** I 50
+431 5322240	Ambiente:	**19** I 20
www.lameerooftop.com	Service:	**18** I 20
Kategorie: Hotelbar	Sortiment:	**8** I 10
	Gesamt:	87 I 100

Le Cru

1010 Wien

Dass Champagner nicht gleich Champagner ist, bekommt man hier gleich auf mehrfache Weise demonstriert: Die Auswahl deckt die ganze Palette von den großen Häusern bis zu unbekannten Winzerschaumweinen ab, das Know-how ist umfassend. Am besten eine Verkostung buchen und genussvoll weiterbilden! Schwerpunkt: Schaumwein

Petersplatz 8	Weinangebot:	**47** I 50
+431 5334260	Service	**18** I 20
www.lecru.at	Essen	**14** I 20
Kategorie: Weinbar in Vinothek	Ambiente:	**8** I 10
	Gesamt:	87 I 100

Leo Hillinger Wineshop & Bar

1010 Wien

Stilistisch passt der Shop in der Wollzeile perfekt zu den Erzeugnissen aus dem Hause Hillinger. Das ist inzwischen beinahe alles: Gäste haben die Wahl zwischen leichten Weißen, Prickelndem oder auch süffigem Roten und den komplexeren Lagenweinen. Dazu gibt es kleine Gerichte (wie den Feuerfleck!).

Wollzeile 25	Weinangebot:	**44** I 50
+431 9662121	Service	**19** I 20
www.leo-hillinger.com	Essen	**18** I 20
Kategorie: Weinbar in Vinothek	Ambiente:	**9** I 10
	Gesamt:	90 I 100

Living Room

1010 Wien

In der intimeren Bar des Nobelhotels geht es sehr edel zu – spezialisiert hat man sich besonders auf Whisk(e)y, ob pur oder in Form feiner Drinks, ob Klassiker oder Exot. Auch allerlei selbst im »Rotovap« Destilliertes wird gemixt – für den »Professore« etwa Gin mit Blutorangen- und Grapefruit-Cordial.

Am Hof 2	Drinks:	**47** I 50
+431 227401181	Ambiente:	**19** I 20
www.hyatt.com	Service:	**18** I 20
Kategorie: Hotelbar	Sortiment:	**8** I 10
	Gesamt:	92 I 100

Loos Bar

1010 Wien

Die meisten Besucher schauen nicht in die Karte. Der Blick zum Plafond (Touristen) oder die stets gleiche Bestellung (»Loos«-Stammgäste) gehen vor. Dabei wartet abseits des hervorragenden »Espresso Martini« von Milen und seinem Barteam durchaus Überraschendes. Schließlich mixt man hier seit 1908!

Kärntner Durchgang 10
+43 1 5123283
www.loosbar.at
Kategorie: American Bar

Drinks:	**45** / 50
Ambiente:	**20** / 20
Service:	**18** / 20
Sortiment:	**8** / 10
Gesamt:	91 / 100

Needle Vinyl Bar

1010 Wien

Backstein, wild zusammengewürfeltes Mobiliar und ein gut bestücktes Vinyl-Regal – gemütlicher und sympathischer kann man ein kleines Lokal kaum gestalten. Und entsprechend entspannt ist auch die Karte, doch bei so netter Atmosphäre braucht es ohnehin nur einen eisgekühlten »Gin Tonic« zum Glück.

Färbergasse 8
+43 660 5352325
needlevinylbar.com
Kategorie: Loungebar

Drinks:	**44** / 50
Ambiente:	**18** / 20
Service:	**18** / 20
Sortiment:	**8** / 10
Gesamt:	88 / 100

Neue Hoheit

1010 Wien

Die nagelneue Bar über den Dächern der City vereint in sich alles, was eine (Luxus-)Hotelbar spannend macht und hat sich der hochwertigen Mixologie verschrieben: Cocktailklassiker in sehr feiner Ausführung und Edelbrände österreichischer Produzenten in den Signatures (einer für jedes Bundesland).

Petersplatz 7
+43 1 79998888770
www.rosewoodhotels.com
Kategorie: Hotelbar

Drinks:	**46** / 50
Ambiente:	**19** / 20
Service:	**18** / 20
Sortiment:	**9** / 10
Gesamt:	92 / 100

Nightfly's American Bar

1010 Wien

Wien kann sich glücklich schätzen, Bars wie diese zu haben – die Grandezza einer echten American Bar paart sich hier mit Gerhard Wanderers unaufgeregtem Wissensschatz. Der kommt nicht nur in Form makelloser Drinks daher, sondern prägt auch die Spirituosensammlung (Neigungsgruppe: rarer Whisk(e)y).

Dorotheergasse 14
+43 699 17128767
www.nightflys.at
Kategorie: American Bar

Drinks:	**46** / 50
Ambiente:	**19** / 20
Service:	**18** / 20
Sortiment:	**9** / 10
Gesamt:	92 / 100

O boufés 🍸🍸🍸🍸

1010 Wien

Im Industrial-Design serviert das freundliche Personal Charcuterie, kalte und warme Starter, aber auch Hauptgerichte, und die sind durch und durch Filippou-Spielklasse! Das Highlight für Weinfans ist aber die riesige Auswahl an Naturweinen aus ganz Europa – und darunter finden sich wahre Schätze. Schwerpunkt: Raw/Natural Wines

Dominikanerbastei 17	Weinangebot:	49 | 50
+43 1 512222910	Service	18 | 20
www.konstantinfilippou.com	Essen	20 | 20
Kategorie: Weinbistro	Ambiente:	8 | 10
	Gesamt:	95 | 100

Organics Sky Garden 🍸🍸

1010 Wien

Wer nicht genug bekommt von stylishen Rooftop-Bars, ist hier genau richtig: Herrlicher Blick auf Stadt und Stephansdom, genug Platz und eine kleine, feine Drinkauswahl aus den verschiedenen »Red Bull Organics«-Sorten laden in den Sommermonaten bei Schönwetter in diese Oase im ersten Bezirk.

Wipplingerstraße 2	Drinks:	43 | 50
+43 681 10485806	Ambiente:	18 | 20
www.organicsskygarden.com	Service:	19 | 20
Kategorie: Restaurantbar	Sortiment:	8 | 10
	Gesamt:	88 | 100

Palais Coburg Weinbar 🍸🍸🍸🍸

1010 Wien

Ein klares Muss für Weinliebhaber in Wien: Das Weinbuch listet unfassbare 60.000 Flaschen, von Leichtem zum Nebenbei-Genießen bis zu Schätzen, die beinah zu wert- und wundervoll zum Trinken sind. Kulinarisch begibt man sich in Silvio Nickols Hände. Und damit kann man sowieso nichts falsch machen. Schwerpunkt: Champagner

Coburgbastei 4	Weinangebot:	50 | 50
+43 1 51818130	Service	18 | 20
www.palais-coburg.com	Essen	18 | 20
Kategorie: Klassische WeinbarHotelbar	Ambiente:	10 | 10
	Gesamt:	96 | 100

Pastamara 🍸🍸🍸

1010 Wien

Mehr Italien geht nicht, selbst bei den nicht-alkoholischen Varianten bewegen sich Roberto Cozzolino und sein Team abseits des Mainstreams. Eine eigene Dramaturgie liefert der Signature Serve des »Negroni«, der vom Trolley direkt beim Gast gemixt wird. Schulmäßig auch der Aperitivo mit Stuzzicatini.

Schubertring 5–7	Drinks:	45 | 50
+43 1 31188150	Ambiente:	19 | 20
www.pastamara.com	Service:	19 | 20
Kategorie: Hotelbar	Sortiment:	8 | 10
	Gesamt:	91 | 100

Planter's Club Bar 🍸🍸🍸

1010 Wien

Das Interieur im Kolonialstil findet in der fast überwältigend dicken Karte und den dort verzeichneten, komplexen Drinks seine Entsprechung, die Signature Serves beweisen, wie gut Barchef Ivan Maric sein Handwerk versteht: Der »Ghost New York Sour« mit Bourbon und Rotwein wird mit Milch geklärt.

Zelinkagasse 4
+431533339315
www.plantersclub.com
Kategorie: American Bar

Drinks:	**44** | 50
Ambiente:	**19** | 20
Service:	**18** | 20
Sortiment:	**10** | 10
Gesamt:	91 | 100

Q'ero 🍸🍸🍸

1010 Wien

Davon, dass die peruanische Küche ein Schmelztiegel der Einflüsse ist, kann man sich im Restaurant überzeugen, die Bar ist genauso authentisch bestückt: Pisco, der traditionelle Weinbrand, lagert in mannigfaltiger Ausführung und wird pur getrunken – oder zum Einstieg als herrlich frischer »Sour«.

Börsegasse 9
+4315320395
www.qero-viena.at
Kategorie: Restaurantbar

Drinks:	**44** | 50
Ambiente:	**18** | 20
Service:	**19** | 20
Sortiment:	**9** | 10
Gesamt:	90 | 100

Red Room 🍸🍸🍸

1010 Wien

Im Untergeschoss des karibisch-kreolischen Restaurants verbirgt sich ein Lokal, das gleich mehrfach überzeugt: Modern-reduzierte Einrichtung und DJ-Line-ups verströmen Clubatmosphäre, die Bar ist unter anderem mit 300 Rumsorten bestückt. Tipp: der »Sommer-Mojito« mit Erdbeere und Holunder.

Stubenring 20
+4315124024
www.comida.at
Kategorie: Club

Drinks:	**46** | 50
Ambiente:	**18** | 20
Service:	**18** | 20
Sortiment:	**9** | 10
Gesamt:	91 | 100

Roberto 🍸🍸🍸

1010 Wien

Hier begann die Erfolgsstory von Roberto und seinen drei Bars. Gastgebertum auf kleinstem Raum, ein Faible für das Day Drinking mit Stil – sprich: Champagner glasweise und Aperitivo lungo – sowie ein kundiges Barteam ergaben die Trias, die einen Wiener Place to be für Barfliegen erstehen ließ.

Bauernmarkt 11–13
+4315350647
www.robertosbar.com
Kategorie: American Bar

Drinks:	**47** | 50
Ambiente:	**18** | 20
Service:	**19** | 20
Sortiment:	**8** | 10
Gesamt:	92 | 100

Roberto American Bar

1010 Wien

Der große Außenbereich und die gastronomische Nachbarschaft sorgen dafür, dass bei Roberto stets ein Gsturl ist. Dazu kommen Optionen von Alexandras Rosé über den berühmten »Old Fashioned« bis zum Whisky-Powerplayer »Sir Lantry«. Man könnte auch sagen: die Neighbourhood-Bar der innersten City!

Jasomirgottstraße 7
+43 1 5322646
www.robertosbar.com
Kategorie: American Bar

Drinks:	**47** | 50
Ambiente:	**19** | 20
Service:	**19** | 20
Sortiment:	**8** | 10
Gesamt:	93 | 100

Ron con Soda

1010 Wien

Seit fast drei Jahrzehnten wird dem kubanischen Lebensgefühl gehuldigt – übersetzt in eine Getränkekarte heißt das: Rum in allen Facetten und was man daraus zaubern kann, vom »Caipi« über Daiquiris und Mojitos bis zu diversen Coladas. Dazu serviert man Nachos und natürlich entsprechende Klänge.

Seitenstettengasse 5
+43 650 3192184
www.ronconsoda.at
Kategorie: American Bar

Drinks:	**44** | 50
Ambiente:	**18** | 20
Service:	**18** | 20
Sortiment:	**7** | 10
Gesamt:	87 | 100

Sacher Blaue Bar

1010 Wien

Der namensgebende dunkelblaue Brokat und die Kristallluster ergeben ein einzigartiges Barambiente. Dass hier ein Gin-Cocktail »God save the Queen« heißt, passt in dieses Bild. Wobei man auch mit einem »Mai Tai« oder dem alkoholfreien »Fischers FRIZZchen« in die weichen Fauteuils versinken kann.

Philharmonikerstraße 4
+43 1 514560
www.sacher.com
Kategorie: Hotelbar

Drinks:	**43** | 50
Ambiente:	**19** | 20
Service:	**18** | 20
Sortiment:	**8** | 10
Gesamt:	88 | 100

Schubert

1010 Wien

In einem der hübschesten Gässchen der Innenstadt thront die schön begrünte Terrasse über dem Kopfsteinpflaster und verströmt mediterranes Flair. Wenn auch noch der Wind durch den Olivenbaum rauscht, schmecken die feine Küche und die gute Weinauswahl aus Österreich und Italien gleich noch besser. Schwerpunkt: Italien, Österreich

Schreyvogelgasse 4–6
+43 1 5331997
www.restaurant-schubert.at
Kategorie: Weinbar im Restaurant

Weinangebot:	**44** | 50
Service	**18** | 20
Essen	**17** | 20
Ambiente:	**8** | 10
Gesamt:	87 | 100

Shiki Brasserie und Bar 🍸🍸🍸

1010 Wien

Auch die neuen Öffnungszeiten konnten dem fazinierenden Misch-Reich aus Umami-Aromen und klassischen Rezepten der Bargeschichte nichts anhaben. Auf Sake und Shōchū versteht man sich – gerne auch pur als Essensbegleiter – ohnehin. Die subtile Abstimmung der Drinks bleibt aber ein Unikat in Wien.

Krugerstraße 3
+43 1 5127397
www.shiki.at
Kategorie: Restaurantbar

Drinks:	**46** I 50
Ambiente:	**19** I 20
Service:	**18** I 20
Sortiment:	**8** I 10
Gesamt:	91 I 100

SKY 🍸🍸🍸

1010 Wien

Wer sich in die Erschöpfung geshoppt hat, sollte hier die Batterien wieder aufladen. Auf einer der schönsten Dachterrassen der Innenstadt werden nämlich durchaus fantasievolle Drinks gemixt: der »Sky Garden« mit hausgemachtem Basilikumlikör etwa. Auch die Spritzer-Variationen erfrischen bestens.

Kärntner Straße 19
+43 1 5131712
skybox.at
Kategorie: Loungebar

Drinks:	**45** I 50
Ambiente:	**19** I 20
Service:	**19** I 20
Sortiment:	**9** I 10
Gesamt:	92 I 100

Stadtcafe

1010 Wien

Das modern eingerichtete Lokal kann nicht nur beim Kaffee überzeugen, denn der kommt aus der hauseigenen Rösterei. Der Nachmittag gehört natürlich dem »Spritz« beziehungsweise dem »Mango Bellini«. Abends reüssiert man auch mit weiteren Cocktails, gemixt werden zumeist Klassiker für den Schanigarten auf der Freyung.

Freyung 1
+431 205353
www.stadtcafe-wien.at
Kategorie: Loungebar

Drinks:	**43** | 50
Ambiente:	**18** | 20
Service:	**19** | 20
Sortiment:	**8** | 10
Gesamt:	88 | 100

Suite Marnier

1010 Wien

In dieses »Speakeasy« gelangen Gäste am einfachsten, indem sie sich im benachbarten Pastamara durchfragen. Und dann wird den Roaring Twenties gehuldigt – entsprechend gestaltet ist auch das schicke Interieur. Gemixt wird gern mit Grand Marnier – der »Grand Margarita« verleiht dem Klassiker neue Eleganz.

Schubertring 5
+431 31188
www.ritzcarlton.com
Kategorie: Hotelbar

Drinks:	**46** | 50
Ambiente:	**19** | 20
Service:	**19** | 20
Sortiment:	**7** | 10
Gesamt:	91 | 100

The Bank Bar

1010 Wien

Dass die wechselnde Besetzung der schönen Bar mit Galerieflair die Qualität nicht beeinflusst hat, zeigt, wie perfekt die »Bank« ihre Rolle erfüllt. Denn dank Wein und Barfood (das legendäre Beef Tatar!) gibt es auch abseits der Signature Cocktails genug Auswahl für Residents und »Walk-ins« Am Hof.

Bognergasse 4
+431 227401236
www.restaurant-thebank.at
Kategorie: Hotelbar

Drinks:	**48** | 50
Ambiente:	**19** | 20
Service:	**19** | 20
Sortiment:	**9** | 10
Gesamt:	95 | 100

TintoRosso 🍷🍷

1010 Wien

Inmitten von Holz aus Weinkisten und -fässern überzeugt der Keller, in dem sich Weine aus dem eigenen Weingut über Österreicher und – natürlich – Spanier stapeln. Auch auf den Tellern herrscht spanisches Lebensgefühl (Albondigas!). Und statt schnödem Schanigarten kann man bei Schönwetter fensterln. Schwerpunkt: Österreich

Dr.-Karl-Lueger-Platz 4B	Weinangebot:	**46** | 50
+43 699 19995012	Service	**18** | 20
www.tintorosso.at	Essen	**16** | 20
Kategorie: Weinbar im Restaurant	Ambiente:	**8** | 10
	Gesamt:	88 | 100

Treehaus

1010 Wien

Mit Spannung wurde von der Cocktailszene Daniel Schobers nächste eigene Bar nach seinen Consulting-Jahren erwartet. Und Agavenbrände spielen – neben dem gezapften »Porn Star Martini« als Signature Drink – auch hier zu feinem Essen eine wichtige Rolle. Eyecatcher schlechthin ist der Indoor-Nussbaum!

Johannesgasse 14/1	Drinks:	**46** | 50
+43 699 19851005	Ambiente:	**19** | 20
www.treehaus.at	Service:	**18** | 20
Kategorie: American Bar	Sortiment:	**8** | 10
	Gesamt:	91 | 100

Foto: (c) Schreyer David

Truth & Dare

1010 Wien

Die sommerliche Dachterrassen-Dependance hat den Cocktails von David Kranabitl und Dominik Möller mehr Sichtbarkeit gegeben. Gut so! Denn das Team um die Qualitätsfanatiker erfreut nicht nur mit wöchentlich wechselnden »Minis« die Geschmackspapillen. Und zwar von Kennern ebenso wie vom Partyvolk.

Schönlaterngasse 4	Drinks:	**47** | 50
	Ambiente:	**19** | 20
www.truthanddare.bar	Service:	**19** | 20
Kategorie: American Bar	Sortiment:	**8** | 10
	Gesamt:	93 | 100

Unger und Klein 🍷🍷🍷

1010 Wien

Vor dem Betreten kann man die von einer Berliner Künstlerin gestaltete Fassade bewundern, innen bestimmt das geschwungene Weinregal die Optik. Seit Jahrzehnten finden die Stammgäste den Weg in die freundlich geführte Bar und lassen sich fein ausgewählte Weine und kleine Gerichte schmecken.

Gölsdorfgasse 2
+431 5321323
www.ungerundklein.at
Kategorie: Weinbar in Vinothek

Weinangebot:	**49** I 50
Service	**19** I 20
Essen	**17** I 20
Ambiente:	**8** I 10
Gesamt:	93 I 100

Vino 🍷🍷

1010 Wien

Die moderne Einrichtung steht in elegantem Gegensatz zur wunderschönen Location gegenüber dem Rathaus, der Schanigarten ist ein besonders idyllisches Plätzchen. Auf der Weinkarte finden sich viele Wiener Abfüllungen, aber auch Tropfen von weiter weg. Am Wochenende wird lateinamerikanisch getanzt. Schwerpunkt: Wien

Lichtenfelsgasse 3
+431 8903986
www.vino-wien.com
Kategorie: Weinbistro

Weinangebot:	**45** I 50
Service	**18** I 20
Essen	**16** I 20
Ambiente:	**8** I 10
Gesamt:	87 I 100

Vinogin Gin-Bar & Gin-Gallery 🍸🍸

1010 Wien

Die Weine, hauptsächlich aus Niederösterreich, sind die eine Sache in der coolen Bar, so richtig ans Eingemachte geht es aber beim Gin: Sage und schreibe 500 verschiedene stehen zur Wahl, der »Gin der Woche« macht die Entscheidung etwas leichter. Und die Antipasti passen noch dazu gut zu beidem!

Fleischmarkt 28
+43 699 18128373
www.vinogin.at
Kategorie: Loungebar

Drinks:	**42** I 50
Ambiente:	**19** I 20
Service:	**18** I 20
Sortiment:	**8** I 10
Gesamt:	87 I 100

vis-a-vis 🍷🍷🍷

1010 Wien

Eine Weinbar vom alten Schlag findet, wer von der Wollzeile Richung Lugeck abbiegt: Die Chefin ist mit Charme und Herzlichkeit ganz offensichtlich geborene Wirtin, im Glas schimmern ausgezeichnete Weine österreichischer Spitzenwinzer und Hirter vom Fass und in der Vitrine warten kleine Schmankerl. Schwerpunkt: Österreich

Wollzeile 5 / Durchgang
+431 5129350
www.weibel.at
Kategorie: Klassische Weinbar

Weinangebot:	**48** I 50
Service	**19** I 20
Essen	**18** I 20
Ambiente:	**8** I 10
Gesamt:	93 I 100

Volksgarten Club – Oswald Haerdtl Bar 🍸🍸

1010 Wien

Das legendäre After-Work-Clubbing »Gleitzeit« heißt heute »Vogalicious«, sonst hat sich am bewährten Konzept aber nicht viel geändert: Das feiernde Ü30-Volk trifft sich in der cool designten Bar zu Longdrinks, Highballs und Spritzern. Die DJs sorgen im zeitlosen Rondeau für den Rest der Stimmung.

Burgring/Heldenplatz
+43 1 5324241
www.volksgarten.at
Kategorie: Club

Drinks:	**43** | 50
Ambiente:	**19** | 20
Service:	**18** | 20
Sortiment:	**8** | 10
Gesamt:	88 | 100

W-Einkehr 🍷🍷

1010 Wien

Die Weißen kommen vom Wagram und aus dem Weinviertel, bei den Roten sind das Burgenland und Carnuntum die richtigen Adressen. Zwischen vollen Regalen probieren sich die Gäste durch die spannende Auswahl, dazu werden unter anderem Klassiker der Wiener Küche im Tapas-Format gereicht. Freundlicher Service! Schwerpunkt: Österreich

Schönlaterngasse 13
+43 676 4082854
www.w-einkehr.at
Kategorie: Weinbar in Vinothek

Weinangebot:	**43** | 50
Service	**18** | 20
Essen	**17** | 20
Ambiente:	**7** | 10
Gesamt:	85 | 100

Wein & Co Schottentor 🍷🍷🍷

1010 Wien

Nach einem kompletten Umbau erstrahlt die Filiale gegenüber der Hauptuni mit modernem Mobiliar und viel Licht in nagelneuem Glanz. Das Angebot ist gewohnt umfassend: Weine aus der ganzen Welt (der Shop ist die Karte) und der Schwerpunkt-Winzer des Monats sowie Delikatessen und Spirits überzeugen.

Universitätsring 12
+43 50706 63142
www.weinco.at
Kategorie: Weinbar in Vinothek

Weinangebot:	**49** | 50
Service	**18** | 20
Essen	**17** | 20
Ambiente:	**8** | 10
Gesamt:	92 | 100

Wein & Co Stephansplatz 🍷🍷🍷🍷

1010 Wien

800 m² und drei Etagen machen den Himmel für Weinfreunde aus. Der Flagship-Store liefert vor allem mit seinem Raritätenkeller Flaschen, die man sonst selten findet – und auch in der angeschlossenen Gastronomie lässt sich aus ganzen 200 Positionen von gereiften »Rare Wines« wählen. Einfach unique! Schwerpunkt: Delikatessenverkauf, spannende Weinkarte

Jasomirgottstraße 3–5
+43 50706 3122
www.weinco.at
Kategorie: Weinbar in Vinothek

Weinangebot:	**50** | 50
Service	**19** | 20
Essen	**18** | 20
Ambiente:	**9** | 10
Gesamt:	96 | 100

Weinorgel

1010 Wien

Die Welt teilt sich in solche, die nur hinter das Klappfenster gucken und Stammgäste. Letztere finden im Innenstadtklassiker beim Lugeck große Namen aus der Wachau und dem Mittelburgenland ebenso wie Cranberry-Spritzer. Nicht Labels zählen, sondern die Stimmung – das ist das Credo der urigen Bar mit Orgel! Schwerpunkt: Österreich

Bäckerstraße 2
+43 1 5131227
www.weinorgel.at
Kategorie: Klassische Weinbar

Weinangebot:	**44** I 50
Service	**17** I 20
Essen	**14** I 20
Ambiente:	**8** I 10
Gesamt:	83 I 100

Weinplateau

1010 Wien

Dass aus einem sonnenverwöhnten Land reichlich kräftige und fruchtige Weine kommen, versteht sich von selbst, hier lernt man auch die vielen Nuancen dazwischen kennen, denn die angebotene Vielfalt sucht ihresgleichen. Dazu italienische Schmankerl und – ganz afrikanisch – Spezialitäten vom Strauß! Schwerpunkt: Südafrika

Tiefer Graben 7
+43 1 9081200
www.weinplateau.com
Kategorie: Weinbar in Vinothek

Weinangebot:	**45** I 50
Service	**18** I 20
Essen	**16** I 20
Ambiente:	**8** I 10
Gesamt:	87 I 100

Whispering Angel

1010 Wien

Als kulinarische Wunderwelt hat sich »Das Kleine Haus der Kunst« etabliert. Zum 404 – Don't Ask Why kam nun die Rooftop-Bar am Art-déco-Juwel hinzu. Das Rosé-Weingut Château d'Esclans steht im Mittelpunkt, dazu spielen Schaumweine und Cocktails eine Rolle, die ebenfalls das Thema Rosé aufgreifen.

Friedrichstraße 7

dontaskwhy.at
Kategorie: Weinbistro

Weinangebot:	**44** I 50
Service	**18** I 20
Essen	**18** I 20
Ambiente:	**9** I 10
Gesamt:	89 I 100

Amici Miei

1020 Wien

So einfach kann es sein: gustieren an der Vitrine, dazu eine Weinempfehlung von »Pepi« Stachl, während er schon an der Tagespasta feilt. Der italienische Außenposten im Zweiten hat sich mittlerweile eine stabile Fangemeinde geschaffen, die No Mainstream-Wein und Top-Antipasti dazu zu schätzen weiß. Schwerpunkt: Italien

Vorgartenmarkt, Ennsgasse 12
+43 664 4532307
www.enoteca-amici.at
Kategorie: Weinbar in Vinothek

Weinangebot:	**45** I 50
Service	**19** I 20
Essen	**17** I 20
Ambiente:	**8** I 10
Gesamt:	89 I 100

Contor 🍷 1020 Wien

Kleiner, feiner Treffpunkt zum gemütlichen Niedersetzen bei einem Glas Wein. So lässt sich die Vinothek nahe des Karmelitermarkts beschreiben, in der man auch auf – gerne mediterran inspirierte – Schmankerl zum Dazuknabbern achtet. Zum Probieren gibt es schließlich eine Menge an Weinen glasweise.

Leopoldsgasse 51 +43 676 4406244 www.contor.co.at **Kategorie: Weinbistro**	Weinangebot: Service Essen Ambiente:	**42** I 50 **17** I 20 **15** I 20 **8** I 10
	Gesamt:	82 I 100

Foto: © WienTourismus/Christian Stemper

Das Loft 🍸🍸🍸 1020 Wien

Nur nicht ablenken lassen! Auch wenn im 18. Stock der schönste Sonnenuntergang Wiens versprochen (und gehalten!) wird, haben die hier »Liquid Designer« genannten Barkeeper ebenfalls Spektakuläres zu bieten. Etwa, wenn sie den Gin-Cocktail »Chasing Sunset« oder eine der Champagner-Optionen auffahren.

Praterstraße 1 +43 1 906168110 www.dasloftwien.at **Kategorie: Hotelbar**	Drinks: Ambiente: Service: Sortiment:	**44** I 50 **20** I 20 **19** I 20 **8** I 10
	Gesamt:	91 I 100

Duzi's 🍸🍸 1020 Wien

Einrichtung, Ambiente und Karte sind aus einem Guss; die Shisha-Fans sind hier sowieso richtig, aber auch Freunde orientalischer Genüsse kommen auf ihre Kosten: Marokkanische Teespezialitäten, libanesisches Craftbeer und hausgemachter Hibiskus-Eistee sind nur ein paar Highlights der großen Karte.

Praterstraße 25 +43 1 8908775 www.duzis.at **Kategorie: Loungebar**	Drinks: Ambiente: Service: Sortiment:	**43** I 50 **18** I 20 **18** I 20 **8** I 10
	Gesamt:	87 I 100

Franz von Hahn

1020 Wien

Kahle Betonwände und keinerlei Einrichtungs-Schnickschnack beweisen eindeutig, wo hier der Fokus liegt: Die Stars sind die Drinks. Und das zu Recht, werden doch ihre Bestandteile zum großen Teil selbst gemacht, destilliert oder angesetzt – wie der Hauswodka und Kaffir-Limetten-Gin zum Beispiel.

Rotensterngasse 8
+43 650 3018887
www.franzvonhahn.com
Kategorie: Loungebar

Drinks:	**42** | 50
Ambiente:	**18** | 20
Service:	**18** | 20
Sortiment:	**7** | 10
Gesamt:	85 | 100

Hammond Bar

1020 Wien

Kaum jemand verbindet Verspieltheit so gekonnt mit absoluter Präzision bei der Geschmacksabstimmung. Zehntelprozente zählen da! Nebenbei zaubert man aber – wie zuletzt mit dem Banksy gewidmeten Menü – stets wieder ein Lächeln ins Gesicht der Gäste. Willkommen in Sigi Schots weltoffenem Getränkeland!

Taborstraße 33
+43 1 9689215
www.hammondbar.at
Kategorie: American Bar

Drinks:	**48** | 50
Ambiente:	**19** | 20
Service:	**19** | 20
Sortiment:	**8** | 10
Gesamt:	94 | 100

Istros

1020 Wien

Die stylishe Rooftop-Bar ist nach dem antiken Namen der Donau benannt – durch die Glasfronten und von der Terrasse blickt man denn auch herrschaftlich auf Großstadt und Donaukanal. In die Gläser kommen neben regionalen Craft-Bieren vorwiegend kreative Interpretationen klassischer Cocktailkunst.

Obere Donaustraße 61
+43 1 4360059
radissonhotels.com
Kategorie: Hotelbar

Drinks:	**44** | 50
Ambiente:	**19** | 20
Service:	**18** | 20
Sortiment:	**7** | 10
Gesamt:	88 | 100

L'Ase 🍸🍸

1020 Wien

Ein kleines Stück Urlaub im Zweiten: Die katalanischen Weine ergänzen die feinen Tapas ganz famos. Wer vorbestellt, kann sich am Wochenende auf hausgemachte authentische Paella (gerne auch vegetarisch!) freuen. Steht einem der Sinn mehr nach den prickelnden Genüssen, ordert man den Cava aus Penedès. Schwerpunkt: Katalonien

Rueppgasse 24	Weinangebot:	**45** | 50
+43 660 3649885	Service	**19** | 20
www.l-ase.at	Essen	**17** | 20
Kategorie: Weinbistro	Ambiente:	**8** | 10
	Gesamt:	89 | 100

Monte Ofelio Bar Augarten 🍸🍸

1020 Wien

Lässig »al banco« lehnen wie in Italien, dazu ein quirliges Sprachgewirr und Panini vom Feinsten. Das steht bei Dario und Luca Formisano im Mittelpunkt, die aber auch beim flüssigen Angebot für Italianità sorgen. Der Aperitivo wird hier mit der Trias Americano, Negroni und Spritz täglich abgefeiert.

Obere Augartenstraße 70	Drinks:	**43** | 50
+43 664 5215573	Ambiente:	**19** | 20
www.monteofelio.com	Service:	**19** | 20
Kategorie: Loungebar	Sortiment:	**7** | 10
	Gesamt:	88 | 100

Neni am Prater 🍸🍸🍸

1020 Wien

Der Neuzugang der Neni-Gruppe überzeugt schon auf den ersten Blick dank der sensationellen Dachterrasse, für die orientalisch-internationale Küche muss man keine Lanze mehr brechen. Genauso fein, durchdacht und kreativ geht es an der Bar Alexander Öhlers zu. Auch die Weinkarte hat viel zu bieten.

Perspektivstraße 8	Drinks:	**45** | 50
+43 1 904343950	Ambiente:	**19** | 20
neni.at	Service:	**18** | 20
Kategorie: Restaurantbar	Sortiment:	**8** | 10
	Gesamt:	90 | 100

Spelunke 🍸🍸

1020 Wien

Vor dem Dinner, danach oder »all night long« – übersichtlich hat Jonathan »Jonny« Frimpong-Ansah die neue Barkarte gestaltet. Südamerikanische Inspiration (beim »Zapatista« oder »Chapo«) und der alkoholfreie Kaffee-Drink »PandaPanda«, der seinen Namen dem Pandanblatt-Sirup verdankt, machen Freude.

Taborstraße 1	Drinks:	**43** | 50
+43 1 2124151	Ambiente:	**18** | 20
www.spelunke.at	Service:	**18** | 20
Kategorie: Restaurantbar	Sortiment:	**8** | 10
	Gesamt:	87 | 100

Stage Bar

1020 Wien

Ob bei einem entspannten Drink oder beim Feiern im Rahmen der After-Work-Clubbings: In der netten Bar werden Durstige glücklich und verfolgen die flüssigen »Aktien«. Entscheiden muss man sich nur zwischen Jahrgangschampagner, Cocktail und Longdrink – alle von guter Qualität und freundlich serviert.

Gredlerstraße 9
+43 681 81836469
www.stagebar.at
Kategorie: American Bar

Drinks:	**44** I 50
Ambiente:	**17** I 20
Service:	**18** I 20
Sortiment:	**8** I 10
Gesamt:	87 I 100

Wein.laden

1020 Wien

Ein »Weinkaufserlebnis« wird Gästen und Kunden versprochen – und ein solches erlebt man tatsächlich, wenn man das kleine Lokal betritt: Weine aus Österreich und dem Rest der Welt bis nach Brasilien, wechselnde Schwerpunkte, Weinseminare für Wissbegierige und ausgesuchte Spirituosen werden geboten.

Haidgasse 2
+43 1 2123189
www.weinladen.wien
Kategorie: Weinbar in Vinothek

Weinangebot:	**44** I 50
Service	**19** I 20
Essen	**15** I 20
Ambiente:	**8** I 10
Gesamt:	86 I 100

Colono

1030 Wien

Das pure Pintxos-Paradies! Zum Ibérico-Schinken, reifem Manchego, Muscheln und Sardinen braucht es aber auch einen authentischen Wein. Und auch da schöpft die spanische Enklave im Dritten aus dem Vollen. Vom Monastrell in Bioqualität bis zu den Blockbustern à la Vega Sicilia wird eingeschenkt. Schwerpunkt: Spanien

Landstraßer Hauptstraße 6
+43 660 9362437
www.colonowien.at
Kategorie: Weinbar in Vinothek

Weinangebot:	**42** I 50
Service	**19** I 20
Essen	**17** I 20
Ambiente:	**8** I 10
Gesamt:	86 I 100

Drinx 🍸🍸

1030 Wien

Helles Holz und stylishes Interieur treffen auf eine fein zusammengestellte Karte: Cocktails, Longdrinks und die kreativen Signatures sind kundig hergestellt und enthalten auch hausgemachte Bitters und Cordial, der »Firing Gimlet« bringt mit Zitronengras frische Noten in den Gin-Klassiker.

Am Heumarkt 3 +43 1 89056981 drinx-vienna.at **Kategorie:** American Bar	Drinks:	**44** / 50
	Ambiente:	**18** / 20
	Service:	**18** / 20
	Sortiment:	**8** / 10
	Gesamt:	88 / 100

Heunisch & Erben 🍷🍷🍷🍷

1030 Wien

Als wären 100 offene Weine (Coravin sei Dank!) nicht genug, stehen auch noch 1500 weitere Flaschen auf der Karte – es gibt fast nichts, was es hier nicht gibt. Ergänzt wird von wunderbar bodenständiger und dabei sehr feiner Küche von Michael Gubik, nettem Ambiente und sehr freundlichem Service. Schwerpunkt: spannende Weinkarte, Nature Wine

Landstraßer Hauptstraße 17 +43 1 2868563 www.heunisch.at **Kategorie:** Weinbistro	Weinangebot:	**49** / 50
	Service	**19** / 20
	Essen	**19** / 20
	Ambiente:	**9** / 10
	Gesamt:	96 / 100

Intermezzo Bar 🍸🍸

1030 Wien

Holzvertäfelung, Kristallluster, immer wieder auch Live-Jazz – auf bestmögliche Art aus der Zeit gefallen ist die elegante Bar gegenüber des Stadtparks. Die p. t. Gäste wählen aus Cocktail- und Longdrink-Klassikern. Besonders bewandert ist man beim Thema Whisk(e)y: 150 Sorten warten auf Genießer.

Johannesgasse 28 +43 1 711220 www.vienna.intercontinental.com **Kategorie:** American Bar	Drinks:	**44** / 50
	Ambiente:	**19** / 20
	Service:	**18** / 20
	Sortiment:	**8** / 10
	Gesamt:	89 / 100

Ruby Sofie Bar 🍸🍸

1030 Wien

Um den ehrwürdigen Mauern der Sofiensäle zu huldigen, hat man die Bar geschmackvoll mit allerlei Vintage eingerichtet. Hier könnte man den ganzen Tag verbringen: Neben Frühstück gibt es Cocktails und Longdrinks, hauseigenes Bier und kleine Snacks, all das ohne Ende – geöffnet ist rund um die Uhr.

Marxergasse 17 +43 1 205771200 www.ruby-hotels.com **Kategorie:** Hotelbar	Drinks:	**43** / 50
	Ambiente:	**18** / 20
	Service:	**17** / 20
	Sortiment:	**8** / 10
	Gesamt:	86 / 100

Foto: Barbara Majcan

SELLENY'S Bar

1030 Wien

Wermut-Schwerpunkt und alkoholfreie Kreationen ergänzen die nach den Mottos »Restore«, »Revive« und »Refresh« angeordneten Signature-Mixes der drei Bartender. Da steht fassgelagerter »Boulevardier« neben einem geklärten »Jungle Bird«. Fazit: der aromenstarke Geheimtipp unter den Wiener Hotelbars!

Am Stadtpark 1
+43 1 7170012132
www.sellenys-bar.at
Kategorie: Hotelbar

Drinks:	**45** / 50
Ambiente:	**19** / 20
Service:	**18** / 20
Sortiment:	**8** / 10
Gesamt:	90 / 100

Vinothek Rochus

1030 Wien

Was in anderen Ländern durchaus übliche Praxis ist, unterstreicht die Besonderheit dieses kleinen Lokals am belebten Rochusmarkt: Zu den Weinen in großer Auswahl und Vielfalt landen immer wieder kleine Tellerchen mit Köstlichkeiten auf dem Tisch. Wer da nur ein Glas probiert, ist selbst schuld. Schwerpunkt: Österreich

Rochusmarkt 16–17
+43 664 3401789
Kategorie: Klassische Weinbar

Weinangebot:	**43** / 50
Service	**18** / 20
Essen	**16** / 20
Ambiente:	**7** / 10
Gesamt:	84 / 100

Edelgreisslerei Opocensky

1040 Wien

Platz nimmt man hier zwischen Weinregalen und Feinkostvitrine, beides gut mit Herrlichem von hier und da gefüllt. Die Weine der Woche changieren zwischen klassisch-gut und erfrischend-neu, auf die Zusammenarbeit mit kleinen Winzern ist man dabei besonders stolz. Gute Küche und famose Nachspeisen!

Favoritenstraße 25
+43 1 5036311
www.opocensky.at
Kategorie: Weinbistro

Weinangebot:	**46** / 50
Service	**19** / 20
Essen	**17** / 20
Ambiente:	**8** / 10
Gesamt:	90 / 100

Eulennest ŸŸŸ

1040 Wien

Die Weinkarte ist mit 500 Positionen umfangreich und geschmackvoll gefüllt – große Namen teilen sich die Regale mit kleinen, feinen Winzern. Eine Auswahl daraus gibt es auch offen, serviert werden außerdem Antipasti und kleine Snacks. Auch die Auswahl an Grappe und Bränden zum Abschluss stimmt. Schwerpunkt: Österreich

Operngasse 30	Weinangebot: **48** I 50
+43 1 8902272	Service **19** I 20
www.eulennest.at	Essen **17** I 20
Kategorie: Weinbar in Vinothek	Ambiente: **8** I 10
	Gesamt: 92 I 100

Heuer am Karlsplatz YYY

1040 Wien

Viel muss man über eine der Lieblingsbars der Wiener nicht mehr sagen – die schöne Terrasse am Karlsplatz ist mehr als feierabendtauglich, die Küche versteht ihr Handwerk und die Bar ebenso. Besonders im Sommer erfrischen prickelnde Spritzer-Kreationen sowie Perlendes aus Frankreich und Spanien.

Treitlstraße 2	Drinks: **45** I 50
+43 1 8900590	Ambiente: **18** I 20
www.heuer-amkarlsplatz.com	Service: **19** I 20
Kategorie: Restaurantbar	Sortiment: **8** I 10
	Gesamt: 90 I 100

Jedermann Ÿ

1040 Wien

Der Name ist Programm – das nette Lokal stimmt mit seiner Auswahl aus rund 100 Weinen von vorwiegend kleinen Produzenten aus Österreich nicht nur Auskenner zufrieden. Kein Wunder, kommt Inhaber Bernhard Wittmann doch selbst aus einer Grinzinger Winzerfamilie. Auch der kalabrische Kaffee überzeugt. Schwerpunkt: Österreich

Rainergasse 14	Weinangebot: **44** I 50
+43 650 4111165	Service **19** I 20
www.vinothek-jedermann.at	Essen **14** I 20
Kategorie: Weinbar in Vinothek	Ambiente: **7** I 10
	Gesamt: 84 I 100

Santos YY

1040 Wien

Mexikanische Küche, wie sie sein soll, gibt es bekanntlich im Santos, aber auch die Bar bietet Authentisches. Denn dort warten nicht nur reichlich Mezcal und Tequila, sondern auch vollmundige Agavencocktails. Im »Santa Rosa« sorgen etwa Rhabarber und Limette für den dazu passenden Säurekick.

Favoritenstraße 4–6	Drinks: **43** I 50
+43 1 9429902	Ambiente: **18** I 20
www.santos-bar.com	Service: **19** I 20
Kategorie: Restaurantbar	Sortiment: **8** I 10
	Gesamt: 88 I 100

schikaneder

1040 Wien

Eine Wiener Legende ist die charmant in die Jahre gekommene Mehrzweck-Location mit Kino, Bühne und Bar seit Langem. Hier trifft sich ein alternatives Publikum zum Philosophieren, Feiern und Tanzen – DJs sorgen für die richtigen Töne, die Longdrinks und Cocktails sind bodenständig wie das Lokal.

Margaretenstraße 24
+43 1 5852867
schikaneder.at
Kategorie: American Bar

Drinks:	**43** I 50
Ambiente:	**18** I 20
Service:	**18** I 20
Sortiment:	**7** I 10
Gesamt:	86 I 100

Sektcomptoir Szigeti

1040 Wien

Freunde der feinen Perlage sind hier goldrichtig: Auf dem Weg vom oder zum Naschmarkt probiert man sich durch die Produkte der Golser Sektkellerei und die gute Weinauswahl – und da hat man dank der Bandbreite einiges zu tun. Dazu saisonal passende Gaumenfreuden, von Austern über Schinken bis Maroni. Schwerpunkt: Sekt

Schleifmühlgasse 19
+43 664 4325388
www.sektcomptoir.at
Kategorie: Weinbar in Vinothek

Weinangebot:	**43** I 50
Service	**19** I 20
Essen	**14** I 20
Ambiente:	**8** I 10
Gesamt:	84 I 100

La Vita È Bella

1050 Wien

Das Leben könnte ja so schön sein ... Es braucht nicht mehr zum Glück als ein paar gute Weine aus Österreich und Italien, herrliche Bruschette, Antipasti oder Penne all'amatriciana (Spezialität des Hauses, und das zu Recht!) und zum Abschluss ein hausgemachtes Tiramisu mit einem Grappa. Basta! Schwerpunkt: Italien

Pilgramgasse 16
+43 1 5854352
www.lavitaebella.at
Kategorie: Klassische Weinbar

Weinangebot:	**44** I 50
Service	**18** I 20
Essen	**15** I 20
Ambiente:	**8** I 10
Gesamt:	85 I 100

Motto 1050

1050 Wien

Im Hipster-Treffpunkt warten neben gutem Restaurant und schicker Bar im Sommer der liebevoll gestaltete und begrünte Innenhof und ein netter Schanigarten. Gemixt wird kreativ: In den »Nogroni« kommt alkoholfreier Gin und für den schulmäßigen »Pornstar Martini« kommt man auch gern in den »Fünften«.

Schönbrunner Straße 30
+43 1 5870672
www.motto.wien
Kategorie: Restaurantbar

Drinks:	**43** I 50
Ambiente:	**18** I 20
Service:	**18** I 20
Sortiment:	**8** I 10
Gesamt:	87 I 100

Pub Klemo 🍷🍷🍷🍷

1050 Wien

Nicht wenige Weinaficionados führt ihr Weg vor Themenverkostungen »ins Klemo«! Denn vom Pommard über Elsässer Traminer bis zum dänischen Kirschwein (sic!) führt dieses Wunderland des Weins so ziemlich alles – und schenkt es glasweise aus. Seit heuer übrigens auch in einer Dependance im ersten Bezirk. **Schwerpunkt: Jahrgangstiefe**

Margaretenstraße 61	Weinangebot:	**50** | 50
+43 699 11091332	Service	**19** | 20
www.pubklemo.at	Essen	**18** | 20
Kategorie: Klassische Weinbar	Ambiente:	**8** | 10
	Gesamt:	95 | 100

Addicted to Rock 🍸🍸

1060 Wien

Wo die »Gin Basil«-Eiscreme angerührt wird und der »Tennessee Redneck« nur eine Burger-Option ist, reagiert auch so der Spaß am Leben. 1000 verschiedene Gin Tonics ergeben die Optionen der Backbar – und nicht nur beim Gin setzt man auf Vielfalt im Lokal, das seinem Namen alle Ehre macht: Denn es rockt!

Getreidemarkt 11	Drinks:	**42** | 50
+43 1 58126470	Ambiente:	**18** | 20
www.addictedtoburger.at	Service:	**18** | 20
Kategorie: American Bar	Sortiment:	**8** | 10
	Gesamt:	86 | 100

Foto: STEFANIE J.STEINDL

Barfly's Club 🍸🍸🍸

1060 Wien

Auch wenn man die Cocktailliste zur Renovierung gestrafft hat, ist sie dick wie ein Buch. Denn das jugendlich-plüschige Ambiente soll nicht darüber hinwegtäuschen, welche Schätze sich in den 33 Jahren der legendären Bar angesammelt haben – nicht nur bei den »dark spirits«, die in die Hunderte gehen.

Esterházygasse 33	Drinks:	**45** | 50
+43 1 5860825	Ambiente:	**19** | 20
www.barflys.at	Service:	**18** | 20
Kategorie: American Bar	Sortiment:	**10** | 10
	Gesamt:	92 | 100

Bruder

1060 Wien

Das »Ferment des Tages« im Glas und vegetarische Austern – weiterhin prägen selbst gesammelte Zutaten Drinks und Küche der einzigartig konsequenten »Brüder« Lucas und Hubert. Wermut und die Bitter-Trilogie ermöglichen Highballs vom Feinsten. Als Alternative: der ebenfalls botanische »Auf das Leben«.

Windmühlgasse 20	Drinks:	47 | 50
+43 664 1351320	Ambiente:	18 | 20
www.bruder.xyz	Service:	19 | 20
Kategorie: Restaurantbar	Sortiment:	9 | 10
	Gesamt:	93 | 100

Champagne Characters

1060 Wien

»Champagner ist kein Getränk für Snobs«, ist die Überzeugung von Nicola Neumann. Im Garten im Sechsten listet sie daher den Charakter (»zupackend und kräftig« beziehungsweise »warmherzig und lebensbejahend«) ihrer Marken auf: Eric Rodez, Tarlant oder Egly-Ouriet lassen aber auch das Kennerherz höherschlagen.

Dürergasse 3	Weinangebot:	46 | 50
+431 3473211	Service	19 | 20
www.champagne-characters.com	Essen	17 | 20
Kategorie: Weinbar in Vinothek	Ambiente:	8 | 10
	Gesamt:	90 | 100

Chez Bernard

1060 Wien

Dass Spritziges – vom Champagner bis zum »Lillet Spritz« – ein Thema auf der bestens gebuchten Rooftop-Location ist, verwundert nicht. Die ambitionierten Cocktails supervidiert Profi Michael Fortner. Etwa den »Earl Grey für Erwachsene« namens »Der Kuss« oder einen wunderbar frischen »Clover Club«.

Mariahilfer Straße 71a	Drinks:	43 | 50
+431 5814600	Ambiente:	19 | 20
www.chezbernard.at	Service:	18 | 20
Kategorie: Restaurantbar	Sortiment:	8 | 10
	Gesamt:	88 | 100

Eberts Bar

1060 Wien

Die klassische American Bar bietet der hippen Gegend mit Verve die Stirn. Wer sich nicht recht zwischen all den Cocktailklassikern entscheiden kann, tut gut daran, den Empfehlungen von hinter der Bar zu folgen. Denn das Personal kennt sich aus, zahllose Barschulabsolventen können das bezeugen.

Gumpendorfer Straße 51	Drinks:	47 | 50
+431 5865465	Ambiente:	18 | 20
www.eberts.at	Service:	18 | 20
Kategorie: American Bar	Sortiment:	9 | 10
	Gesamt:	92 | 100

Eissalon

1060 Wien

Der älteste Eissalon Wiens verwandelt sich abends in eine gemütliche Bar, man kann hier also nachmittags einfallen und erst nachts wieder nach Hause gehen. Klassische Eissorten und ein paar Neukreationen landen dann auch in den Drinks. Wir sagen nur: »White Russian«, einmal mit Milcheis gemixt!

Gumpendorfer Straße 47–49	Drinks:	**43** I 50
+43 699 17091930	Ambiente:	**18** I 20
www.eissalon.co.at	Service:	**19** I 20
Kategorie: Loungebar	Sortiment:	**7** I 10
	Gesamt:	87 I 100

Frau Bernhard

1060 Wien

»Champagnerkneipe« steht am Fenster, und dabei kommt zusammen, was zusammengehört. Nämlich französisch Perlendes, sehr gute (Natur-)Weine, richtig feine Drinks und herzlicher Service. Und dann auch noch eine wunderbar unprätentiöse Küche, die keinem was beweisen muss und trotzdem alle umhaut. Schwerpunkt: Schaumwein

Esterházygasse 11	Weinangebot:	**44** I 50
+43 676 9584063	Service	**19** I 20
www.matrosenjunge.at	Essen	**17** I 20
Kategorie: Klassische Weinbar	Ambiente:	**8** I 10
	Gesamt:	88 I 100

If Dogs Run Free

1060 Wien

Schön anzusehen und gut zu trinken – eine schwer zu überbietende Kombination in einer Bar. Das puristische Interieur passt dabei auch noch ausgezeichnet zu Cocktails und Longdrinks. Denn auch sie sind klassisch, ohne langweilig zu sein. Wie etwa der »Most unusual G & T« mit Kokoswasser und Minze.

Gumpendorfer Straße 10	Drinks:	**44** I 50
+43 1 9132132	Ambiente:	**18** I 20
www.ifdogsrunfree.com	Service:	**18** I 20
Kategorie: Loungebar	Sortiment:	**7** I 10
	Gesamt:	87 I 100

Käselands Weineck

1060 Wien

»Käse liebt Wein«, wird man nicht müde, diese Verbindung in praktischer Manier am Naschmarkt zu fördern. Mit regelmäßigen Verkostungen vorm »Käseland«, aber noch mehr mit kleinen Tellern in der eigentlichen Vinothek gegenüber, in der Hushmand Rabie ein Herz für kleinere, heimische Betriebe beweist. Schwerpunkt: Österreich

Naschmarkt Stand 172–174	Weinangebot:	**44** I 50
+43 1 5872958	Service	**18** I 20
www.kaeseland.com	Essen	**15** I 20
Kategorie: Klassische Weinbar	Ambiente:	**7** I 10
	Gesamt:	84 I 100

Luster

1060 Wien

Mit Sebastian Stahlschmidt hat sich das Angebot abseits der Highballs – die im Schanigarten der Hit sind – noch ein wenig geschärft. Weniger italienisch, dafür mit einem leichten Blick nach Mexiko (etwa beim Mezcal-Quitten-Drink »Quitt smoking«) legt man es an. Top aber auch der »Blood and Sand«!

Windmühlgasse 32	Drinks:	**43** | 50
+431 2642364	Ambiente:	**19** | 20
www.luster.bar	Service:	**18** | 20
Kategorie: Loungebar	Sortiment:	**8** | 10
	Gesamt:	88 | 100

Foto: Lukas_M_Hueller

Lvdwig

1060 Wien

Die Ideen sprühen in der fröhlichen Hotelbar ebenso wie Barchefin Isabella Lombardos Augen. Mal ist es eine Reise durch die internationale Cocktailwelt, dann wieder ein Pass mit Wiener Stationen, der den Takt am Shaker vorgibt. Langweilig wird es nie, weder aromatisch noch bei den Sitznachbarn.

Papagenogasse 6	Drinks:	**46** | 50
+431 5874482444	Ambiente:	**19** | 20
www.lvdwig.bar	Service:	**19** | 20
Kategorie: Hotelbar	Sortiment:	**8** | 10
	Gesamt:	92 | 100

Ma Belle

1060 Wien

Als »kürzester Weg nach Frankreich« bereichert Ma Belle die Stadt. Neben den Standards – der »Caipirinha de maracujá« – sind die von »Falstaff-Barfrau des Jahres 2021« Isabella Lombardo entwickelten Signature Drinks der Hit, etwa der alkoholfreie »Rêve de fraise« oder der Champagner-Cocktail »Georgette«.

Gumpendorfer Straße 16/1	Drinks:	**44** | 50
+431 9667992	Ambiente:	**19** | 20
www.ma-belle.at	Service:	**19** | 20
Kategorie: Restaurantbar	Sortiment:	**8** | 10
	Gesamt:	90 | 100

Market

1060 Wien

Dank des Marktangebots kann man hier in Küche und Bar aus dem Vollen schöpfen. Die hausgemachten Limonaden erfrischen, der asiatische Spin tut so manchem Cocktail gut – für den Aperitif »Jangtsekiang« treffen Yuzu, Mango und Limette auf spritzigen Cremant. Und eine große Sake-Auswahl gibt's auch.

Linke Wienzeile 36	Drinks:	**42** | 50
+43 1 5811250	Ambiente:	**18** | 20
www.market-restaurant.at	Service:	**18** | 20
Kategorie: Restaurantbar	Sortiment:	**7** | 10
	Gesamt:	85 | 100

Mini

1060 Wien

So mini ist dieses Gewölbelokal gar nicht – und die Küche erst recht nicht, sie beherrscht ihre internationalen Gerichte nämlich richtig gut. Die Limonaden sind hausgemacht und die Weinkarte bietet Feines vorwiegend aus dem Inland, aber auch einige internationale Flaschen warten noch im Keller. Schwerpunkt: Ungarn

Marchettigasse 11	Weinangebot:	**44** | 50
+43 660 8367783	Service	**18** | 20
www.minirestaurant.at	Essen	**16** | 20
Kategorie: Weinbar im Restaurant	Ambiente:	**8** | 10
	Gesamt:	86 | 100

Miranda

1060 Wien

Die wechselnden botanischen Drinks mit der Endung »-it« sind eine Wahl der Stammgäste, die über die Qualitäten von »Lorbeerit« versus »Himbeerit« diskutieren. Selbst gemachte Zutaten, gerne aus Pomonas Reich gepflückt, prägen die Specials im »Sechsten«. Verlässliche Adresse in Gute-Laune-Optik!

Esterházygasse 12	Drinks:	**46** | 50
+43 1 9528794	Ambiente:	**18** | 20
mirandabar.com	Service:	**19** | 20
Kategorie: Loungebar	Sortiment:	**8** | 10
	Gesamt:	91 | 100

Puff

1060 Wien

In kaum einer anderen Bar gibt es ähnlich viel zu sehen – doch nicht nur Augen (und Ohren!) sind hocherfreut über das, was im ehemaligen Rotlicht-Etablissement vor sich geht. Denn auch ein Highball, Slushee oder die reichliche Shot-Auswahl können heutigen Gästen Freude im Freudenhaus a. D. machen.

Girardigasse 10	Drinks:	**44** | 50
+43 677 61988399	Ambiente:	**18** | 20
www.puff-bar.at	Service:	**18** | 20
Kategorie: American Bar	Sortiment:	**8** | 10
	Gesamt:	88 | 100

Rafael's Vinothek

1060 Wien

Das Weinmekka am Naschmarkt hat seit Jahren eine große Schar treuer Stammgäste, aber auch die zufällig Vorbeispazierenden sollten auf ein bis viele Gläser und einen Aufschnittteller einkehren. Denn die Auswahl aus Hunderten österreichischen Winzern, von Platzhirsch bis Newcomer, ist sensationell. Schwerpunkt: Österreich

Naschmarkt, Stand 121	Weinangebot:	**43** | 50
+43 676 847857200	Service	**18** | 20
	Essen	**15** | 20
Kategorie: Weinbar in Vinothek	Ambiente:	**7** | 10
	Gesamt:	83 | 100

Raymond's

1060 Wien

Das bodenständige Grätzllokal ist eine Mischung aus Beisl, Pub und Bar, dementsprechend findet sich hier eine bunte Gästemischung ein. Die Plätze an der Bar sind besonders begehrt, um ein kaltes Trumer vom Fass oder einen Longdrink zu genießen. Gegen Hunger hilft klassischer Schinken-Käse-Toast.

Stumpergasse 2a	Drinks:	**43** | 50
+43 676 7822236	Ambiente:	**18** | 20
	Service:	**18** | 20
Kategorie: Loungebar	Sortiment:	**7** | 10
	Gesamt:	86 | 100

Rhythms Bar & Kitchen

1060 Wien

Das musikalische Element gehört zur Hotelgruppe stets dazu und die Rhythms Bar setzt das im Sechsten auch bei den Getränken um. Witzige Serves liefern »den Soundtrack zum euphorischen Start in die Nacht«. Das kann aber auch ein alkoholfreier Highball mit Gölles-Himbeeressig sein. Einfach cool!

Windmühlgasse 28	Drinks:	**44** | 50
+43 1 2530061900	Ambiente:	**18** | 20
www.jaz-hotel.com	Service:	**19** | 20
Kategorie: Hotelbar	Sortiment:	**8** | 10
	Gesamt:	89 | 100

stadt.Allee

1060 Wien

Im Hinterhof der »Mahü« bespielt die Küche das Lokal den ganzen Tag mit einem umfangreichen Angebot. Das Interieur ist modern und chic, der Wintergarten lädt zum Sitzenbleiben ein. Hinter der Bar verlässt man sich auf gute Klassiker von »Cosmopolitan« bis »Caipi«. Ohne Promille: hausgemachte Säfte und Eistees!

Mariahilfer Straße 101	Drinks:	**43** I 50
+43 1 3669090	Ambiente:	**18** I 20
www.stadtallee.at	Service:	**18** I 20
Kategorie: Restaurantbar	Sortiment:	**8** I 10
	Gesamt:	87 I 100

Urbanek

1060 Wien

Groß ist er nicht, billig auch nicht, dafür ein Kultlokal, wie es nur wenige in der Stadt gibt. Regie-Veteranen reiben da ihre Schultern an jenen von Tirolern. Denn für viele gehört das Glas Wein (samt Beinschinken oder Käse) einfach dazu. Nicht zum Besuch am Naschmarkt, sondern zum Wienbesuch! Schwerpunkt: Österreich, Brote & Sandwiches

Naschmarkt 46	Weinangebot:	**45** I 50
+43 1 5872080	Service	**19** I 20
	Essen	**16** I 20
Kategorie: Weinbar in Vinothek	Ambiente:	**7** I 10
	Gesamt:	87 I 100

Wein & Co Naschmarkt

1060 Wien

Wer sich am Naschmarkt mit frischen Viktualien eingedeckt hat, kehrt im Anschluss am besten in der modernen Filiale mit ihrer gut sortierten Auswahl ein. Vom Winzer des Monats über immer wieder wechselnde Neuheiten und viele Klassiker, die glasweise ausgeschenkt werden, ist alles für Weinfreunde da.

Getreidemarkt 1	Weinangebot:	**50** I 50
+43 50706 3101	Service	**17** I 20
www.weinco.at	Essen	**17** I 20
Kategorie: Weinbar in Vinothek	Ambiente:	**9** I 10
	Gesamt:	93 I 100

Agent Oscar

1070 Wien

Ins siebente Jahr geht Frank Hassfurthers prototypische Bar – und für Cocktailfreunde wird es kein »verflixtes« sein! Der Garten ergänzt die breit aufgestellte Auswahl am Tresen, mit weiterhin perfektem Service bringt man ein Stück American-Bar-Feeling – klasse »Dry Martini«! – in die Zollergasse.

Zollergasse 5	Drinks:	**44** I 50
+43 1 9565975	Ambiente:	**18** I 20
www.agentoscar.at	Service:	**19** I 20
Kategorie: American Bar	Sortiment:	**8** I 10
	Gesamt:	89 I 100

Café Kandl 🍸🍸🍸 — 1070 Wien

Ein wenig hat sich das Konzept verändert, seit Robin Roger Peller hier seine Idee einer zeitgemäßen Bar – samt Innenhof und kleiner, aber bester Küche – auslebt. Der Fokus hin zu Naturweinen, gerne auch aus der Abteilung »funky«, wird jedenfalls begeistert aufgenommen von der Stammkundschaft.

Kandlgasse 12
+43 1 890893815
www.cafekandl.at
Kategorie: Restaurantbar

Drinks:	**45** I 50
Ambiente:	**19** I 20
Service:	**18** I 20
Sortiment:	**8** I 10
Gesamt:	90 I 100

Dachboden 🍸🍸 — 1070 Wien

Mit dem neuen Boom der Dachterrassen-Bars kann man den Dachboden fast schon als Veteran – und Modell – dieses Themas betrachten. Coole Musik, Topaussicht und vor allem Drinks mit Augenzwinkern (etwa der »Kaiserbründl« mit Birnenschnaps) sorgen für ein volles Haus drinnen und draußen im »25hours«.

Lerchenfelder Straße 1–3
+43 1 521510
www.dachbodenwien.at
Kategorie: Hotelbar

Drinks:	**44** I 50
Ambiente:	**19** I 20
Service:	**18** I 20
Sortiment:	**8** I 10
Gesamt:	89 I 100

Die Parfümerie 🍸🍸🍸 — 1070 Wien

An der neuen Adresse hat sich Barchefin Nathalie Wenko mittlerweile bestens eingelebt – alle Drinks wurden von Mitarbeiterinnen kreiert und werden auch mit Verve serviert im coolen Ambiente. Der Wohlfühlfaktor ist hoch, blöde Schmähs und Anmache lassen die Mixologinnen nämlich nicht durchgehen.

Hermanngasse 7
+43 699 11316673
www.dieparfuemerie.net
Kategorie: American Bar

Drinks:	**46** I 50
Ambiente:	**18** I 20
Service:	**19** I 20
Sortiment:	**8** I 10
Gesamt:	91 I 100

Dots Establishment 🍸🍸 — 1070 Wien

Die Terrasse oberhalb der »Mahü« ist eine Oase im Shoppingtrubel, Sushi und Asia-Küche beherrscht man meisterlich. Aber auch feiern lässt es sich hier gut – die Drinks kommen kreativ, frisch und gern auch ein bisschen asiatisch mit Ingwer und Lemongrass daher. Der hauseigene Gin kann auch einiges.

Mariahilfer Straße 36
+43 1 9209980
www.dots1060.at
Kategorie: Restaurantbar

Drinks:	**43** I 50
Ambiente:	**18** I 20
Service:	**18** I 20
Sortiment:	**7** I 10
Gesamt:	86 I 100

Fitzcarraldo 🍸🍸🍸

1070 Wien

Es kann nie genug stylish-hippe Speakeasys geben! Und wenn die Bar dann auch noch so fachkundig betrieben wird ... Die Cocktailkarte hilft mit Icons bei der Entscheidung, dabei decken die Signatures die ganze Palette ab: vom »Teagroni« bis zum »Blackforest Mule« mit hausgemachtem Ginger Beer.

Neubaugasse 38	Drinks:	**46** | 50
	Ambiente:	**18** | 20
www.fitzcarraldo-bar.com	Service:	**19** | 20
Kategorie: Loungebar	Sortiment:	**8** | 10
	Gesamt:	91 | 100

Le Bar Sans Souci 🍸🍸

1070 Wien

Im Nobelhotel gegenüber dem MQ versteht sich natürlich auch die Bar auf das Exquisiteste: 100 Champagnersorten stehen bereit, im Rahmen der regelmäßigen Verkostungen taucht man tiefer ins Thema ein. Auch die Cocktails sind erlesen. Wer selbst mixen möchte, kann vor Ort sogar einen Kurs belegen.

Burggasse 2	Drinks:	**43** | 50
+43 1 5222520194	Ambiente:	**19** | 20
www.sanssouci-wien.com	Service:	**19** | 20
Kategorie: Hotelbar	Sortiment:	**8** | 10
	Gesamt:	89 | 100

Libelle 🍸🍸

1070 Wien

Von der neu ausgebauten, stylishen Dachterrasse des Leopold-Museums bietet sich ein herrlicher Blick Richtung Ring, Innenstadt und darüber hinaus. Die Auswahl an Drinks und Fingerfood ist überschaubar, Gin-Tonic-Varianten und Spritziges erfrischen nach Sightseeing und Museumsbesuch genau richtig.

Museumsplatz 1/5	Drinks:	**43** | 50
+43 1 5235881	Ambiente:	**18** | 20
www.mqw.at	Service:	**18** | 20
Kategorie: Loungebar	Sortiment:	**7** | 10
	Gesamt:	86 | 100

Matiki

1070 Wien

Der Schalk sitzt dem Team der pazifischen Außenstelle der Vinnitsky-Brüder gern im Nacken. Passend zu den Tiki-Bechern nach eigenem Design hat man mit der neuen Barkarte auch Wiens unaussprechlichsten Drink zu bieten: »Humuhumunukunukuapua'a«! Polynesisch trinken für Anfänger und Fortgeschrittene!

Gardegasse 2
+43 660 8254576
www.matiki.at
Kategorie: Loungebar

Drinks:	**47** | 50
Ambiente:	**18** | 20
Service:	**19** | 20
Sortiment:	**8** | 10
Gesamt:	92 | 100

Miami Rabbit

1070 Wien

Die Sommerlocation des legendären »Barfly's« ist gewissermaßen dessen kleine, hippe Schwester: alles etwas lässiger und gechillter, von der Atmosphäre bis zur Getränkeauswahl. Gemixt werden Spritzervariationen und leichte Sommerdrinks, die perfekt zu warmen Temperaturen und langen Abenden passen.

Museumsplatz 1
+43 1 5860825
barflys.at
Kategorie: American Bar

Drinks:	**45** | 50
Ambiente:	**18** | 20
Service:	**18** | 20
Sortiment:	**7** | 10
Gesamt:	88 | 100

Moby Dick

1070 Wien

Viel ist in Wien nicht geblieben von den ambitionierten Cocktailbegleitungen zu Menüs. Sammy Walfischs Team zeigt aber, wie es geht. Mit Augenzwinkern, vernünftiger Kalkulation und vor allem Drinks-Aromentiefe, die aktuell die pikanten Cordials (Penja-Pfeffer!) befeuern. Stimmungsvoll und delikat!

Neustiftgasse 26
+43 1 9974279
www.mobydickvienna.at
Kategorie: American Bar

Drinks:	**47** | 50
Ambiente:	**18** | 20
Service:	**19** | 20
Sortiment:	**8** | 10
Gesamt:	92 | 100

Plus43

1070 Wien

Wer seinen Drink hinunterstürzt oder keinen Sinn für Details hat, sollte den Türcode zu Semih Aybars Reich gar nicht anfordern. Hier wird wie beim Maßschneider mit Sorgfalt gearbeitet – was beim Eis beginnt und bei den kreativen Twists, die Aybar noch so vertrauten Cocktails angedeihen lässt, endet.

Westbahnstraße 10
+43 676 4410105
www.plus43vie.com
Kategorie: American Bar

Drinks:	**46** | 50
Ambiente:	**18** | 20
Service:	**19** | 20
Sortiment:	**8** | 10
Gesamt:	91 | 100

R&Bar 🍷🍷🍷

1070 Wien

Die Herrschaften vom »Weinskandal« – einer der Wiener Institutionen, wenn es um Naturwein geht – bringen in ihrer Bar Fans und Neugierigen ihre Liebe und ihr Fachwissen zu Orange Wine und Co näher. Dazu gibt es Snacks und gut abgestimmtes Barfood, all das in gewohnt lässig-entspannter Atmosphäre.

Lindengasse 1	Weinangebot: **48** I 50
+43 676 83858696	Service **19** I 20
www.dasrund.com	Essen **18** I 20
Kategorie: Restaurantbar	Ambiente: **7** I 10
	Gesamt: 92 I 100

Rinkhy 🍸🍸

1070 Wien

Kommt auch nicht alle Tage vor, dass man eine Bar für den Tag NACH der Party empfiehlt. Aber die entspannte Atmosphäre mitten im Hipster-Zentrum, die herrlichen Pastrami-Sandwiches und fünf verschiedene »Bloody Marys« sprechen für sich. Katerfrühstück? Naja, aber samstags gibt es frische Austern!

Zieglergasse 37	Drinks: **43** I 50
+43 1 9478798	Ambiente: **18** I 20
www.rinkhy.eatbu.com	Service: **19** I 20
Kategorie: Loungebar	Sortiment: **7** I 10
	Gesamt: 87 I 100

Ruby Marie Bar 🍸🍸

1070 Wien

Gleich beim Westbahnhof punktet das Hotel aus der Ruby-Kette mit einer großen Dachterrasse mit genügend Sitz- und Chill-Gelegenheiten. Und auch in den Plüschsofas der Bar lässt es sich gut entspannen. Für Nachtschwärmer perfekt: »Spritz«, kreative Drinks und gute Gin-Auswahl werden 24/7 serviert.

Kaiserstraße 2–4	Drinks: **43** I 50
+43 1 205639700	Ambiente: **18** I 20
www.ruby-hotels.com	Service: **17** I 20
Kategorie: Hotelbar	Sortiment: **8** I 10
	Gesamt: 86 I 100

Seven North 🍸🍸

1070 Wien

Die offene Küche im riesigen, quirligen Lokal verströmt Kantinenstimmung – aber auf extrem gute Art. Der perfekte Ort für Multikulti-Gerichte und Socializing, und da dürfen auch die passenden Drinks nicht fehlen: Gute Weinauswahl und auch die Cocktailkarte überzeugt mit internationalen Kreationen.

Schottenfeldgasse 74	Drinks: **45** I 50
+43 1 3761077	Ambiente: **18** I 20
www.sevennorthrestaurant.com	Service: **18** I 20
Kategorie: Restaurantguide	Sortiment: **8** I 10
	Gesamt: 89 I 100

Stellas 7

1070 Wien

Ein bisschen Tapas-Bar, ein bisschen Bistro – und einen Robota-Grill für das Steak gibt es auch. Die Cocktailauswahl ist nicht riesig, hält aber dank guter Klassiker mit Wein- und Spiritsauswahl mit. Und wagt mitunter auch kreative Ausflüge: »Granatapfel-Mojito« beispielsweise schmeckt nach mehr.

Zieglergasse 54	Drinks:	**43** I 50
+43 1 5261108	Ambiente:	**18** I 20
www.stellas.at	Service:	**19** I 20
Kategorie: Restaurantbar	Sortiment:	**7** I 10
	Gesamt:	87 I 100

Tredici Gradi 13°

1070 Wien

Eine Weinbar wie in bella Italia! Im Glas finden sich beste italienische Tropfen ein, auch die Snacks verursachen Fernweh und Urlaubsgefühl: Antipasti vom Feinsten, Käse, Prosciutto und mehr. All das gibt es nebst dem sizilianischem Espresso und Flaschenweinen zu Ab-Hof-Preisen auch für zu Hause. Schwerpunkt: Italien

Kaiserstraße 81	Weinangebot:	**45** I 50
+43 1 23664444	Service	**18** I 20
www.tredicigradi.at	Essen	**17** I 20
Kategorie: Weinbar in Vinothek	Ambiente:	**9** I 10
	Gesamt:	89 I 100

Wein & Co Mariahilfer Straße

1070 Wien

Bezüglich der Fläche kann die Filiale mitten auf der »Mahü« vielleicht nicht mit den anderen mithalten, die Auswahl ist aber auch hier groß, vielfältig und geschmackvoll. Zwischen den Regalen und auf der Terrasse stehen Tische bereit, für Privatverkostungen gibt es ein Separee für acht Personen.

Mariahilfer Straße 36	Weinangebot:	**50** I 50
+43 5 07063020	Service	**18** I 20
www.weinco.at	Essen	**17** I 20
Kategorie: Weinbar in Vinothek	Ambiente:	**9** I 10
	Gesamt:	94 I 100

Achtundzwanzig

1080 Wien

Sechs Leitungen und eine der besten Craft-Beer-Produktionen des Landes als Partner, was soll da noch schiefgehen? Zu den wechselnden Kreationen von »Brew Age«, darunter der alkoholfreien »Rampensau«, serviert man in deren offiziellem Tap Room noch dazu eine perfekte Pastrami im Sauerteigbrot. Schwerpunkt: Österreich

Schlösselgasse 28	Weinangebot:	**43** I 50
+43 1 4022241	Service	**18** I 20
achtundzwanzig.business.site	Essen	**16** I 20
Kategorie: Weinbistro	Ambiente:	**8** I 10
	Gesamt:	85 I 100

Albert

1080 Wien

Die wunderbare Küche im Neighbourhood-Lokal wird auch mit flüssigen Kreationen begleitet. Der Haus-Bellini macht schon neugierig, der geklärte »New York Sour« wiederum zeigt die moderne Wiedergeburt eines Klassikers – und er ist nicht der einzige »Twist« dieser erfreulichen Art mitten im »Achten«! Schwerpunkt: Nature Wine, Bioweine

Albertgasse 39	Weinangebot: **45** I 50
+431 9567114	Service **18** I 20
www.albert.bar	Essen **18** I 20
Kategorie: Weinbar im Restaurant	Ambiente: **8** I 10
	Gesamt: 89 I 100

Bolena

1080 Wien

Primitivo steht neben Rotem Muskateller auf der glasweisen Karte – denn man pflegt ein Faible für unbekanntere Rebsorten. Entsprechend stehen im Lokal (und sommers im kleinen, heimeligen Schanigarten) auch nicht die bekannten Etiketten im Mittelpunkt, sondern Raritäten bis hin zur wohlfeilen Magnum. Schwerpunkt: Roter Veltliner, Grüner Veltliner

Lange Gasse 61	Weinangebot: **45** I 50
+431 4050370	Service **19** I 20
www.bolena.at	Essen **17** I 20
Kategorie: Weinbar im Restaurant	Ambiente: **8** I 10
	Gesamt: 89 I 100

Die Vinothek

1080 Wien

Ins Glas kommen steirische und burgenländische Weine, ergänzt durch ein paar Flaschen aus dem Rest der Welt, die immer wieder wechseln, auch Prickelndes steht in der netten Bar bereit. Perfekt für den Feierabend: Flaschenwein zu Ab-Hof-Preisen von 17 bis 19.30 Uhr, dazu eine kleine Antipasti-Auswahl. Schwerpunkt: Steiermark, Burgenland

Tigergasse 33	Weinangebot: **43** I 50
+431 4029828	Service **18** I 20
www.dievinothek.net	Essen **14** I 20
Kategorie: Weinbar in Vinothek	Ambiente: **8** I 10
	Gesamt: 83 I 100

Grande Bar

1080 Wien

In der klassischen Cocktailbar gibt es einerseits gut gemachte Standards, andererseits lässt man sich durchaus auch immer wieder etwas einfallen. Die Signatures sind gut und vielfältig, Hauptfigur ist dabei der Rum, aber auch Gin und Co dürfen in den Shaker. Auch spannend: die fassgereiften Cocktails.

Josefstädter Straße 56	Drinks: **44** I 50
+43 676 3619760	Ambiente: **18** I 20
www.grandebar.at	Service: **18** I 20
Kategorie: American Bar	Sortiment: **8** I 10
	Gesamt: 88 I 100

Jorge's Weinbar

1080 Wien

Für fast jeden Tag im Jahr gibt es in der luftig-hellen Bar einen anderen Wein: 360 an der Zahl stehen nämlich auf der Karte, vertreten ist dabei so gut wie alles, was in Österreich Rang und Namen hat. Die Erzeugnisse der wechselnden »Winzer des Monats« spielen jeweils die Hauptrolle in den Gläsern. Schwerpunkt: Österreich

Lange Gasse 13 +43 1 4001122 www.hotel-rathaus-wien.at **Kategorie: Klassische Weinbar**	Weinangebot: **44** I 50 Service **19** I 20 Essen **16** I 20 Ambiente: **8** I 10
	Gesamt: 87 I 100

Sip Song Bar

1080 Wien

Mit dem bekannten »Sip Song« in Hongkong hat die Bar des beliebten Thai-Lokals »Mamamon« nichts zu tun: In Fernost führt man etwa keine Naturweine, auch der »Thai pirinha« ist ein aromatischer Import in den Achten. Fein und für Österreicher immer noch zu wenig bekannt: Cocktails mit Pandanblatt!

Lerchenfelder Straße 104 **Kategorie: Loungebar**	Drinks: **43** I 50 Ambiente: **17** I 20 Service: **18** I 20 Sortiment: **7** I 10
	Gesamt: 85 I 100

Torberg

1080 Wien

Ein Schalk, der viel von Qualität versteht: So kann man Gerald Gsöls wohl all jenen beschreiben, die nicht wissen, was Wiens größte Gin-Bar auszeichnet. Neben viel Schmäh und überraschenden Gourmandisen als »Unterlag« nämlich auch eine exzellente Champagner-Auswahl im dunkel-relaxten Ambiente.

Strozzigasse 47 +43 664 2203757 www.dastorberg.at **Kategorie: American Bar**	Drinks: **43** I 50 Ambiente: **17** I 20 Service: **19** I 20 Sortiment: **10** I 10
	Gesamt: 89 I 100

Tür 7

1080 Wien

Auch wenn es einige Klassiker der Speakeasy-Zeit nun als »bottled cocktails« für daheim gibt – das wahre Tür-7-Flair ist nur vor Ort im Josefstädter Cocktailwohnzimmer zu haben. Die beständige Crew Geri Tsais ist ein Erfolgsgarant, ihr direkter Draht zu den Gästen und ihren Vorlieben ein anderer.

Buchfeldgasse 7 +43 664 5463717 www.tuer7.at **Kategorie: American Bar**	Drinks: **49** I 50 Ambiente: **19** I 20 Service: **20** I 20 Sortiment: **8** I 10
	Gesamt: 96 I 100

Underdog 🍷🍷

1080 Wien

Bei der Getränkekarte hat man sich was einfallen lassen: Klassiker in neuem Gewand und Signatures wie der »Underdog Sour« mit Gin und Granatapfel stehen zur Wahl. Die Hotdogs haben wenig mit simpler Wurst im Brötchen zu tun, sondern sind kreative Glücklichmacher (auch in Rebel-Meat-Version!),

Schlösselgasse 24	Drinks:	**43** I 50
+43 650 7747486	Ambiente:	**18** I 20
www.underdog.bar	Service:	**19** I 20
Kategorie: American Bar	Sortiment:	**8** I 10
	Gesamt:	88 I 100

Vini per tutti 🍷🍷

1080 Wien

Die »vini« in der freundlichen Vinothek stammen aus Italien, Österreich, Spanien, Frankreich und Griechenland, verkosten kann man sie zu wunderbaren kalten Platten. Für den größeren Hunger daheim kann man sich zwei Türen weiter im zugehörigen Feinkostladen mit noch mehr Herrlichkeiten eindecken. Schwerpunkt: Griechenland

Lerchenfelder Straße 44	Weinangebot:	**45** I 50
+43 664 2264526	Service	**19** I 20
www.vinipertutti.at	Essen	**15** I 20
Kategorie: Weinbar in Vinothek	Ambiente:	**8** I 10
	Gesamt:	87 I 100

VINOE 🍷🍷

1080 Wien

Über 100 Winzer aus ganz Niederösterreich bekommen hier eine wohlverdiente Bühne, regelmäßig finden auch Verkostungen statt, die von kleinen Snacks begleitet werden. Auch was die Produzenten sonst noch an Köstlichem erzeugen – von Marmelade über Schnaps bis Saft – kann man gleich vor Ort erwerben. Schwerpunkt: Niederösterreich

Piaristengasse 35	Weinangebot:	**46** I 50
+43 1 4020961	Service	**18** I 20
www.vinoe.at	Essen	**14** I 20
Kategorie: Weinbar in Vinothek	Ambiente:	**7** I 10
	Gesamt:	85 I 100

Weinraum 🍷🍷

1080 Wien

Hübsch anzusehen ist das moderne Bistro, auch die Weine stimmen glücklich, denn die sind fachkundig ausgewählt und zeigen einen Querschnitt aus den besten Weinregionen von nah und fern. Begleitet werden sie von französischem Käse und freitäglichen Drei-Gänge-Menüs. Immer wieder auch Verkostungen. Schwerpunkt: Steiermark

Piaristengasse 41	Weinangebot:	**43** I 50
+43 664 73695172	Service	**19** I 20
www.weinraum.at	Essen	**15** I 20
Kategorie: Weinbar im Restaurant	Ambiente:	**8** I 10
	Gesamt:	85 I 100

Das 1090

1090 Wien

Die Auswahl ist riesig hinterm Lycée und auf den 14 Seiten mit Cocktails finden sich längst Hausklassiker wie der »1090 Daiquiri« neben den spritzigeren Optionen, die perfekt ins helle und offene Ambiente – samt beliebtem Gartenbereich – passen. Fein auch der cremige Rum-Drink »Macchiato Martini«!

Bauernfeldplatz 2	Drinks:	**44** | 50
+43 1 9626226	Ambiente:	**18** | 20
www.das1090.at	Service:	**19** | 20
Kategorie: Restaurantbar	Sortiment:	**8** | 10
	Gesamt:	89 | 100

Glasweise

1090 Wien

Hinter der Volksoper ist der Name Programm: Die Weinauswahl ist groß und recht klassisch, probieren kann man dabei aber nicht nur Weiße aus Österreich, sondern auch Gutes von beinahe überall. Auch die Speisekarte streift durch die Welt der Genüsse: von Tapas bis zur Tatar-Variation und Saisonalem.

Währinger Straße 74	Weinangebot:	**47** | 50
+43 1 92 21052	Service	**18** | 20
www.glasweise.com	Essen	**17** | 20
Kategorie: Weinbar im Restaurant	Ambiente:	**8** | 10
	Gesamt:	90 | 100

Halbestadt

1090 Wien

Für viele Barprofis auf der Durchreise ist klar: Wer nicht in der Halbestadt war, hat Wien nicht besucht. Erich Wassicek pflegt eine klassische Trinkkultur mit den Neigungsgruppen »Dark spirits« und »Dreiteiler«. Über das »Comment« wacht Konny Wunder in ebenso unnachahmlicher Art. One of a kind!

U-Bahn-Bogen 155	Drinks:	**49** | 50
+43 699 17098217	Ambiente:	**18** | 20
www.halbestadt.at	Service:	**19** | 20
Kategorie: American Bar	Sortiment:	**9** | 10
	Gesamt:	95 | 100

krypt.

1090 Wien

Die extrem stylishe Bar im unterirdischen Ziegelgewölbe ist schon ihrer Architektur wegen einen Besuch wert – und dann kommen auch noch ganz famose Drinks über die Theke. Der »Bunny Daiquiri« mit Karottensaft ist überraschend großartig, besonders gut kennt man sich »under ground« mit Mezcal aus.

Wasagasse 17	Drinks:	**45** | 50
	Ambiente:	**20** | 20
www.krypt.bar	Service:	**18** | 20
Kategorie: Club	Sortiment:	**8** | 10
	Gesamt:	91 | 100

MAST Weinbistro 🍷🍷🍷🍷

1090 Wien

Selbst, wenn man nur auf eine schnelle Bratwurst vorbeischaut, ist sie bestens. Die Detailverliebtheit macht bei aller Lockerheit das Essen im Bistro aus. Über die kuratierte Weinauswahl braucht man kaum mehr etwas zu sagen – sie ist nicht nur stadtbekannt. Internationale Sommeliers stoppen stets hier. Schwerpunkt: Raw/Natural Wines, Bioweine, Nature Wine

Porzellangasse 53
+43 1 9226679
www.mast.wine
Kategorie: Weinbistro

Weinangebot:	**49** I 50
Service	**19** I 20
Essen	**20** I 20
Ambiente:	**8** I 10
Gesamt:	96 I 100

Reznicek 🍷🍷🍷

1090 Wien

Wie man ein traditionelles Wiener Beisl gekonnt ins 21. Jahrhundert schupft, kann man hier eindrucksvoll beobachten, das gilt für Küche, Gaststube und Atmosphäre. Und dann gibt es auch noch eine herrliche Weinauswahl und einen eigens von Marion Ebner-Ebenauer abgefüllten Hauswein. Was will man mehr?

Reznicekgasse 10
+43 1 3104407
www.reznicek.co.at
Kategorie: Weinbar im Restaurant

Weinangebot:	**47** I 50
Service	**19** I 20
Essen	**18** I 20
Ambiente:	**8** I 10
Gesamt:	92 I 100

Schwirtz 🍷🍷

1090 Wien

Die unschlagbare Kombination aus Brot und Wein ist nicht umsonst biblisch. Im gemütlichen Ambiente wird sie aber etwas moderner interpretiert: Zu den feinen österreichischen Weinen (vor allem der guten Auswahl aus der Steiermark!) reicht man Brötchen, Aufstriche und die ofenfrischen Feuerflecken. Schwerpunkt: Brote & Sandwiches, Österreich

Währinger Straße 76
+43 1 3177281
www.visavisvolksoper.at
Kategorie: Weinbar in Vinothek

Weinangebot:	**44** I 50
Service	**19** I 20
Essen	**15** I 20
Ambiente:	**8** I 10
Gesamt:	86 I 100

The Sign 🍸🍸🍸🍸

1090 Wien

Die knallbunte Karte, die einen Ausflug in die letzten Dekaden (samt »Baywatch«-Drink) ermöglicht, zeigt viel Witz. Und in der Tat ist Kan Zuos Loungebar so etwas wie ein Candyshop für Cocktailliebhaber. Allerdings einer, in dem nicht viel süß schmeckt. Sondern oft auch umami oder geheimnisvoll.

Liechtensteinstraße 104–106
+43 676 7822628
www.thesignlounge.at
Kategorie: American Bar

Drinks:	**49** I 50
Ambiente:	**18** I 20
Service:	**19** I 20
Sortiment:	**9** I 10
Gesamt:	95 I 100

Walletschek 🍷

1090 Wien

Ausgeschenkt werden internationale Weine aus den besten Regionen. Jeden Monat liegt der Schwerpunkt anderswo, und zwar sowohl bei den Roten wie auch bei den Weißen, Kenner finden da durchaus Schätze. Und jene, die es werden wollen, lassen sich vom Chef beraten. Dazu gibt es Pasta und Antipasti.

Sobieskiplatz 8	Weinangebot:	**43** | 50
+43 664 2103206	Service	**18** | 20
www.walletschek.at	Essen	**15** | 20
Kategorie: Weinbar in Vinothek	Ambiente:	**8** | 10
	Gesamt:	84 | 100

Weinstadt 🍷🍷

1090 Wien

Die Gürtelbögen kennt man eigentlich zum Feiern und Tanzen, man kann dort aber auch entspannt dem kulinarischen Genuss fröhnen, wie das »Weinstadt« beweist. Die glasweise Auswahl wird ab drei Achterln noch größer und widmet sich hauptsächlich Österreich, gesnackt werden Antipasti und gute Crostini. Schwerpunkt: Österreich

U-Bahn-Bogen 154	Weinangebot:	**44** | 50
+43 650 2122439	Service	**18** | 20
www.weinstadt.cc	Essen	**16** | 20
Kategorie: Klassische Weinbar	Ambiente:	**8** | 10
	Gesamt:	86 | 100

Ymás 🍷🍷

1090 Wien

Spanischer Wein ist so viel mehr als Rioja – denn neben diesem stehen Weine aus 25 weiteren Gebieten auf der Karte, auch ein paar Weiße sind darunter. Begleitet werden sie, wie es sich gehört, von wunderbaren Tapas. Zum Abschluss empfiehlt sich ein Rum, auch der steht in rund 50 Ausführungen bereit. Schwerpunkt: Spanien

Lazarettgasse 22	Weinangebot:	**45** | 50
+43 664 73124535	Service	**18** | 20
www.ymas.at	Essen	**18** | 20
Kategorie: Weinbistro	Ambiente:	**8** | 10
	Gesamt:	89 | 100

Foto: Walter Luttenberger Photography

Aurora Rooftop Bar 🍸🍸🍸 — 1100 Wien

Es fällt schwer, sich nicht von der Aussicht aus dem 16. Stock (Belvedere! Gasometer!) ablenken zu lassen. Vor allem der Sonnenuntergang wird auf der nach dem Nordlicht benannten Rooftop-Bar zum Erlebnis. Im Glas hat man da am besten einen Signature wie den Milkpunch »Cicada« oder den »Nordic Negroni«.

Arsenalstraße 10	Drinks:	**45** | 50
+43 1 20577441234	Ambiente:	**19** | 20
www.bar-aurora.at	Service:	**18** | 20
Kategorie: Hotelbar	Sortiment:	**8** | 10
	Gesamt:	90 | 100

Connolly's 🍸🍸 — 1120 Wien

Was gehört zu einer irischen Bar dazu? Erstens Bier, zweitens Pub-Quiz (wird hier seeeehr ernst genommen!) und drittens »Munchies« vom Feinsten. Letzteres besorgen die Burger-Varianten wie der »Meidlinger«, bei den Cocktails spielt natürlich Irish Whiskey eine Rolle, dazu kommt die gute Gin-Auswahl.

Schönbrunner Straße 268	Drinks:	**42** | 50
+43 1 8907355	Ambiente:	**18** | 20
www.connollys.at	Service:	**18** | 20
Kategorie: Loungebar	Sortiment:	**8** | 10
	Gesamt:	86 | 100

Wein & Co Hietzing 🍷🍷🍷 — 1130 Wien

Die Hietzinger Dependance glänzt auf zwei Etagen mit weit über 1000 lagernden Flaschen, die allesamt auch in der Bar genossen werden können, die Snacks wie Antipasti-Platten passen gut dazu. Auch die glasweise Auswahl ist dank Coravin riesig, abends finden regelmäßig Events und Verkostungen statt.

Hietzinger Hauptstraße 22	Weinangebot:	**50** | 50
+43 50706 3171	Service	**18** | 20
www.weinco.at	Essen	**17** | 20
Kategorie: Weinbar in Vinothek	Ambiente:	**8** | 10
	Gesamt:	93 | 100

Rudolf Polifka et Fils 🍷🍷

1150 Wien

Die Reindorfgasse ist an sich schon wie ein buntes, kleines Dorf und mittendrin hat Dietmar Müller eine richtig gute und sympathische Weinhandlung, in der er nebst Österreichischem auch Weine aus der französischen Alpenregion und den Pyrenäen anbietet. Und zwar mit richtigem Schmäh und viel Expertise. Schwerpunkt: Österreich

Reindorfgasse 22	Weinangebot:	**46** | 50
+43 699 19233008	Service	**19** | 20
www.wein-polifka.at	Essen	**14** | 20
Kategorie: Weinbar in Vinothek	Ambiente:	**8** | 10
	Gesamt:	87 | 100

The Chapel 🍸🍸🍸

1150 Wien

Mit der Kirchenoptik wird im hippen Speakeasy nicht gespart: Betritt man die Location durch den Beichtstuhl, findet man sich in einer schummrig-schönen Location wieder und erliegt dort den Versuchungen, etwa in Form von Whisk(e)y, Bourbon und rauchig-frischen Noten im »Gottes Werk und Teufels Beitrag«.

Haidmannsgasse 8	Drinks:	**46** | 50
+43 681 81561233	Ambiente:	**19** | 20
	Service:	**19** | 20
Kategorie: American Bar	Sortiment:	**8** | 10
	Gesamt:	92 | 100

Bei mir 🍸🍸🍸

1160 Wien

Im Ottakringer Eckhaus geht es um eine gute Zeit. Das signalisiert die Weltkarte der »Mules«, die man bei Matthias Habringer zum Start ordert, ehe es dann mit den Eigenkreationen – gerne auf Agavenbasis (»Mexican Gimlet« mit hauseigenem Cordial!) – weitergeht. So eine Bar sollte jeder Bezirk haben!

Speckbachergasse 47	Drinks:	**45** | 50
+43 650 3666700	Ambiente:	**19** | 20
www.beimir.at	Service:	**19** | 20
Kategorie: Loungebar	Sortiment:	**8** | 10
	Gesamt:	91 | 100

Schuhmeier 🍸🍸

1160 Wien

Das stylishe Ottakringer Lokal erfrischt durstige Gäste mit allerlei Hausgemachtem: Die Smoothies laden die Vitaminspeicher wieder auf und der selbst gemachte Eistee kühlt von innen. Die »Mimosa« wird hier mit Prosecco zubereitet und eignet sich als Aperitif genauso gut wie zum ausgiebigen Brunch.

Schuhmeierplatz 17–18	Drinks:	**43** | 50
+43 1 5350453	Ambiente:	**18** | 20
www.schuhmeier.com	Service:	**18** | 20
Kategorie: Restaurantbar	Sortiment:	**7** | 10
	Gesamt:	86 | 100

Terra Rossa 🍷🍷

1160 Wien

Wiener Lebensart trifft mediterranes Flair: Am Fuß des Wilhelminenbergs wird in modernem Ambiente und mit herrlichem Garten dem austro-italienischen Genuss gefröhnt. Die Weine stammen teils vom familieneigenen Weingut, teils aus Österreich und Italien und passen wunderbar zu Pinsa, Pasta und Co.

Roterdstraße 3	Weinangebot:	**45** / 50
+43 1 4841480	Service	**18** / 20
www.laterrarossa.at	Essen	**17** / 20
Kategorie: Weinbar im Restaurant	Ambiente:	**8** / 10
	Gesamt:	88 / 100

Truksitz 🍷

1160 Wien

An einem der quirligsten und hippsten Plätze Wiens bietet Markus Truksitz österreichische Weine an. Nicht irgendwelche, denn der Schwerpunkt liegt auf den eigenen Tropfen aus dem Burgenland. Seine reinsortigen Weine sind stets nach Sternen benannt, die Cuvées wiederum tragen die Namen von Galaxien. **Schwerpunkt:** Burgenland

Yppenplatz 7	Weinangebot:	**42** / 50
+43 650 2117654	Service	**17** / 20
	Essen	**14** / 20
Kategorie: Weinbar in Vinothek	Ambiente:	**8** / 10
	Gesamt:	81 / 100

Vinophilia & Cetera 🍷🍷

1180 Wien

Angeboten werden eine überzeugende und gut durchdachte Mischung von Weinen aus Österreich, Frankreich und Italien sowie hochwertige Spirituosen vom Grappa bis zum Whisk(e)y (aber auch Avocado-Likör – oh!). Zusätzlich sind die Regale aber auch überaus gut mit süßen und salzigen Delikatessen gefüllt.

Währinger Straße 145	Weinangebot:	**47** / 50
+43 1 4700111	Service	**18** / 20
www.vinophilia.at	Essen	**15** / 20
Kategorie: Weinbar in Vinothek	Ambiente:	**8** / 10
	Gesamt:	88 / 100

Aristo Bar 🍸🍸

1190 Wien

Bestens sortiert und mit jeder Menge Schmäh versehen – so versorgt Rucki in der »Aristo« die Klientel. Ob Champagner, »Tequila Sunrise« oder die stets fein abgestimmten Slushees (heißen hier natürlich »Ruckslush«) ist dabei einerlei. Denn durstig geht von Grinzings Barinstitution keiner heim.

Grinzinger Straße 70	Drinks:	**43** / 50
+43 1 3705283	Ambiente:	**18** / 20
	Service:	**18** / 20
Kategorie: Loungebar	Sortiment:	**8** / 10
	Gesamt:	87 / 100

Dots Nussdorf

1190 Wien

Der hübsche Brunnerhof war früher mal ein Heuriger und ist heute eine stylishe Mischung aus herrlicher Asiaküche und feiner Bar, die einander kreativ ergänzen. Drinks wie der »Shanghai Sling« mit hauseigenem Gin, Grüntee und Lychee schmecken aber auch solo – besonders gut im traumhaften Garten.

Kahlenberger Straße 1	Drinks:	**44** | 50
+43 1 9089110	Ambiente:	**18** | 20
dotsgroup.eu	Service:	**17** | 20
Kategorie: Restaurantbar	Sortiment:	**7** | 10
	Gesamt:	86 | 100

Gemischter Satz

1190 Wien

Wer so heißt, muss natürlich auch die Weinkarte entsprechend kuratieren. Aber nicht nur der Gemischte Satz aus Wien und Umgebung findet hier seinen Weg in die Gläser, auch sortenreine Tropfen und Hochprozentiges aus Grinzing werden ausgeschenkt, all das gerne auch im Rahmen von Veranstaltungen. Schwerpunkt: Regional

Cobenzlgasse 4	Weinangebot:	**43** | 50
+43 670 3538923	Service	**18** | 20
www.gemischter-satz.com	Essen	**17** | 20
Kategorie: Klassische Weinbar	Ambiente:	**8** | 10
	Gesamt:	86 | 100

Salinas Delikatessen Bar

1190 Wien

Dass zur Bar auch ein Concept Store gehört, sieht man sofort: Am liebsten würde man wahlweise alles mitnehmen oder direkt einziehen. Vielleicht schmeckt auch deshalb alles so gut: von den Antipasti-Platten über die Weine bis zu feinen Longdrinks mit italienischem Spin und Prosecco aus dem Fass. Schwerpunkt: Italien, Spanien

Zahnradbahnstraße 11	Weinangebot:	**43** | 50
+43 699 10840718	Service	**18** | 20
www.ostyle-salinas.at	Essen	**17** | 20
Kategorie: Weinbar im Restaurant	Ambiente:	**9** | 10
	Gesamt:	87 | 100

Slu Ginbar

1190 Wien

Auf der Suche nach dem Gin des Lebens? Hier entlang! Nikolaus Slupetzky kredenzt sagenhafte 282 Sorten aus aller Welt – und kann auch noch über jede etwas erzählen. Dazu gibt es eine beachtliche Anzahl und Vielfalt an Tonics und Botanicals, die Kombinationsmöglichkeiten sind also (beinah) endlos.

Billrothstraße 31	Drinks:	**44** | 50
+43 664 4355400	Ambiente:	**18** | 20
www.slubar.at	Service:	**18** | 20
Kategorie: American Bar	Sortiment:	**10** | 10
	Gesamt:	90 | 100

Weincult 🍷🍷

1190 Wien

Eine große Bühne für kleine Winzer! Denn hier sind es nicht die großen Namen, auf die man besonderen Wert legt, vielmehr dürfen auch unbekanntere Produzenten aus Österreich sowie aus unterschätzten Anbauregionen wie Ungarn vor den Vorhang. Bei den Verkostungen geht es gut gelaunt und fachkundig zu. Schwerpunkt: Burgenland

Döblinger Hauptstraße 31	Weinangebot:	**44** | 50
+43 676 89801707	Service	**18** | 20
www.weincult.at	Essen	**15** | 20
Kategorie: Klassische Weinbar	Ambiente:	**8** | 10
	Gesamt:	85 | 100

Bar Rakete 🍸🍸

1200 Wien

Chillen im Zwanzigsten, dafür wurde die neue Bar der »Wohnküche«-Macher erfunden. Die Optionen setzen auf frischen Geschmack und lokale Spirituosen, der »Apropos Apropos« mit Blutorange steht als beliebtester Drink genau dafür. Neben den Highballs zapft man »Tegernseer« vom Fass in der Brigittenau!

Karl-Meißl-Straße 1	Drinks:	**43** | 50
+43 660 3466100	Ambiente:	**18** | 20
www.wohnkueche.at	Service:	**18** | 20
Kategorie: American Bar	Sortiment:	**7** | 10
	Gesamt:	86 | 100

Jonas 🍸🍸

1210 Wien

Die Grätzlbar hat ihre Fans vor allem in der Nachbarschaft und spielt alle Stückerl – Frühstück, Burger, Lunch und Snacks stillen den Hunger. Die Getränkekarte wiederum lässt kaum einen Klassiker aus dem Longdrink- und Cocktailsegment vermissen. Fürs Entertainment sorgen Billard und Tischfußball.

Franz-Jonas-Platz 11	Drinks:	**42** | 50
+43 676 4017496	Ambiente:	**17** | 20
jonas-lokal.at	Service:	**18** | 20
Kategorie: Restaurantbar	Sortiment:	**8** | 10
	Gesamt:	85 | 100

57 Lounge im Meliá 🍸🍸🍸

1220 Wien

Der »Meliá Spritz« erinnert mit Cava an die spanischen Wurzeln des markanten Hotels – und auch bei den DJs am Wochenende wird es mitunter feurig im 58. Stock. Für vertrauten Geschmack sorgt die mit Marillen abgeschmeckte »Apricot Colada« im coolen Stelldichein von Donauwellen und Karibik-Feeling.

Donau-City-Straße 7	Drinks:	**44** | 50
+43 1 901042080	Ambiente:	**20** | 20
fiftysevenrestaurant.at	Service:	**18** | 20
Kategorie: American Bar	Sortiment:	**8** | 10
	Gesamt:	90 | 100

Fredi's Bar

1220 Wien

Fredi Spanel wollte nicht mehr nach seiner Traumbar suchen und hat sie kurzerhand selbst eröffnet: eine Cocktailbar der alten Schule mit großer Auswahl, ein paar feinen Weinen und dazu passenden Snacks. Unter den über 150 Cocktails finden sich Klassiker und Signatures, gern auch saisonal angepasst.

Eßlinger Hauptstraße 120
+43 1 7741193
www.fredis-bar.at
Kategorie: Loungebar

Drinks:	**43** | 50
Ambiente:	**18** | 20
Service:	**18** | 20
Sortiment:	**8** | 10
Gesamt:	87 | 100

NIEDERÖSTERREICH

Wein & Brot

2721 Bad Fischau

Die Weinauswahl wuchs mittlerweile über die Kernkompetenz Italien hinaus, etwa wenn »Harti« Hartmann die Liebe zu Wermut entdeckt. Doch vertrauen kann man seiner lukullischen Spürnase ohnehin immer. Das wissen die Gäste – und fragen sich lieber, mit welchen »Hartipasti« sie den Wein heute begleiten. Schwerpunkt: Italien

Gartengasse 2a
+43 664 1359782
www.weinundbrot.com
Kategorie: Weinbar in Vinothek

Weinangebot:	**44** | 50
Service	**18** | 20
Essen	**17** | 20
Ambiente:	**9** | 10
Gesamt:	88 | 100

Palmira Cocktail Manufaktur

2500 Baden

Die Drinks bewegen sich auf hohem Niveau, im Hintergrund läuft chillige Musik. Beste Zutaten und viel Leidenschaft sind für Oleg und Olivia wichtig, daraus entstehen köstlich-kreative Cocktails, vor allem die alkoholfreien sind besonders. Auch auf Sonderwünsche wird eingegangen. Schöner Gastgarten.

Hauptplatz 19
+43 680 3013946
www.palmira.co.at
Kategorie: American Bar

Drinks:	**44** | 50
Ambiente:	**18** | 20
Service:	**18** | 20
Sortiment:	**8** | 10
Gesamt:	88 | 100

Taro 🍸🍸🍸

2460 Bruck an der Leitha

Locker und leger, darauf versteht sich Gerald Straus, seine American Bar ist schon seit 15 Jahren eine Institution. Chillige Musik begleitet die vielen Mixgetränke auf Basis von Wodka oder Gin. Die Cocktailvarianten sind sehr kreativ, in Workshops lernt man diese Kunst beim Chef höchstpersönlich.

Wiener Gasse 9	Drinks:	**46** | 50
+43 650 5511074	Ambiente:	**18** | 20
www.bar-taro.at	Service:	**18** | 20
Kategorie: American Bar	Sortiment:	**9** | 10
	Gesamt:	91 | 100

Kramerey 🍸

3730 Eggenburg

Die Melange aus historischem Gebäude und moderner Innenarchitektur ist das ideale Ambiente für die kreativen Cocktails. Bei den Weinen setzt man auf regionale Winzer. Als Weinbegleiter passen Flammkuchen, hausgemachte Burger, Steaks und die Mehlspeisen. Ein Plus: sehr netter, persönlicher Service.

Grätzl 2	Drinks:	**43** | 50
+43 664 5228898	Ambiente:	**17** | 20
www.diekramerey.at	Service:	**15** | 20
Kategorie: Weinbistro	Sortiment:	**8** | 10
	Gesamt:	83 | 100

Saso 🍸🍸

2203 Eibesbrunn

Die Karte listet beliebte In-Drinks, besonders gut kommen die verschiedenen Gin-Tonic-Optionen an, Basis sind hochwertigste Zutaten. Plastikstrohhalme sucht man hier vergeblich. Sara und Sophie Jöchlinger sind auch mit kreativen Gerichten am Puls der Zeit – Currys gibt es mit Fleisch oder vegan.

Wiener Straße 5	Drinks:	**43** | 50
+43 676 7058562	Ambiente:	**18** | 20
www.j-saso.at	Service:	**17** | 20
Kategorie: American Bar	Sortiment:	**7** | 10
	Gesamt:	85 | 100

Gebietsvinothek 🍷🍷🍷

2352 Gumpoldskirchen

Der ehrwürdige Lesehof der Zisterzienser als zeitgemäßes Genusszentrum – so präsentiert sich die Vinothek, in der man lässig auf Weinfässern die besten Weine der Thermenregion verkostet. 30 davon gibt es in der Regel glasweise, dazu laden Aktionen wie »Genussradeln« und Picknicks an die Südbahn ein. Schwerpunkt: Thermenregion

Thallern 1	Weinangebot:	**48** I 50
+43 2236 53477	Service	**18** I 20
www.freigut-thallern.at	Essen	**15** I 20
Kategorie: Weinbar in Vinothek	Ambiente:	**9** I 10
	Gesamt:	**90** I 100

Marcellas Fein.Kost.Wein. 🍷🍷🍷

2020 Hollabrunn

Mit Liebe betreiben Marcella und Ingo Maurer ihre Feinkost. Campari, Limoncello und Aperol Spritz werden ebenso wie Prosecco zum Aperitif serviert. Die Weine sind aus Österreich, Italien und Frankreich. Zum Essen: Prosciutto aus Cormòns, slowenische Salami und Beinschinken vom Gusel aus Wien. Schwerpunkt: Regional

Pfarrgasse 4	Weinangebot:	**46** I 50
+43 664 1900298	Service	**19** I 20
	Essen	**17** I 20
Kategorie: Weinbistro	Ambiente:	**8** I 10
	Gesamt:	**90** I 100

Mocca Lounge 🍸🍸

2020 Hollabrunn

Tolles Ambiente im Jugendstilhaus mit Lüstern und gepflastertem Gastgarten. Bei den Cocktails mixt man groß auf, es gibt Klassiker wie den »Mojito«, aber auch klingende Namen wie »The red side of life« mit Rum, Cointreau und Red Bull. Zu den Szigeti-Schaumweinen schmecken die Frühstücksvarianten.

Hauptplatz 9	Drinks:	**43** I 50
+43 2952 50770	Ambiente:	**17** I 20
www.mocca-lounge.at	Service:	**18** I 20
Kategorie: Loungebar	Sortiment:	**7** I 10
	Gesamt:	**85** I 100

Thurnhof 🍷

3580 Horn

Beste Weine aus der Region und aus der Ferne, Qualitätsobstbrände, köstliche Liköre, Gin, Whisk(e)y oder einfach nur ein röstfrischer Kaffee – das alles und viel mehr bietet Gastgeber Alexander Lichtenegger in seiner Weinbar an. Köstlich schmecken hier die Baguettes in verschiedenen Variationen. Schwerpunkt: Österreich

Thurnhofgasse 2	Weinangebot:	**43** I 50
+43 660 5962555	Service	**18** I 20
weinbar-thurnhof.at	Essen	**14** I 20
Kategorie: Weinbar im Restaurant	Ambiente:	**8** I 10
	Gesamt:	**83** I 100

Weinhaus Kirchberg 🍷🍷🍷 3470 Kirchberg am Wagram

Lukas Humer und Rafael Reisser heißen die Gastgeber im schmucken Häuschen mit idyllischer Terrasse. Die Weinkarte lockt mit einer beachtlichen Jahrgangstiefe von Riesling und Grünem Veltliner bis zurück in die frühen 2000er-Jahre. Kreative und leichte Menüs mit bis zu fünf Gängen runden das Angebot ab.

Marktplatz 33
+43 676 4157045
www.weinhaus-kirchberg.at
Kategorie: Weinbar im Restaurant

Weinangebot:	**46** | 50
Service	**18** | 20
Essen	**17** | 20
Ambiente:	**9** | 10
Gesamt:	90 | 100

Weritas 🍷🍷🍷 3470 Kirchberg am Wagram

Architektonisch ist das »Weritas« an einer Lösskante platziert, durch die großen Fensterfronten hat man einen fantastischen Blick in die Weingärten des Wagrams. Die Auswahl der Gebietsvinothek umfasst rund 235 Weine. Die Küche ist gehoben und zeigt regionale Köstlichkeiten in kreativer Zubereitung. Schwerpunkt: Wagram

Marktplatz 44
+43 676 4513002
www.weritas.at
Kategorie: Weinbar im Restaurant

Weinangebot:	**47** | 50
Service	**19** | 20
Essen	**17** | 20
Ambiente:	**9** | 10
Gesamt:	92 | 100

Qube Wein&Bar 🍸🍸

2100 Korneuburg

Sind das Tiki-Drinks im Hofgarten? Ja, die Kombination aus Altstadt-Flair und elaborierter Mixologie hat sich herumgesprochen. Dazu wartet eine feine (Schaum-)Weinauswahl nebst den Eigenkreationen wie der Roggenwhisky-satten »Emily« oder einem »Minz-Smash«. Cocktails, einmal ernst genommen in NÖ!

Stockerauer Straße 19
+43 2262 63148
qubemusiclounge.at
Kategorie: Loungebar

Drinks:	**45** | 50
Ambiente:	**18** | 20
Service:	**18** | 20
Sortiment:	**8** | 10
Gesamt:	89 | 100

Comodo 🍸🍸

2542 Kottingbrunn

Ob Gin, Wodka oder Whisk(e)y – die Getränkekarte bietet einen guten Mix. Beliebt sind die Cocktails von herb oder süß bis hin zu cremig wie der »Banana Colada«. Groß ist die Shisha-Auswahl. Für den kleinen Hunger gibt es Tortilla oder kreative Toastvariationen. Man kann auch einen Grillplatz mieten.

Badner Straße 9
+43 2252 20266
www.bar-comodo.at
Kategorie: Loungebar

Drinks:	**44** | 50
Ambiente:	**18** | 20
Service:	**17** | 20
Sortiment:	**8** | 10
Gesamt:	87 | 100

Il Magazzino 🍷🍷

3500 Krems

Das »Il Magazzino« ist die Adresse für alle Freunde der italienischen Genusskultur. Olivenöl, Prosciutto, Salami, Käse und allerhand kleine Köstlichkeiten verführen zum Kauf, an der Bar sprudeln Spumante und Prosecco um die Wette. Dazu: herrlicher italienischer Espresso und auch viele feine »Dolci«. Schwerpunkt: Italien

Steiner Landstraße 76
+43 664 8446173
www.il-magazzino.com
Kategorie: Weinbar in Vinothek

Weinangebot:	**43** I 50
Service	**19** I 20
Essen	**16** I 20
Ambiente:	**9** I 10
Gesamt:	87 I 100

Leopold 🍷🍷

3500 Krems

Im Sommer öffnen sich die großflächigen Fensterfronten hin zum Gastgarten und bieten damit auch einen architektonischen Genuss. In puncto Wein zeigt man sich vielseitig: Das Spektrum reicht von Winzern aus den umliegenden Regionen bis hin zu Weinen aus Deutschland, Italien, Frankreich und Spanien. Schwerpunkt: Wachau

Utzstraße 1
+43 2732 72897300
www.vinothek-leopold.at
Kategorie: Weinbar in Vinothek

Weinangebot:	**46** I 50
Service	**18** I 20
Essen	**16** I 20
Ambiente:	**8** I 10
Gesamt:	88 I 100

Veit 🍷🍷

3500 Krems

Martin Mann und Markus Hanslik betreiben die Weinbar bereits seit 2009 und haben sich inzwischen ein großes Stammpublikum in Krems aufgebaut. Neben den 60 Weinen im Sortiment spielt auch der Biergenuss eine große Rolle; mehrere internationale Sorten werden direkt vom Fass gezapft. Sehr entspannt! Schwerpunkt: Regional

Pfarrplatz 15

www.veitbar.at
Kategorie: Weinbistro

Weinangebot:	**44** I 50
Service	**18** I 20
Essen	**16** I 20
Ambiente:	**8** I 10
Gesamt:	86 I 100

Weinhimmel 🍷🍷

3500 Krems

Das Kremstal, die Wachau und das Kamptal stehen bei den Weinen im Fokus, dazu gibt es auch internationale Tropfen. Toll ist die Auswahl an Schaumweinen vom Spumante bis zum Blanc-de-Blancs-Sekt aus der Region. Eine Empfehlung sind die kommentierten Verkostungen mit Kellermeister Wolfgang Gänsdorfer.

Untere Landstraße 35
+43 664 75041992
www.weinhimmel.at
Kategorie: Klassische Weinbar

Weinangebot:	**43** I 50
Service	**19** I 20
Essen	**15** I 20
Ambiente:	**8** I 10
Gesamt:	85 I 100

Weinstein 🍷

3500 Krems

Gediegen ländlicher Style mit viel Holz, gemütlicher Bar und bequemen, stylishen Sesseln. Offenes wird sogar aus der Magnum ausgeschenkt. Neben den (Wachauer) Weinen darf man auch aus einem guten Angebot an Cocktails wählen. Die Küche ist bunt – vom Speckbrot bis zum thailändischen Tom Kha Gai. Schwerpunkt: Krems

Steiner Donaulände 56
+43 664 1300331
www.weinstein.at
Kategorie: Weinbar in Vinothek

Weinangebot:	**43** I 50
Service	**18** I 20
Essen	**15** I 20
Ambiente:	**8** I 10
Gesamt:	84 I 100

Wine Lounge 🍷🍷🍷

3500 Krems

Gediegene Atmosphäre in der Wine Lounge: Auf der Getränkekarte stehen zahlreiche internationale Cocktails, während die Vinothek für ihre gute Auswahl an Wachauer Raritäten bekannt ist. Im Sommer hat auch der »Sky Garden« geöffnet, hier genießt man Drinks unter Palmen und den Blick auf die Weinberge. Schwerpunkt: Wachau

Am Goldberg 2
+43 2732 71010
www.steigenberger.com
Kategorie: Weinbar im Restaurant

Weinangebot:	**45** I 50
Service	**19** I 20
Essen	**17** I 20
Ambiente:	**9** I 10
Gesamt:	90 I 100

XO Bar & Lounge

3500 Krems

Die In-Location in der Kremser Altstadt punktet mit zeitgenössischer, elektronischer Hintergrundmusik. Besonders schätzen die Kunden die umfangreiche Cocktailkarte, die allein elf verschiedene Caipirinhas listet. Außerdem gibt es neben Whisk(e)ys und Spirituosen natürlich beste regionale Weine.

Margarethenstraße 10	Drinks:	**42** | 50
+43 2732 86755	Ambiente:	**18** | 20
www.xo-bar-lounge.com	Service:	**17** | 20
Kategorie: Club	Sortiment:	**8** | 10
	Gesamt:	85 | 100

WeinStein

2136 Laa an der Thaya

Schönes Lokal mit Rundgewölbe und alten Steinmauern. Die Auswahl von Weinviertler Winzern ist groß, viele Weine werden auch glasweise ausgeschenkt. Natürlich kann man hier auch bestens speisen: Weinviertler Rohschinken, Bauern-Geselchtes und Salami sowie Camembert-Birne-Erbsen-Hummus im Glas. Schwerpunkt: Weinviertel

Stadtplatz 17	Weinangebot:	**45** | 50
+43 650 8811625	Service	**18** | 20
www.weinstein-laa.at	Essen	**16** | 20
Kategorie: Klassische Weinbar	Ambiente:	**9** | 10
	Gesamt:	88 | 100

Café & Wein

3550 Langenlois

Italien und das Kamptal finden mit Blick auf den Kornplatz zu einer genussvollen Harmonie. Tagsüber Café, abends Weinbar mit einem großen Angebot an Weinen aus der »Ursin Haus«-Vinothek. Dazu lässt man sich auch Latte macchiato und italienische Spezialitäten wie Prosciutto und Parmesan schmecken. Schwerpunkt: Kamptal

Kornplatz 5	Weinangebot:	**43** | 50
+43 2734 20002	Service	**18** | 20
www.cafeundwein.at	Essen	**15** | 20
Kategorie: Klassische Weinbar	Ambiente:	**9** | 10
	Gesamt:	85 | 100

Kalmuck 🍷🍷

3390 Melk

120 Cocktails und 60 Weine von Winzern aus den besten Weinbauregionen des Landes – das alles fügt sich in Melk zu einem genussvollen Ganzen. Ein Logenplatz ist im Sommer der Gastgarten mit Blick auf die Altstadt und das Treiben der Fußgängerzone. Zum Essen: Antipasti und feine Wildspezialitäten. Schwerpunkt: Österreich

Hauptstraße 10
+43 660 5377388
www.kalmuck.net
Kategorie: Weinbistro

Weinangebot:	**43** | 50
Service	**19** | 20
Essen	**16** | 20
Ambiente:	**9** | 10
Gesamt:	87 | 100

Das Ko'eck 🍸🍸

3224 Mitterbach

Auf zwei Etagen wird ein erstklassiger Mix aus eleganter Architektur und vom DJ aufgelegter Musik geboten. Auf der Karte stehen köstliche Burger oder zarte Steaks. Die kreativen Cocktails sind toll dekoriert, auch die gepflegten Biere schmecken. Und man kann die gesamte Bar auch exklusiv mieten.

Hauptstraße 13
+43 3882 3448243
rr-residenzen.at
Kategorie: Loungebar

Drinks:	**43** | 50
Ambiente:	**17** | 20
Service:	**18** | 20
Sortiment:	**7** | 10
Gesamt:	85 | 100

Weinfinder 🍷🍷

2620 Neunkirchen

Das Konzept von Michael Ulrich ist mittlerweile ein Fixpunkt: Die besten Flaschen abholen oder gleich vor Ort öffnen – beides ist beim »Weinfinder« möglich. Da hat auch die personelle Umbesetzung nach Corona nichts geändert. Bei einem Achtel zusammenstehen, ist »Top-top«, wie der Chef gerne sagt. Schwerpunkt: Österreich

Fabriksgasse 10–12
+43 650 5051975
www.der-weinfinder.at
Kategorie: Weinbar in Vinothek

Weinangebot:	**48** | 50
Service	**19** | 20
Essen	**14** | 20
Ambiente:	**8** | 10
Gesamt:	89 | 100

Amici Miei 🍷🍷🍷

2380 Perchtoldsdorf

In seiner Enoteca stellt Marcus Tomschitz ein liebevolles Aufgebot an Köstlichkeiten zusammen, die er bei seinen Reisen nach Italien entdeckt. Das Spektrum reicht von Biokäse aus dem Friaul bis hin zur original italienischen Salami. Und im Glas? Natürlich »vini buoni«: Wein aus Italien und Prosecco. Schwerpunkt: Italien

Marktplatz 18	Weinangebot:	45 | 50
+43 664 4532307	Service	19 | 20
www.enoteca-amici.at	Essen	18 | 20
Kategorie: Weinbar in Vinothek	Ambiente:	8 | 10
	Gesamt:	90 | 100

Burgbar 🍸🍸🍸

2380 Perchtoldsdorf

Die Atmosphäre im Zellpark am Teich ist großartig. Egal, ob man auf einen Cocktail kommt oder einfach nur auf ein Bier nach der Arbeit. In Marco Cavars American Bar wird Wert auf die besten Grundprodukte gelegt. Beliebtheit genießt der »Moscow Mule«. Besonders stimmungsvoll: die Live-Soul-Konzerte.

Hochstraße 5	Drinks:	46 | 50
+43 699 19476734	Ambiente:	18 | 20
www.burgbar.at	Service:	19 | 20
Kategorie: American Bar	Sortiment:	9 | 10
	Gesamt:	92 | 100

Sky53 🍸🍸

2380 Perchtoldsdorf

Einzigartiges Flair im Stammhaus mit geradlinigen Formen, bequemen Loungemöbeln und spaciger Beleuchtung. Ideal ist der Ort auch für Veranstaltungen, im Sommer ist er allerdings geschlossen. Fruchtige Cocktails wie »Erdbeer-Daiquiri«, aufgepeppt wird das Angebot durch Burger, Steaks und Co.

Brunner Feldstraße 53	Drinks:	43 | 50
+43 664 3608050	Ambiente:	17 | 20
www.sky53.at	Service:	18 | 20
Kategorie: Restaurantbar	Sortiment:	7 | 10
	Gesamt:	85 | 100

Wino 🍷🍷

2170 Poysdorf

Im historischen Keller mit Steingewölbe lagert ein Sortiment an 20.000 Flaschen Wein, darunter natürlich die besten Tropfen aus dem Weinviertel. Für den kleinen und größeren Hunger werden bodenständige und mediterrane Spezialitäten serviert. Der Gastgarten ist im Sommer eine wundervolle Oase. Schwerpunkt: Weinviertel

Brünner Straße 20c	Weinangebot:	45 | 50
+43 664 9903240	Service	19 | 20
www.wino.at	Essen	15 | 20
Kategorie: Weinbar in Vinothek	Ambiente:	9 | 10
	Gesamt:	88 | 100

Mohee

2440 Reisenberg

Das Personal ist sympathisch, im gemütlichen Ambiente schmecken die Cocktailvarianten noch einmal so gut. Sie tragen klingende Namen wie »Bombay Bramble Sour« oder »Highball«. Entspannen gelingt auch mit einer guten Zigarre. Ab und zu finden Austro-Pop-Events statt, beliebt sind die Karaoke-Abende.

Hauptplatz 11	Drinks:	**43** | 50
+43 699 19000604	Ambiente:	**18** | 20
www.mohee.at	Service:	**18** | 20
Kategorie: Loungebar	Sortiment:	**7** | 10
	Gesamt:	86 | 100

Weinquartier Retz

2070 Retz

Idyllisch gelegen am historischen Retzer Hauptplatz, zeigt sich die Gebietsvinothek bestens sortiert mit 300 Weinen von mehr als 50 Winzern aus dem Weinviertel. Verkostungen werden während der Öffnungszeiten angeboten. Jedes Wochenende ist ein Winzer persönlich zu Gast und präsentiert seine Weine. Schwerpunkt: Regional

Hauptplatz 4–5	Weinangebot:	**48** | 50
+43 2942 20488	Service	**19** | 20
www.weinquartier.at	Essen	**17** | 20
Kategorie: Weinbar in Vinothek	Ambiente:	**8** | 10
	Gesamt:	92 | 100

BarRock

3100 St. Pölten

Der Name ist Programm, Rockfans kommen voll auf ihre Kosten, aber auch Klassiker der Musikgeschichte haben Platz. Finden Livemusik-Events statt, werden Ripperl gegrillt, die man im Gastgarten genießt. Freude macht das Angebot an Bieren vom Fass wie Stiegl oder Guinness. Gute Spirituosenauswahl.

Andreas-Hofer-Straße 4	Drinks:	**43** | 50
+43 2742 70950	Ambiente:	**17** | 20
www.barrock.info	Service:	**17** | 20
Kategorie: American Bar	Sortiment:	**7** | 10
	Gesamt:	84 | 100

Osteria Cucina & Vini

3100 St. Pölten

Unter den glasweise ausgeschenkten Weinen finden sich Weißes und Rotes aus Österreich, ebenso natürlich italienische Tropfen. Hier isst man aber auch hervorragend: Gastgeber Erich Stierschneider hat schon in den besten Häusern gearbeitet, seine italienischen Eigenkreationen überraschen immer wieder. Schwerpunkt: Österreich

Herrenplatz 2	Weinangebot:	**43** | 50
+43 676 3548139	Service	**18** | 20
www.cucina-vini.at	Essen	**16** | 20
Kategorie: Weinbar im Restaurant	Ambiente:	**8** | 10
	Gesamt:	85 | 100

Vino

3100 St. Pölten

Zahlreiche Weine können zu Ab-Hof-Preisen mitgenommen werden, vieles davon wird im offenen Ausschank angeboten. Das historische Steingewölbe ist ein Hingucker und im Sommer ist es draußen im Garten gemütlich. Bis Mitternacht werden Köstlichkeiten wie Flammkuchen und Antipasti-Teller serviert. **Schwerpunkt:** Niederösterreich

Wiener Straße 24
+43 664 4335995
www.vinobali.at
Kategorie: Weinbistro

Weinangebot:	**43** | 50
Service	**18** | 20
Essen	**15** | 20
Ambiente:	**8** | 10
Gesamt:	84 | 100

Yesterday

3100 St. Pölten

Die bestens etablierte, feine Cocktailbar von Oliver Kloiber genießt zu Recht einen hervorragenden Ruf; den Gästen wird viel geboten – 600 Spirituosen machen die Entscheidung schwer. Dazu schmecken erlesene Zigarren. Bei den Cocktails gehen die Profis gerne auf Gästevorlieben ein. Toller Innenhof!

Frauenplatz 1
+43 676 7362271
www.yesterday-bar.at
Kategorie: American Bar

Drinks:	**45** | 50
Ambiente:	**18** | 20
Service:	**18** | 20
Sortiment:	**9** | 10
Gesamt:	90 | 100

Vinothek Fohringer

3620 Spitz

Auf die Wachau-Kompetenz – hier ist man schlichtweg der Platzhirsch unter allen Weinhändlern! – verlässt man sich im weitläufigen Geschäft an der Donau nicht. Überraschungen liefert der kundige Blick in die weite Weinwelt, etwa beim Assyrtiko von der Insel Santorin. Riesenauswahl an Gläsern und Dekantern!

Donaulände 1a
+43 2713 2029
www.fohringer.at
Kategorie: Weinbar in Vinothek

Weinangebot:	**49** | 50
Service	**19** | 20
Essen	**14** | 20
Ambiente:	**9** | 10
Gesamt:	91 | 100

CASA DEL VINO Weinwerkstatt 🍷🍷 2630 Ternitz

Nina und Jürgen Steinbrecher sind schon so lange im Geschäft, dass sie sich nicht nach Moden richten müssen. So wird hier auch für deutschen Riesling missioniert, weil die Chefleut' davon begeistert sind. In Sachen Bordeaux wird man aber ebenso fündig, wie wenn man nur eine Geschenkflasche sucht.

Franz-Dinhobl-Straße 27
+43 660 9200071
www.casadelvino.at
Kategorie: Weinbar im Restaurant

Weinangebot:	**45** | 50
Service	**19** | 20
Essen	**17** | 20
Ambiente:	**8** | 10
Gesamt:	89 | 100

Mediteran Oase 🍷🍷 3430 Tulln

Seit mehr als zehn Jahren ein beliebter Treffpunkt für Italien- und Kroatienfans in Tulln nahe des Hauptplatzes: Delikatessen von Trüffeln (20 unterschiedliche Sorten) bis Prosciutto. Freitags und samstags kommt der frische Fisch von der Adria. Dazu wählt man aus einem Sortiment von 80 Weinen. Schwerpunkt: Griechenland, Kroatien, Italien

Bahnhofstraße 19
+43 2272 62786
www.mediteranoase.at
Kategorie: Weinbar in Vinothek

Weinangebot:	**44** | 50
Service	**19** | 20
Essen	**16** | 20
Ambiente:	**8** | 10
Gesamt:	87 | 100

Foggy Mix 🍸🍸 3830 Waidhofen a. d. Thaya

Der Name ist Programm, der bunte Mix aus rustikalem Irish Pub, Café und Restaurant kommt gut an. Zum Waldviertler Whisky passen Pizza und Burger. Es fließen feine Fassbiere wie das irische Guinness. Fruchtig-frisch ist der »Honolulu Sun« mit Zitronenwodka und Whisky. Plus: herrlicher Krustenbraten!

Heidenreichsteiner Straße 28
+43 2842 24184
www.foggy-mix.at
Kategorie: Loungebar

Drinks:	**43** | 50
Ambiente:	**18** | 20
Service:	**18** | 20
Sortiment:	**7** | 10
Gesamt:	86 | 100

Unique Cocktailbar 🍸🍸 3340 Waidhofen an der Ybbs

Erfrischend anders zeigt sich die Bar mit kleinem Innenstadt-Gastgarten. Bestens aufgelegte Barkeeper mixen Cocktailklassiker, aber auch interessante Varianten mit lokalen Produkten. Alkoholfrei geht auch – und zwar mit herrlichem hausgemachtem Eistee. Für den kleinen Hunger gibt es Prosciutto.

Unterer Stadtplatz 27	Drinks:	**43** I 50
	Ambiente:	**17** I 20
	Service:	**18** I 20
Kategorie: American Bar	Sortiment:	**8** I 10
	Gesamt:	86 I 100

Das Bogerl 🍷🍷 3610 Weißenkirchen in der Wachau

Im Zentrum von Weißenkirchen betreibt Lorenz Trautsamwieser seine Weinbar in einem Gewölbelokal aus dem 16. Jahrhundert. An der Weinkarte ist seine Liebe zu den besten Tropfen der Wachau abzulesen, die Gäste kommen aber auch in den Genuss von Bieren aus Fass und Flasche sowie von Gin Tonics.

Kremser Straße 18	Weinangebot:	**45** I 50
+43 660 4388710	Service	**18** I 20
www.dasbogerl.at	Essen	**15** I 20
Kategorie: Klassische Weinbar	Ambiente:	**8** I 10
	Gesamt:	86 I 100

Aperitivo Al Duomo 🍷🍷 2700 Wiener Neustadt

Die Bar macht ihrem Namen alle Ehre: Hier wird dem Aperitif nach venezianischem Vorbild gehuldigt. Also gibt es Prosecco sowie Weine von Winzern aus der Region und dazu sogenannte »Cichetti«, also kleine und feine Antipasti-Häppchen. Zum italienischen Espresso werden köstliche Dolci serviert.

Domplatz 16	Weinangebot:	**45** I 50
+43 681 84545761	Service	**18** I 20
aperitivo-al-duomo.at	Essen	**16** I 20
Kategorie: Weinbistro	Ambiente:	**9** I 10
	Gesamt:	88 I 100

Lemontree

2700 Wiener Neustadt

Trendige Leute, netter Service und hier passt auch die Preis-Leistung. Die Top-Partylocation wartet mit schönem Gastgarten und lässiger Musik auf. Dominik Pecarski und sein Sohn sind Vollprofis beim Mixen von Cocktails. Herrlich ist die »Strawberry Colada«, individuelle Kreationen sind ebenso möglich.

Neunkirchner Straße 32	Drinks:	**43** | 50
+43 650 7789833	Ambiente:	**17** | 20
	Service:	**18** | 20
Kategorie: American Bar	Sortiment:	**8** | 10
	Gesamt:	86 | 100

Pro Tisch

2700 Wiener Neustadt

Bei den Öffnungszeiten tritt Wolfgang Friedrich vielleicht etwas kürzer, beim Wein gibt er aber nach wie vor Gas. Als Scout blickt der Italienfreund auch über die heimischen Rieden hinaus, die Prämisse ist aber klar: Gut und »ausachtelbar« für seine Fans müssen die Kreszenzen sein. Mission erfüllt!

Brodtischgasse 10	Weinangebot:	**44** | 50
+43 2622 23955	Service	**19** | 20
www.protisch.com	Essen	**17** | 20
Kategorie: Weinbistro	Ambiente:	**8** | 10
	Gesamt:	88 | 100

Fischbar

3370 Ybbs an der Donau

Die Fassade ist an Buntheit und Fröhlichkeit nicht zu überbieten, am Abend macht der große Donaugarten Stimmung. Spritzig sind Cocktails wie »Indian Pepper« mit Bombay Sapphire und Langpfeffer. Prosecco, Weine von renommierten österreichischen Winzern und Wieselburger Bier stehen auch auf dem Programm.

Donaulände 1	Drinks:	**44** | 50
+43 7412 20801	Ambiente:	**19** | 20
dergutefang.at	Service:	**18** | 20
Kategorie: Hotelbar	Sortiment:	**8** | 10
	Gesamt:	89 | 100

Momentum bar à vins

3370 Ybbs an der Donau

Florian Ehn ist als Weinhändler bestens für sein ausgefallenes Sortiment von internationalen Weinen bekannt. In seiner Weinbar können selbst routinierte Weinliebhaber immer etwas Neues entdecken. Der Hausherr selbst führt durch spannende Verkostungen der Neigungsgruppen Orange und Natural Wine. Schwerpunkt: Raw/Natural Wines

Herrengasse 2	Weinangebot:	**48** | 50
+43 676 9080076	Service	**19** | 20
www.unchainedselections.at	Essen	**15** | 20
Kategorie: Klassische Weinbar	Ambiente:	**8** | 10
	Gesamt:	90 | 100

Kuba

3910 Zwettl

In der großen Bar geht es hoch her – von »Quiz-Time«, Karaoke-Partys bis zu Pizza und Burger ist alles dabei. Gute Biere und riesige Auswahl an Cocktails wie Cuba Libre und Mojito, erfreulicherweise sind auch viele alkoholfreie dabei. Fein ist die Hintergrundmusik mit angemessener Lautstärke.

Syrnauer Straße 1
+43 2822 20166
www.kuba-diebar.at
Kategorie: American Bar

Drinks:	**43** | 50
Ambiente:	**18** | 20
Service:	**18** | 20
Sortiment:	**7** | 10
Gesamt:	86 | 100

BURGENLAND

Die Genussquelle Rosalia

7202 Bad Sauerbrunn

Die Auswahl der Weine konzentriert sich auf die Region Rosalia und das nahe Mittelburgenland. Laufend finden mit den Winzern Weinverkostungen statt und die Greißlerei bietet dazu die passende Unterlage – ausgewählte Bioprodukte, ebenfalls aus der Region: vom Schafskäse bis zu Wurstspezialitäten. **Schwerpunkt: Mittelburgenland, Rosalia**

Schulstraße 14
+43 2625 20270
www.diegenussquelle.at
Kategorie: Weinbar in Vinothek

Weinangebot:	**45** | 50
Service	**17** | 20
Essen	**16** | 20
Ambiente:	**8** | 10
Gesamt:	86 | 100

Cebu

7000 Eisenstadt

Ein gemütlicher, kleiner Wohlfühlort mit lässigem Sound, der beim Thema Cocktails ganz großes Kino bietet. Über 40 fantasievolle Kreationen: »Frozen-Birnen-Margarita« oder Kiwi- und Kirsch-Daiquiri sind spitze, ebenso der Service. Immer wieder gibt es Ladies Night oder spanische Nacht mit Sangria.

Sankt-Rochus-Straße 48
+43 650 3436349

Kategorie: Loungebar

Drinks:	**42** | 50
Ambiente:	**18** | 20
Service:	**17** | 20
Sortiment:	**8** | 10
Gesamt:	85 | 100

Chez Paul

7000 Eisenstadt

Ist der Cabernet Franc schon da? In Windeseile hat sich eine Stammkundschaft gefunden, die goutiert, was Ina und Klaus Laubner-Trischitz sich in den Kopf gesetzt haben: eine Kombination aus Delikatessenladen und feiner Weinauswahl, zwischen Lokalem und französischem Esprit – mit Crémant und Co. Schwerpunkt: Frühstück

Matthias-Marckhl-Gasse 5
+43 2682 25449
www.chezpaul.at
Kategorie: Weinbistro

Weinangebot:	**45** | 50
Service	**19** | 20
Essen	**16** | 20
Ambiente:	**8** | 10
Gesamt:	88 | 100

Mangoo

7000 Eisenstadt

Bezaubernde Lounge, die karibisches Flair und Buntheit vermittelt. Es gibt feine mexikanische Küche, hervorragende Steaks und Burger. Das gut gelaunte Team serviert einen der etwa 200 Cocktails sowie erstklassige Weine. Events wie die »Ladies Night« mit Musik aus den 70er- und 80er-Jahren sind Eins a.

Domplatz 4
+43 664 9793160
www.mangoo-bar.at
Kategorie: Restaurantbar

Drinks:	**42** | 50
Ambiente:	**18** | 20
Service:	**18** | 20
Sortiment:	**8** | 10
Gesamt:	86 | 100

Selektion Vinothek Burgenland

7000 Eisenstadt

Mehr als 800 Weine (darunter auch Raritäten) von rund 140 burgenländischen Winzern werden hier angeboten. Im Sommer sitzt man gemütlich im Loungebereich vor den historischen Gemäuern. Regelmäßig finden Livekonzerte statt, montags zum Beispiel Jazz-Abende. Auch die Feinkostabteilung ist ein Tipp. Schwerpunkt: Burgenland

Esterházyplatz 4
+43 2682 63345
www.selektion-burgenland.at
Kategorie: Weinbar in Vinothek

Weinangebot:	**48** | 50
Service	**19** | 20
Essen	**17** | 20
Ambiente:	**10** | 10
Gesamt:	94 | 100

The Bar

7540 Güssing

In der Bar von Karin Weber, untergebracht im Güssinger Autohaus, werden Puntigamer oder Kaltenhauser Hofbräu gezapft. Liebhaber von gutem Kaffee und Frühstück werden auch glücklich. Herzstück sind die feinen Cocktails: Immer wieder gibt es neue wie »Like Bellini« mit Pfirsichpüree, Prosecco, Sirup.

Wiener Straße 12
+43 3322 4248414
www.thebarguessing.at
Kategorie: American Bar

Drinks:	**43** | 50
Ambiente:	**17** | 20
Service:	**18** | 20
Sortiment:	**7** | 10
Gesamt:	85 | 100

Summa Kuchl

7142 Illmitz

Gemütliches Lokal am Illmitzer Hauptplatz, in dem immer etwas los ist. Das hat einerseits mit den regelmäßigen Livemusik-Events zu tun und andererseits mit den legendären belegten Broten, die hier in allen Varianten serviert werden. Dazu genießt man die Weine der Winzer aus der näheren Region. Schwerpunkt: Österreich

Hauptplatz 5
+43 699 11926136

Kategorie: Klassische Weinbar

Weinangebot:	**43** | 50
Service	**17** | 20
Essen	**15** | 20
Ambiente:	**8** | 10
Gesamt:	83 | 100

Csuk Wein & Specereien

8380 Jennersdorf

Aus Norditalien stammen Prosciutto und Salami und der hervorragende Espresso wird standesgemäß von einer original Faema E61 heruntergelassen. Die Weinkarte zeigt ein breites Spektrum und hält auch für Fans von Naturweinen vieles bereit. Im Sommer sitzt man gemütlich im kleinen Gastgarten.

Hauptstraße 2
+43 664 4324532

Kategorie: Weinbar in Vinothek

Weinangebot:	**44** | 50
Service	**18** | 20
Essen	**15** | 20
Ambiente:	**8** | 10
Gesamt:	85 | 100

Largo

7100 Neusiedl am See

Die beliebte Bar von Bianca Hartmann befindet sich im Zentrum von Neusiedl am See. Schnell füllt sich im Sommer der chillige Loungebereich vor dem Lokal. Was an Weinen offen ausgeschenkt wird, ist tagesaktuell an der Tafel abzulesen. Für den kleinen Hunger werden die Antipasti des Hauses empfohlen. Schwerpunkt: Österreich

Obere Hauptstraße 5	Weinangebot:	**44** I 50
+43 650 8821116	Service	**18** I 20
www.largo-weinbar.at	Essen	**15** I 20
Kategorie: Klassische Weinbar	Ambiente:	**8** I 10
	Gesamt:	85 I 100

Mole West

7100 Neusiedl am See

An diesem Hotspot in idealer Seelage kommt man kaum vorbei. Man trifft sich auf einen Sundowner, der traumhafte Sonnenuntergang wird gratis mitgeliefert. Lässige Loungemusik macht Stimmung, an Weinen gibt es viel Lokales und Tropfen aus aller Welt. Für den Hunger stehen frische Muscheln oder Tapas bereit.

Seegelände 9	Drinks:	**43** I 50
+43 664 2086600	Ambiente:	**19** I 20
www.mole-west.at	Service:	**18** I 20
Kategorie: Loungebar	Sortiment:	**8** I 10
	Gesamt:	88 I 100

Vinotheke

7100 Neusiedl am See

So etwas wie das »geheime« Wohnzimmer der Neusiedler. Im Sommer trifft man sich draußen im Gastgarten, spätabends steht man im Lokal am Weinfass zusammen und genießt die guten Weine, von denen viele offen angeboten werden. Kulinarisch ist man mit Prosciutto und Antipasti auf der sicheren Seite. Schwerpunkt: Burgenland

Untere Hauptstraße 31	Weinangebot:	**45** I 50
+43 2167 40284	Service	**17** I 20
	Essen	**15** I 20
Kategorie: Weinbar in Vinothek	Ambiente:	**8** I 10
	Gesamt:	85 I 100

Weinwerk

7100 Neusiedl am See

Bei einer Auswahl von mehr als 600 pannonischen Weinen zu Ab-Hof-Preisen sollte für jeden etwas dabei sein. In der hauseigenen Greißlerei gibt es dazu köstliche Schmankerln aus der Region: vom Apfelmus bis hin zum Uhudler-Aufstrich. Immer wieder finden hier auch kulturelle Veranstaltungen statt. Schwerpunkt: Burgenland

Obere Hauptstraße 31	Weinangebot:	**49** I 50
+43 2167 20705	Service	**19** I 20
www.weinwerk-burgenland.at	Essen	**16** I 20
Kategorie: Weinbar in Vinothek	Ambiente:	**8** I 10
	Gesamt:	92 I 100

Zum echten Leben 🍷🍷🍷 — 7100 Neusiedl am See

Hochwertige Kaffee- sowie Teespezialitäten werden zum pannonischen Frühstück serviert, abends verwandelt sich das Lokal in eine Weinbar. 120 Weine werden angeboten, davon stets 25 im glasweisen Ausschank. Die Palette reicht von heimischen Stars und Geheimtipps bis zu internationalen Etiketten. Schwerpunkt: Burgenland

Obere Hauptstraße 31	Weinangebot: **46** I 50
+43 680 2015132	Service **19** I 20
www.zumechtenleben.at	Essen **17** I 20
Kategorie: Klassische Weinbar	Ambiente: **8** I 10
	Gesamt: 90 I 100

Leo Hillinger Wineshop & Bar 🍷🍷 — 7111 Parndorf

Viel besser kann eine kleine Auszeit vom Shopping in Parndorf wohl nicht gelingen: Leo Hillinger hat in seinem Flagship-Store ein stylishes Ambiente erschaffen, mit einem schweren Steintisch in der Mitte des Lokals. Glasweise kann man sich durch das Sortiment des bekannten Winzers kosten.

Kälberweide 3	Weinangebot: **44** I 50
+43 2166 20144	Service **19** I 20
www.leo-hillinger.com	Essen **16** I 20
Kategorie: Weinbar in Vinothek	Ambiente: **9** I 10
	Gesamt: 88 I 100

Vino en Paso 🍷🍷 — 7423 Pinkafeld

Robert Halper betreibt sein »Vino en Paso« am Pinkafelder Hauptplatz nun bereits seit zehn Jahren. Das gemütliche Lokal bietet nicht nur eine gute Auswahl an Weinen aus dem Burgenland, sondern kann auch mit einer spannenden Auswahl an Cocktails aufwarten. Kleiner, netter Gastgarten im Innenhof.

Hauptplatz 15	Weinangebot: **44** I 50
+43 664 4969439	Service **19** I 20
	Essen **15** I 20
Kategorie: Weinbistro	Ambiente: **8** I 10
	Gesamt: 86 I 100

Vintage 🍷🍷

7033 Pöttsching

Das Veranstaltungszentrum Meierhof, in dem das »Vintage« auch beheimatet ist, wurde zuletzt renoviert und erstrahlt in neuem Glanz. Kreativ zeigt man sich bei den Getränken wie der hausgemachten »Vintage-Erdbeer-Bowle«. Dazu sorgen DJs, Livemusik und laufende Events stets für viel Publikum.

Wiener Neustädter Straße 11a	Weinangebot:	44 | 50
+43 664 2554077	Service	18 | 20
www.vintagecafebar.com	Essen	16 | 20
Kategorie: Klassische Weinbar	Ambiente:	8 | 10
	Gesamt:	86 | 100

Fritz Bar am Wasser 🍸🍸

7121 Weiden am See

Der Hotspot für einen romantischen Sundowner, am Steg ist man ganz nah am See. Der nette Familienbetrieb punktet auch mit coolen Events, Frühstück, regionalen Weinen und kreativen Getränken. Das Personal ist bestens geschult und serviert neben schmackhaften Gerichten eine herrliche Cremeschnitte.

Seebad 1	Drinks:	42 | 50
+43 2167 40222	Ambiente:	20 | 20
www.dasfritz.at	Service:	18 | 20
Kategorie: Restaurantbar	Sortiment:	8 | 10
	Gesamt:	88 | 100

STEIERMARK

Da Maurizio 🍷🍷

8600 Bruck an der Mur

Maurizio liegt Italien im Blut, ist doch die Mamma Italienerin. Feinste Produkte holt er gerne selbst vor Ort und achtet auf beste Qualität, wie beim Büffelmozzarella oder beim Kaffee von seinem Onkel. Gut aufgestellt ist er auch bei italienischem Wein, Grappa und Likör. Das Frühstück ist der Renner. Schwerpunkt: Italien

Roseggerstraße 21	Weinangebot:	43 | 50
+43 660 7676224	Service	18 | 20
	Essen	16 | 20
Kategorie: Weinbar in Vinothek	Ambiente:	8 | 10
	Gesamt:	85 | 100

Die Weinbank – Wirtshaus 🍷🍷🍷🍷 8461 Ehrenhausen

Wirtshaus, Fine Dining und Vinothek unter einem Dach? Ja, das geht. Die beiden Big Player, Top-Sommelier Christian Zach und Spitzenkoch Gerhard Fuchs, machen ihren Job hervorragend. Teils ist das Angebot an Weinen und Perlendem höchst außergewöhnlich, vor allem Natural Wines sind gut vertreten. Schwerpunkt: Regional

Hauptstraße 44	Weinangebot: **50** | 50
+43 3453 22291	Service **19** | 20
www.dieweinbank.at	Essen **18** | 20
Kategorie: Weinbar im Restaurant	Ambiente: **9** | 10
	Gesamt: 96 | 100

Magnothek & Wirtshaus 🍷🍷 8461 Ehrenhausen

Wohl einer der schönsten Plätze der Südsteiermark mit Terrasse und Weingartenblick. Vom Gastraum schaut man auf den verglasten Gewölbekeller mit Raritäten-Magnumflaschen von Hausherr Manfred Tement und weiteren österreichischen Topwinzern. Die Küche liefert dazu Backhendl oder Beef Tatar. Schwerpunkt: Österreich

Zieregg 3	Weinangebot: **45** | 50
+43 3453 22122	Service **18** | 20
www.magnothek.at	Essen **17** | 20
Kategorie: Weinbar im Restaurant	Ambiente: **9** | 10
	Gesamt: 89 | 100

Sissi's Weinbar 🍷🍷 8330 Feldbach

Gut gefüllt sind die Regale, der perfekte Rahmen für Weine aus dem Steirischen Vulkanland. Da sind namhafte Winzer, aber auch unbekannte dabei. Eine Verkostungsreihe gibt die Möglichkeit, sich ein bisschen durchzuprobieren. Dazu passen regionale Schmankerl. Bester Service durch Sissi Kroneder herself. Schwerpunkt: Vulkanland

Ringstraße 8/Altstadtgasse	Weinangebot: **44** | 50
+43 676 7389532	Service **19** | 20
www.sissisweinbar.net	Essen **15** | 20
Kategorie: Klassische Weinbar	Ambiente: **8** | 10
	Gesamt: 86 | 100

Auenbrugger 🍷🍷🍷 8020 Graz

Es gibt sie wieder! Das vom »Kehlberghof« bekannte Gastropaar Sabrina Hörbst und Michael Winkler hat die Weinbar mit 150 Weinen – 30 davon glasweise – neu belebt. Noch mehr Auswahl, Raritäten inklusive, kommt mit kleiner Wartefrist direkt aus dem Stammhaus. 500 Optionen lassen keine Wünsche offen!

Südtiroler Platz 5	Weinangebot: **48** | 50
+43 316 28717187	Service **19** | 20
www.auenbrugger.at	Essen **18** | 20
Kategorie: Weinbar im Restaurant	Ambiente: **8** | 10
	Gesamt: 93 | 100

Bar 8020 🍸🍸

8020 Graz

Am Beginn des hippen Lendviertels in Graz ist das »Hotel Mariahilf« ein Ankerpunkt für das junge Publikum. Die Bar ist mit eigenem Eingang direkt von der Fußgängerzone aus zu betreten. Dann erfreuen viele selbst kreierte Cocktails und das frisch gezapfte Münchener »Augustiner Bräu« aus dem Fass.

Mariahilfstraße 9
+43 664 8392693
hotelmariahilf.at
Kategorie: Hotelbar

Drinks:	**43** / 50
Ambiente:	**18** / 20
Service:	**18** / 20
Sortiment:	**8** / 10
Gesamt:	87 / 100

Bar Amouro 🍸🍸🍸

8010 Graz

Die »Aiola«-Crew verwandelte das weitläufige »Brühl«-Geschäft in einen Interior-Shop mit Bar und kleiner, feiner Küche (Mini-Eclairs!). Edeloptik und der Haus-Apéro »Amouro« sind die eine Seite, Hans Prommers Drinks – unter anderem mit raren Agavenbränden – die andere. Tipp: der »Pineapple Chocolate Sour«.

Schmiedgasse 12
+43 316 696060

Kategorie: Restaurantbar

Drinks:	**45** / 50
Ambiente:	**19** / 20
Service:	**18** / 20
Sortiment:	**8** / 10
Gesamt:	90 / 100

Cohibar 🍸🍸🍸

8010 Graz

Die »Cohibar« ist im Grazer Univiertel beheimatet, lockt aber ein weitaus größeres und auch älteres Publikum an. So durchmischt sich hier Jung und Alt im klassischen Bar-Styling. Die Auswahl an Cocktails und Drinks ist überragend und Zigarrenfreunde finden Köstliches von Havanna bis Costa Rica.

Leonhardstraße 3
+43 316 337470
cohibar.at
Kategorie: Loungebar

Drinks:	**45** | 50
Ambiente:	**18** | 20
Service:	**19** | 20
Sortiment:	**9** | 10
Gesamt:	91 | 100

EL1 🍸🍸

8010 Graz

Wer in das berühmte Grazer Steaklokal will, kommt am Eingang an der Bar vorbei und weiß sofort, dass er spätestens beim Gehen hier hängen bleiben wird. Getrunken wird Gin Tonic in allen Variationen. Man kann sich aber auch schon zum Dessert in die Rumauswahl vertiefen. Auch die Weinkarte ist top!

Landhausgasse 1
+43 316 830083
www.elgaucho.at
Kategorie: Restaurantbar

Drinks:	**43** | 50
Ambiente:	**18** | 20
Service:	**18** | 20
Sortiment:	**7** | 10
Gesamt:	86 | 100

Ernst Fuchs 🍸🍸🍸

8010 Graz

Die kleine Bar mit dem zauberhaften Interieur hat eine große, mixstarke Crew hinterm Tresen. Raritäten wie der »Three Dots & a Dash« stehen bei Helmut Rebernegg – dem Conferencier dieses Cocktailzirkus – nicht nur auf der Karte. Sie werden auch mit schulmäßiger Grandezza abgeliefert. Graz' Finest!

Sackstraße 3
+43 664 8702130
www.erzherzog-johann.com
Kategorie: American Bar

Drinks:	**46** | 50
Ambiente:	**19** | 20
Service:	**19** | 20
Sortiment:	**8** | 10
Gesamt:	92 | 100

Färberei

8010 Graz

Gemütliche Atmosphäre mit kleinen Gewölbebögen aus grobem Stein, im Sommer sitzt man draußen in der belebten Altstadt. Das Speisenangebot wechselt täglich, besonders gelungen ist der Flammkuchen. Es gibt gute Mixgetränke wie Aperol Spritz, »Gösser Gold« vom Fass und etliche Weine glasweise.

Färbergasse 7	Weinangebot:	44 | 50
+43 316 375015	Service	19 | 20
www.bistrot-faerberei.at	Essen	16 | 20
Kategorie: Weinbistro	Ambiente:	8 | 10
	Gesamt:	87 | 100

Kabuff

8020 Graz

Die winzige Bar am Lendkai mit Blick auf die Grazer Altstadt ist mehr als ein Geheimtipp. Geöffnet hat sie an nur drei Tagen in der Woche (donnerstags bis samstags). Neben einer guten Gin- und Tonic-Auswahl werden auch klassische Cocktails gemixt. Ein großer Andrang herrscht stets beim Musik-Bingo.

Lendkai 13	Drinks:	43 | 50
	Ambiente:	17 | 20
www.kabuff.at	Service:	18 | 20
Kategorie: Loungebar	Sortiment:	7 | 10
	Gesamt:	85 | 100

Kalte Ente

8010 Graz

Die breite Palette von Tom Legats Bar zeigt ein Blick aufs Rückbuffet: Selbst angesetzter Kokosrum steht neben der grünen Hulk-Faust, die für die Generation »Insta« köstlich befüllt wird. Der Garten ist ein Geheimtipp in Graz, die Ardbeg-Drinks eine Leidenschaft, die man gerne mit dem Chef teilt.

Sparbersbachgasse 22	Drinks:	45 | 50
+43 316 813385	Ambiente:	18 | 20
www.kalteente.at	Service:	19 | 20
Kategorie: American Bar	Sortiment:	8 | 10
	Gesamt:	90 | 100

Katze Katze

8010 Graz

Ganztägig Rosé trinken beim »Miezwoch«, eine Reihe Cocktails mit dem eigenen Honig und feine Rum-Drinks – mit Barchef Ayham schärft die beliebte Location ihr Profil noch mehr. Auch wenn viele zum Weintrinken ins Alte Landhaus kommen: Der Blick auf die wechselnden Specials lohnt sich in jedem Fall!

Schmiedgasse 9	Drinks:	45 | 50
+43 316 830276	Ambiente:	18 | 20
www.katzekatze.at	Service:	18 | 20
Kategorie: Club	Sortiment:	8 | 10
	Gesamt:	89 | 100

Klapotetz

8010 Graz

Eine Institution in der Grazer Innenstadt, hier treffen sich Weinkenner und Genießer. Drinnen ist es klein, daher nützt man die meiste Zeit des Jahres den Raum im Innenhof. Evelyn Merc lebt als Gastgeberin ihre große Leidenschaft für steirische Weine. 130 Weiß- und Rotweine gibt es zum Verkosten. Schwerpunkt: Steiermark

Herrengasse 9
+43 316 820888
www.klapo.at
Kategorie: Weinbistro

Weinangebot:	**44** | 50
Service	**19** | 20
Essen	**16** | 20
Ambiente:	**9** | 10
Gesamt:	88 | 100

Nussbaumer Delikatessen

8010 Graz

Der kleine Delikatessenladen im Herzen der Stadt hat eine besondere Magie. Beliebt sind die nahezu 140 verschiedenen Käsesorten, dazu gibt es Chutneys oder Mostarda. Herrlich auch die Vitrine mit Antipasti und Pasteten. Erlesene Spirituosen, Champagner und heimische sowie internationale Weine.

Paradeisgasse 1
+43 316 829162
www.delikatessen-nussbaumer.at
Kategorie: Weinbar in Vinothek

Weinangebot:	**45** | 50
Service	**19** | 20
Essen	**17** | 20
Ambiente:	**8** | 10
Gesamt:	89 | 100

Promenade

8010 Graz

Die »Promenade« gehört zur »Aiola«-Gruppe, die viele Lokale in Graz betreibt – allesamt stylish und optisch perfekt umgesetzt. Hier trifft man sich am Morgen zum Frühstück. Abends werden statt Kaffees dann Cocktails ausgeschenkt, ein Hauptaugenmerk der Barcrew wird auf »Gin & Tonic« gelegt.

Erzherzog-Johann-Allee 1
+43 316 813840
promenade.aiola.at
Kategorie: Loungebar

Drinks:	**43** | 50
Ambiente:	**18** | 20
Service:	**18** | 20
Sortiment:	**8** | 10
Gesamt:	87 | 100

Rangoon Cocktailbar

8020 Graz

Barkeeper Amado Grullon stammt selbst aus der Dominikanischen Republik, seine Rum-Cocktails sind eine echte Empfehlung. Fast jeden Tag lockt eine andere Aktion in die beliebte Bar. Im Sommer sitzt man im Gastgarten vor der Bar und genießt mit einem Highball den Blick auf das Treiben im Lendviertel.

Mariahilfer Straße 15
+43 664 99961545
www.rangoon-graz.at
Kategorie: American Bar

Drinks:	**43** I 50
Ambiente:	**18** I 20
Service:	**18** I 20
Sortiment:	**8** I 10
Gesamt:	87 I 100

Salon Marie

8020 Graz

Der »Salon Marie« schafft das, wovon andere Hotelbars oft träumen. Hier vermischen sich Gäste des Grand Hotels mit den Einheimischen. Los geht es bei exzellentem Frühstück, abends steht man gemeinsam an der Cocktailbar. Der »Marie Marie« mit Martini, Sekt, Beeren und Zitrone schmeckt besonders gut.

Grieskai 4–8
+43 316 706683
www.salonmarie.at
Kategorie: Restaurantbar

Drinks:	**44** I 50
Ambiente:	**19** I 20
Service:	**19** I 20
Sortiment:	**8** I 10
Gesamt:	90 I 100

San Bar im San Pietro

8042 Graz

Stylishes Ambiente mit geschwungenen Möbeln und Barelementen, die immer wieder mit einem anderen Licht ausgeleuchtet werden. Die Bar gilt als beliebter Treffpunkt des Bezirks am Rand von Graz. Nebenan lockt das italienische Restaurant desselben Besitzers. Dazu wird laufend Livemusik serviert.

St.-Peter-Hauptstraße 141
+43 316 481581
www.sanpietro.at
Kategorie: Loungebar

Drinks:	**42** I 50
Ambiente:	**18** I 20
Service:	**19** I 20
Sortiment:	**7** I 10
Gesamt:	86 I 100

Santa Lucia

8020 Graz

Der kleine Italiener gleich gegenüber des belebten Landeplatzes mit Standln und Bauernmarkt ist bekannt für seine Pizzen. Ganz gemütlich sitzt man hier aber auch nur bei einem oder vielen Getränken. Prosecco ist nahezu obligatorisch, dazu eventuell Martini und ein Espresso. Toll sind auch die Antipasti!

Stockergasse 10
+43 676 9085256
pizzeria-santalucia.at
Kategorie: Restaurantbar

Drinks:	**43** I 50
Ambiente:	**18** I 20
Service:	**18** I 20
Sortiment:	**7** I 10
Gesamt:	86 I 100

Stammtisch am Paulustor

8010 Graz

Die noch junge Location in einem alten Palais hat sich in kurzer Zeit zum beliebten Anziehungspunkt entwickelt. Romantisch ist der kleine Innenhof, das Personal bestens geschult. Für tolle Events und Verkostungen bietet sich der Weinkeller an. Bei den Weinen liegt der Fokus auf viel Steirischem.

Paulustorgasse 8
+43 316 813 803
stammtisch.restaurant
Kategorie: Weinbar im Restaurant

Weinangebot:	**45** I 50
Service	**19** I 20
Essen	**17** I 20
Ambiente:	**8** I 10
Gesamt:	89 I 100

Steirerpub

8010 Graz

Urige Bar mit Almhüttencharakter. Mittwochs wird Karaoke gesungen, am Nagelstock machen sich die Gäste die nächste Runde aus. Natürlich muss man den Eierlikör erwähnen, der nach Hausrezept zubereitet wird. Erstaunlich ist die Auswahl von mehr als 50 Islays-Whiskys, die »Mc Schuly« kundig erläutert.

Abraham-a-Santa-Clara-Gasse 3
+43 664 6430919
www.steirerpub.at
Kategorie: Club

Drinks:	**42** I 50
Ambiente:	**17** I 20
Service:	**18** I 20
Sortiment:	**8** I 10
Gesamt:	85 I 100

The Churchill Bar 🍸🍸🍸

8010 Graz

Wohnzimmerfeeling und Uni-Nähe sorgen für das volle Haus, Oltion und Flamur für die makellosen Drinks. Parallel zur Reise durch die Cocktailgeschichte warten heimische Destillate, zu Preziosen wie Quitten-Fizz veredelt. Demnächst kommt auch der erste eigene Apfelbrand ins Rührglas. Immer gekonnt!

Heinrichstraße 21
+43 650 8788786
www.thechurchill.at
Kategorie: American Bar

Drinks:	**47** | 50
Ambiente:	**18** | 20
Service:	**19** | 20
Sortiment:	**9** | 10
Gesamt:	93 | 100

Wein & Co 🍷🍷🍷🍷

8010 Graz

Ideal ist die zentrale Lage, man schaut auf ein Glas vorbei, dazu schmecken Antipasti und leichte Gerichte aus der Bistroküche. Eine enorme Vielfalt bietet der Shop mit über 2000 Weinen und Delikatessen. Durch ein spezielles Kühlverfahren sind die Weine in kürzester Zeit vor Ort trinkbereit.

Joanneumring 13
+43 50706 3162
www.weinco.at
Kategorie: Weinbar in Vinothek

Weinangebot:	**50** | 50
Service	**18** | 20
Essen	**18** | 20
Ambiente:	**9** | 10
Gesamt:	95 | 100

Quartier/Neben Quartier 🍷🍷

8230 Hartberg

Der Hauptschauplatz, das Quartier, wurde von einem Designer zu einem Wohlfühlambiente gestaltet, das Neben Quartier eignet sich für Feiern aller Art. Bar und Shop bieten Genuss pur – ob bei regionalem Käse und Schinken oder edlen Schokoladen. Große Auswahl an Flaschenweinen, Bier und Fruchtsäften.

Hauptplatz 2
+43 664 9144709
www.quartier-hartberg.at
Kategorie: Klassische Weinbar

Weinangebot:	**43** | 50
Service	**18** | 20
Essen	**16** | 20
Ambiente:	**8** | 10
Gesamt:	85 | 100

Mojito Bar 🍸🍸

8750 Judenburg

Nicht nur mit vielen unterschiedlichen Veranstaltungen lockt die bekannte Judenburger Bar das Publikum an, sondern auch mit ihrem tatsächlich hervorragenden Signature-Mojito. Dazu gibt es viele weitere Drinks und Cocktails. Im Sommer trinkt man sie standesgemäß in der Outdoor-Lounge mit Palmen.

Burggasse 5
+43 664 4175502
www.mojitobar.at
Kategorie: Club

Drinks:	**42** | 50
Ambiente:	**18** | 20
Service:	**17** | 20
Sortiment:	**8** | 10
Gesamt:	85 | 100

Mocca

8605 Kapfenberg

Wein und Kaffee bilden an diesem netten Ort eine perfekte Symbiose. Aus der eigenen Traditionsrösterei kommen schonend geröstete Bohnen, die Vinothek wartet mit immerhin 400 Weinen auf. Die Küche versteht sich auf mediterrane Leichtigkeit mit Antipasti und Co. Im Sommer sitzt man direkt am Fluss.

Grazer Straße 9 +43 3862 22612 www.schicker-kapfenberg.at **Kategorie: Klassische Weinbar**	Weinangebot: Service Essen Ambiente:	**43** | 50 **18** | 20 **16** | 20 **8** | 10
	Gesamt:	85 | 100

Rathaus Vinarium

8430 Leibnitz

Einzigartige Atmosphäre im historischen Gewölbekeller des Leibnitzer Rathauses. Zur Auswahl stehen vor allem Rum, Gin, Whisk(e)y, aber auch unterschiedliche Absinths und eine schöne Zusammenstellung der besten Sauvignon Blancs der Südsteiermark. Am Wochenende verwandelt sich die Bar zur Partylocation.

Hauptplatz 24 +43 3452 85560 www.rathaus-vinarium.at **Kategorie: American Bar**	Drinks: Ambiente: Service: Sortiment:	**43** | 50 **18** | 20 **18** | 20 **8** | 10
	Gesamt:	87 | 100

Kellerstoa

8455 Oberhaag

Von Schlagerpartys am Montag bis zu Live-DJs zum Wochenende – in der coolen Bar an der Steirischen Weinstraße wird nahezu jeden Tag Vollgas gegeben. In rauen Mengen wird »Wodka-Bull« an die feiernde Jugend ausgeschenkt. Im Sommer wird im Pavillon auch »Open Air« getanzt – da ist immer etwas los.

Oberhaag 21 +43 664 3796224 **Kategorie: American Bar**	Drinks: Ambiente: Service: Sortiment:	**42** | 50 **17** | 20 **18** | 20 **7** | 10
	Gesamt:	84 | 100

Vulkanland Sekt Kulinarium 🍷🍷

8333 Riegersburg

Der Blickfang ist natürlich das Rüttelpult auf der vielbefahrenen Straße »Richtung Zotter«, über das Innenleben dieses Genussreichs sagt es aber nicht alles aus. Klar gibt es den Winzersekt, aber auch so viel mehr an Wein, Bier und Lukullischem (vom Tageskuchen bis zu Gourmandisen) aus dem Vulkanland. Schwerpunkt: Sekt

Schützing 147 +43 680 5052912 www.vulkanlandsekt.at **Kategorie: Weinbar in Vinothek**	Weinangebot: **42** | 50 Service **19** | 20 Essen **15** | 20 Ambiente: **9** | 10
	Gesamt: 85 | 100

Vinothek Steiermark 🍷🍷

8354 St. Anna am Aigen

Die Weinauswahl spannt einen Bogen von den besten Weinen aus der West- und Südsteiermark bis zum Vulkanland. Spezialisiert ist man auf den Traminer, der einen Schwerpunkt in der Region um St. Anna und Klöch bildet. Insgesamt 120 Winzer lagern im Keller. Der Ausblick von der Terrasse ist genial! Schwerpunkt: Vulkanland

Marktstraße 6 +43 3158 2801 www.vinothek-steiermark.net **Kategorie: Weinbar in Vinothek**	Weinangebot: **46** | 50 Service **18** | 20 Essen **14** | 20 Ambiente: **9** | 10
	Gesamt: 87 | 100

Stifterl 🍷🍷

8813 St. Lambrecht

Wirtshaus, Greißlerei und Vinothek in einem, der Fokus liegt auf steirischen Weinen, etwa 100 stehen zur Wahl. Aufgetischt wird bodenständige Küche, je nachdem, worauf die Wirtin gerade Lust hat: Das reicht von Beuschel und Backhendl bis hin zu Blunzengröstl und Vegetarischem. Flaumige Buchteln. Schwerpunkt: Steiermark

Hauptstraße 7 +43 664 2555063 www.stifterl.com **Kategorie: Weinbar im Restaurant**	Weinangebot: **43** | 50 Service **18** | 20 Essen **16** | 20 Ambiente: **8** | 10
	Gesamt: 85 | 100

ARX Weinbistro 🍷🍷

8971 Schladming

Schicke Weinbar inmitten der Bergwelt, Manuel Veith und seine Frau Anna (Ex-Skistar Fenninger) haben sich ihren Traum erfüllt. Außergewöhnliche, unkonventionelle Weine stehen auf der Karte, viele davon Naturweine. Gekrönt wird der Genuss mit innovativer Alpen-Cuisine, die auf Nachhaltigkeit setzt. Schwerpunkt: Österreich, Raw/Natural Wines

Rohrmoosstraße 91 +43 3687 61493 www.das-arx.at **Kategorie: Weinbistro**	Weinangebot: **43** I 50 Service **18** I 20 Essen **15** I 20 Ambiente: **9** I 10 Gesamt: 85 I 100

Weinfinder 🍷🍷🍷

8970 Schladming

Ehrlichkeit, Verlässlichkeit und jede Menge Erfahrung bringt Martin Traint in der stylishen Location rund um das Thema Wein mit. Alle wichtigen Anbaugebiete und großen Namen Österreichs wie Polz, Salzl oder Tement sind repräsentiert, dazwischen gibt es einige Perlen aus Italien und Südtirol.

Hauptplatz 39 +43 3687 23283 www.der-weinfinder.at **Kategorie: Weinbar in Vinothek**	Weinangebot: **48** I 50 Service **19** I 20 Essen **15** I 20 Ambiente: **8** I 10 Gesamt: 90 I 100

De Merin 🍷🍷

8345 Straden

Die Greißlerei kann bei den Produkten aus dem Vollen schöpfen, bietet die Region doch einiges, vor allem natürlich hochwertige Weine aus dem Steirischen Vulkanland, die man verkosten kann. Auch Kaffee und hausgemachte Mehlspeisen gibt es, im Sommer Bauerneis aus erfrischend fruchtigen Sorten. Schwerpunkt: Regional

Straden 5 +43 3473 75957 www.demerin.at **Kategorie: Weinbar in Vinothek**	Weinangebot: **44** I 50 Service **18** I 20 Essen **16** I 20 Ambiente: **9** I 10 Gesamt: 87 I 100

Vinofaktur 🍷🍷

8461 Vogau

Im »Genussregal« gibt es die größte Auswahl an steirischen Weinen, mittlerweile sind einige exzellente Gins und Wermut aus der Steiermark mit an Bord. Die regionale Produktvielfalt geht weiter mit Essigen und Ölen, Spezialitäten aus Kürbiskernen wie Pesto oder Likör sowie Blütensalzen und Chutneys. Schwerpunkt: Südsteiermark

An der Mur 13 +43 3453 40677 www.vinofaktur.at **Kategorie: Weinbar in Vinothek**	Weinangebot: **47** I 50 Service **18** I 20 Essen **16** I 20 Ambiente: **8** I 10 Gesamt: 89 I 100

Wieś a Viś

8551 Wies

Josef-Mario Zmugg betreibt an verkehrsgünstiger Stelle gleich neben dem Kreisverkehr in Wies seine Bar mit internationalem Anspruch. Mehr als 200 Spirituosen hat er im Angebot, die Auswahl an 70 Cocktails kann sich sehen lassen. Darunter finden sich immer aktuelle Eigenkreationen des Barkeepers.

Radlpassstraße 21a
+43 664 5434534
www.facebook.com
Kategorie: Restaurantbar

Drinks:	**43** | 50
Ambiente:	**17** | 20
Service:	**19** | 20
Sortiment:	**8** | 10
Gesamt:	87 | 100

KÄRNTEN

Hopfi's

9772 Dellach im Drautal

Ein Imbiss, wie man ihn selten so gut findet. Spaß machen im Sommer die Spritzgetränke wie Aperol oder Hugo. Kleine, aber feine Weinauswahl, darunter der Riesling Heiligenstein »Alte Reben« 2014 vom Bründlmayer. In der Karte findet man Gulasch, Cordon bleu und Backhendl oder verschiedene Burger.

Holztratten 35
+436764997785
www.hopfis.at
Kategorie: Weinbar in Vinothek

Weinangebot:	**44** | 50
Service	**18** | 20
Essen	**19** | 20
Ambiente:	**8** | 10
Gesamt:	89 | 100

Friends

9360 Friesach

Der Signature Drink der Kärntner nennt sich »Friesacher Würfel« und ist ein gelungener Mix aus Especial Rum, weißem Rum sowie Pistazien- und Haselnusseis, dazu Pistaziensirup, Marzipanlikör, Obers und Amarenakirschsaft – gewagt, aber köstlich. Zum Essen gibt es Burger (auch vegan), Ribs und Wings.

Wiener Straße 3
+43 664 99482991
www.friendsbar.at
Kategorie: American Bar

Drinks:	**43** | 50
Ambiente:	**18** | 20
Service:	**18** | 20
Sortiment:	**7** | 10
Gesamt:	86 | 100

151 Restaurant & Bar

9073 Klagenfurt

Nicht erst, wenn Daniel Schellander zum Swizzle-Stick greift, durchziehen tropische Vibes die Bar. In der offenen Location mit Dschungelgrün lässt es sich trefflich essen. Rum und Tequila passen zum südlichen Flair, aber auch beim Schaumwein lässt man es durchaus krachen. Toller Platz, coole Drinks!

Höhenweg 151
+43 676 6151151
www.151.at
Kategorie: Restaurantbar

Drinks:	**45** I 50
Ambiente:	**19** I 20
Service:	**18** I 20
Sortiment:	**8** I 10
Gesamt:	90 I 100

Atelier Der Franzos Spezerei

9020 Klagenfurt

Hervé Delclos ist seit Jahrzehnten eine Institution für Frankreichliebhaber. Die fein ausgesuchten Weine holt er selbst bei kleinen, interessanten Winzern. Dazu schickt er aus der Küche köstliche Teller mit Quiches, Tartes, Pasteten oder Eintöpfen. Auch die französischen Rohmilchkäse haben Klasse.

Pernhartgasse 12
+43 664 4665500
www.derfranzos.at
Kategorie: Weinbistro

Weinangebot:	**45** I 50
Service	**18** I 20
Essen	**17** I 20
Ambiente:	**9** I 10
Gesamt:	89 I 100

Cafe Bar Vino

9020 Klagenfurt

Ein Platz mit italienischem Flair, wo nicht nur der Kaffee gut schmeckt. Silvio Berger führt eine größere Auswahl hervorragender Champagner, auch die Weinkarte listet große Namen. Immer wieder gibt es Neuigkeiten aus Österreich, Italien, Deutschland und Frankreich. Herrliche Snacks und Flammkuchen.

Pfarrplatz 5
+43 676 7878088
www.cafe-vino.at
Kategorie: Klassische Weinbar

Weinangebot:	**43** I 50
Service	**18** I 20
Essen	**16** I 20
Ambiente:	**8** I 10
Gesamt:	85 I 100

Das Wohnzimmer 🍸🍸🍸

9020 Klagenfurt

Rote Ohrensesseln, alte Kinobestuhlung und Thonet-Sessel, gehäkelte Tischdecken auf den Kommoden und bunte Bilder an den Wänden – alles das sorgt für die versprochene »Wohnzimmer«-Atmosphäre. Highlights sind das hausgemachte Ginger Beer, der selbst angesetzte Gin sowie ein Cocktail mit Chilisauce.

Villacher Ring 21
+43 664 2444964
das-wohnzimmer-cafe-bar-musik.eatbu.com
Kategorie: Loungebar

Drinks:	**46** I 50
Ambiente:	**18** I 20
Service:	**18** I 20
Sortiment:	**8** I 10
Gesamt:	90 I 100

Gig 🍸🍸

9020 Klagenfurt

Das »Gig« befindet sich in Universitätsnähe und ist der erste Ankerpunkt des jungen Partyvolks, das hier stets auf gelungene Clubbings hoffen darf. Vor allem abends bewährt sich das moderne Lichtkonzept, das die Bar in satte Farben taucht. Die Cocktailkarte ist umfangreich und hochwertig bestückt.

Universitätsstraße 104
+43 463 210555
www.gig-bar.at
Kategorie: Loungebar

Drinks:	**43** I 50
Ambiente:	**18** I 20
Service:	**18** I 20
Sortiment:	**7** I 10
Gesamt:	86 I 100

Hafenstadt 🍸🍸

9020 Klagenfurt

Coole Reminiszenz an die wilden Zwanzigerjahre des vergangenen Jahrhunderts: Blues, Jazz, Soul und Swing machen gute Stimmung. »The Flapper Girl« – so sagte man damals zu den kecken, jungen Mädchen – nennt sich der fruchtige Signature Cocktail aus Rum, Marille, Maracuja, Vanille und Limette.

Villacher Straße 16–18
+43 660 6522527
www.hafenstadt.at
Kategorie: Restaurantbar

Drinks:	**43** I 50
Ambiente:	**19** I 20
Service:	**19** I 20
Sortiment:	**8** I 10
Gesamt:	89 I 100

Monkeys University 🍸🍸

9020 Klagenfurt

Latino-Feeling in Klagenfurt? Da hat in der Regel »Monkey-Commander« Igor Vasiljevic seine Flair-erprobten Hände im Spiel. Perfekte »Cuba Libres« und Signature Drinks, gerne auch mit Tequila, sorgen in Uni-Nähe für Spaß und mehr als nur einen Touch von »la vida loca« – speziell bei den DJ-Nights.

Universitätsstraße 27
+43 664 5256253
monkeysuniversity.at
Kategorie: Loungebar

Drinks:	**43** I 50
Ambiente:	**18** I 20
Service:	**17** I 20
Sortiment:	**8** I 10
Gesamt:	86 I 100

Teatro

9020 Klagenfurt

Die Plätze an der Bar sind begehrt, von hier aus hat man die beste Sicht auf die zahllosen internationalen Spirituosen. Die Barkeeper beherrschen nicht nur die Standard-Drinks, sondern überraschen mit Ausgefallenem. Ein Blick auf die Website lohnt sich: Es gibt nämlich laufend neue Veranstaltungen.

Theatergasse 4
+43 650 3772565
www.bar-teatro.at
Kategorie: American Bar

Drinks:	**42** I 50
Ambiente:	**18** I 20
Service:	**18** I 20
Sortiment:	**7** I 10
Gesamt:	85 I 100

Edelgreissler Herwig Ertl

9640 Kötschach

Wenige Orte leben so von Charme und Kompetenz wie Herwigs kleines Genussreich. Was er zwischen Neumarkter Sattel und Treviso, Piran und Rimini nicht kennt, braucht man auch nicht. Exquisite Auswahl an Orange Wine, aber auch Kärntner Raritäten sind nur ein Bruchteil der angehäuften Gaumenfreuden. Schwerpunkt: Adria

Kötschach 19
+43 4715 246
www.herwig-ertl.at
Kategorie: Weinbar in Vinothek

Weinangebot:	**45** I 50
Service	**19** I 20
Essen	**16** I 20
Ambiente:	**9** I 10
Gesamt:	89 I 100

Jilly Beach

9210 Pörtschach

Wie ein Lauffeuer hat sich die Nachricht verbreitet: Rainer Husar ist zurück am Wörthersee. Statt Monte-Carlo-Platz ist nun der Jilly Beach die Wirkungsstätte der Legende. Als Supervisor direkt am See hat er auch Rosé, Gin-Drinks wie den »Negroni« und diverse Spritzvarianten im Blick. Gut so!

Alfredweg 5–7
+43 4272 2391
www.jilly.at
Kategorie: Restaurantbar

Drinks:	**44** I 50
Ambiente:	**19** I 20
Service:	**18** I 20
Sortiment:	**7** I 10
Gesamt:	88 I 100

Lake's

9210 Pörtschach

Urbaner Lifestyle und inspirierender Blick auf den Wörthersee – ganz zu Recht gilt das »Lake's« als DIE Sunset-Location am Ufer. Denn der Blick auf die untergehende Sonne ist von hier aus besonders atemberaubend. Dazu werden aufregende Cocktails gemixt und frische, sommerliche Gerichte serviert.

Augustenstraße 24
+43 4272 20505
www.mylakehotel.com
Kategorie: Loungebar

Drinks:	**43** I 50
Ambiente:	**19** I 20
Service:	**18** I 20
Sortiment:	**7** I 10
Gesamt:	87 I 100

Mecs

9210 Pörtschach

Regelmäßig legen hier DJs auf und sorgen für ausgelassene Partystimmung. Inhaber Rene Tschernitz ist bekennender Vespa-Fan und so parken sich die legendären Zweiräder stilsicher vor dem In-Lokal in Pörtschach ein. Stilsicher sind auch die Drinks: Fein gemixte Cocktails und zum Essen gibt es Hotdogs.

Hauptstraße 204
+43 4272 21009

Kategorie: Loungebar

Drinks:	**43** | 50
Ambiente:	**17** | 20
Service:	**18** | 20
Sortiment:	**7** | 10
Gesamt:	85 | 100

Parkhotel Pörtschach

9210 Pörtschach

Grandhotel-Feeling an einer der edelsten Bars am Wörthersee. Das Klavier an der Bar ist regelmäßig im Einsatz und liefert den Soundtrack zu der sommerlichen Stimmung. Die Drinks genießt man mit Blick auf die Promenade oder abends auf den wundervollen Sonnenuntergang. Ein Tipp sind die Torten.

Hans-Pruscha-Weg 5
+43 4272 26210
www.parkhotel-poertschach.at
Kategorie: Loungebar

Drinks:	**43** | 50
Ambiente:	**19** | 20
Service:	**18** | 20
Sortiment:	**8** | 10
Gesamt:	88 | 100

Schlossbar – Schloss Seefels

9212 Pörtschach

Nussholz, Marmor, Spiegel, Blattgoldverzierungen, ein Kachelofen im Empire-Stil und ein klangvoller Stutzflügel – im Seefels findet man eine der stilvollsten Bars Österreichs vor. Neu ist das Angebot an mit Whisk(e)ys korrespondierenden Schokoladen aus der Kärntner Schokoladenmanufaktur Craigher.

Töschling 1
+43 4272 2377
www.seefels.at
Kategorie: Hotelbar

Drinks:	**43** | 50
Ambiente:	**19** | 20
Service:	**18** | 20
Sortiment:	**7** | 10
Gesamt:	87 | 100

Lakeside

9081 Reifnitz

Die angesagte Beachbar am Ufer des Wörthersees lockt mit allem, was dazugehört: coole Beats, stylishes Ambiente, Anlegestelle für Motorboote und Personal mit lockerem Kärntner Schmäh. Die Cocktails sind auch für das Auge ein Genuss. Dazu genießt man Pasta, Risotto, Miesmuscheln und Crème brulée.

Süduferstraße 104c
+43 664 4300990
www.lakesidelounge.at
Kategorie: Restaurantbar

Drinks:	**43** | 50
Ambiente:	**19** | 20
Service:	**18** | 20
Sortiment:	**8** | 10
Gesamt:	88 | 100

LakeNight

9122 St. Kanzian

Den kreativen Besitzern Peter Petek und Tomislav Pejanovic gehen die Ideen nie aus: Jede Woche servieren sie neue Cocktail- und Longdrinkkreationen. An die 90 Standard-Drinks finden sich stets zusätzlich auf der Karte. Großartig etwa der »Basil Sour«, ein erfrischender, Basilikum-satter Drink.

Seenweg 6	Drinks:	**44** | 50
+43 664 75026688	Ambiente:	**18** | 20
	Service:	**18** | 20
Kategorie: Loungebar	Sortiment:	**8** | 10
	Gesamt:	88 | 100

The 1st Eat-Drink-Ink

9300 St. Veit an der Glan

Die hauseigene Rooftop-Bar über den Dächern der Herzogstadt ist nicht das einzige Highlight des noch jungen Lokals in St. Veit (eröffnet im Oktober 2021). Hier speist man nämlich auch hervorragend – zum Beispiel hochwertige Steakspezialitäten vom Filet-Steak bis zum Dry-Aged-Steak und Casual Food.

Oktoberplatz 7	Drinks:	**43** | 50
+43 664 4164888	Ambiente:	**18** | 20
www.the1st.at	Service:	**18** | 20
Kategorie: Restaurantbar	Sortiment:	**7** | 10
	Gesamt:	86 | 100

Vinothek Vipresso

9300 St. Veit an der Glan

Das Motto der netten Vinothek mit alter Weinpresse und schönem Altstadtgastgarten: »Wein trinken soll Spaß machen«. Viele Weine gibt es daher glasweise zu verkosten, bei den Flaschen umfasst die Palette neben Österreich auch Italien und Spanien. Diverse Spirituosen sind ebenfalls mit an Bord.

Kirchgasse 11	Weinangebot:	**43** | 50
+43 4212 33577	Service	**19** | 20
www.vinothekvipresso.com	Essen	**15** | 20
Kategorie: Weinbar in Vinothek	Ambiente:	**8** | 10
	Gesamt:	85 | 100

Weinzeit im Uhrhaus

9871 Seeboden

Ein etwas anderes Konzept leben die Betreiber hier, im Sortiment sind sechs ausgesuchte Winzer Österreichs, von denen der Wein direkt ab Hof bezogen wird. Außerdem gibt es Kaffeespezialitäten einer Rösterei aus Triest. Kleine Happen wie Bergkäse oder Aufstriche lässt man sich gerne schmecken. Schwerpunkt: Österreich

Hauptstraße 97	Weinangebot:	**42** | 50
+43 676 7225093	Service	**18** | 20
	Essen	**15** | 20
Kategorie: Klassische Weinbar	Ambiente:	**8** | 10
	Gesamt:	83 | 100

Casa del Vino

9800 Spittal an der Drau

Die Leidenschaft für den Wein teilen die Betreiber mit ihrem großen Stammpublikum. Auf der Terrasse genießt man Prosecco und Weine aus dem Piemont, der Toskana und dem Friaul, das Angebot wechselt ständig. Dazu passen natürlich Prosciutto aus San Daniele sowie Oliven, Käse und knuspriges Weißbrot. Schwerpunkt: Friaul

An der Maut 7	Weinangebot: **45** | 50
+43 4762 42991	Service **18** | 20
www.casa-del-vino.at	Essen **15** | 20
Kategorie: Weinbar in Vinothek	Ambiente: **8** | 10
	Gesamt: 86 | 100

Carinthia Weinbar

9220 Velden

Bei Max und Sepp Egger genießt man Wohnzimmerfeeling mit Loungemusik und Blick auf den Wörthersee. Die circa 400 Weine spielen alle Stücke – von großen französischen Gewächsen und deutschen Rieslingen bis hin zu Naturweinen. Die passende Essensbegleitung gibt es in Form von lässiger Bistroküche. Schwerpunkt: Biodynamische Weine

Karawankenplatz 3	Weinangebot: **45** | 50
+43 4274 2171	Service **19** | 20
www.weincarinthia.at	Essen **17** | 20
Kategorie: Weinbar im Restaurant	Ambiente: **9** | 10
	Gesamt: 90 | 100

Monkey Circus

9220 Velden

Die legendärste und für lange Nächte berüchtigte Bar am Wörthersee. Mehr als 200 unterschiedliche Drinks haben die Barkeeper drauf und lassen sich mit einer lässigen Show der Zubereitung nicht lumpen. Auch die Speisekarte kann sich sehen lassen: Steaks, Burger, Fries und Fisch. Was will man mehr?

Gendarmerieplatz 1	Drinks: **44** | 50
+43 664 3483898	Ambiente: **18** | 20
www.monkey-circus.at	Service: **18** | 20
Kategorie: American Bar	Sortiment: **9** | 10
	Gesamt: 89 | 100

Salon Bökermann

9220 Velden

In den Räumlichkeiten des alten Casinos wurde der Salon Bökermann behutsam modernisiert. Einst feierten hier die Wörthersee-Stars wie Udo Jürgens und Roy Black – der Glanz der alten Zeiten ist noch zu spüren. Die Drinks sind klassisch und perfekt. Großartig ist das Salon-Beuscherl vom Biokitz.

Am Corso 9–11	Drinks: **45** | 50
+43 4274 2614	Ambiente: **18** | 20
villabulfon.at	Service: **18** | 20
Kategorie: Hotelbar	Sortiment: **8** | 10
	Gesamt: 89 | 100

Foto: Walter Luttenberger Photography

Schlossbar Charly Walker 🍸🍸🍸 9220 Velden

Benannt ist die Bar nach Billa-Gründer Karl Wlaschek, der hier unter seinem Künstlernamen Charly Walker gerne sein beachtliches Talent am Piano unter Beweis stellte. Tolle Signature Drinks, von denen der »Cinema Sour« hervorzuheben ist. Inhalt: Rum, Karamellsirup, Zitronensaft, Eiweiß und Popcorn.

Schlosspark 1	Drinks:	**44** I 50
+43 4274 520000	Ambiente:	**19** I 20
www.falkensteiner.com	Service:	**19** I 20
Kategorie: Hotelbar	Sortiment:	**8** I 10
	Gesamt:	90 I 100

SOL Beachclub 🍸🍸 9220 Velden

Im »SOL Beachclub« hat man das perfekte Rezept für entspanntes Urlaubsfeeling: Palmen, bunte Cocktails, Sushi und Garnelen, dazu lässige Loungemusik. Das alles in Logen-Lage am See und für jene mit eigenem Boot sogar mit Anlegestelle mit Valet-Parking-Service. Plus: immer wieder tolle Events!

Seecorso 68	Drinks:	**42** I 50
+43 664 9642338	Ambiente:	**18** I 20
www.solbeachclub.at	Service:	**18** I 20
Kategorie: Restaurantbar	Sortiment:	**7** I 10
	Gesamt:	85 I 100

Alexander's 🍷🍷 9500 Villach

Groß ist die Auswahl an Flaschenweinen, vieles gibt es bei Alexander Waldner auch offen. Urlaubsgefühl erzeugt er mit seinem Fokus auf italienischen Weinen. Auch die Biere können sich sehen lassen – vom Münchener »Hacker-Pschorr« bis zum regionalen Villacher »Bernstein Premium« vom Fass. Top-Pizza. Schwerpunkt: Österreich

Gerbergasse 21	Weinangebot:	**43** I 50
+43 664 1064092	Service	**19** I 20
www.alexanders-vinothek.at	Essen	**17** I 20
Kategorie: Weinbar in Vinothek	Ambiente:	**8** I 10
	Gesamt:	87 I 100

Anna Neumann

9500 Villach

Tolle Bereicherung für die Villacher Barkultur. Benannt ist das Lokal nach einer sagenumwobenen, reichen Villacher Bürgerstochter, die sogar in zwei Hexenprozesse hineingezogen wurde. Schön ist die Auswahl an mehr als zehn unterschiedlichen Tequilas und Mezcals. Dazu: französische Bistroküche.

Hauptplatz 13	Drinks:	**44** I 50
+43 664 1271671	Ambiente:	**18** I 20
www.annaneumann.at	Service:	**18** I 20
Kategorie: American Bar	Sortiment:	**8** I 10
	Gesamt:	88 I 100

LAGANA Bar

9500 Villach

Die Bar ist ein architektonisches Highlight, im Sommer sitzt man auf der Terrasse mit Blick auf die Villacher Altstadt. Neben einer gut sortierten Gin-Karte fällt auch die 16 Meter lange gläserne Weinwand ins Auge. Dahinter lagern beste heimische und internationale Tropfen. Laufend Livemusik-Events.

Europaplatz 1–2	Drinks:	**43** I 50
+43 4242 22522	Ambiente:	**19** I 20
www.lagana.at	Service:	**19** I 20
Kategorie: Hotelbar	Sortiment:	**8** I 10
	Gesamt:	89 I 100

Lederergasse 29

9500 Villach

Die Nähe zu Italien schlägt sich in der Jause nieder – es gibt zarten Prosciutto, Salami, Oliven und Ciabatta, außerdem warme Brötchen und Burger. Kein Wunder, dass die Bar immer gut besucht ist. Aperol Spritz und friulanische Weine des Produzenten Zorzettig machen Spaß, Gin aus Kärnten ebenso. Schwerpunkt: Italien

Lederergasse 29	Weinangebot:	**42** I 50
+43 664 88696929	Service	**18** I 20
www.lederergasse29.at	Essen	**16** I 20
Kategorie: Weinbistro	Ambiente:	**8** I 10
	Gesamt:	84 I 100

Waschers Bar

9500 Villach

Die Familie Wascher bürgt seit Jahrzehnten für beste Ausgehstimmung in Villach. Florian Wascher ist bereits die dritte Generation der Kärntner Bardynastie, die einst die legendäre »Spinne« in Villach betrieb. In seiner eigenen Bar mixt er mit sicherer Hand internationale Cocktailspezialitäten.

Italiener Straße 10b	Drinks:	**42** I 50
+43 4242 23204	Ambiente:	**18** I 20
www.waschers.at	Service:	**18** I 20
Kategorie: Loungebar	Sortiment:	**8** I 10
	Gesamt:	86 I 100

Bar & Lounge im Arlbergerhof 🍸🍸 9762 Weißensee

Der Arlbergerhof oberhalb des kristallklaren Weißensees ist als Vitalhotel bekannt. Das zeigt sich auch in der Bar des Hauses, wo für die Zubereitung der Drinks gerne auf die Kräuter aus dem eigenen Garten zurückgegriffen wird. Klassiker gelingen mit diesem Ansatz ebenso wie die Eigenkreationen.

Gatschach 47	Drinks:	**44** | 50
+43 4713 2280	Ambiente:	**18** | 20
arlbergerhof.at	Service:	**18** | 20
Kategorie: Hotelbar	Sortiment:	**7** | 10
	Gesamt:	87 | 100

Jack Rabbit 🍸🍸🍸 9762 Weißensee

Mit wechselndem Team und zwei Saisonen hat Thomas Domenig nach Lehrjahren in der deutschen Barwelt im heimatlichen Techendorf Großes geschaffen. Tagsüber Café (mit Top-Kuchen!), mutiert der »Hase« abends zur See-Anlaufstelle für Cocktailfreunde. Tipp: Whisk(e)y-Drinks von »Mister Bourbonbuch« himself.

Techendorf 78	Drinks:	**46** | 50
	Ambiente:	**18** | 20
www.jackrabbit.at	Service:	**19** | 20
Kategorie: American Bar	Sortiment:	**8** | 10
	Gesamt:	91 | 100

Tapaletta

4813 Altmünster

»Tapaletta« ist eine wundervolle Melange aus Europa und Lateinamerika. Direkt am Traunsee genießt man Yuca fritta, Empanadas mit Guacamole oder Gambas und steigert dann das Wohlbefinden mit einem »Caipi Spezial« und sieben Jahre altem Rum. Die Lebensgeister weckt übrigens auch gereifter Tequila.

Hauptstraße 1
+43 660 3835329
www.tapaletta.com
Kategorie: Restaurantbar

Drinks:	**43** I 50
Ambiente:	**19** I 20
Service:	**18** I 20
Sortiment:	**7** I 10
Gesamt:	87 I 100

Das Attersee

4864 Attersee

Michaela Prem und Kilian Angermeyer weisen Stationen wie den Stanglwirt oder das Steirereck auf und denken groß. Vor zwei Jahren schufen sie am Attersee eine lässige Anlaufstelle für Genießer. Dieses Jahr folgte der nächste Clou mit einer coolen Weinbar über dem Restaurant, direkt am See.

Hauptstraße 2
+43 664 9278572
www.dasattersee.at
Kategorie: Restaurantbar

Drinks:	**44** I 50
Ambiente:	**18** I 20
Service:	**19** I 20
Sortiment:	**8** I 10
Gesamt:	89 I 100

Hofbeisl zu Ischl

4820 Bad Ischl

Das k. u. k Hofbeisl gilt insgeheim als Ausbildungsstätte für den einen oder anderen Tourismusschüler aus Bad Ischl, der sein Theoriewissen vertiefen möchte. Wen wundert es: ausgezeichnete Bar- und Weinkarte mit den feinsten Tropfen. Lässiges Wohnzimmerambiente und dazu noch Speisen zum Niederlegen.

Wirerstraße 4	Drinks: **45** | 50
+43 6132 27271	Ambiente: **18** | 20
www.kukhofbeisl.com	Service: **18** | 20
Kategorie: American Bar	Sortiment: **8** | 10
	Gesamt: 89 | 100

Schüdlbauer's Bar

5280 Braunau

Der Gin-Hype besteht sicher noch eine Weile. Auch dank der Innviertler Bar, die mit einigen Classics, aber auch Premium-Gin wie »White Swan« von Peter Affenzeller auftrumpft. Wer lieber Wodka, Rum oder gar Champagner aus der Großflasche haben möchte: kein Problem. Lasst die Party einfach steigen!

Auf der Haiden 76	Drinks: **44** | 50
+43 7722 64545	Ambiente: **18** | 20
www.schuedlbauers.at	Service: **18** | 20
Kategorie: American Bar	Sortiment: **8** | 10
	Gesamt: 88 | 100

Acanto

4240 Freistadt

Wenn ein Strohhalm durch das Lokal flattert und kurz danach von Stefan Haneder gefangen wird und im Cocktailglas landet – dann ist man richtig. Dann ist man beim frisch gekürten Cocktail-Weltmeister 2022 und kann sicher sein, dass man, neben vielen Showelementen, die besten Mixgetränke bekommt.

Hauptplatz 13	Drinks: **46** | 50
+43 7942 75737	Ambiente: **18** | 20
www.acanto-bar.at	Service: **19** | 20
Kategorie: Loungebar	Sortiment: **8** | 10
	Gesamt: 91 | 100

Il Vino

4240 Freistadt

Gertraud Freudenthaler hat ein gutes Gespür für Weine und präsentiert im charmanten Lokal eine erlesene Auswahl an heimischen Tropfen. Gute Mischung aus den Weinen einiger namhafter Winzer, aber auch viele Geheimtipps lagern hier. Probierenswert sind die bereits etablierten Tropfen der steirischen Eruptionswinzer. Schwerpunkt: Österreich

Eisengasse 2	Weinangebot: **43** | 50
+43 699 12680020	Service **18** | 20
www.il-vino.at	Essen **14** | 20
Kategorie: Klassische Weinbar	Ambiente: **8** | 10
	Gesamt: 83 | 100

Latino 🍸🍸 4240 Freistadt

Heiß, heißer, Latino. Am besten bringt man sein Blut auf der Dachterrasse in Wallung und startet mit einem Bier aus der umfangreichen Karte. Mit spontanvergorenem Geuze zum Beispiel. Danach geht's über in den Cocktailmodus. Schon einmal »Flamingo« mit Melone, Tequila, Limette und Agave probiert?

Eisengasse 10
+43 7942 73854
www.latino.co.at
Kategorie: Loungebar

Drinks:	**44** I 50
Ambiente:	**18** I 20
Service:	**18** I 20
Sortiment:	**7** I 10
Gesamt:	87 I 100

Peperino 🍷🍷 4081 Hartkirchen

Wenn eine wuchtige rote Schneidemaschine, eine original Berkel, im Gewölbe steht, ahnt der gut informierte Gast bereits, wohin die Reise geht: ein Ausflug ins Reich des zarten Prosciuttos, der mit einer Auswahl von 5000 Weinen aus – »no na«! – Italien und Österreich wunderbar begleitet wird. Schwerpunkt: Italien

Rathen 20
+43 7273 69525
www.peperino.at
Kategorie: Weinbar im Restaurant

Weinangebot:	**45** I 50
Service	**18** I 20
Essen	**16** I 20
Ambiente:	**8** I 10
Gesamt:	87 I 100

GUTENBERG Stadtcafe & Bar 🍸🍸 4663 Laakirchen

Sieben Tage die Woche genießen – wer möchte das nicht? Das Stadtcafé ermöglicht Hedonisten diese perfekten Stunden. Morgenmenschen erwartet eine feine Anzahl an Frühstücksgerichten, Nachtschwärmer nippen an guten Cocktails oder unterhalten sich bei einem Bier aus der exzellenten »Bierschmiede«.

Doktor-Mitterbauer-Straße 2a
+43 7613 20399
gutenberg-cafe.at
Kategorie: American Bar

Drinks:	**42** I 50
Ambiente:	**18** I 20
Service:	**18** I 20
Sortiment:	**7** I 10
Gesamt:	85 I 100

SCHILEROYAL

3 cl Schilerol
1 cl Cassis-Likör
10 cl Prosecco
Schwarze Johannisbeeren
Minze
Eiswürfel

Entdecken Sie die besten Cocktail-Rezepte!
falstaff.at/cocktail-rezepte

Foto: OÖN/Volker Weihbold

Alte Metzgerei

4020 Linz

Michaela Walchshofer gilt als ausgewiesene Innereien-Spezialistin. Jeden Freitag bietet sie mindestens einen fast vergessenen Klassiker wie Hirn mit Ei, Bries oder Zunge an. Die Alte Metzgerei wird aber auch von Weinliebhabern geschätzt. Einfach in der hippen Herrenstraße Platz nehmen und genießen. Schwerpunkt: Österreich

Herrenstraße 5
+43 732 774434
www.alte-metzgerei.at
Kategorie: Klassische Weinbar

Weinangebot:	**43** | 50
Service	**18** | 20
Essen	**16** | 20
Ambiente:	**8** | 10
Gesamt:	85 | 100

Boiler Room

4020 Linz

Man kann es sich leicht machen und einfache Cocktails im kultigen Boiler Room bestellen. Das widerstrebt jedoch der Philosophie der Bar, die für ihre Premium-Spirituosen und ihre Kreationen wie »Groggy Tonka Bean Martini« (mit Wodka, Tonkabohne, Gewürznelken-Schoko-Likör und Limettensaft) beliebt ist.

Domgasse 5
+43 676 9442019
www.boiler-room.at
Kategorie: American Bar

Drinks:	**46** | 50
Ambiente:	**18** | 20
Service:	**19** | 20
Sortiment:	**8** | 10
Gesamt:	91 | 100

Das goldene Einhorn

4020 Linz

Die Rathausgasse ist begehrt. Johannes Kepler wohnte hier, für Nachtschwärmer und Genießer ist Das goldene Einhorn das zweite Wohnzimmer. Champagner, gute Ginauswahl, beliebt für Cocktails wie dem Hausdrink »das goldene Einhorn«: frisch gepresster Orangensaft, Galliano, Crème de Cacao und Obers.

Rathausgasse 9
+43 699 10488022
www.das-goldene-einhorn.at
Kategorie: American Bar

Drinks:	**45** | 50
Ambiente:	**18** | 20
Service:	**18** | 20
Sortiment:	**8** | 10
Gesamt:	89 | 100

Die Cocktailbar

4020 Linz

Zwei Hände reichen nicht aus, um die nationalen Titel von Stefan Haneder und Dušan Janjatović an den Fingern abzuzählen. Haneder ist neunfacher Staatsmeister, Janjatović triumphierte sechsmal in Kroatien. Eine Show ist garantiert, erstklassige Cocktails und Eigenkreationen mit den besten Zutaten auch.

Klammstraße 20
+43 732 777499
cocktailbarlinz.at
Kategorie: Loungebar

Drinks:	**45** I 50
Ambiente:	**18** I 20
Service:	**18** I 20
Sortiment:	**8** I 10
Gesamt:	89 I 100

Divino

4020 Linz

Das Lokal kommt Ihnen spanisch vor? Das ist gut so! Eine bessere Auswahl an spanischen Weinen aus nahezu allen Regionen findet man in Linz nirgends. Dreißig Weine werden sogar offen angeboten. Von weiß über rot bis hin zu prickelnden Cavas und fruchtsüßen Sherrys. Ideal: frische Tapas dazu. Schwerpunkt: Spanien

Domgasse 20
+43 732 281612
www.divino.at
Kategorie: Klassische Weinbar

Weinangebot:	**44** I 50
Service	**18** I 20
Essen	**16** I 20
Ambiente:	**8** I 10
Gesamt:	86 I 100

Dombar

4020 Linz

Wenn man gerne Wein trinkt, aber keine ganze Flasche bestellen, sondern mehrere Gläser probieren möchte, dann ist man hier richtig. Mehr als 80 Weine (national, international, Stillweine und Sprudel) werden offen ausgeschenkt. Dazu das Domplatzambiente und feine Spezereien wie Jahrgangssardinen.

Stifterstraße 4
+43 676 6739017
www.dombar.at
Kategorie: Klassische Weinbar

Weinangebot:	**44** I 50
Service	**19** I 20
Essen	**18** I 20
Ambiente:	**7** I 10
Gesamt:	88 I 100

APEROL SECRET

1 Scheibe Orange
1 Scheibe Zitrone
20 cl Hemptons Secret Peppy Lemon
4–5 cl Aperol
Eiswürfel

Entdecken Sie die besten Cocktail-Rezepte!
falstaff.at/cocktail-rezepte

Frau Dietrich 🍸🍸🍸

4020 Linz

Es ist nicht bekannt, ob sich Marlene Dietrich in dem extravaganten Altstadtlokal wohlgefühlt hätte. Die Linzer tun es auf alle Fälle. Aus gutem Grund: In der Speakeasy-Bar dominiert der Charme der 20er-Jahre, getoppt von außergewöhnlichen Cocktails wie »Flor de Cuba«-Mojito mit Passionsfrucht.

Altstadt 8	Drinks:	**47** I 50
+43 732 772774	Ambiente:	**18** I 20
www.frau-dietrich.at	Service:	**19** I 20
Kategorie: American Bar	Sortiment:	**8** I 10
	Gesamt:	92 I 100

Haschka Weinbar 🍷🍷🍷

4020 Linz

Fabian Haschka ist eigentlich ausgebildeter Volksschullehrer. Vor knapp drei Jahren übernahm der immer stylish gekleidete Jungunternehmer die Weinbar in der Klosterstraße und bugsierte sie von Beginn an ins Spitzenfeld der Linzer Szene. Viele Naturweine und extravagante Tropfen, aber auch Klassiker. **Schwerpunkt: Natural Wine**

Klosterstraße 3	Weinangebot:	**47** I 50
+43 732 776673	Service	**19** I 20
www.haschka.bar	Essen	**16** I 20
Kategorie: Klassische Weinbar	Ambiente:	**8** I 10
	Gesamt:	90 I 100

Herberstein 🍸🍸

4020 Linz

Soll man am zwölf Meter langen Tresen einen Mai Tai oder einen »Cosmopolitan 1934« bestellen? Oder doch lieber im lauschigen Innenhof bei einem Bellini über »Harry's Bar« und Venedig philosophieren? Egal, wo man seinen Platz finden: Bei Cocktails ist man im Herberstein immer an der richtigen Stelle.

Altstadt 10	Drinks:	**44** I 50
+43 732 786161	Ambiente:	**18** I 20
www.herberstein-linz.at	Service:	**18** I 20
Kategorie: Restaurantbar	Sortiment:	**8** I 10
	Gesamt:	88 I 100

Klaus & Wein

4020 Linz

Nur wenige Meter von der pulsierenden Landstraße entfernt, schlägt das Herz von vielen Genießern höher. Renate und Klaus Gassner schufen vor sechs Jahren in der Harrachstraße ein vinophiles Wohnzimmer mit einer gut durchdachten Auswahl an Weinen. Regionale Schmankerl zum Essen runden das Angebot ab.

Harrachstraße 10	Weinangebot:	**44** | 50
+43 650 20544500	Service	**18** | 20
www.klaus-wein.at	Essen	**14** | 20
Kategorie: Weinbar in Vinothek	Ambiente:	**8** | 10
	Gesamt:	84 | 100

Lennox

4020 Linz

Über das »Lennox« muss man nicht viel Worte verlieren. Man kennt die In-Bar in der Marienstraße einfach. Und das nicht nur wegen der regelmäßig angebotenen Cocktailkurse und Spirituosenverkostungen, sondern auch wegen der Qualität der Getränke: Die ist immer top! Zudem lockt regelmäßig lässige Stimmung am Abend.

Marienstraße 2a	Drinks:	**44** | 50
+43 677 61103570	Ambiente:	**18** | 20
www.lennox.at	Service:	**17** | 20
Kategorie: American Bar	Sortiment:	**8** | 10
	Gesamt:	87 | 100

Foto: © katharina stögmüller, werknutzung pianino

Pianino

4020 Linz

Vielleicht liegt das »Pianino« für Touristen versteckt in einer Seitengasse der Landstraße. Die Linzer High Society findet den Weg aber nahezu blind in das Szenelokal und freut sich seit bereits 12 Jahren an einer kompakten Weinkarte, einem guten Reininghaus Jahrgangspils oder feinen Schnäpsen. Schwerpunkt: Österreich

Landstraße 13	Weinangebot:	**44** | 50
+43 732 944080	Service	**18** | 20
www.pianino.at	Essen	**16** | 20
Kategorie: Weinbar im Restaurant	Ambiente:	**8** | 10
	Gesamt:	86 | 100

Poolhall

4030 Linz

Während Billardspieler versuchen, die Kugeln in die richtige Position zu bringen, schaffen es die Barkeeper vorzüglich, den Gästen ihren Lieblingscocktail zu servieren. 40 verschiedene Getränke laden zu einer Entdeckungsreise ein. Knapp 20 sind antialkoholisch. Visitenkarte: »Poolhall Cup Light«.

Wattstraße 6	Drinks:	43 | 50
+43 732 381070	Ambiente:	17 | 20
www.poolhall.at	Service:	18 | 20
Kategorie: Loungebar	Sortiment:	7 | 10
	Gesamt:	85 | 100

Rooftop7

4020 Linz

Ein Sundowner gefällig? Über den Dächern von Linz? Dafür ist man in der Rooftop-Bar an der richtigen Adresse. Kurz den Lift nehmen, danach den Ausblick wirken lassen und aus 70 verschiedenen Gins, einer umfangreichen Weinkarte und zehn Champagnern wählen. Für den großen Hunger gibt es gute Steaks.

Herrenstraße 11	Drinks:	43 | 50
+43 732 772477	Ambiente:	19 | 20
www.linz-hotel.at	Service:	18 | 20
Kategorie: Hotelbar	Sortiment:	8 | 10
	Gesamt:	88 | 100

Schenki's Vinothek

4020 Linz

Die Arkade wurde in Linzerie umbenannt, die Schenki's Vinothek bleibt unverändert – und das ist gut so. Der kleine Bruder vom beliebten Linzer Weinhändler bietet weiterhin ein sehr gutes Angebot an Weinen, darunter viele biodynamische Tropfen. Schöner Innenhof und heimeliger Verkostungsraum.

Landstraße 12	Weinangebot:	47 | 50
+43 732 795444	Service	18 | 20
www.schenkenfelder.at	Essen	14 | 20
Kategorie: Weinbar in Vinothek	Ambiente:	8 | 10
	Gesamt:	87 | 100

Two Rabbits

4020 Linz

Im Zeichen des Hasen startete Bartender Tom Hausknecht mit seinem eigenen Projekt. Tagsüber Café, verwandelt sich die Location abends in einen Daydrinking-Ort mit feiner Aperitivo-Karte. Viel Selbstgemachtes, nicht nur »Tom's Bitters«, trifft auf Amaro mit Champagner und natürlich einen Top-»Negroni«.

Hofgasse 3	Drinks:	45 | 50
+43 664 2621794	Ambiente:	18 | 20
www.tomsbitters.com	Service:	19 | 20
Kategorie: American Bar	Sortiment:	7 | 10
	Gesamt:	89 | 100

Ambiente am Riesnerhof 🍷🍷

5310 Mondsee

Genuss auf höchster Ebene lautet das Motto des Riesnerhofs. Und das zu Recht, denn der Ausblick auf den Mondsee ist herrlich. Jetzt noch ein Glas von der österreichischen Weinauswahl verkosten, ein paar italienisch angehauchte Speisen schnabulieren – und der Genussmoment kann kaum schöner sein. Schwerpunkt: Österreich

Mondseeberg 6
+43 6232 3333
www.riesnerhof.com
Kategorie: Weinbar im Restaurant

Weinangebot:	**44**	50
Service	**18**	20
Essen	**17**	20
Ambiente:	**9**	10
Gesamt:	88	100

Steiner's 🍷

4812 Pinsdorf

Was gibt es Schöneres, als in den Tag mit einem reichhaltigen Frühstück à la Steiners zu starten? Vielleicht das Mittagessen mit der kulinarischen Visitenkarte (= Tacos), hausgemachter Pasta oder Schokoladensoufflé, zu adeln? Oder den Abend mit einem der vielen guten Weine im Glas ausklingen zu lassen?

Steinbichlstraße 3
+43 7612 67681
www.cafe-steiner.at
Kategorie: Klassische Weinbar

Weinangebot:	**43**	50
Service	**18**	20
Essen	**15**	20
Ambiente:	**8**	10
Gesamt:	84	100

auswärts.bar

4910 Ried im Innkreis

Daheim bleiben war noch nie eine Option. In Ried sowieso nicht, noch dazu, wo ein Lokal wie die »auswärts.bar« dazu aufruft, einen Espresso Martini, ein Glas Wein oder einen der Hauscocktails zu probieren. Schampus in der Flasche gibt's auch. Nur damit man nicht auf den Gedanken kommt heimzugehen.

Bayrhammergasse 1
+43 664 4567833

Kategorie: Loungebar

Drinks:	**43** I 50
Ambiente:	**18** I 20
Service:	**17** I 20
Sortiment:	**8** I 10
Gesamt:	86 I 100

Foto: ©FotografieKatharinaWisata

Hemingway

4910 Ried im Innkreis

Ernest Hemingway und seine Liebe zum Alkohol gehörten zusammen wie die Bar Hemingway und Ried heute. Seit mehr als 20 Jahren ist diese Bar ein Fixpunkt für die Liebhaber von ausgefeilten Drinks. Eine umfangreiche Karte lässt keine Wünsche offen. Empfehlenswert: »Daiquiri Ernest Hemingway Special«.

Rossmarkt 14
+43 7752 82636
www.hemingway.bar
Kategorie: American Bar

Drinks:	**43** I 50
Ambiente:	**18** I 20
Service:	**19** I 20
Sortiment:	**9** I 10
Gesamt:	89 I 100

Rieders

4910 Ried im Innkreis

Wenn gute Musik, freundliche Kellner und lässige Cocktails Hand in Hand spazieren, ist man wahrscheinlich im »Rieders« gelandet und genießt den Abend in geselliger Runde. Im beliebten Lokal am Kirchenplatz ist stets eine angenehme Atmosphäre garantiert. Plus: Auch auf Sonderwünsche wird eingegangen.

Kirchenplatz 4
+43 7752 26790
rieders-bar.at
Kategorie: Loungebar

Drinks:	**44** I 50
Ambiente:	**18** I 20
Service:	**18** I 20
Sortiment:	**8** I 10
Gesamt:	88 I 100

Foto: Foto Atelier Wolkersdorfer

Mark's New York Bar 🍸🍸🍸

4880 St. Georgen

»Ich war noch niemals in ... St. Georgen«: Das sollte man – frei nach Udo Jürgens – ändern und in die Welt der Cocktails einsteigen. Auf dem samtigen Barsessel Platz nehmen und aus der Karte, unterteilt in Einsteiger, Fortgeschrittene und Experten, wählen. Sehr gut: »Easy sipping« oder alkoholfrei.

Kogl 66
+43 7667 6387542
www.marksnybar.at
Kategorie: Hotelbar

Drinks:	**45**	50
Ambiente:	**18**	20
Service:	**19**	20
Sortiment:	**8**	10
Gesamt:	**90**	100

Gustaria 🍷🍷

5360 St. Wolfgang

Wer auf der Suche nach prickelnden Momenten in St. Wolfgang ist, sollte in die italienisch angehauchte »Gustaria« spazieren. Mehrere Schaumweine aus Conegliano Valdobbiadene, der bekannten Prosecco-Gegend. Dazu passen herzhafte Antipasti und italienische Happen, die das kulinarische Herz öffnen. Schwerpunkt: Italien

Markt 8
+43 699 11788663
www.gustaria.at
Kategorie: Weinbar in Vinothek

Weinangebot:	**44**	50
Service	**19**	20
Essen	**16**	20
Ambiente:	**7**	10
Gesamt:	**86**	100

See-Eck

5360 St. Wolfgang

Brigitte und Bernhard Reiter wissen einfach, wie man den Gästen ein Lächeln ins Gesicht zaubern kann. Und zwar mit einer herrlich inspirierenden Speisekarte und zeitgemäß lässigen Weinen wie »Der Elefant im Porzellanladen« von Pia Strehn oder den unverwechselbaren Tropfen von Herrenhof Lamprecht. Schwerpunkt: Österreich

Markt 92	Weinangebot: **46** | 50
+43 699 10916481	Service **18** | 20
www.see-eck.at	Essen **17** | 20
Kategorie: Weinbar in Vinothek	Ambiente: **8** | 10
	Gesamt: 89 | 100

BARista

4780 Schärding

In der Barockstadt kommt man nicht umhin, die beliebte Bar am Hauptplatz aufzusuchen. Allein das Gin-Angebot mit 30 verschiedenen Sorten und bis zu neun unterschiedliche Tonics lassen das Longdrink-Freude-Herz höherschlagen. Zusätzlich begeistern knapp 90 Cocktails und eine feine Auswahl an Weinen.

Silberzeile 13	Drinks: **43** | 50
+43 7712 2268	Ambiente: **18** | 20
www.barista-bar.at	Service: **18** | 20
Kategorie: Loungebar	Sortiment: **7** | 10
	Gesamt: 86 | 100

Lukas Izakaya

4780 Schärding

Die frühere Cocktailbar »4780« wurde frei, Architekt Christian Daxner schuf daraus einen hippen »Sake-Laden zum Sitzen«, der ebenso in einem Stadtviertel von Tokio stehen könnte. Außergewöhnliche Cocktails, umfangreiche Sake-Auswahl, Champagner und vorzügliche Speisen wie Sushi oder Grillspieße.

Unterer Stadtplatz 7	Drinks: **46** | 50
+43 664 4107249	Ambiente: **18** | 20
www.lukas-izakaya.at	Service: **18** | 20
Kategorie: Restaurantbar	Sortiment: **8** | 10
	Gesamt: 90 | 100

Stadtbeisl

4780 Schärding

Die Schärdinger Szene feiert in dem Lokal den Feierabend und am Wochenende Partys bei speziellen Events. Vor 22 Uhr lockt eine »Caipi-« und »Cuba Libre«-Aktion. Ansonsten genießen Nachtschwärmer ein Glas Wein aus der gut durchdachten Karte oder sie lassen sich einen bunten Cocktail schmecken.

Denisgasse 6	Drinks: **42** | 50
+43 7712 7977	Ambiente: **17** | 20
stadtbeisl.at	Service: **18** | 20
Kategorie: American Bar	Sortiment: **8** | 10
	Gesamt: 85 | 100

Mader

4400 Steyr

Wenn Sie jeden Tag eine Flasche Wein öffnen, ist erst nach acht Jahren der Keller im Vier-Sterne-Hotel fast leer. Mehr als 3000 Flaschen lagern beim »Mader« und zeugen angesichts der Vielfalt von Weinkompetenz. Sehr beliebt ist die Weinverkostung in der Vinothek oder die Bar für den After-Work-Drink.

Stadtplatz 36	Drinks:	**43** | 50
+43 7252 53358	Ambiente:	**18** | 20
www.mader.at	Service:	**18** | 20
Kategorie: Hotelbar	Sortiment:	**7** | 10
	Gesamt:	86 | 100

Vinolino

4655 Vorchdorf

Die kleinen feinen Dinge bereichern das Leben. So wie das »Vinolino« in Vorchdorf, das für 30 Personen eine geschmackvolle Auswahl an Weinen und Antipasti bereitstellt. Und gute Beratung für die private Weindegustation. Oder man nimmt gleich auch das Catering in Anspruch. Plus: Seminarangebote. Schwerpunkt: Weiße Archivweine

Kapellenweg 4	Weinangebot:	**43** | 50
+43 676 4289290	Service	**18** | 20
	Essen	**15** | 20
Kategorie: Klassische Weinbar	Ambiente:	**8** | 10
	Gesamt:	84 | 100

In's Haas

4600 Wels

Wels angesagteste Adresse in Sachen Weingenuss. Mehr Auswahl an Sprudel (von Champagner über Prosecco bis zu österreichischem Schaumwein) und am Who's who der Weinszene findet man kaum in der Innenstadt. Besonders beliebt ist die Weinbibliothek im Keller für Weinrunden und Geburtstagsfeiern.

Stadtplatz 34	Weinangebot:	**45** | 50
+43 7242 216520	Service	**19** | 20
www.inshaas.at	Essen	**17** | 20
Kategorie: Weinbar im Restaurant	Ambiente:	**8** | 10
	Gesamt:	89 | 100

Wildwechsel

4600 Wels

»Wild thing, you make my heart sing«: Es ist nicht überliefert, ob Jimi Hendrix in Wels war. Aber wenn, dann hätte er wohl im Wildwechsel gesungen und für coole Beats auf der Tanzfläche gesorgt. Die Post geht trotzdem ab – und das nicht nur wegen der Mixgetränke, die gern kräftiger gemischt werden.

Stadtplatz 50	Drinks:	**43** | 50
	Ambiente:	**18** | 20
www.wildwechsel.cc	Service:	**17** | 20
Kategorie: Club	Sortiment:	**7** | 10
	Gesamt:	85 | 100

SALZBURG

Gold.Bar 🍸🍸🍸 — 5630 Bad Hofgastein

Von Aperó bis Absacker: Die Bar im Designhotel verführt mit einer umfangreichen Karte – 90 verschiedene Gins und 50 unterschiedliche Whisk(e)ys sprechen für sich. Die vielseitigen Signature Cocktails mit hausgemachtem Kräutersirup und -essenzen wie »Alpenmojito« oder »Abendrot« schmeicheln dem Gaumen.

Haltestellenweg 23	Drinks:	**44** / 50
+43 6432 6444	Ambiente:	**19** / 20
www.dasgoldberg.at	Service:	**18** / 20
Kategorie: Hotelbar	Sortiment:	**9** / 10
	Gesamt:	90 / 100

Luke's 🍸🍸 — 5630 Bad Hofgastein

Restaurant = Bar lautet das Konzept im familiengeführten Hotel. Das gemütlich-moderne »Wohnzimmer« lädt zum Verkosten und genießen ein – etwa regionale Schnäpse, sehr gute Weine oder klassische wie moderne Cocktailvariationen. Man entspannt in Lounges, an der langen Bar oder beim Billardspielen.

Pyrkerstraße 34	Drinks:	**43** / 50
+43 6432 38380	Ambiente:	**18** / 20
sendlhofers.com	Service:	**18** / 20
Kategorie: Restaurantbar	Sortiment:	**7** / 10
	Gesamt:	86 / 100

Alpinbar

5611 Großarl

Lässige Eleganz versprüht die Cocktailbar im Luxushotel der Familie Hettegger. Spritzer-Varianten und hausgemachte Alpinsirups überzeugen genauso wie Barklassiker und die große Ginauswahl. Zweifelsohne ein Highlight: zwölf Signature Cocktails, etwa »Erdapfel 2.0« mit hausgemachtem Bergapfel-Shrub.

Unterbergstraße 65
+43 6414 3000
www.edelweiss-grossarl.com
Kategorie: Hotelbar

Drinks:	**45** | 50
Ambiente:	**19** | 20
Service:	**19** | 20
Sortiment:	**8** | 10
Gesamt:	91 | 100

Kork & Gloria

5611 Großarl

Das schöne Resort wartet mit einem gewaltigen Weinkeller auf, darin lagert viel Heimisches und Internationales. In der cool designten Weinbar kommen die feinen Tropfen bestens zur Geltung, auch geführte Wein- und Rumverkostungen werden angeboten. Hochwertige Sushi-Kreationen runden das Angebot ab.

Unterbergstraße 65
+43 6414 3000
www.edelweiss-grossarl.com
Kategorie: Weinbar im Restaurant

Weinangebot:	**50** | 50
Service	**19** | 20
Essen	**17** | 20
Ambiente:	**10** | 10
Gesamt:	96 | 100

Santa Fe

5300 Hallwang

¡Viva México!, so heißt's nicht nur im Restaurant, sondern auch an der dazugehörigen Bar vor den Toren der Mozartstadt. Die Karte ist sehr umfangreich mit Specials wie »Honolulu Cooler« mit Southern Comfort und Ananas. Ebenfalls empfehlenswert: die hausgemachten alkoholfreien Varianten, etwa »Sweet Love«.

Wiener Bundesstraße 7		Drinks:	**43** | 50
+43 662 665824		Ambiente:	**18** | 20
www.santafe.at		Service:	**18** | 20
Kategorie: Restaurantbar		Sortiment:	**7** | 10
		Gesamt:	86 | 100

Döllerers Enoteca

5431 Kuchl

Gelungener Mix aus Weinladen und Weinbar, gestaltet wie eine Bibliothek. Die Auswahl an europäischen Charakterweinen ist überaus komplex. Top-Sommelier Alexander Koblinger findet immer die richtige Flasche. Dazu passen kleine Köstlichkeiten von Andreas Döllerer, einem der besten Köche des Landes.

Kellau 160		Weinangebot:	**50** | 50
+43 6244 2056715		Service	**19** | 20
www.doellerer.at		Essen	**18** | 20
Kategorie: Weinbar in Vinothek		Ambiente:	**8** | 10
		Gesamt:	95 | 100

Foto: Hasselblad H3D

Botanist im Forsthofgut

5771 Leogang

In der wunderschönen Bar des Naturhotels kredenzen Barchef Tom Fix und sein Team meisterlich gemixte Cocktails. Die Signatures wurden unter Beachtung der Heilkraft von Pflanzen mit der Saint Charles Apotheke kreiert, etwa »Kreislauf« mit Rosmarin-Orangen-Gin und Bergkristall/Weinstein-Komplex.

Hütten 2		Drinks:	**44** | 50
+43 6583 8561		Ambiente:	**19** | 20
www.forsthofgut.at		Service:	**18** | 20
Kategorie: Hotelbar		Sortiment:	**8** | 10
		Gesamt:	89 | 100

Foto: FotografiePeterKuehnl

Freiraum 🍸🍸

5771 Leogang

Außergewöhnlich ist hier nicht nur die Architektur: Die »Alps Inspired«-Drinks überzeugen mit Aroma und Ideenreichtum, etwa der »Black Gimlet« mit Gin und Aktivkohle. Besonders beliebt: der hauseigene »Mattari Gin« mit lokalen Bio-Botanicals – ihn gibt's auch als Cocktail im Porthole für zwei Personen.

Rain 9
+43 6583 8275
www.puradies.com
Kategorie: Hotelbar

Drinks:	**44** I 50
Ambiente:	**19** I 20
Service:	**18** I 20
Sortiment:	**8** I 10
Gesamt:	89 I 100

Foto: david knoernschild

Glocke. Die Bar. 🍸🍸🍸

5771 Leogang

Heimische Zutaten spielen die Hauptrolle in der Bar des mondänen Krallerhofs. Die Verbundenheit zum Salzburger Land spiegelt sich in den Eigenkreationen und Signature Cocktails wider. Die Barkarte ist ein illustriertes Buch, darin zu finden unter anderem ein Margarita mit Pinzgauer Buttermilch.

Rain 6
+43 6583 8246
www.krallerhof.com
Kategorie: Hotelbar

Drinks:	**44** I 50
Ambiente:	**18** I 20
Service:	**19** I 20
Sortiment:	**9** I 10
Gesamt:	90 I 100

Kukka Bar im Hotel Forsthofalm ΥΥ 5771 Leogang

Statt auf klassische Cocktails setzt man in der Bar des Holzhotels auf kreative Eigenkompositionen. Ob süß, sauer, rauchig oder tropisch: Cocktails wie »Blood of Nature« versprechen ein echtes Geschmackserlebnis – dafür sorgt Adnan Alija, sechsfacher österreichischer Staatsmeister im Bartending.

Hütten 37	Drinks:	**43** | 50
+43 6583 8545	Ambiente:	**18** | 20
www.forsthofalm.com	Service:	**18** | 20
Kategorie: Loungebar	Sortiment:	**8** | 10
	Gesamt:	87 | 100

Lions Lounge im Hotel Der Löwe ΥΥΥ 5771 Leogang

Zylindrische Elemente verleihen der Bar von Hausherr Rupert Madreiter ein außergewöhnliches Flair. Die Drinksauswahl ist groß, die begehbare Vinothek lässt auch keine Wünsche offen. Cocktails wie »Summer Love« sind sehr beliebt, ebenso die feinen Signature-Hausbrände Lions Spirit No. 1 beziehungsweise No. 2.

Leogang 119	Drinks:	**45** | 50
+43 6583 7428	Ambiente:	**19** | 20
www.loewe.at	Service:	**18** | 20
Kategorie: Loungebar	Sortiment:	**9** | 10
	Gesamt:	91 | 100

Mama Thresl – The Island Bar ΥΥ 5771 Leogang

Hip und sportlich wie das Hotel selbst ist die Hotelbar. Unter die klassischen Cocktails mischen sich extravagante Signatures wie der »Mogst Schmusn« mit Sissi-Wermut und Chocolate Bitters. Auch die ausgesuchten heimischen Gins, die gute Whisk(e)y-Auswahl und die Schnäpse aus der Region können punkten.

Sonnberg 252	Drinks:	**43** | 50
+43 6583 20800	Ambiente:	**18** | 20
www.mama-thresl.com	Service:	**18** | 20
Kategorie: Hotelbar	Sortiment:	**8** | 10
	Gesamt:	87 | 100

Burdock ΥΥΥ 5020 Salzburg

Tee-Cocktails oder ein »Espresso Martini« in Pralinenform – die Kreativität der Masterminds Atti und Tobi kennt auch weiterhin keine Grenze! Wer mit ihnen auf der Bambus-Weltkarte in der Punch-Bowl auf Genussreise geht, vertraut sich den wohl kundigsten mixologischen Reiseführern der Stadt an.

Schallmooser Hauptstraße 10a	Drinks:	**47** | 50
	Ambiente:	**19** | 20
www.burdock.at	Service:	**19** | 20
Kategorie: American Bar	Sortiment:	**8** | 10
	Gesamt:	93 | 100

Daimler's 🍸

5020 Salzburg

Bekannt ist das »Daimler's« an der Salzach für die große Auswahl an Burgern und für das ungezwungene Partyambiente im Altstadthaus. Dafür sorgen auch solide gemixte Drinks wie »Vodka Wellness«, Cocktailsklassiker wie »Mojito« oder die »Daimler's-Shots« wie »Espresso Martini« – alles zu fairen Preisen.

Giselakai 17 +43 662 873967 www.meindaimlers.at **Kategorie: Restaurantbar**	Drinks: Ambiente: Service: Sortiment:	**42** | 50 **17** | 20 **18** | 20 **7** | 10
	Gesamt:	84 | 100

Darwin's 🍸🍸🍸

5020 Salzburg

Die charmante Bar hat mit erstklassiger Beratung und exzellenter Cocktail- und Longdrinkauswahl schon so manchen Feierabend gerettet. In den »Asian Symphony« wird Honig vom nahen Kapuzinerberg gemixt. Das Ginangebot lässt Kennerherzen höherschlagen – etwa der »Grin Gin« aus dem Granitsteinfass.

Steingasse 1 **Kategorie: Loungebar**	Drinks: Ambiente: Service: Sortiment:	**46** | 50 **19** | 20 **19** | 20 **8** | 10
	Gesamt:	92 | 100

Die geheime Specerey 🍷🍷

5020 Salzburg

Im Feinkostladen von Andreas Felleis und Patrick Knittelfelder genießt man vorwiegend Weine aus Österreich und Italien. Der historische Keller stammt aus dem 17. Jahrhundert und wartet mit tollen, teils auch gereiften Weinen auf. Dazu werden Spezialitäten aus der eigenen Weideschweinzucht serviert.

Sigmund-Haffner-Gasse 16 +43 699 17501806 www.felleis-knittelfelder.at **Kategorie: Weinbar im Restaurant**	Weinangebot: Service Essen Ambiente:	**44** | 50 **18** | 20 **18** | 20 **9** | 10
	Gesamt:	89 | 100

Divinotinto 🍷🍷

5020 Salzburg

Die sehr persönlich geführte Tapasbar besticht durch Authentizität und einen originellen Wirt. Tortilla, Fleischbällchen in Tomatensauce oder gegrillte Pimientos sind köstlich. Auch die Weinauswahl begeistert, besonders da die meisten glasweise ausgeschenkt werden. Fein: die Portwein-Selektion! Schwerpunkt: Spanien

Franz-Josef-Kai 13 +43 676 3988218 www.divinotinto.com **Kategorie: Klassische Weinbar**	Weinangebot: Service Essen Ambiente:	**45** | 50 **19** | 20 **17** | 20 **8** | 10
	Gesamt:	89 | 100

Einser Wein & Bar

5020 Salzburg

Vor zwei Jahren ist Sebastian Klaus Kowatz mit seinem Mix aus Weinbar und Cocktails gestartet – und das kommt an in unmittelbarer Festspielnähe. Die lokalen Highlights setzt der junge Barchef seinen Kreationen zum Beispiel mit Hopfenlikör auf, vor allem der Kostkeller wiederum zieht die Weinfreunde an.

Herbert-von-Karajan-Platz 1
+43 660 6250325
www.einserbar.at
Kategorie: American Bar

Drinks:	**45** | 50
Ambiente:	**19** | 20
Service:	**17** | 20
Sortiment:	**8** | 10
Gesamt:	89 | 100

Flavour

5020 Salzburg

Die schicke Bar mit viel Licht und kräftigen Farben bietet eine gute Auswahl an Weinen an, auf Anfrage finden Verkostungen statt. Auf der Karte stehen leichte, mediterran angehauchte Gerichte. Beeindruckend sind die Gins und die spannenden Tonic-Varianten. Sehr herzlicher Service zum Wohlfühlen.

Imbergstraße 21
+43 662 872176
www.flavour.co.at
Kategorie: Weinbar im Restaurant

Weinangebot:	**45** | 50
Service	**18** | 20
Essen	**17** | 20
Ambiente:	**8** | 10
Gesamt:	88 | 100

Flip

5020 Salzburg

Ein echter Barklassiker in der Mozartstadt. Seit 1984 wird hier gemixt, geshaked und Musik gemacht. Obwohl im historischen Zentrum gelegen, sind die Preise moderat und die (vorwiegend klassischen) Cocktails solide. Selbst gemachte Spritzer, regelmäßig »Cocktail des Tages« und auch eine Happy Hour.

Gstättengasse 17
+43 662 843643
Kategorie: American Bar

Drinks:	**43** | 50
Ambiente:	**17** | 20
Service:	**18** | 20
Sortiment:	**8** | 10
Gesamt:	86 | 100

Havana

5020 Salzburg

Gemütliche Atmosphäre, große Auswahl und gut gemixte Cocktails zum fairen Preis – dafür steht die Traditionsbar in der rechten Altstadt. Cocktails wie »Tropical Margarita« oder »Mojito« genießt man bei Schönwetter im Gastgarten in der Gasse. Jeden Donnerstag gibt's alle regulären Cocktails um 6 Euro.

Priesterhausgasse 14
+43 662 870092
www.havana.at
Kategorie: Loungebar

Drinks:	**42** | 50
Ambiente:	**17** | 20
Service:	**18** | 20
Sortiment:	**7** | 10
Gesamt:	84 | 100

Lindy's

5020 Salzburg

Die romantische kleine Weinbar mit Gastgarten lebt von den sympathischen Gastgebern, die mit ausgezeichneten Weinen aufwarten, außerdem stehen gute Aperitivi und Longdrinks auf der Karte. Und wer auf Prosecco steht, wird auch nicht enttäuscht. Für den kleinen Hunger serviert man köstliche Snacks.

Kajetanerplatz 3
+43 664 3945511

Kategorie: Klassische Weinbar

Weinangebot:	**44** I 50
Service	**19** I 20
Essen	**15** I 20
Ambiente:	**8** I 10
Gesamt:	86 I 100

Magazin

5020 Salzburg

Vom Restaurant sind es nur ein paar Schritte in die Vinothek. In den Regalen warten interessante Gewächse aus Österreich, Italien, Spanien und Deutschland – an die 600 Positionen. Die Philosophie: Guter Wein muss nicht teuer sein, sondern animieren. So entdeckt man immer wieder aufstrebende Winzer. Schwerpunkt: Österreich

Augustinergasse 13
+43 662 841584
www.magazin.co.at
Kategorie: Weinbar im Restaurant

Weinangebot:	**49** I 50
Service	**19** I 20
Essen	**18** I 20
Ambiente:	**9** I 10
Gesamt:	95 I 100

Mayday Bar im Hangar-7

5020 Salzburg

Etwas Besonderes hinsichtlich Location ist die Bar im Hangar-7 schon lange. Auch was Auswahl und Qualität der (Signature) Cocktails betrifft, ist auf die Mayday Bar Verlass. Lieber »Dekadenz« mit Trüffel-infundiertem Wodka oder die »Ono« mit Rum und Kardamom? Das versierte Team berät gerne!

Wilhelm-Spazier-Straße 7a
+43 662 2197
www.hangar-7.com
Kategorie: Loungebar

Drinks:	**44** I 50
Ambiente:	**19** I 20
Service:	**19** I 20
Sortiment:	**8** I 10
Gesamt:	90 I 100

Mentor's

5020 Salzburg

Sechs Jahre sorgt die kleine Bar (mit noch kleinerem Innenhof) für große Gefühle bei den Salzburger Cocktailliebhabern. Dass Mentor und seine Crew in Wohnzimmeratmosphäre servieren, soll nicht täuschen. Ob eine nussige »Negroni«-Variante oder ein erfrischender Tee-Highball – sie haben's drauf!

Gstättengasse 3
+43 664 9133810

Kategorie: Loungebar

Drinks:	**44** I 50
Ambiente:	**18** I 20
Service:	**19** I 20
Sortiment:	**8** I 10
Gesamt:	89 I 100

Nur! Gutes

5020 Salzburg

Ein wunderbarer Genusspunkt abseits des Zentrums, den Franz Lechner hier betreibt. An den Wänden hängen köstliche Schinken, auch sonst gibt es jede Menge mediterrane Köstlichkeiten. Bei den Weinen setzt er auf interessante Nischenprodukte, die er selbst bei den Erzeugern holt – erfrischend anders!

Ischlerbahnstraße 19a	Weinangebot: **44** I 50
+43 664 2174095	Service **19** I 20
www.nurgutes.at	Essen **16** I 20
Kategorie: Klassische Weinbar	Ambiente: **9** I 10
	Gesamt: 88 I 100

Pepe

5020 Salzburg

Südamerika beginnt am Anfang der Steingasse – zumindest, was das Barfeeling betrifft. Ob Margarita, Pisco Sour, Smoky Mezcalita oder Twinni-Shot: Im »Pepe« ist die Cocktailauswahl groß. An Wochenenden kann es hier voll werden – die sympathische Bar ist besonders beim jüngeren Partyvolk beliebt.

Steingasse 3	Drinks: **43** I 50
+43 662 873662	Ambiente: **17** I 20
www.pepe-cocktailbar.at	Service: **18** I 20
Kategorie: American Bar	Sortiment: **8** I 10
	Gesamt: 86 I 100

Sacher Bar

5020 Salzburg

Stimmungsvoll einen Aperitif genießen oder zu späterer Stunde einen kunstvoll gemixten Cocktail, etwa der »Nicht von dieser Welt« mit Havana Club 7 und Mozart Black Choc: All das ist in der eleganten Bar des berühmten Hotels möglich, bei milden Temperaturen auch auf der Terrasse mit Salzach-Blick.

Schwarzstraße 5–7	Drinks: **44** I 50
+43 662 88977	Ambiente: **19** I 20
www.sacher.com	Service: **19** I 20
Kategorie: Hotelbar	Sortiment: **8** I 10
	Gesamt: 90 I 100

Saitensprung

5020 Salzburg

Die authentische Bar am Fuße des Kapuzinerbergs ist vor allem nicht mehr ganz jungen Partygehern seit Jahrzehnten ein Begriff. In uriger Atmosphäre wird getanzt und gefeiert – hinter dem Tresen steht oft der Chef persönlich. Die Barkarte offeriert vor allem Klassisches, auch Barfood kann man ordern.

Steingasse 11	Drinks: **43** I 50
+43 662 881377	Ambiente: **18** I 20
	Service: **19** I 20
Kategorie: Club	Sortiment: **7** I 10
	Gesamt: 87 I 100

Seppo

5020 Salzburg

Die kleine, gemütliche Tagesbar im Herzen der Altstadt bietet sich an, um besten Espresso zu trinken. Im begrünten Innenhof trifft man sich gerne auf ein Glas Franciacorta, Champagner oder Wein. Dazu serviert der sympathische Chef Antipasti mit Oliven und Käse sowie allerlei köstliche Häppchen. Schwerpunkt: Schaumwein

Getreidegasse 38a
+43 676 9508783

Kategorie: Weinbistro

Weinangebot:	**44** | 50
Service	**18** | 20
Essen	**16** | 20
Ambiente:	**8** | 10
Gesamt:	86 | 100

Sketch Bar

5020 Salzburg

In der eleganten Bar im Fünf-Sterne-Hotel am Makartplatz wählt man aus einer umfangreichen Barkarte vorwiegend klassische Cocktails sowie Prickelndes, Whisk(e)ys und mehr. Dezente Klaviermusik, die gediegene Atmosphäre, feine Barspezialitäten und das »Gemischte Doppel« runden das Genusserlebnis ab.

Makartplatz 4
+43 662 873557
www.bristol-salzburg.at
Kategorie: Hotelbar

Drinks:	**42** | 50
Ambiente:	**18** | 20
Service:	**18** | 20
Sortiment:	**8** | 10
Gesamt:	86 | 100

Sky Restaurant Bar

5020 Salzburg

Der Blick auf die Salzburger Bergwelt ist herrlich, sollte aber nicht von den guten Cocktails ablenken, die in der Bar des Hotels offeriert werden. Klassiker mit exotischem Twist erwarten die Gäste – von »Black Mojito« bis »Summer Dream« mit braunem und weißem Rum und Kokos. Auch feine Mocktails!

Josef-Brandstätter-Straße 1
+43 662 230300
www.cool-mama.com
Kategorie: Hotelbar

Drinks:	**42** | 50
Ambiente:	**19** | 20
Service:	**18** | 20
Sortiment:	**7** | 10
Gesamt:	86 | 100

Steinterrasse

5020 Salzburg

In der lässigen Rooftop-Bar über den Dächern trifft man sich nicht nur zur Festspielzeit. Die Cocktails orientieren sich an den Classics und werden mit modernem Twist interpretiert, etwa der »Spicy Paloma Highball« mit Chili-infundiertem Aperol. Große Auswahl an Champagner, Whisk(e)y, Rum und Gin.

Giselakai 3–5
+43 662 877277
www.steinterrasse.com
Kategorie: Hotelbar

Drinks:	**44** | 50
Ambiente:	**19** | 20
Service:	**18** | 20
Sortiment:	**8** | 10
Gesamt:	89 | 100

Wein & Co Salzburg Platzl 🍷🍷🍷

5020 Salzburg

Ein Hingucker ist die Bar mit viel Holz und geradlinigen Formen, im Halbstock befindet sich ein Shop. Mediterran geht es im kleinen Gastgarten zu. Bei den 1200 Weinen ist die Vielfalt ein wichtiges Thema, deshalb wird das Angebot an offenen Weinen häufig gewechselt. Dazu: feine Bistroküche.

Platzl 2	Weinangebot:	**49** | 50
+43 5070 63152	Service	**18** | 20
www.weinco.at	Essen	**17** | 20
Kategorie: Weinbar in Vinothek	Ambiente:	**8** | 10
	Gesamt:	92 | 100

Wolferl und Wein 🍷🍷

5340 St. Gilgen

Die stylish-moderne Bar bietet ganz viel Wohlfühlambiente. Im Sortiment gibt es exzellente österreichische Weine, Trummer-Bier und klassische Cocktails, etwa den »Cosmopolitan« nach einem Originalrezept von 1934. Die Küche zaubert feinste regionale und internationale Tapas aus besten Biozutaten. Schwerpunkt: Österreich

Aberseestraße 9	Weinangebot:	**46** | 50
+43 664 2138278	Service	**18** | 20
www.wolferl-wein.at	Essen	**16** | 20
Kategorie: Klassische Weinbar	Ambiente:	**9** | 10
	Gesamt:	89 | 100

Hochsitz 🍸🍸

5600 St. Johann im Pongau

Das Hotel besticht mit traumhafter Lage mitten im Wander- und Skiparadies, in der Bar kann man den Tag ausklingen lassen und entspannt in den Abend starten: Feine Weinauswahl und gute Drinks schmecken auch dank der gemütlich-heimeligen Atmosphäre mit Holzeinrichtung und knisterndem Kaminfeuer.

Alpendorf 1	Drinks:	**44** | 50
+43 6412 6181	Ambiente:	**18** | 20
www.hotel-berghof.com	Service:	**19** | 20
Kategorie: Hotelbar	Sortiment:	**8** | 10
	Gesamt:	89 | 100

Stöcklwirt 🍷🍷

5600 St. Johann im Pongau

Ein Familienbetrieb mit über 150 Jahren Tradition, so präsentiert sich auch die Weinstube mit Holzpaneelen. Bei den Weinen setzt man auf Österreichisches, ein paar internationale Weine sind dabei, dazu Spirituosen und Champagner. Im Delikatessenshop warten 60 verschiedene Gewürze und schöne Gläser. Schwerpunkt: Österreich

Hauptstraße 22	Weinangebot:	**44** | 50
+43 676 7168471	Service	**18** | 20
www.hotel-stoecklwirt.at	Essen	**16** | 20
Kategorie: Weinbar im Restaurant	Ambiente:	**8** | 10
	Gesamt:	86 | 100

Laschenskyhof

5071 Wals

Die verschiedenen Stuben im jüngst erweiterten und renovierten Hotel laden zum »Gemüteln« nach den Tagesaktivitäten ein, die Bar besticht zusätzlich mit Holz, gemütlichen Sitzgelegenheiten und Terrasse mit herrlichem Ausblick. Ins Glas kommen dazu Cocktails und Longdrinks in guter Ausführung.

Josef-Hauthaler-Straße 2
+43 662 852361
www.laschensky.at
Kategorie: Hotelbar

Drinks:	**43** | 50
Ambiente:	**18** | 20
Service:	**18** | 20
Sortiment:	**8** | 10
Gesamt:	87 | 100

Ginhouse

5700 Zell am See

Nomen est omen: Mit einer der weltgrößten Ginsammlungen machen Liebhaber dieser Spirituose hier nichts falsch. Auch auf andere Drink-Wünsche haben Johannes Suntinger und sein Team eine Antwort: Von Aperitifs wie »Select Black Orange« über »Whiskey Sour« bis zum »Mojito« bleiben keine Wünsche offen.

Dreifaltigkeitsgasse 1
+43 664 2021001
www.ginhouse.at
Kategorie: American Bar

Drinks:	**44** | 50
Ambiente:	**18** | 20
Service:	**18** | 20
Sortiment:	**10** | 10
Gesamt:	90 | 100

Kraftwerk

5700 Zell am See

Das Lokal besticht nicht nur durch Holzbalken und Ziegelwände, sondern auch durch die umfangreiche Weinkarte. Abgebildet werden die wichtigsten Weinbauregionen weltweit. Dazu lässt man sich Gutes vom eigenen Biobauernhof wie Brot und geräucherten Speck schmecken. Auch die regionale Küche ist top.

Schmittenstraße 12a
+43 664 3888016
www.kraftwerk-restaurant.at
Kategorie: Weinbar im Restaurant

Weinangebot:	**46** | 50
Service	**18** | 20
Essen	**18** | 20
Ambiente:	**9** | 10
Gesamt:	91 | 100

TIROL

Zeitlos 989 🍸🍸

6215 Achenkirch

An der Bar des Adults-only-Hotels zwischen Berg und See kann man – nomen est omen – schon mal die Zeit vergessen. Unter der edlen Holzdecke sitzt man am modernen Tresen. Das versierte Team serviert frisch interpretierte Cocktails, klassische Longdrinks und edle Weine, auch von kleineren Weingütern.

Am Waldweg 105a
+43 5246 6389
www.daskronthaler.com
Kategorie: Hotelbar

Drinks:	**43** | 50
Ambiente:	**19** | 20
Service:	**18** | 20
Sortiment:	**7** | 10
Gesamt:	87 | 100

Hotelbar im Hotel Der Bär 🍸🍸

6352 Ellmau

Ob am eleganten Tresen oder auf der gemütlichen Bank mit Blick in die Natur: Die Drinks, die an der Hotelbar des Lifestyle- und Wellnesshotels angeboten werden, schmecken überall bestens, etwa Specials wie »Clover Club by Tobias« mit Gin, Himbeeren und Kokossirup. Ebenfalls top: die über 200 Weine.

Kirchbichl 9
+43 5358 2395
www.hotelbaer.com
Kategorie: Hotelbar

Drinks:	**45** | 50
Ambiente:	**18** | 20
Service:	**18** | 20
Sortiment:	**8** | 10
Gesamt:	89 | 100

Schlosshotel 🍸🍸

6533 Fiss

Eine stilvolle Bar und kommunikatives Herzstück des Hauses. Mit Fingerspitzengefühl und Know-how setzt das Barteam die verschiedenen (Signature) Drinks perfekt in Szene, etwa »SHF Pineapple Cooler« oder »SHF Electric Iced Tea«. Hausgemachte Spirituosen, Sirupe und Limos komplettieren das Angebot.

Laurschweg 28
+43 5476 6397
www.schlosshotel-fiss.at
Kategorie: Hotelbar

Drinks:	**44** | 50
Ambiente:	**18** | 20
Service:	**18** | 20
Sortiment:	**8** | 10
Gesamt:	88 | 100

Stanglwirt Hotelbar

6353 Going

Ein »Fichte Tonic« mit US-Whiskey und hausgemachtem Walnusslikör? Oder einen »Almsmash« mit Tanqueray und Basilikumsirup? Die Wahl fällt schwer bei den hervorragenden Signatures der berühmten Bar. Im ehemaligen Heu- und Getreidespeicher trifft man sich zum genussvollen Abendeinläuten oder -ausklang.

Kaiserweg 1
+43 5358 2000
www.stanglwirt.com
Kategorie: Hotelbar

Drinks:	**43** I 50
Ambiente:	**18** I 20
Service:	**19** I 20
Sortiment:	**9** I 10
Gesamt:	89 I 100

Diana Bar

6060 Hall in Tirol

Oh, Diana! In der Bar am Stadtplatz sind die Nächte oft lang und die Cocktails bunt. Im schönen Gewölbe sitzt man wie im gemütlichen, legeren Wohnzimmer. Hinter der Theke werden vorwiegend klassische Cocktails und Longdrinks gemixt, das Angebot an Whisk(e)y ist groß, mit Schwerpunkt auf Single Malts.

Oberer Stadtplatz
+43 5223 41550
www.dianabar.at
Kategorie: Loungebar

Drinks:	**44** I 50
Ambiente:	**17** I 20
Service:	**18** I 20
Sortiment:	**8** I 10
Gesamt:	87 I 100

Gerhards Pipistrello

6060 Hall in Tirol

In der Stadtmauer von Hall liegt das Kellergewölbe aus dem 13. Jahrhundert. Im Fokus sind österreichische Rot- und Weißweine und ausgesuchte Prosecchi, die direkt vom Produzenten bezogen werden. Ergänzt wird die Karte durch heimische Brände. Dazu passen Vulcano-Schinken und Biokäse von Deutschmann. Schwerpunkt: Österreich

Stadtgraben 22
+43 699 19523336

Kategorie: Klassische Weinbar

Weinangebot:	**44** I 50
Service	**17** I 20
Essen	**14** I 20
Ambiente:	**9** I 10
Gesamt:	84 I 100

Marcellos 🍷🍷

6060 Hall in Tirol

Die Philosophie des charmanten Gastgebers lautet: Mediterranes mit Traditionellem zu verbinden, das gilt für den Wein und die Kulinarik gleichermaßen. Im über 600 Jahre alten Gewölbekeller lagern jede Menge gereifte Weine mit Schwerpunkt Italien. Besonders ausführlich ist das Schaumweinangebot.

Krippgasse 1a
+43 664 99063341
www.marcellos.at
Kategorie: Klassische Weinbar

Weinangebot:	**45** I 50
Service	**18** I 20
Essen	**15** I 20
Ambiente:	**8** I 10
Gesamt:	86 I 100

Ombra 🍷🍷

6060 Hall in Tirol

Umfassend ist die Auswahl an italienischen Weinen und Prosecchi, dafür sorgt Marco Briola im kleinen, urigen Kellergewölbe mit viel Akribie. Dazu serviert er Antipasti, kreative Pastagerichte wie Radicchio mit Gorgonzola, Fisch oder Meeresfrüchte. Natürlich gibt es alles auch zum Mitnehmen. Schwerpunkt: Italien

Schlossergasse 11
+43 664 8768849
www.vineria-ombra.at
Kategorie: Weinbar im Restaurant

Weinangebot:	**44** I 50
Service	**18** I 20
Essen	**17** I 20
Ambiente:	**8** I 10
Gesamt:	87 I 100

360° 🍷🍷

6020 Innsbruck

Im obersten Stock der Rathausgalerien bekommt man einen der spektakulärsten Blicke auf Innsbruck geboten. Das Konzept vereint Bar, Café und Restaurant mit urbanem Ambiente. Geboten werden neben Cocktailklassikern, Aperol und Snacks auch handverlesene Weine aus Österreich, Italien oder Frankreich.

Maria-Theresien-Straße 18
+43 664 8406570
www.360-grad.at
Kategorie: Klassische Weinbar

Weinangebot:	**44** I 50
Service	**19** I 20
Essen	**18** I 20
Ambiente:	**8** I 10
Gesamt:	89 I 100

5th Floor

6020 Innsbruck

In der lässigen American Bar werden alle Register gezogen – geschmacklich wie optisch. Cocktail Classics oder Specials wie »Clarified Matcha« genießt man im Sommer auf der Dachterrasse, im Winter hinter den Panoramafenstern. Jahrgangschampagner, edle Weine und Spirituosen runden das Angebot ab.

Adolf-Pichler-Platz 3
+43 512 5756570
www.thepenz.com
Kategorie: American Bar

Drinks:	**44** | 50
Ambiente:	**19** | 20
Service:	**18** | 20
Sortiment:	**8** | 10
Gesamt:	89 | 100

Adlers Bar

6020 Innsbruck

Für die Karte der Bar mit Rooftop im 12. beziehungsweise 13. Stock des Hotels Adler sollte man sich etwas Zeit lassen. Die Auswahl ist riesengroß, die Qualität top. »Sours« wird ein Schwerpunkt gewidmet, aber auch Classics und Old-Fashioned-Drinks finden Platz. Das Ambiente ist modern, im Sommer auch Live-DJ.

Brunecker Straße 1
+43 512 563100
www.adlers-innsbruck.com
Kategorie: Hotelbar

Drinks:	**45** | 50
Ambiente:	**20** | 20
Service:	**18** | 20
Sortiment:	**8** | 10
Gesamt:	91 | 100

Blaue Brigitte

6020 Innsbruck

Schön ist sie, die neue »Dachbodenbar« mitten in Innsbruck – modern, elegant und mit entspannter Attitüde. So präsentieren sich auch die Drinks von Barchefin Brigitte, etwa »Rosebud« mit Bumbu Rum und Kalamansi. Außerdem gibt's hausgemachte Spritzer, Highballs, eine gute Whisk(e)y-Auswahl und mehr.

Herzog-Friedrich-Straße 31
+43 512 594790
www.weisseskreuz.at
Kategorie: Hotelbar

Drinks:	**44** | 50
Ambiente:	**19** | 20
Service:	**18** | 20
Sortiment:	**8** | 10
Gesamt:	89 | 100

Das Schindler 🍸🍸

6020 Innsbruck

Die Barkarte ist umfangreich, die Auswahl an Champagner und Wein besonders groß. Bei den Cocktails dominieren die Klassiker, die mit Sachverstand gemixt und mit Liebe zum Detail serviert werden. Ein Special des Barteams: der »Gio & Ma« mit Diplomático Reserva Exclusiva und Basilikum-Ingwer-Sirup.

Maria-Theresien-Straße 31	Drinks:	44 | 50
+43 512 566969	Ambiente:	18 | 20
www.dasschindler.at	Service:	18 | 20
Kategorie: Restaurantbar	Sortiment:	8 | 10
	Gesamt:	88 | 100

Die Pizzerei 🍸🍸

6020 Innsbruck

Das sympathische italienische Lokal offeriert unter anderem feine Spritzer- und Aperitivo-Varianten, etwa »Basil Passion« oder »Pink Rosy Tonic« mit hausgemachtem Rosmarin-Wodka und frisch gepresstem Grapefruitsaft. Ein Tipp sind auch die hausgemachten alkoholfreien Limos und das Sorbetto al limone.

Bozner Platz 6	Drinks:	43 | 50
+43 512 583796	Ambiente:	18 | 20
www.diepizzerei.at	Service:	18 | 20
Kategorie: Restaurantbar	Sortiment:	8 | 10
	Gesamt:	87 | 100

Dunlin 🍸🍸🍸

6020 Innsbruck

Trari, trara, die Post ist da! Auch die neue Karte von Kostas und David setzt auf Postkarten, die dem Gast die Farbe des Drinks und die Zutaten verraten. Dass der »Kardinal« dann in Fliegenpilzoptik und -glas daherkommt, sorgt für begeisterte Handyfotos. Vor allem aber: Auch der Geschmack passt!

Meraner Straße 6	Drinks:	47 | 50
+43 676 7434851	Ambiente:	18 | 20
www.dunlin-bar.at	Service:	19 | 20
Kategorie: Loungebar	Sortiment:	8 | 10
	Gesamt:	92 | 100

Haltestelle 🍸🍸

6020 Innsbruck

Einen Stopp an der Haltestelle einlegen – das ist nicht nur für Shot-Liebhaber eine gute Idee. Jede »Buslinie« besteht aus einer Reihe verschiedener Shots. Von der »Legendary Line« bis zur »Ladies Line« ist bei diesem einzigartigen Konzept für jeden etwas dabei. »Geshooted« wird gerne am Tresen.

Angerzellgasse 10	Drinks:	43 | 50
+43 676 6973636	Ambiente:	17 | 20
	Service:	18 | 20
Kategorie: American Bar	Sortiment:	7 | 10
	Gesamt:	85 | 100

Invinum

6020 Innsbruck

Dietmar Pfister hat eine Hand für edle Tropfen aus den österreichischen Weinregionen. Neben den arrivierten gibt er auch jungen, aufstrebenden Winzern eine Bühne. Beliebt sind die Verkostungen mit sieben verschiedenen Weinen, dazu werden feine Happen wie Speck, Käse, Prosciutto und Oliven serviert. Schwerpunkt: Österreich

Innrain 1
+43 512 575545
www.invinum.com
Kategorie: Weinbar in Vinothek

Weinangebot:	**45** I 50
Service	**18** I 20
Essen	**16** I 20
Ambiente:	**7** I 10
Gesamt:	86 I 100

Liquid Diary

6020 Innsbruck

Ein richtiggehendes All-Star-Team hat Damir Bušić gegenwärtig in seinem »Liquid Diary« versammelt; praktisch jeder Tresenkünstler hat schon eine internationale Competition gewonnen – stolz trägt man das »World Class«-Logo. Es sagt alles über die hohe Mixologie, die in der Alpenstadt gepflegt wird.

Adolf-Pichler-Platz 2
+43 676 5281470
www.liquiddiary.com
Kategorie: American Bar

Drinks:	**48** I 50
Ambiente:	**18** I 20
Service:	**19** I 20
Sortiment:	**8** I 10
Gesamt:	93 I 100

Lou

6020 Innsbruck

Elegant und mondän ist die Bar im Herzen der Innsbrucker Innenstadt. Zum After-Work-Drink – etwa einen der Signature »Apero Sprizz« – werden Small Bites wie Pimientos de Padrón empfohlen. Auch die Weinauswahl ist sehr gut. Man genießt an gemütlichen Tischen oder bei Schönwetter im kleinen Gastgarten.

Erlerstraße 17–19
+43 512 559913
lou-bar.at
Kategorie: Restaurantbar

Drinks:	**44** I 50
Ambiente:	**18** I 20
Service:	**18** I 20
Sortiment:	**7** I 10
Gesamt:	87 I 100

L'Arc Brasserie

6020 Innsbruck

Die Cocktails sind Augen- und Gaumenschmaus zugleich und passen perfekt in das stylishe, vom Mittelmeerraum inspirierte Lokal. Nicht verpassen sollte man die herrlichen Food Pairings – etwa »La Tamarindo« oder »Honey Honey«. Man genießt am langen Tresen, an kleinen Tischen oder direkt am Fenster.

Leopoldstraße 7
+43 676 6020547
www.larc.at
Kategorie: American Bar

Drinks:	**43** I 50
Ambiente:	**19** I 20
Service:	**18** I 20
Sortiment:	**8** I 10
Gesamt:	88 I 100

M+M Bar

6020 Innsbruck

Seit 2003 ermixen sich Metin und Martin ein treues Stammpublikum. Über 150 Cocktails stehen zur Auswahl – aus frischen Früchten werden im Shaker-Umdrehen sehr gute Daiquiris und Tropicals. Die Empfehlungen passen sich den Jahreszeiten an, etwa »Cremantlini« mit Crémant Brut und Pfirsichmark.

Innstraße 45
+43 699 15220139
www.mm-bar.at
Kategorie: American Bar

Drinks:	**44** I 50
Ambiente:	**17** I 20
Service:	**18** I 20
Sortiment:	**9** I 10
Gesamt:	88 I 100

Moustache

6020 Innsbruck

In der mit orientalischem Charme ausgestatteten Café-Bar in der Altstadt trifft man sich zum entspannten kulinarischen Genuss genauso wie zum After-Work-Drink oder Cocktail am Wochenende. Die Bandbreite der Drinks reicht von Klassischem bis zu Kreativem wie »Gigi d'Aperol« oder »Kaffee Hardcore«.

Herzog-Otto-Straße 8
+43 680 2163908
www.cafe-moustache.at
Kategorie: American Bar

Drinks:	**43** | 50
Ambiente:	**18** | 20
Service:	**18** | 20
Sortiment:	**7** | 10
Gesamt:	86 | 100

Pfiffbar

6020 Innsbruck

Elegant in Schwarz mit grünem Samt gehalten empfängt die schöne Bar des Hotels Schwarzer Adler ihre Gäste. Unter dem historischen Gewölbe werden unter anderem Signature Cocktails wie »Under the tree« von Barchef Franz vortrefflich gemixt. Die Spirituosenauswahl kann sich ebenfalls sehen lassen.

Kaiserjägerstraße 2
+43 512 587109
www.schwarzeradler-innsbruck.com
Kategorie: Hotelbar

Drinks:	**44** | 50
Ambiente:	**17** | 20
Service:	**19** | 20
Sortiment:	**8** | 10
Gesamt:	88 | 100

Rössl Bar

6020 Innsbruck

Café, Bar und Vinothek profitieren vom historischen Gemäuer mit schönem Gewölbe. Durch den Hotelbetrieb ist es den ganzen Tag über eine beliebte Anlaufstelle. Der Weinkeller ist gut sortiert, immer wieder finden Veranstaltungen statt. Beim Kaffee greift man auf die eigene »Rössl-Mischung« zurück.

Kiebachgasse 8
+43 512 583057
www.roessl.at
Kategorie: Klassische Weinbar

Weinangebot:	**46** | 50
Service	**18** | 20
Essen	**17** | 20
Ambiente:	**8** | 10
Gesamt:	89 | 100

Sitzwohl

6020 Innsbruck

»From day to night« – das ist das Motto der entspannten Bar am Stadtforumplatz. Tagsüber genießt man Kaffee, frisch gepresste Fruchtsäfte oder ein Glas Wein. Mit der Aperitifstunde ab 17 Uhr werden ebensolche offeriert, genauso wie mit Know-how gemixte, vorwiegend klassische Cocktails und edle Weine.

Stadtforum	Drinks:	**42** I 50
+43 512 562888	Ambiente:	**18** I 20
restaurantsitzwohl.at	Service:	**18** I 20
Kategorie: Restaurantbar	Sortiment:	**8** I 10
	Gesamt:	86 I 100

Stage Bar

6020 Innsbruck

Das ganze Team im Herzen der Rathausgalerien ist weiter voll motiviert. Pop-up-Ideen liefert Daniel Penz, solide Cocktails und das obligate Popcorn serviert Barchef Fabian Böhler. Unbedingt sollten Gin-Liebhaber nach seinem Gimlet fragen, der gleich ein Stück Seefahrtsgeschichte mit serviert!

Maria-Theresien-Straße 12	Drinks:	**46** I 50
+43 512 312312	Ambiente:	**19** I 20
www.stage12.at	Service:	**19** I 20
Kategorie: Hotelbar	Sortiment:	**8** I 10
	Gesamt:	92 I 100

vinum.in

6020 Innsbruck

An der Innseite der Markthalle mit schöner Terrasse findet sich das zweite Lokal von Betreiber und Diplomsommelier Dietmar Pfister, geführt als Vinothek, Bar und Café. Gute Tropfen gibt es aus aller Welt, ganz viele von jungen, unbekannten Winzern. Seine sensorisch geführten Verkostungen sind top.

Herzog-Siegmund Ufer 1–3	Weinangebot:	**45** I 50
+43 660 5705545	Service	**18** I 20
www.invinum.com	Essen	**16** I 20
Kategorie: Weinbar in Vinothek	Ambiente:	**8** I 10
	Gesamt:	87 I 100

Wohnzimmer

6020 Innsbruck

Mit Leidenschaft kreierte und gemixte Cocktails stehen in der lässigen Bar im Fokus. Optisch wie geschmacklich top sind auch die wechselnden Specials wie »Banana Boy« mit Jameson Whiskey, Bananen und Chocolate Bitters. Bier und heimische Ciders runden das Angebot ab. Gechillt wird bei (Live-)Musik.

Fürstenweg 5	Drinks:	**44** I 50
+43 664 4500192	Ambiente:	**18** I 20
wohnzimmer.bar	Service:	**18** I 20
Kategorie: Loungebar	Sortiment:	**8** I 10
	Gesamt:	88 I 100

Woodfire

6020 Innsbruck

Die elegante Bar überzeugt Gäste wie Einheimische nicht nur mit ausgesuchten Weinen und heimischem Bier, sondern auch mit der guten Cocktailauswahl – von Klassikern wie »Old Fashioned« bis zu Ausgefallenerem wie »Rosmaries Mühle« mit Tequila und Löwenzahnsirup. Auch die Mocktails sind sehr gut.

Universitätsstraße 5–7
+43 512 59240
www.woodfire.at
Kategorie: Restaurantbar

Drinks:	**43** | 50
Ambiente:	**18** | 20
Service:	**18** | 20
Sortiment:	**8** | 10
Gesamt:	87 | 100

Post Bar 67

6561 Ischgl

In der Bar des Vier-Sterne-Superior-Hotels ist man immer bestens aufgehoben. Dazu tragen auch die feinen Kreationen von Barchef Dominik Brunner bei. Neben Fizzy, Fruity und Classic Cocktails gibt's hervorragende Signatures, etwa »Smoking Guns« oder »Sissitini«. Toll: die große Gin-, Whisk(e)y- und Rum-Auswahl.

Dorfstraße 67
+43 5444 5232
post-ischgl.com
Kategorie: Hotelbar

Drinks:	**45** | 50
Ambiente:	**19** | 20
Service:	**18** | 20
Sortiment:	**9** | 10
Gesamt:	91 | 100

Ursprung 🍷🍷🍷 6561 Ischgl

Genuss wird hier, inmitten der Bergwelt, auf ein hohes Niveau gehoben, die exklusive Weinbar besticht mit einem Gewölbekeller, in dem eine enorme Auswahl an Champagnern neben besten österreichischen und internationalen Weinen lagert. Wer keinen Alkohol mag, trinkt einen Espresso mit Vanilleeis. Schwerpunkt: Österreich

Dorfstraße 67
+43 5444 5232
www.post-ischgl.com
Kategorie: Weinbar im Restaurant

Weinangebot:	**48** | 50
Service	**19** | 20
Essen	**18** | 20
Ambiente:	**9** | 10
Gesamt:	94 | 100

Foto: Uli Thielemann

DEWALDs Weinladen 🍷🍷 6370 Kitzbühel

Die Auswahl spannt einen weiten Bogen von Österreich bis hin zu internationalen Weinen, vom kleinen Winzer bis zu den ganz großen Namen. Das schöne Schaumweinangebot listet klassischen Champagner, aber auch Crémant, Franciacorta, Prosecco, Winzersekt und Pet Nats. Zum Wein passt Elsässer Flammkuchen. Schwerpunkt: Österreich

Im Gries 15
+43 699 17291150
www.dewalds.at
Kategorie: Weinbar in Vinothek

Weinangebot:	**46** | 50
Service	**19** | 20
Essen	**15** | 20
Ambiente:	**8** | 10
Gesamt:	88 | 100

Leo Hillinger Wineshop & Bar

6370 Kitzbühel

»More than wine« ist Leo Hillingers uneingeschränktes Motto, das kommt auch in der lässig gestylten Location im Zentrum von Kitz zum Ausdruck. Im Sommer ist der Gastgarten fein, man verkostet die Hillinger-Weine, genießt köstlichen Feuerfleck mit Speck und Zwiebel oder die legendäre HILL-Platte.

Hinterstadt 11
+43 5356 20251
www.leo-hillinger.com
Kategorie: Weinbar in Vinothek

Weinangebot:	**44** | 50
Service	**19** | 20
Essen	**16** | 20
Ambiente:	**9** | 10
Gesamt:	88 | 100

Fritz Wein Café

6330 Kufstein

Österreichische Spitzenwinzer sind bei Judith und Fritz Rupprechter – auch mit Naturweinen – genauso vertreten wie deutsche Rieslinge oder Schätze aus Frankreich. Dazu schmecken nicht alltägliche Köstlichkeiten: französische Käsevariationen, Quiche des Tages oder hausgemachte Kuchen und Desserts. Schwerpunkt: Österreich

Unterer Stadtplatz 18
+43 664 1354789
www.fritz-wein-cafe.com
Kategorie: Weinbistro

Weinangebot:	**48** | 50
Service	**19** | 20
Essen	**17** | 20
Ambiente:	**9** | 10
Gesamt:	93 | 100

Liebelei

6330 Kufstein

Die sympathische Vinothek und Weinbar von Kemal Özdemir lebt von der Liebe zum Wein und einem tollen gastronomischen Angebot. Seine Palette reicht von besten Weinen und Schaumweinen bis zu Bränden, alles von österreichischen Produzenten. Zum sehr guten Espresso serviert man hausgemachte Kuchen.

Unterer Stadtplatz 15
+43 5372 21320
www.cafe-liebelei.at
Kategorie: Klassische Weinbar

Weinangebot:	**43** I 50
Service	**18** I 20
Essen	**16** I 20
Ambiente:	**8** I 10
Gesamt:	85 I 100

Panorama 1830

6330 Kufstein

Die schicke neue Rooftop-Bar liegt malerisch am Wasser und bietet schöne Weitblicke, zu trinken gibt es neben der feinen Weinauswahl und gut gemachten Cocktailklassikern auch ein paar Eigenkreationen. Besonders überzeugend sind jene mit dem hauseigenen »Löchl Gin« aus dem legendären »Stollen«.

Römerhofgasse 4
+43 5372 62138
www.auracher-loechl.at
Kategorie: American Bar

Drinks:	**43** I 50
Ambiente:	**18** I 20
Service:	**16** I 20
Sortiment:	**7** I 10
Gesamt:	84 I 100

Pure

6330 Kufstein

Sahnig, sauer oder süß? In der legeren Bar in der Marktgasse hat man die (angenehme) Qual der Wahl. Neben beliebten Evergreens überzeugen auch Specials wie »Fresh Flow«, die es als Jumbo-Variante mit 12 Zentilitern gibt. Am Wochenende kann es hier voll werden, es gibt regelmäßig (Motto-)Partys.

Marktgasse 20
+43 650 6482564
www.pure-lounge.eatbu.com
Kategorie: Loungebar

Drinks:	**42** I 50
Ambiente:	**17** I 20
Service:	**18** I 20
Sortiment:	**8** I 10
Gesamt:	85 I 100

Stollen 1930 🍸🍸🍸

6330 Kufstein

Mit einer Feder als Erkennungszeichen holen die Hotelgäste ihren »G&T« des Tages. Denn die Auswahl geht bei bald 900 Optionen in Sachen Wacholder nicht aus. Das alles im barock-modernen Setting, das den Kontrast zum historischen (und namensgebenden) Stollen noch unterstreicht: Himmel der Ginfreunde!

Römerhofgasse 5	Drinks:	**45** | 50
+43 5372 62138	Ambiente:	**19** | 20
www.auracher-loechl.at	Service:	**18** | 20
Kategorie: Hotelbar	Sortiment:	**10** | 10
	Gesamt:	92 | 100

Vitus & Urban 🍷

6330 Kufstein

Eine trendige, urbane Weinbar mit gemütlichen Loungemöbeln im arte Hotel Kufstein – dem Thema Kunst wird hier viel Raum gegeben. Bei den Weinen bleibt man Österreich treu: Wachau, Kamptal und Weinviertel sind stark vertreten. Auch bei den Happen ist man auf der Suche nach heimischen Produkten. Schwerpunkt: Niederösterreich

Marktgasse 2	Weinangebot:	**43** | 50
+43 5372 61414	Service	**18** | 20
www.vitusundurban.at	Essen	**15** | 20
Kategorie: Weinbistro	Ambiente:	**8** | 10
	Gesamt:	84 | 100

WineLounge 🍷🍷🍷

6631 Lermoos

Der Keller hat viel zu bieten – etwa 40.000 Flaschen, darunter sind einige Naturweine. Wöchentlich finden Verkostungen statt, das Thema Sake hat auch einen Fixplatz. Die Küche bietet Tiroler Klassiker mit mediterranen Einflüssen, manchmal blitzt asiatische Fusionsküche auf. Beliebt sind die Fondues. Schwerpunkt: Österreich

Danielstraße 3	Weinangebot:	**48** | 50
+43 5673 2424200	Service	**18** | 20
www.winelounge.at	Essen	**17** | 20
Kategorie: Weinbar im Restaurant	Ambiente:	**8** | 10
	Gesamt:	91 | 100

Bar im Grandhotel 🍸🍸

9900 Lienz

Neben den internationalen Optionen – von Gin bis Champagner – werden im prächtigen Salonambiente auch die lokalen Genüsse gepflegt. Edelbrände vom Schwarzer oder auch Cocktailkreationen wie »Climb it up« oder der »Hike the Dolomites« mit Basilikum erfreuen nicht nur die Hotelgäste an der Isel.

Fanny-Wibmer-Pedit-Straße 2	Drinks: **44** | 50
+43 4852 64070	Ambiente: **18** | 20
www.grandhotel-lienz.com	Service: **18** | 20
Kategorie: Hotelbar	Sortiment: **8** | 10
	Gesamt: 88 | 100

Hof Bar Wine & Cocktailbar 🍷🍷🍷

6290 Mayrhofen

Im legeren Alpinstil wurde die gehobene Bar gestaltet. Die Champagnerkarte ist exzellent, der perfekte Begleiter wurde mit feinsten Dosensardinen aus Südfrankreich und Portugal gefunden. Bei den Cocktails bietet man erfrischend andere Kreationen wie »Root versus Fruit« mit Gin und Aperol an.

Am Marienbrunnen 341	Weinangebot: **46** | 50
+43 5285 62265	Service **19** | 20
www.zillertalerhof.at	Essen **18** | 20
Kategorie: Klassische Weinbar	Ambiente: **9** | 10
	Gesamt: 92 | 100

Tweets Rooftop 🍸🍸

6284 Ramsau im Zillertal

»Gut einen zwitschern« kann man in dieser sympathischen Bar im Zillertal. Einheimische Edelbrände stehen einträchtig mit internationalen Spirituosen, Wein und Prickelndem auf der Karte. Ins hippe Ambiente passen die kompetent gemixten Drinks und Cocktails, die auch auf die Terrasse serviert werden.

Ramsau 425	Drinks: **43** | 50
+43 664 4170755	Ambiente: **18** | 20
www.tweets-rooftop.at	Service: **19** | 20
Kategorie: Restaurantbar	Sortiment: **8** | 10
	Gesamt: 88 | 100

Novellis 🍸🍸

6600 Reutte

Im modernen Café-Bar-Restaurant gehen neben klassischen Longdrinks vor allem Gin-Specials – auch alkoholfrei – und Cocktails über den Tresen. Ob spritzig, exotisch oder klassisch – hier versteht man das Barhandwerk. Ebenfalls toll: die Mocktail-Auswahl. Im Sommer genießt man sie auf der Terrasse.

Mühler Straße 12	Drinks: **43** | 50
+43 5672 64612	Ambiente: **18** | 20
www.novellis.at	Service: **18** | 20
Kategorie: Restaurantbar	Sortiment: **7** | 10
	Gesamt: 86 | 100

Cubo Skylounge

6380 St. Johann in Tirol

Bunt und fröhlich begrüßt die Skilounge ihre Gäste – das beginnt beim Interieur und endet bei den fantasievollen Drinks und Cocktails, etwa »Cubo's Höhenrausch«. Auch die hausgemachten Eistees, Limonaden und die Mocktails überzeugen. Den spektakulären Blick auf die Bergwelt gibt es gratis dazu.

Speckbacher Straße 37a	Drinks:	**43** I 50
+43 5352 21620	Ambiente:	**19** I 20
www.hotelcubo.at	Service:	**18** I 20
Kategorie: Hotelbar	Sortiment:	**8** I 10
	Gesamt:	88 I 100

Fink's Bar

6380 St. Johann in Tirol

Gemütliche Ausstattung mit Holz und Ledersesseln, im Sommer ist der Gastgarten ideal. Zu mediterranen Gerichten wie Pizza, Pasta oder Meeresfrüchten passen italienische Weiß- und Rotweine, viele Österreicher sind auch dabei. Außerdem über 120 hochkarätige Spirituosen sowie Sekt und Champagner.

Bahnhofstraße 22	Weinangebot:	**44** I 50
+43 5352 64168	Service	**18** I 20
www.finks-restaurant.at	Essen	**17** I 20
Kategorie: Weinbar im Restaurant	Ambiente:	**8** I 10
	Gesamt:	87 I 100

Post Bar

6380 St. Johann in Tirol

In der urban-arabisch inspirierten Bar des Hotels Post treffen sich Gäste wie Einheimische. Die Drinks, die Barchef Florian Thurner mit Sachverstand mixt, unterstreichen das kosmopolitische Lebensgefühl. Neben den Classics überzeugen Signatures wie »Captain Thurner« mit Wodka, Aperol und Himbeere.

Speckbacherstraße 1	Drinks:	**44** I 50
+43 5352 636430	Ambiente:	**19** I 20
www.dashotelpost.at	Service:	**18** I 20
Kategorie: Hotelbar	Sortiment:	**8** I 10
	Gesamt:	89 I 100

Weinkiste

6380 St. Johann in Tirol

Die sympathischen Betreiber Hildegard und Josef Hintler-Wolf kennen sich aus beim Wein, viele Produzenten besuchen sie gerne selber. Besonders angetan hat es ihnen der Charme kleiner, noch unbekannter Weingüter. Immer wieder finden auch Veranstaltungen und von Winzern geführte Verkostungen statt. Schwerpunkt: Burgenland, Niederösterreich, Steiermark

Dechant-Wieshofer-Straße 11	Weinangebot:	**45** I 50
+43 5352 20710	Service	**18** I 20
www.weinkiste.at	Essen	**15** I 20
Kategorie: Weinbar in Vinothek	Ambiente:	**9** I 10
	Gesamt:	87 I 100

Astoria Bar ŸŸ

6100 Seefeld in Tirol

Im eleganten Wohlfühlambiente der Bar des Fünf-Sterne-Superior-Resorts wird größter Wert auf Qualität gelegt. Regionale Produkte und Selbstgemachtes wie Sirupe und Shrubs ergänzen die erstklassigen Drinks. Auf der Karte stehen vorwiegend Klassiker, das versierte Team empfiehlt gerne »Bartender's Choice«.

Geigenbühelstraße 185
+43 5212 2272
www.astoria-seefeld.com
Kategorie: Hotelbar

Drinks:	**44** I 50
Ambiente:	**19** I 20
Service:	**18** I 20
Sortiment:	**8** I 10
Gesamt:	89 I 100

Woods ŸŸ

6100 Seefeld in Tirol

Stylish, mit herrlichem Ausblick präsentiert sich die Bar mit asiatischem Touch. Die Gin-Tonic-Empfehlungen sind top, auch die Signature Cocktails, etwa »Pink Lips« mit Campari, Roku Gin und Himbeeren. Interessante Weinauswahl, auch bei Prickelndem gibt's Besonderheiten wie japanischen Sparkling.

Klosterstraße 120
+43 5212 53210
www.woods-seefeld.com
Kategorie: Restaurantbar

Drinks:	**43** I 50
Ambiente:	**19** I 20
Service:	**18** I 20
Sortiment:	**8** I 10
Gesamt:	88 I 100

Incontro ŸŸ

6534 Serfaus

Geschüttelt oder gerührt? In der coolen Bar des Vier-Sterne-Hotels überzeugen moderne und klassische Drinks gleichermaßen. Der Fokus liegt auf Gin, die Auswahl ist top. Auch Cocktail- und Spritz-Varianten offeriert das Team rund um Barchef Rene Pal – etwa den »Sweet Alps« mit Gin und Marillenmarmelade.

Dorfbahnstraße 63
+43 5476 6280
www.alfahotel.at
Kategorie: Hotelbar

Drinks:	**44** I 50
Ambiente:	**18** I 20
Service:	**19** I 20
Sortiment:	**8** I 10
Gesamt:	89 I 100

Skybar The Vue

6450 Sölden

Über den Dächern von Sölden genießt man im extravaganten Ambiente den Blick durch die Panoramafenster auf die umliegende Bergwelt und in den Himmel. Im Sommer werden die eleganten Longdrinks und von der Natur inspirierten Signature Cocktails wie »Der Bergnebel« auch auf der Dachterrasse serviert.

Oberwindaustraße 19
+43 5254 2600
www.the-secret-soelden.com
Kategorie: Loungebar

Drinks:	**44** | 50
Ambiente:	**18** | 20
Service:	**18** | 20
Sortiment:	**8** | 10
Gesamt:	88 | 100

Weinatelier Agnes

6306 Söll

Für individuelle Weinverkostungen und Beratung ist man hier an der richtigen Adresse: Weinbar, Café, Heuriger und Feinkostladen befinden sich unter einem Dach. Eine große Weinauswahl aus aller Welt steht auf der Karte, dazu passen Antipasti, Käse und eine Vielfalt an hausgemachten Pastagerichten. Schwerpunkt: Österreich, Sake

Dorf 123
+43 5333 21500
www.weinatelier-agnes.at
Kategorie: Weinbistro

Weinangebot:	**47** | 50
Service	**18** | 20
Essen	**17** | 20
Ambiente:	**8** | 10
Gesamt:	90 | 100

Juffing

6335 Thiersee

Natur und Ursprünglichkeit bietet das gehobene Hotel mit traumhaftem Garten nur für Erwachsene. Die Exklusivität erstreckt sich auch auf das Fine Dining und die entsprechende Weinbegleitung. Wachau, Südsteiermark und Burgenland sind prominent vertreten. Der hauseigene Marillenschnaps ist prämiert.

Hinterthiersee 79
+43 5376 5585
www.juffing.at
Kategorie: Klassische Weinbar

Weinangebot:	**46** | 50
Service	**18** | 20
Essen	**18** | 20
Ambiente:	**8** | 10
Gesamt:	90 | 100

Culinaria 🍷🍷

6134 Vomp

Im Onlineshop gibt es die Winzer des Monats sowie bayerische Biere zu sehr fairen Preisen, aber auch in der Vinothek hat man eine schöne Auswahl, beste Beratung bei vielen internationalen Weinen, bei Edelbränden und Grappa. Für den Gaumen gibt es etwa hausgemachte Pasta mit rotem Pesto und Huhn. Schwerpunkt: Österreich

Au 50	Weinangebot:	**44** I 50
+43 5242 63230	Service	**18** I 20
www.neururer.cc	Essen	**16** I 20
Kategorie: Weinbar in Vinothek	Ambiente:	**8** I 10
	Gesamt:	86 I 100

Eden Bar & Patisserie 🍸🍸🍸

6280 Zell am Ziller

Eine elaborierte Cocktailkultur ist selten in den Alpen, doch Zell am Ziller zeigt vor, wie es anders geht. Selbst die hauseigenen Whiskygläser, handgemacht in Ostdeutschland, zeugen bei der Raritätenverkostung von der Detailverliebtheit. Tolle Champagneroptionen ergänzen den Sundowner im Hotel.

Rohrerstraße 5	Drinks:	**46** I 50
+43 5282 2236	Ambiente:	**19** I 20
www.malisgarten.at	Service:	**18** I 20
Kategorie: Hotelbar	Sortiment:	**9** I 10
	Gesamt:	92 I 100

Englhof Cocktailbar 🍸🍸🍸

6277 Zell am Ziller

Tiroler Zutaten für die »Alpine Mixology«, eine unglaubliche Sortierung vor allem bei »dark spirits« und dazu Andi Hotters profundes Wissen – auf diesen drei Säulen ruht der Ruf der Hotelbar, der weit über Tirol hinausgeht. Schließlich gibt's auch nicht an jeder Ecke so einen »Wildrosen-Negroni«!

Zellbergeben 28	Drinks:	**47** I 50
+43 5282 3134	Ambiente:	**18** I 20
www.englhof.at	Service:	**19** I 20
Kategorie: Hotelbar	Sortiment:	**10** I 10
	Gesamt:	94 I 100

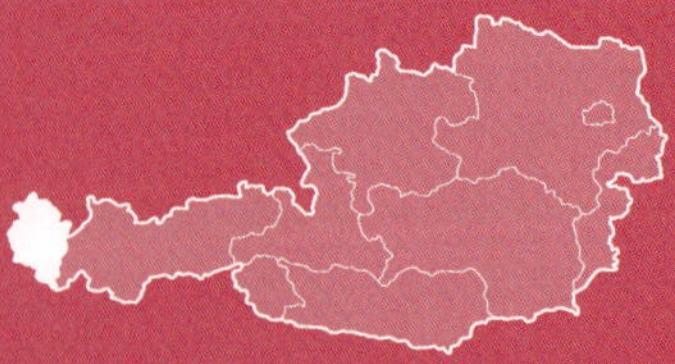

VORARLBERG

Cuba

6900 Bregenz

Amerikanische Cocktailtradition, gepaart mit karibischem Feeling: In Christof Albrechts Lounge-Bar mit Club-Feeling stehen die Klassiker im Vordergrund. Sehr praktisch: Sämtliche Drinks des Cuba-Cocktailbuchs stehen als »Test-Shots« – also kleine Sampler – zur Verfügung. Schöne Zigarrenauswahl!

Bahnhofstraße 8
+43 5574 47052
www.cuba-club.at
Kategorie: Loungebar

Drinks:	**43** | 50
Ambiente:	**18** | 20
Service:	**18** | 20
Sortiment:	**8** | 10
Gesamt:	87 | 100

Kreuz Bar

6900 Bregenz

Christan Pfeiffer und seine sympathische Crew agieren als Genussdealer, Seelsorger, Lebensretter und Gesprächspartner – jede Stadt braucht einen Spot wie diesen, noch dazu mit dieser Gartenlounge! Das schöne Sortiment an Spirituosen und Drinks wird mit Thementagen und grandiosen Jam-Sessions ergänzt.

Römerstraße 5
+43 664 4465400
www.stadtgasthaus.at
Kategorie: American Bar

Drinks:	**43** | 50
Ambiente:	**18** | 20
Service:	**19** | 20
Sortiment:	**8** | 10
Gesamt:	88 | 100

Lust

6900 Bregenz

Der Name verpflichtet, denn Lukas Buttazoni und Barkeeper-Weltmeister Stefan Köb imponieren mit einer beeindruckenden Cocktail-, Longdrink-, Wein- und Bierauswahl. Dazu gibt's feine Snacks und Antipasti. Übrigens betreibt das Team sommers auch die lässige Beach-Bar in den Seeanlagen – Pflichtbesuch!

Inselstraße 8
+43 664 5840648

Kategorie: American Bar

Drinks:	**43** | 50
Ambiente:	**18** | 20
Service:	**18** | 20
Sortiment:	**8** | 10
Gesamt:	87 | 100

Paschanga 2.0

6900 Bregenz

Als Homebase der Cocktailkultur seit fast 20 Jahren ist man ein Eckpfeiler der Bregenzer Nightlife-Szene: Mike Erath und sein Team mixen, neben Traditionellem, was gerade angesagt ist und harmoniert. Partys und Events runden das Angebot ab, das sympathische Serviceteam sorgt für viele Stammgäste.

Kornmarktstraße 24
+43 660 5077142
www.paschangabar.at
Kategorie: Loungebar

Drinks:	**42** I 50
Ambiente:	**17** I 20
Service:	**19** I 20
Sortiment:	**8** I 10
Gesamt:	86 I 100

Pier 69

6900 Bregenz

Wem der Sinn nach einem Kurzurlaub steht, ist hier genau richtig, denn die moderne Bar am Wasser besticht mit direkter Seenähe und gemütlichem Loungebereich auf der Terrasse. Dazu passen klassische Longdrinks und kreative Gin-Tonic-Variationen aus feinen internationalen Spirits besonders gut.

Seestraße 4
+43 5574 43202
www.pier69.at
Kategorie: Restaurantbar

Drinks:	**45** I 50
Ambiente:	**18** I 20
Service:	**19** I 20
Sortiment:	**8** I 10
Gesamt:	90 I 100

Viva

6900 Bregenz

Seit 1995 die mexikanische Oase am Bodensee. Da dürfen zur Tex-Mex-Küche weder Tequila- und Bierspezialitäten noch fruchtig-verführerische Cocktails fehlen. Und da Hausherr Christoph Wellinger auch passionierter Weintrinker ist, gibt's gereifte Raritäten der besten österreichischen Gewächse.

Seestraße 7
+43 5574 42288
www.cantina.at
Kategorie: Restaurantbar

Drinks:	**42** I 50
Ambiente:	**17** I 20
Service:	**17** I 20
Sortiment:	**8** I 10
Gesamt:	84 I 100

Weinstube Kinz

6900 Bregenz

Im Herzen der Stadt wird das denkmalgeschützte Schmuckstück vorbildlich bewirtet. Der Schwerpunkt liegt in der steirischen Heimat von Gastgeberin Andrea Kinz, entsprechende Schätze werden aus Küche und Keller serviert. Perfekte Ergänzung: Gleich ums Eck gibt's die neue Bierbar von Sohn Hubert junior. Schwerpunkt: Österreich

Kirchstraße 9
+43 5574 42815
www.weinstubekinz.at
Kategorie: Weinbistro

Weinangebot:	**44** I 50
Service	**18** I 20
Essen	**16** I 20
Ambiente:	**8** I 10
Gesamt:	86 I 100

Bar Novum

6884 Damüls

Dass Barchef Oliver Polster ein Faible für Whisk(e)ys hat, zeigt sich nicht nur am (gar nicht mehr sooo) geheimen Publikumshit der Hotelbar: »Smooth Jazz at the Garrick«. Die gewaltige Liebe zum Detail – etwa beim Eisschnitzen oder bei den selbst gemachten Zutaten – kommt aber allen Mix-Spirituosen zugute.

Oberdamüls 191	Drinks: **45** I 50
+43 5510 5130	Ambiente: **18** I 20
www.hotel-alpenstern.at	Service: **19** I 20
Kategorie: Hotelbar	Sortiment: **8** I 10
	Gesamt: 90 I 100

Rätschkachl

6850 Dornbirn

In der legendären Bar von Patrik Österle trifft sich nicht nur die Dornbirner Szene seit über 40 Jahren im Villenviertel der Stadt. Die Vielfalt an Martinis, Cocktails (und auch Mocktails!) sowie Spirituosen aus aller Welt schmeckt natürlich am besten nach den Steaks im dazugehörigen Restaurant.

Bergstraße 22	Drinks: **43** I 50
+43 5572 21995	Ambiente: **17** I 20
www.raetschkachl.com	Service: **18** I 20
Kategorie: American Bar	Sortiment: **7** I 10
	Gesamt: 85 I 100

Vernissage

6863 Egg

Im Gewölbe des Gasthauses Adler schuf Klaus Riezler einen charmant-geselligen Treffpunkt für Gäste und Einheimische gleichermaßen. Seine Signature Drinks wie »Dorfmulle« oder »Klausmopolitan«, ausgestellte Kunst von Bregenzerwälder Künstlern sowie regelmäßige Events sorgen stetig für Laune!

Großdorf 14	Drinks: **42** I 50
+43 664 4520045	Ambiente: **18** I 20
www.vernissage.club	Service: **18** I 20
Kategorie: Loungebar	Sortiment: **8** I 10
	Gesamt: 86 I 100

BENGODI Wein.Genuss.Kulinarik.

6800 Feldkirch

Seit 2009 hat sich Dieter Schönenberger-Wohlgenannt als mediterraner Genussmensch ein fantastisches Sortiment aufgebaut. Gäste freuen sich über Grappa, (Schaum-)Weine, Rum oder Wermut aus allen Regionen Italiens. Und sie können ihre Favoriten aus der Vinothek auch gleich mit nach Hause nehmen. Schwerpunkt: Italien

Schmiedgasse 7	Weinangebot: **45** I 50
+43 660 6800771	Service **19** I 20
www.bengodi.at	Essen **16** I 20
Kategorie: Klassische Weinbar	Ambiente: **9** I 10
	Gesamt: 89 I 100

Bunt

6800 Feldkirch

Lässig-urbaner Spot in der schönen Altstadt mit Sonnenterrasse, Bar und Club im Gewölbekeller. Bei der Auswahl der Drinks wird kein Trend verpasst, die DJ-Gigs und Livekonzerte sind legendär, das Essen schmeckt köstlich und das sympathische Team hält all dies harmonisch zusammen – ein Glücksfall!

Marktgasse 1
+43 5522 83983
www.bunt-bar.at
Kategorie: American Bar

Drinks:	**44** | 50
Ambiente:	**18** | 20
Service:	**18** | 20
Sortiment:	**7** | 10
Gesamt:	87 | 100

Dogana

6800 Feldkirch

Schon mal einen »Scottish-Spritz«, »Virgin Milano«, »Braulio Tonic« oder »Borsalino« probiert? Wenn nicht, gibt's im sympathisch-lässigen Familienbetrieb der Gallauns die perfekte Gelegenheit dazu. Kreative Ideen ergänzen die Klassiker, das trifft neben der Barkarte auch auf Restaurant und Café zu.

Neustadt 20
+43 5522 75126
www.dogana.com
Kategorie: Restaurantbar

Drinks:	**42** | 50
Ambiente:	**18** | 20
Service:	**18** | 20
Sortiment:	**7** | 10
Gesamt:	85 | 100

Rauch Club

6800 Feldkirch

Seit über 20 Jahren wird inmitten von Feldkirch getanzt, gefeiert und elektronische Musik zelebriert – und zwar »underground«. Das lässige Lokal sorgt für gepflegte Clubkultur im Gewölbekeller mit DJ-Sets, abwechslungsreichen Veranstaltungen und – nicht zu vergessen! – umfangreicher Drinkauswahl.

Marktgasse 9–11
+43 5522 3146410
www.rauchgastronomie.at
Kategorie: Club

Drinks:	**42** | 50
Ambiente:	**19** | 20
Service:	**17** | 20
Sortiment:	**7** | 10
Gesamt:	85 | 100

Bemelmans-Bar

6764 Lech

Vom stilvollen Start bis zum feierlichen Abschluss eines Abends eine legendäre Adresse im Nobelhotel Post von Familie Moosbrugger. Zur Gerüchteküche samt Small Talk werden ausgesuchte Single Malts, frisch gezapfte Pfifferl, klassische Cocktails und Tropfen der sensationellen Weinkarte serviert.

Dorf 11
+43 5583 22060
www.postlech.com
Kategorie: Restaurantbar

Drinks:	**43** | 50
Ambiente:	**19** | 20
Service:	**19** | 20
Sortiment:	**8** | 10
Gesamt:	89 | 100

Berghof Bar

6764 Lech

Dass sich Oliver Drasdos mixologisches Reich gleich neben der Rezeption befindet, darf man als Ansage werten. Denn die Signature Drinks wie der paprikawürzige »Pimiento« oder der »Berghof Zwetschke« lässt man sich vor und nach dem Essen gerne schmecken im schmucken Hotel. Kreativität trifft Können!

Dorf 161
+43 5583 2635
www.derberghof.at
Kategorie: Hotelbar

Drinks:	**45** | 50
Ambiente:	**18** | 20
Service:	**19** | 20
Sortiment:	**8** | 10
Gesamt:	90 | 100

Fux

6764 Lech

In der edlen Lounge-Bar treffen sich Einheimische wie Gäste, um eine der spektakulärsten Weinkarten Österreichs (mittlerweile über 5000 Positionen!) und andere Köstlichkeiten der Crew zu erleben. Raritäten zurück bis in die 20er-Jahre begeistern selbst anspruchsvollste Genießer. Schwerpunkt: Sushi, Nature Wine, Late Night Dinner, Cocktailkarte, spannende Weinkarte, Steak

Omesberg 587
+43 5583 2992
www.fux-mi.net
Kategorie: Weinbar im Restaurant

Weinangebot:	**48** | 50
Service	**18** | 20
Essen	**18** | 20
Ambiente:	**8** | 10
Gesamt:	92 | 100

Foto: Klaus Lorke No Limit Fotodesign

Krone-Bar

6764 Lech

Nicht nur Hotelgäste kommen in den Genuss der schier unglaublichen Auswahl an Raritäten von Wein (Frankreich!), Whisk(e)y, Rum oder Cognac – persönlich ausgesucht von Gastgeber Johannes Pfefferkorn. Dazu ein erlesenes Zigarrensortiment, Köstliches aus der Küche und gediegene Atmosphäre – ein Traum! Schwerpunkt: Österreich

Dorf 13
+43 5583 2551
www.kronelech.at
Kategorie: Klassische Weinbar

Weinangebot:	**48** | 50
Service	**19** | 20
Essen	**18** | 20
Ambiente:	**8** | 10
Gesamt:	93 | 100

Licca Lounge ⅠⅠ

6764 Lech

Die stilvolle Kaminlounge und Sonnenterrasse des Luxushotels muss man erlebt haben: Von Weinraritäten, Craft-Beer bis zu trendigen Cocktails hat Restaurantleiter und Weinprofi Markus Winkler mit seiner Crew immer eine perfekte Empfehlung – und hält nicht zuletzt auch kulinarische Überraschungen parat.

Tannberg 130	Drinks:	**43** I 50
+43 5583 2214	Ambiente:	**19** I 20
www.aureliolech.com	Service:	**18** I 20
Kategorie: Hotelbar	Sortiment:	**9** I 10
	Gesamt:	89 I 100

Franz Michl

6886 Schoppernau

Weil es in seiner Umgebung keine stimmige Einkehrmöglichkeit gab, eröffnete Meisterfriseur Martin Strolz einfach seine eigene Bar, benannt nach dem bekannten Bregenzerwälder Dichter. Somit gibt's eine hervorragende Weinauswahl, frisch gezapftes Guinness und passende mediterrane Köstlichkeiten. Schwerpunkt: Österreich

Unterdorf 2a	Weinangebot:	**44** I 50
+43 664 3801536	Service	**19** I 20
www.franzmichl.at	Essen	**16** I 20
Kategorie: Weinbar in Vinothek	Ambiente:	**9** I 10
	Gesamt:	88 I 100

Bibers

6767 Warth

Das lässige Lifestylehotel »Biberkopf« war eine Bereicherung für den Bregenzerwälder Ferienort am Arlberg, das dazugehörige Restaurant samt Bar eine für die Nightlife-Szene. In stilvollem Ambiente trifft man sich auf Aperitif, Snacks oder zum Feiern, die bestens geschulte Crew spielt alle Stückerl.

Warth 28	Drinks:	**44** I 50
+43 5583 41800	Ambiente:	**18** I 20
www.biberkopf.at	Service:	**18** I 20
Kategorie: Hotelbar	Sortiment:	**8** I 10
	Gesamt:	88 I 100

Edelweiss Bar

6763 Zürs

Der berühmte Après-Ski-Hotspot am Arlberg ist Bar, Club und Disco gleichermaßen: Seit über 30 Jahren fließen hier Wein, Champagner und Cocktails in Strömen, werden legendäre Partys organisiert, gibt es extravagante Live-Gigs und treffen sich vom Gast bis zum Mitarbeiter Gleichgesinnte zum Feiern.

Zürs 79	Drinks:	**42** I 50
+43 5583 2662	Ambiente:	**19** I 20
www.edelweiss-arlberg.at	Service:	**18** I 20
Kategorie: Hotelbar	Sortiment:	**8** I 10
	Gesamt:	87 I 100

AI
9050
85 | 100
12
76 | 100
19
19
GE
1201
90 – 94
38
CH
01
02
07
03
06
04
05
2
3
4
80 – 84
BE
3001

DIE BESTEN BARS UND WEINBARS IN DER

SCHWEIZ

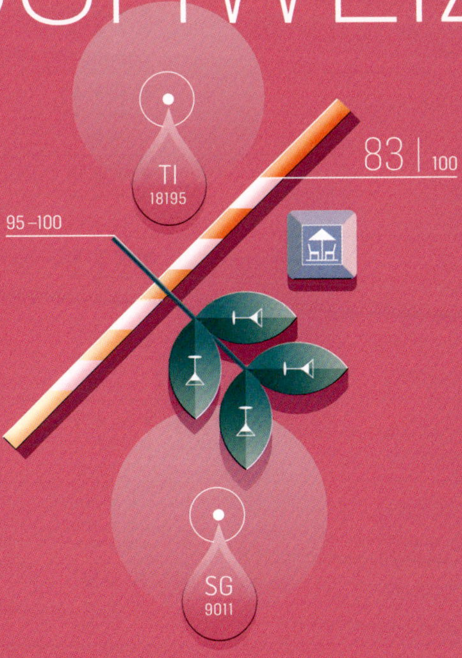

Die Top-Cocktailbars in der Schweiz

Angels' Share 4057 Basel (BS)	🍸🍸🍸🍸 Seite 363	97 Punkte
Bar am Wasser 8001 Zürich (ZH)	🍸🍸🍸🍸 Seite 401	97 Punkte
Kronenhalle Bar 8001 Zürich (ZH)	🍸🍸🍸🍸 Seite 408	97 Punkte
Old Crow 8001 Zürich (ZH)	🍸🍸🍸🍸 Seite 412	97 Punkte
Igniv 8001 Zürich (ZH)	🍸🍸🍸🍸 Seite 406	96 Punkte
Les Trois Rois 4001 Basel (BS)	🍸🍸🍸🍸 Seite 367	96 Punkte
Widder Bar im Widder Hotel 8001 Zürich (ZH)	🍸🍸🍸🍸 Seite 417	96 Punkte
Atelier Classic Bar 3600 Thun (BE)	🍸🍸🍸🍸 Seite 375	95 Punkte
Baltazar 4051 Basel (BS)	🍸🍸🍸🍸 Seite 364	95 Punkte
Tales Bar 8001 Zürich (ZH)	🍸🍸🍸🍸 Seite 415	95 Punkte
Werk 8 4053 Basel (BS)	🍸🍸🍸🍸 Seite 368	95 Punkte
Chedi Bar & Living Room 6490 Andermatt (UR)	🍸🍸🍸🍸 Seite 393	95 Punkte
Campari Bar 4001 Basel (BS)	🍸🍸🍸 Seite 364	94 Punkte
Karel Korner 6003 Luzern (LU)	🍸🍸🍸 Seite 383	94 Punkte

Die Reihung ergibt sich aus Gesamtpunktzahl und Getränkebewertung.

Peter Affenzeller
KARIBISCHES ZUCKERROHR TRIFFT AUF ÖSTERREICHISCHE BRENNKUNST
NEBEN MEHRFACH PRÄMIERTEN WHISKYS UND GIN BIETET PETER AFFENZELLER DEN EDLEN, WUNDERBAR AUSBALANCIERTEN RUM UNTER DEM NAMEN RUMONKEY.
RUMONKEY
DESTILLERIE PETER AFFENZELLER
WHISKYPLATZ 1, 4211 ALBERNDORF
WWW.PETER-AFFENZELLER.AT

SIEGER

Foto: Steven Kohl

Gastgeber des Jahres

DIRK HANY, BAR AM WASSER, ZÜRICH

Die Bar am Wasser ist nicht nur wegen der perfekt gemixten Cocktails und der grossen Auswahl an edlen Spirituosen ein beliebter Treffpunkt für Fans der gehobenen Trinkkultur, eine grosse Rolle spielen auch die Gastgeberqualitäten von Dirk Hany. Sein Ziel ist es, in seiner eleganten Cocktailbar den Service eines Sterne-Etablissements anzubieten.

Foto: PR

Bartender des Jahres

WOLFGANG BOGNER, TALES BAR, ZÜRICH

Der Wahlschweizer Wolfgang Bogner zählt seit vielen Jahren zu den kompetentesten Bartendern des Landes. Seine Zürcher Tales Bar ist nicht zuletzt wegen der familiären Atmosphäre, der herausragenden Drinks und des hervorragenden Service einer der wichtigen Anlaufpunkte für Szenekollegen wie auch Barliebhaber in der Limmatstadt geworden.

Foto: STEVEN KOHL PHOTOGRAPHY

Innovativster Bartender

SARAH MADRITSCH, IGNIV BY ANDREAS CAMINADA, ZÜRICH

Die in Thailand aufgewachsene Sarah Madritsch kreiert in der Igniv Bar kreative Drinks, die den Gästen neue Geschmackswelten eröffnen. Für viele ihrer Kreationen lässt sie sich von den Aromen ihrer Heimatstadt Bangkok inspirieren – das Resultat sind vielschichtige, frische und aromatisch komplexe, an Tiki-Cocktails angelehnte Drinks.

Foto: PR

Rookie-Bartender des Jahres

JULIAN RITTER, CINCHONA BAR, ZÜRICH

Der junge Bartender Julian Ritter bringt viel Schwung in die Cinchona Bar im Zürcher 25hours Hotel. Dort herrscht ein gewinnend einfaches Konzept: Es gibt wöchentlich wechselnde kreative Highballs für jeden Geschmack. Die frischen, leckeren Drinks passen hervorragend zu den mediterranen Barsnacks, die vom Restaurant NENI nebenan stammen.

Foto: David Biedert

Bar-Juwel

KORNHAUSKELLER | BAR, BERN

Der Besuch in der Bar des Kornhauskellers, von den Bernern liebevoll »Chübu« genannt, lohnt sich alleine wegen der beeindruckenden Architektur: Der reich verzierte Keller des barocken Gebäudes mutet wie eine Kirche an. Andachtswürdig ist aber auch die vielfältige Auswahl an feinen Cocktails und Spirituosen, die hier angeboten wird.

Foto: PR

Neueröffnung des Jahres

BAR LUPO, ZÜRICH

In der Bar Lupo trifft sich die Zürcher Szene zum Apéro, Znacht oder zum Absacker. Gegründet wurde die Bar bei der Kalkbreite von den bekannten Gastronomen Claudio Sacchi, Patrick Schindler und Armin Azadpour. Es gibt einfache, leckere italienische Gerichte, kreative Drinks und spannende, von Sommelier Tobias Thomann ausgesuchte Naturweine.

Foto: PR

American Bar

AMERICAN BAR | HOTEL CHÂTEAU GÜTSCH, LUZERN

Die American Bar im legendären Château Gütsch ob Luzern vereint stilvolles Interieur mit atemberaubender Aussicht und gehobener Barkultur. Die von Barchef Mike Müller kreierten Cocktails werden jeden Mixology-Fan überzeugen. Ergänzt wird das Angebot durch edle Weine, feine Barsnacks und eine Auswahl erlesener Whisk(e)y- und Rumsorten.

Foto: PR

Restaurantbar

BOTTLE BROTHERS | CAFÉ DES PHILOSOPHES, LAUSANNE

Seit einigen Jahren sorgen die Bottle Brothers im ehemaligen Lausanner Café des Philosophes für frischen Wind. Die vielseitige Kundschaft kommt für die kreativen Cocktails, die von Naturweinen geprägte Weinauswahl und das Craft Beer, vor allem aber auch für die kleine, feine Speisenauswahl, die aus besten lokalen Produkten zubereitet wird.

Foto: PR

Hotelbar

EINSTEIN BAR, ST. GALLEN

Die Atmosphäre in der St. Galler Einstein Bar erinnert an ein altehrwürdiges englisches Clubhaus: Dunkles Holz und Leder bestimmen die Einrichtung, in der Mitte steht die imposante Bar. Hier geniesst man hervorragende, vom talentierten Barteam gemixte Cocktails, über 100 verschiedene Whisk(e)ys, feine Weine oder frisch gezapftes Bier vom Fass.

Die Top-Weinbars in der Schweiz

Mövenpick Wein-Bar 8001 Zürich (ZH)	🍷🍷🍷 Seite 411	94 Punkte
Le Rouge et le Blanc 1201 Genf (GE)	🍷🍷🍷 Seite 377	94 Punkte
Viniviva 8600 Dübendorf (ZH)	🍷🍷🍷 Seite 397	94 Punkte
Donatz Wine Bar 7503 Samedan (GR)	🍷🍷🍷 Seite 379	93 Punkte
Più im Kornhaus 3011 Bern (BE)	🍷🍷🍷 Seite 372	93 Punkte
Martel am Bellevue 8001 Zürich (ZH)	🍷🍷🍷 Seite 410	92 Punkte
Gamper Bar 8004 Zürich (ZH)	🍷🍷🍷 Seite 406	92 Punkte
Gianottis 7504 Pontresina (GR)	🍷🍷🍷 Seite 379	92 Punkte
Opus 6003 Luzern (LU)	🍷🍷🍷 Seite 385	91 Punkte
Tredici 3011 Bern (BE)	🍷🍷🍷 Seite 373	91 Punkte
Kunsthausrestaurant 8001 Zürich (ZH)	🍷🍷🍷 Seite 408	91 Punkte
La passion du vin 3011 Bern (BE)	🍷🍷🍷 Seite 372	91 Punkte
Mike's Weinloft 5600 Lenzburg (AG)	🍷🍷🍷 Seite 362	91 Punkte
Sacchi Bar 8003 Zürich (ZH)	🍷🍷🍷 Seite 414	91 Punkte

Die Reihung ergibt sich aus Gesamtpunktzahl und Weinangebot-Bewertung.

Foto: PR

Sonderpreis Special Selection

GAMPER BAR, ZÜRICH

Die Gamper Bar ist seit ihrer Eröffnung 2018 zu dem Zürcher Treffpunkt für (Natur-)Weingeeks geworden. Es gibt spannende Offenweine und eine grosse Auswahl an Flaschen für jeden Geschmack. Das professionelle Team um Balz Coray empfiehlt gerne den passenden Wein. Für den Hunger gibt es Snacks wie Fischkonserven, Käse und Charcuterie.

Foto: MANUEL RICKENBACHER

Neueröffnung Weinbar

GLOU GLOU, LUZERN

Mit dem Glou Glou im Helvetiagärtli ist Luzern um einen echten Wein-Hotspot reicher. Das Team um Christian Gujan serviert erlesene Weine aus nachhaltiger Produktion und kreative Cocktails. Zu essen gibt es mittags feine, unkomplizierte Gerichte und ganztags Snacks aus lokalen Bioprodukten. Ein spannendes und zeitgemässes Konzept.

Foto: PR

Klassische Weinbar

DONATZ WINE BAR, SAMEDAN

Rund 550 verschiedene Etiketten werden in der Donatz Wine Bar angeboten, wovon ganze 20 im Offenausschank verfügbar sind. Wer sich ob der grossen Auswahl nicht entscheiden kann, bittet René A. Donatz um Hilfe – der Gastgeber unterstützt gerne bei der Suche nach einer passenden Flasche. Ein gediegenes Lokal, das Weinliebhaber begeistern wird.

Foto: René Ruis

Weinbar in einer Vinothek

MÖVENPICK WEIN-BAR, ZÜRICH

Nicht nur die grosse Weinauswahl, die rund 500 internationale Crus umfasst, ist in der Zürcher Mövenpick Wein-Bar an der Nüschelerstrasse beeindruckend, auch die fairen Preise machen den Besuch lohnenswert. Besonders beliebt sind die Themenabende: Jeden Dienstag gibt es Champagner à discrétion, freitags werden grosse Flaschen entkorkt.

Foto: PR

Weinrestaurant/-bistro

BAUR'S BAR, ZÜRICH

In besonders stylishem Ambiente wird im Zürcher Baur's die Bistrokultur neu interpretiert. Klassische europäische Gerichte treffen auf feine vegetarische und vegane Teller, alles ist frisch und farbenfroh angerichtet. Auf der umfangreichen, von Sommelier Marc Almert kuratierten Weinkarte findet man alles, was das Herz begehrt.

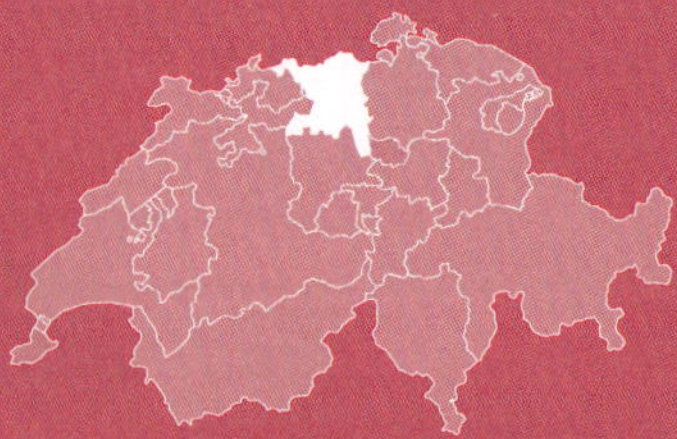

AARGAU

Mike's Weinloft 🍷🍷🍷 — 5600 Lenzburg

Mike hat sich mit dem Restaurant in Lenzburg einen lang gehegten Wunsch verwirklicht. In der Rathausgasse geniesst man am Nachmittag Plättli oder kleine Snacks zum attraktiven Sortiment an europäischen Weinen. Am Abend serviert der Küchenchef eine kleine Auswahl an kreativen Speisen. Schwerpunkt: Südeuropa

Rathausgasse 9
+41 62 5443498
www.mikes-weinloft.com
Kategorie: Klassische Weinbar

Weinangebot:	**46** | 50
Service	**19** | 20
Essen	**18** | 20
Ambiente:	**8** | 10
Gesamt:	91 | 100

Veritas 🍷🍷 — 5630 Muri

Hier geniesst man in inspirierendem Ambiente aussergewöhnliche Tropfen – vieles davon auch im Offenausschank – aus der ganzen Welt. Immer wieder wird das Sortiment mit Trouvaillen zu bestimmten Themen erweitert. Dazu serviert man frische und hausgemachte Speisen, die perfekt zu einem Glas Wein passen.

Poststrasse 6
+41 56 6649025
www.veritas-muri.ch
Kategorie: Weinbar im Restaurant

Weinangebot:	**45** | 50
Service	**17** | 20
Essen	**18** | 20
Ambiente:	**9** | 10
Gesamt:	89 | 100

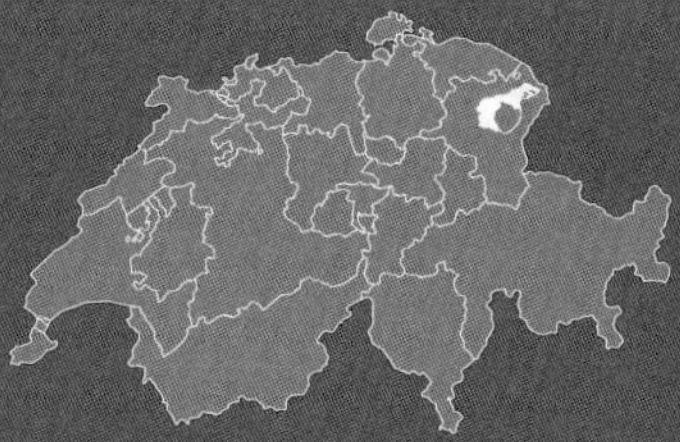

APPENZELL AUSSERRHODEN

Campanile da Marco

9100 Herisau

Der Wine-Store Campanile da Marco ist der Treffpunkt im Zentrum von Herisau. Hier serviert Pino Campanile schöne Weine, besten Prosecco und eine einzigartige Spirituosenauswahl. Dazu geniesst man selbst gemachte Spezialitäten à la nonna, Antipasti und typische italienische Gastfreundschaft.

Kasernenstrasse 6
+41 79 6686066
www.damarco.ar
Kategorie: Weinbar in Vinothek

Weinangebot:	**45** | 50
Service	**17** | 20
Essen	**18** | 20
Ambiente:	**8** | 10
Gesamt:	88 | 100

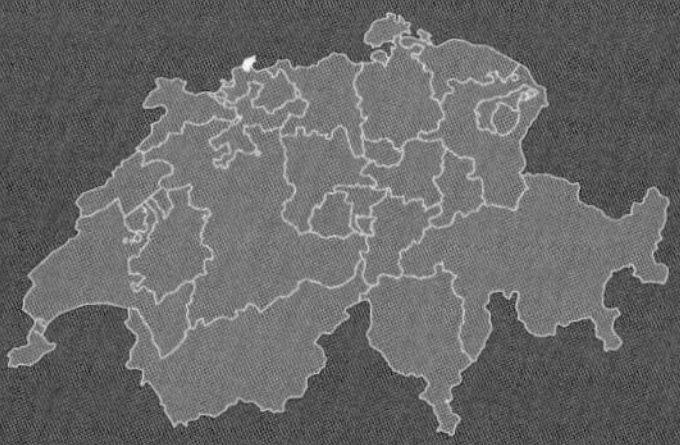

BASEL-STADT

Angels' Share

4057 Basel

Mitten in Kleinbasel versteckt sich das Angel's Share in einem gemütlichen Raum mit schummrigem Licht. Kenner wissen, dass es sich dabei um eine der besten Cocktailbars der Schweiz handelt. Serviert werden saisonale Eigenkreationen, perfekt zubereitete Klassiker und eine Auswahl rarer Whisk(e)ys.

Feldbergstrasse 51
+41 79 6093107
www.angelsshare.bar
Kategorie: American Bar

Drinks:	**49** | 50
Ambiente:	**19** | 20
Service:	**20** | 20
Sortiment:	**9** | 10
Gesamt:	97 | 100

Baltazar 🍸🍸🍸🍸

4051 Basel

Die Baltazar-Bar befindet sich etwas abseits der Basler Partymeile Steinenvorstadt. Ob drinnen in cooler 70er-Atmosphäre oder draussen auf der grossen Terrasse, hier gibt es spannende Drinks und gute Stimmung. Spirituosenliebhaber schätzen die grosse Auswahl an Rum, Whisky, Wodka und Gin.

Steinenbachgässlein 34	Drinks:	**48** I 50
+41 61 2831818	Ambiente:	**19** I 20
www.baltazarbar.ch	Service:	**19** I 20
Kategorie: Loungebar	Sortiment:	**9** I 10
	Gesamt:	95 I 100

Bibliothek Bar 🍸🍸🍸

4051 Basel

Die Bibliothek-Bar ist ein Ort des Austauschs für Menschen aller Hintergründe. Sie schätzen die entspannte, puristische Atmosphäre und die grosse Getränkeauswahl. Gegen den Hunger gibt es Poké-Bowls. Regelmässig finden auch Tiki-Abende statt, wo exotische Tiki-Cocktails zelebriert werden.

Kohlenberg 7	Drinks:	**45** I 50
+41 79 7561524	Ambiente:	**18** I 20
www.bibliothekbar.ch	Service:	**19** I 20
Kategorie: Loungebar	Sortiment:	**9** I 10
	Gesamt:	91 I 100

Campari Bar 🍸🍸🍸

4001 Basel

In der legendären Campari Bar trifft sich ganz Basel zum Apéro oder Absacker. Die Getränke werden von einer aufmerksamen Crew alter Schule serviert. Einzigartig sind auch die Lage zwischen Theater und Kunsthalle, die grosse, von Kastanienbäumen beschattete Terrasse und das gemütliche Interieur.

Steinenberg 7	Drinks:	**48** I 50
+41 61 2724233	Ambiente:	**19** I 20
www.restaurant-kunsthalle.ch	Service:	**19** I 20
Kategorie: Restaurantbar	Sortiment:	**8** I 10
	Gesamt:	94 I 100

Consum 🍷🍷🍷

4058 Basel

Über 100 verschiedene Weine findet man auf der Karte der Consum-Bar in der Kleinbasler Altstadt. Dazu gibt es eine hervorragende Auswahl an Charcuterie- und Käsespezialitäten. Es ist der perfekte Ort für den Apéro, auf der grossen Terrasse kommt schnell Ferienstimmung auf.

Rheingasse 19	Weinangebot:	**45** I 50
+41 61 6909130	Service	**19** I 20
www.consumbasel.ch	Essen	**18** I 20
Kategorie: Klassische Weinbar	Ambiente:	**9** I 10
	Gesamt:	91 I 100

Conto 4056 🍸🍸🍸

4056 Basel

Mit über 20 verschiedenen Offenweinen bietet das Conto 4056 täglich für jeden Gaumen den passenden Tropfen an. Dazu wird eine grosse Auswahl an feinen italienischen Antipasti und leckerem Käse angeboten, aus denen man sein persönliches Plättli zusammenstellen und geniessen kann.

Gasstrasse 1	Drinks:	**46** | 50
+41 61 2614056	Ambiente:	**19** | 20
www.conto4056.com	Service:	**19** | 20
Kategorie: Loungebar	Sortiment:	**8** | 10
	Gesamt:	92 | 100

Flore 🍷🍷🍷

4057 Basel

Wo früher ein Blumenladen war, steht heute eine Weinbar, bei der man sich fühlt wie Gott in Frankreich. Dahinter steht Miron Landreau, der hier in ungezwungener Atmosphäre spannende Flaschen köpft, Biere zapft und kulinarische Köstlichkeiten serviert. Das Publikum ist bunt durchmischt. Schwerpunkt: Frankreich

Klybeckstrasse 5	Weinangebot:	**46** | 50
+41 77 4549472	Service	**17** | 20
florebasel.weebly.com	Essen	**18** | 20
Kategorie: Weinbistro	Ambiente:	**9** | 10
	Gesamt:	90 | 100

Herz 🍸🍸🍸

4058 Basel

In der Herz-Bar geniesst und entdeckt man die verschiedenen Jahreszeiten und die Region im Glas. Auf der Karte finden sich Klassiker, aber auch immer wieder wechselnde Cocktailkreationen. Weinfreunde finden in der kleinen, feinen Weinkarte unkomplizierte, knackige und schöne Tropfen, die Spass machen.

Clarastrasse 11	Drinks:	**45** | 50
	Ambiente:	**18** | 20
www.herzbasel.com	Service:	**18** | 20
Kategorie: American Bar	Sortiment:	**9** | 10
	Gesamt:	90 | 100

Hinz & Kunz 🍸🍸🍸

4051 Basel

Im liebevoll eingerichteten Ambiente bietet das Hinz & Kunz seinen Gästen einen entspannten Abend. Neben klassischen Drinks finden sich auch innovative Eigenkreationen auf der vielfältigen Barkarte. Das Sortiment besteht aktuell aus 958 Spirituosen, davon 480 Whisk(e)ys, 160 Rums und 98 Gins.

Steinentorberg 20	Drinks:	**46** | 50
+41 61 4030404	Ambiente:	**19** | 20
www.hinzundkunz.bar	Service:	**19** | 20
Kategorie: American Bar	Sortiment:	**10** | 10
	Gesamt:	94 | 100

Imi

4058 Basel

Die Bar und Brasserie wurde im Jahre 2012 durch Herzog & de Meuron neu konzipiert und wieder eröffnet. Im einzigartigen Volkshaus-Basel-Stil werden saisonale Köstlichkeiten, klassische Gerichte – wie das köstliche Rindstatar und der hausgemachte Hackbraten – auserlesene Weine und Cocktails serviert.

Rebgasse 12–14
+41 61 6909310
www.volkshaus-basel.ch
Kategorie: American Bar

Drinks:	**44** | 50
Ambiente:	**19** | 20
Service:	**18** | 20
Sortiment:	**7** | 10
Gesamt:	88 | 100

Invino

4051 Basel

Kleine, feine Basler Weinbar, in der Weinpassion grossgeschrieben wird. Die Weinauswahl umfasst Trouvaillen aus ganz Europa, von denen ein Teil immer im Offenausschank verfügbar ist. Den kleinen Hunger stillen schmackhafte Terrinen sowie heimische Charcuterie, Käse- und Fleischplättli.

Bäumleingasse 9
+41 61 2716633
www.invino-basel.ch
Kategorie: Klassische Weinbar

Weinangebot:	**46** | 50
Service	**19** | 20
Essen	**17** | 20
Ambiente:	**8** | 10
Gesamt:	90 | 100

Irrsinn Bar

4058 Basel

Musik und Barkultur, diese Leidenschaften vereinen die Betreiber in der Irrsinn Bar. In entspannter Atmosphäre geniesst man Blues, Rock und Metal. Das riesige Spirituosensortiment lässt keine Wünsche offen. Wer Lust auf ein kühles Bier oder Wein hat, wird ebenfalls nicht enttäuscht.

Rebgasse 43
+41 77 4158757
www.irrsinnbar.ch
Kategorie: American Bar

Drinks:	**43** | 50
Ambiente:	**17** | 20
Service:	**16** | 20
Sortiment:	**9** | 10
Gesamt:	85 | 100

Les Trois Rois

4001 Basel

Die raffiniert komponierten Cocktailkreationen von Barchef Thomas Huhn und seinem Team machen den Besuch in der Bar im Les Trois Rois zum Pflichtprogramm für Mixology-Fans. Für den kleinen Hunger gibt es auserlesene Häppchen, die Ohren werden mit live gespielten Klavierklängen verwöhnt.

Blumenrain 8
+41 61 2605050
www.lesrois.com
Kategorie: Hotelbar

Drinks: **49** | 50
Ambiente: **19** | 20
Service: **19** | 20
Sortiment: **9** | 10
Gesamt: 96 | 100

Lora

4051 Basel

Das ansprechende Ambiente im Lora erinnert an eine Orangerie in modischem Stil und steht für hochwertigen, zeitgemässen und nachhaltigen Genuss. Durch die Leidenschaft für Mixology und Spirituosen kreiert das Team abwechslungsreiche und ästhetische Genusserlebnisse.

Centralbahnstrasse 10
+41 77 2676126
www.lorabasel.ch
Kategorie: Restaurantbar

Drinks: **44** | 50
Ambiente: **18** | 20
Service: **18** | 20
Sortiment: **9** | 10
Gesamt: 89 | 100

Renée

4058 Basel

Champagner- und Cocktailfans kommen in der Renée-Bar in Basel voll auf ihre Kosten. Die Szenebar besticht durch ein grosses und feines Sortiment an Schaumweinen und eine tolle Auswahl an innovativen Eigenkreationen, die das aufmerksame Barteam für die Gäste mixt.

Klingental 18

www.renee.ch
Kategorie: Club

Drinks: **46** | 50
Ambiente: **17** | 20
Service: **19** | 20
Sortiment: **9** | 10
Gesamt: 91 | 100

SMUK Bar

4057 Basel

Im Herzen von Kleinbasel gelegen, bietet das Smuk nordischen Charme und Produkte von hoher Qualität. Wechselnde Ausstellungen und kleine Konzerte laden zum Verweilen ein. Im Angebot stehen hausgemachter Eistee, ausgewählte Weine und eine spezielle Auswahl an kreativen botanischen Cocktails.

Feldbergstrasse 121
+41 61 6838080
www.smuk.bar
Kategorie: Restaurantbar

Drinks: **45** | 50
Ambiente: **17** | 20
Service: **18** | 20
Sortiment: **8** | 10
Gesamt: 88 | 100

Viertel 🍸🍸

4052 Basel

Das Viertel vereint vielfältige Kultur und zeitgemässe Gastronomie. Auf der grossen Dachterrasse wird gegessen, getrunken und zu Livemusik und hippen Sounds gefeiert. Bei kühleren Temperaturen bietet der angeschlossene Club mit Bar und Chill-out-Café Raum für seine Gäste.

Münchensteiner Strasse 81	Drinks:	**44** | 50
+41 61 3110400	Ambiente:	**18** | 20
www.dasviertel.ch	Service:	**18** | 20
Kategorie: Club	Sortiment:	**7** | 10
	Gesamt:	87 | 100

vino e/y vino 🍷🍷

4051 Basel

Seit Dezember 2016 bietet das vino e/y vino für Weinliebhaber und Geniesser in der Kuppel der alten Markthalle Basel erlesene Weine und exquisite Spirituosen an. Der Fokus der Weinkarte liegt in Spanien und Italien und wird mit Weinen aus der Schweiz und Frankreich ergänzt.
Schwerpunkt: Italien, Spanien

Markthalle Basel, Steinentorberg 20	Weinangebot:	**44** | 50
+41 77 495 60 13	Service	**17** | 20
www.vinoeyvino.ch	Essen	**18** | 20
Kategorie: Weinbar in Vinothek	Ambiente:	**9** | 10
	Gesamt:	88 | 100

VinOptimum 🍷🍷🍷

4051 Basel

Seit vielen Jahren steht die Marke Buess in der Vinothek und Weinbar VinOptimum im Mittelpunkt. Im Weinsortiment finden sich weitere Schweizer Weine und feine Tropfen aus Spanien, Frankreich und Italien, zu denen im Bistro französisch inspirierte Leckerbissen serviert werden.

Blumenrain 24	Weinangebot:	**46** | 50
+41 61 6316060	Service	**18** | 20
www.vin-optimum.ch	Essen	**18** | 20
Kategorie: Weinbar im Restaurant	Ambiente:	**9** | 10
	Gesamt:	91 | 100

Werk 8 🍸🍸🍸🍸

4053 Basel

Das Werk 8 befindet sich in einer alten Industriehalle im Gundeli. Serviert werden spannende Cocktail-Eigenkreationen, eine grosse Auswahl an Weinen, Bier und feines Barfood in urbaner Atmosphäre. Die junge Service-Equipe ist aufmerksam, das Publikum vornehmlich jung und die Stimmung ausgelassen.

Dornacherstrasse 192	Drinks:	**48** | 50
+41 61 5510880	Ambiente:	**19** | 20
www.werkacht.ch	Service:	**19** | 20
Kategorie: Loungebar	Sortiment:	**9** | 10
	Gesamt:	95 | 100

Zum Kuss

4051 Basel

Je nach Tageszeit serviert man in der Bar Zum Kuss entweder Kaffee- und Teespezialitäten oder Champagner-Cocktails und feine Drinks aus der üppigen Barkarte. Gegen den kleinen Hunger geniessen die Gäste feine Tagesangebote in gemütlicher und einladender Atmosphäre.

Elisabethenstrasse 59
+41 61 2716030
www.zumkuss.com
Kategorie: Restaurantbar

Drinks:	**44** I 50
Ambiente:	**18** I 20
Service:	**19** I 20
Sortiment:	**8** I 10
Gesamt:	89 I 100

Zum Teufel

4051 Basel

In der Bar & Kaffee Zum Teufel gibt es tagsüber Kaffeespezialitäten und hausgemachte Kuchen und Desserts. Abends verwandelt sich das Lokal in eine elegante Bar, deren Weinkarte mit über 400 Positionen auftrumpft. Aber auch Whisky-Liebhaber haben hier die Qual der Wahl, die Auswahl ist exzellent.

Leonhardsgraben 49
+41 61 2611010
www.teufelhof.com
Kategorie: Hotelbar

Drinks:	**45** I 50
Ambiente:	**18** I 20
Service:	**18** I 20
Sortiment:	**8** I 10
Gesamt:	89 I 100

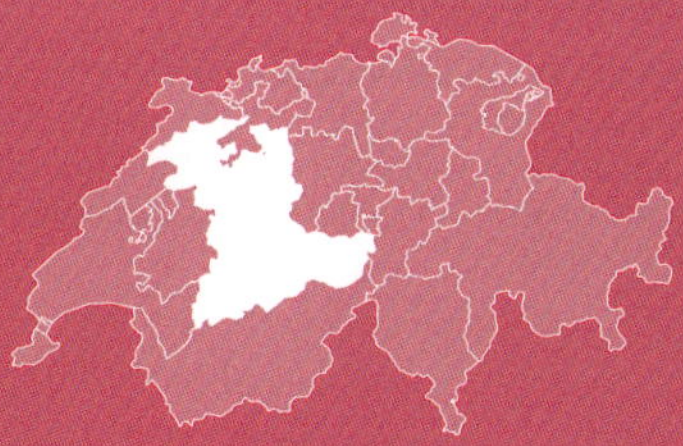

BERN

Abflugbar

3011 Bern

In der Abflugbar kann man, ohne Bern zu verlassen, im Fernweh schwelgen: Sie ist nämlich eingerichtet wie eine gediegene Flughafen-Lounge. Auf der «Abflugsanzeige» findet sich eine spannende Mischung aus klassischen Cocktails und Eigenkreationen, dazu gibt es eine gute Auswahl Bier und Wein.

Gerechtigkeitsgasse 50
+41 79 7515932
www.abflugbar.ch
Kategorie: Loungebar

Drinks:	**46** I 50
Ambiente:	**18** I 20
Service:	**19** I 20
Sortiment:	**8** I 10
Gesamt:	91 I 100

Allegro Bar

3013 Bern

Die Allegro Bar im Kursaal Bern ist an 365 Tagen im Jahr von früh bis spät für ihre Gäste da. Hier trifft man sich morgens auf einen Kaffee, zum Apéro nachmittags oder auf einen der vielen guten Cocktails am Abend. Den Hunger stillt eine kleine, aber feine Auswahl an Apéro-Plättli, Burgern und Flammkuchen.

Kornhausstrasse 3	Drinks:	**44** | 50
+41 31 3391021	Ambiente:	**18** | 20
www.kursaal-bern.ch	Service:	**19** | 20
Kategorie: Hotelbar	Sortiment:	**8** | 10
	Gesamt:	89 | 100

Bellevue Bar

3011 Bern

In der Bar des einzigen Grandhotels der Berner Altstadt trifft sich die lokale und internationale Elite. Trotzdem ist die Atmosphäre gemütlich und entspannt. Serviert werden klassische Cocktails und Eigenkreationen, ausgesuchte Weine und eine breite Auswahl an kleinen Köstlichkeiten aus der Küche.

Kochergasse 3–5	Drinks:	**44** | 50
+41 31 3204545	Ambiente:	**19** | 20
www.bellevue-palace.ch	Service:	**18** | 20
Kategorie: Hotelbar	Sortiment:	**8** | 10
	Gesamt:	89 | 100

Department 66

3011 Bern

Mit der grossen Auswahl an hervorragenden Kreationen – auf Anfrage werden auch Drinks gemischt und serviert, die nicht auf der Karte stehen –, edlen Spirituosen und einer erlesenen Auswahl an Wein und Bier ist das Department 66 der charmante, elegante Geheimtipp der innovativen Trinkkultur.

Rathausgasse 66	Drinks:	**44** | 50
	Ambiente:	**17** | 20
www.department66.ch	Service:	**19** | 20
Kategorie: American Bar	Sortiment:	**9** | 10
	Gesamt:	89 | 100

Gin König

3011 Bern

Der Name ist hier Programm. Mit über 400 verschiedenen Gins bietet die Bar Gin König das grösste und breiteste Angebot dieser Spirituose in der Schweiz an. Serviert werden Klassiker und spannend-innovative Eigenkreationen des Barteams. Ginliebhaber können sich hier definitiv im Ginhimmel fühlen.

Kochergasse 1	Drinks:	**43** | 50
+41 31 8192020	Ambiente:	**17** | 20
www.ginkönig.ch	Service:	**18** | 20
Kategorie: American Bar	Sortiment:	**9** | 10
	Gesamt:	87 | 100

Klösterli Weincafe 🍷🍷

3013 Bern

Im Berner Klösterli Weincafe wird eine grosse Auswahl Wein aus nachhaltiger, meist biodynamischer Produktion serviert. Etwa 120 Flaschen findet man im Weinregal, edle Tropfen aus ganz Europa. Sie begleiten feine Gerichte aus lokalen Zutaten, die über klassisches Barfood hinausgehen. Schwerpunkt: Europa

Klösterlistutz 16	Weinangebot:	**44** I 50
+41 31 3501000	Service	**18** I 20
www.kloesterlibern.ch	Essen	**18** I 20
Kategorie: Weinbar im Restaurant	Ambiente:	**9** I 10
	Gesamt:	89 I 100

Kornhauskeller Bar

3011 Bern

In der Bar im Kornhauskeller – oder «Chübu», wie er von echten Bernern liebevoll genannt wird – verbringt man genussvolle Momente in beeindruckender Atmosphäre. Die sakrale Anmut der Architektur und die Dimensionen der Räume faszinieren ebenso wie die wohlsortierte Cocktailkarte.

Kornhausplatz 18	Drinks:	**45** I 50
+41 31 3277272	Ambiente:	**19** I 20
www.kornhaus-bern.ch	Service:	**18** I 20
Kategorie: Restaurantbar	Sortiment:	**9** I 10
	Gesamt:	91 I 100

Kreissaal Bar

3011 Bern

Im Kreissaal bilden alte Sandsteinmauern und die minimalistische Architektur die Bühne für ein Stück Barkultur. Die Bar lädt zum entspannten Geniessen ein. Im Hintergrund läuft angenehmer Jazz und auf der Karte findet man eine feine Auswahl an Whisk(e)ys, Cocktails und Bier vom Fass.

Brunngasshalde 63	Drinks:	**45** I 50
+41 31 3125000	Ambiente:	**18** I 20
www.kreissaal.be	Service:	**19** I 20
Kategorie: Loungebar	Sortiment:	**8** I 10
	Gesamt:	90 I 100

Kurt&Kurt 🍸🍸🍸

3011 Bern

Keine fünf Minuten vom Hauptbahnhof entfernt, besticht Kurt&Kurt durch fantastische Cocktails, eine riesige Gin- und Whisky-Auswahl und tolle Snacks. Neugierige und Interessierte werden im Onlineshop fündig. Hier finden sich verschiedenste Tasting-Sets, um sich die Bar nach Hause zu holen.

Aarbergergasse 28
+41 31 3827777
www.kurtundkurt.ch
Kategorie: American Bar

Drinks:	**45** I 50
Ambiente:	**19** I 20
Service:	**18** I 20
Sortiment:	**9** I 10
Gesamt:	91 I 100

La passion du vin 🍷🍷🍷

3011 Bern

Dank der Lage gleich neben der Vinothèque, gibt es im La passion du vin eine Auswahl von über 500 Weinen. Die Geschichten der dahinterstehenden Produzenten werden hier gerne erzählt. Dazu gibt es kleine Gerichte aus Zutaten, die ebenfalls von kleinen, handwerklich arbeitenden Betrieben stammen.

Schauplatzgasse 27
+41 31 3127040
www.passionduvin.ch
Kategorie: Weinbar in Vinothek

Weinangebot:	**46** I 50
Service	**18** I 20
Essen	**19** I 20
Ambiente:	**8** I 10
Gesamt:	91 I 100

Lobby Lounge Bar Schweizerhof 🍸🍸

3001 Bern

Die Lobby-Lounge-Bar im Schweizerhof Bern ist ein angesagter Treffpunkt für Hotelgäste und Berner. Hier kommt man für ein Businessmeeting, ein spontanes Mittagessen oder den zwanglosen Feierabenddrink zusammen. Die vielfältige Getränkeauswahl umfasst Klassiker und moderne Cocktailkreationen.

Bahnhofplatz 11
+41 31 3268080
www.schweizerhofbern.com
Kategorie: Hotelbar

Drinks:	**44** I 50
Ambiente:	**17** I 20
Service:	**18** I 20
Sortiment:	**8** I 10
Gesamt:	87 I 100

Più im Kornhaus 🍷🍷🍷

3011 Bern

Das Ristorante im ehemaligen Kornhaus-Café ist eine Liebeserklärung an Italien und «la vera pizza napoletana». Für die passende Weinbegleitung lassen sich die Gäste vom erlesenen Sortiment in der Vinoteca inspirieren und von Sommeliers beraten, dann geniessen sie ihren Lieblingswein am Tisch. Schwerpunkt: Italien

Kornhausplatz 18
+41 31 3277270
www.piu-ristorante.ch
Kategorie: Weinbar im Restaurant

Weinangebot:	**47** I 50
Service	**18** I 20
Essen	**19** I 20
Ambiente:	**9** I 10
Gesamt:	93 I 100

Taube

3011 Bern

Die Karte in der Berner Taube umfasst eine Vielzahl regionaler Spezialitäten und internationaler Spirituosen. Liebhaber und Kenner finden hier gute Whisk(e)ys, besonders gute Gins und eine tolle Auswahl an Bieren, zu denen kleine frische Snacks für zwischendurch serviert werden.

Rathausgasse 50	Drinks:	**45** | 50
+41 31 5561650	Ambiente:	**17** | 20
www.dietaube.ch	Service:	**19** | 20
Kategorie: Loungebar	Sortiment:	**9** | 10
	Gesamt:	90 | 100

Tredici

3011 Bern

Im Tredici wird ein lockeres und gemütliches Ambiente gepflegt. Auf der grosszügigen Weinkarte finden sich knapp 600 Positionen an erstklassigen und fair produzierten Weinen aus Italien, Deutschland, der Schweiz und Frankreich. Dazu wird den Gästen eine italienisch inspirierte Küche serviert. Schwerpunkt: Jura, Schweiz, Piemont, Deutschland

Rathausgasse 25	Weinangebot:	**47** | 50
+41 31 3118031	Service	**18** | 20
www.restaurant.tredicipercento.ch	Essen	**17** | 20
Kategorie: Weinbistro	Ambiente:	**9** | 10
	Gesamt:	91 | 100

Turbo Lama

3014 Bern

Das Turbo Lama ist eine Mischung aus pfeilschneller Turbomanier und lockerer Lama-Fasson: kontrastreich, atmosphärisch, innovativ. Nachmittags werden spritzige Afterwork-Drinks vom Barteam serviert, die man zu legerer Musik in entspannter Atmosphäre geniesst.

Hilfikerstrasse 4	Drinks:	**45** | 50
+41 77 5082826	Ambiente:	**18** | 20
www.turbolama.ch	Service:	**18** | 20
Kategorie: Loungebar	Sortiment:	**9** | 10
	Gesamt:	90 | 100

Sauvage

2502 Biel

Das Sauvage in Biel ist ein Ort für Freude, gutes Essen auf höchstem Niveau und Gespräche auf Augenhöhe, ein Ort, an dem aber auch Wein und Weinkultur zelebriert werden – wild und unverschnörkelt, mit Sinn für Nachhaltigkeit und Respekt vor der Umwelt. Auf Augenhöhe begegnet man sich als Freunde.

Zentralstrasse 19	Weinangebot:	**46** | 50
+41 32 5101066	Service	**18** | 20
www.sauvage-biel.ch	Essen	**18** | 20
Kategorie: Weinbistro	Ambiente:	**9** | 10
	Gesamt:	91 | 100

Le Grand Bellevue Bar

3780 Gstaad

The Bar im Le Grand Bellevue beeindruckt mit ihrer Einrichtung: Die langen Chesterfieldsofas, weichen violetten Sessel und der Tresen aus Zink stechen ins Auge. Aber auch die Getränkeauswahl vermag das versprochene Niveau zu halten: eine perfekte Mischung aus Signature Drinks und Klassikern.

Untergstaadstrasse 17
+41 33 7480000
www.bellevue-gstaad.ch
Kategorie: Hotelbar

Drinks:	**44** | 50
Ambiente:	**19** | 20
Service:	**19** | 20
Sortiment:	**9** | 10
Gesamt:	91 | 100

Victoria Bar

3800 Interlaken

Die Victoria Bar bietet vom Kaffee bis zum Digestif alles, sie hat für jede Tageszeit das passende Angebot. Die edle Atmosphäre bietet den perfekten Hintergrund für eine Auszeit und auf der Terrasse geniesst man die gut sortierte Auswahl an Getränken und Barfood vor einer beeindruckenden Kulisse.

Höheweg 41
+41 33 8282602
www.victoria-jungfrau.ch
Kategorie: Restaurantbar

Drinks:	**47** | 50
Ambiente:	**18** | 20
Service:	**20** | 20
Sortiment:	**9** | 10
Gesamt:	94 | 100

One Million Stars

3778 Schönried

Wie eine Million Sterne funkelt die in Zusammenarbeit mit Swarovski entworfene Bar im Ermitage. Aber nicht nur das Ambiente ist faszinierend, auch die Getränkeauswahl lässt keine Wünsche offen: Feinste Signature und Classic Cocktails, Whisk(e)ys, Spirituosen und Champagner werden hier angeboten.

Dorfstrasse 46
+41 33 7480430
www.ermitage.ch
Kategorie: Hotelbar

Drinks:	**43** | 50
Ambiente:	**19** | 20
Service:	**18** | 20
Sortiment:	**8** | 10
Gesamt:	88 | 100

Eden Bistro-Bar

3700 Spiez

Die beschauliche Bistro-Bar ist ungezwungener Treffpunkt von Einheimischen und Gästen von früh bis spät. Hier geniesst man in Ruhe einen Kaffee, ein Glas Wein oder auch ein kleines, feines Gericht für den Appetit zwischendurch und lässt den Blick über See und Berge schweifen.

Seestrasse 58
+41 33 6559900
www.eden-spiez.ch
Kategorie: Hotelbar

Drinks:	**43** | 50
Ambiente:	**18** | 20
Service:	**18** | 20
Sortiment:	**8** | 10
Gesamt:	87 | 100

Atelier Classic Bar 🍸🍸🍸🍸

3600 Thun

Ivan Urech serviert in seiner Atelier Classic Bar Cocktailkreationen, die aus jedem Rahmen fallen. Die Inspiration dazu findet er in der Poesie und der Kunst. Die perfekten Zutaten für einen Cocktail zu finden, ist, wie ein Gedicht zu schreiben: Stimmt alles, ist das Endresultat harmonisch.

Rathausplatz 3	Drinks:	**48** I 50
+41 33 2237567	Ambiente:	**19** I 20
www.bar-atelier.ch	Service:	**19** I 20
Kategorie: American Bar	Sortiment:	**9** I 10
	Gesamt:	95 I 100

Enoteca Italia 🍷🍷

3600 Thun

Sommelier Vito Licari stammt aus Sizilien, weswegen er in der Enoteca Italia einen besonderen Fokus auf sizilianische Weine und Spirituosen legt. Aber auch andere Regionen Italiens sind vertreten, stets mit besonderen Etiketten zu sympathischen Preisen, serviert mit einer grossen Portion Italianità. Schwerpunkt: Italien

Hofstettenstrasse 15	Weinangebot:	**45** I 50
+41 33 2224448	Service	**19** I 20
www.enotecaitalia.ch	Essen	**16** I 20
Kategorie: Weinbar in Vinothek	Ambiente:	**8** I 10
	Gesamt:	88 I 100

Thun Ristorante 🍷🍷🍷

3600 Thun

Bella Italia kann so nah sein: Die Vinothek Thun liegt im Herzen der Stadt, direkt am malerischen Flusslauf der Aare. In mediterranem Ambiente geniesst man hochwertige italienische Spezialitäten aus der offenen Küche und erstklassige Weine aus dem exklusiven Sortiment. Schwerpunkt: Italien

Aarequai 56	Weinangebot:	**45** I 50
+41 33 2235656	Service	**18** I 20
www.vinothek-thun.ch	Essen	**19** I 20
Kategorie: Weinbar im Restaurant	Ambiente:	**8** I 10
	Gesamt:	90 I 100

Crapule Club 🍸🍸🍸

1700 Freiburg

Der Crapule Club in Freiburg lädt mit stilvoller und futuristisch anmutender Einrichtung zum Geniessen ein. Victor Topart machte seine Leidenschaft zum Beruf und begeistert im Club mit erfrischenden Kreationen und viel Liebe zum Detail Cocktailliebhaber aus der ganzen Region.

Grand Places 14
+41 26 3215000
www.crapuleclub.ch
Kategorie: Club

Drinks:	**45** I 50
Ambiente:	**19** I 20
Service:	**18** I 20
Sortiment:	**9** I 10
Gesamt:	91 I 100

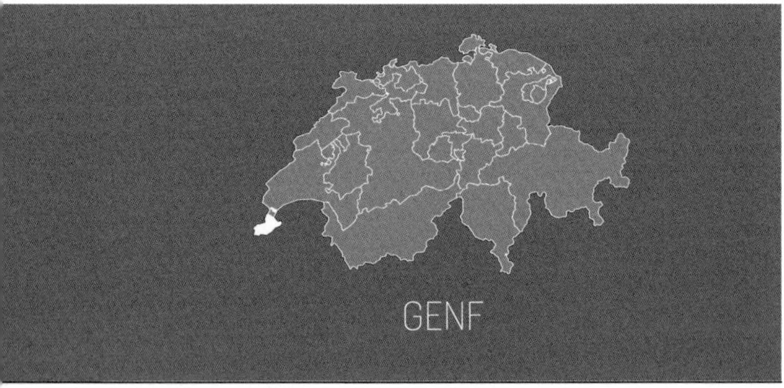

Chat Noir 🍸🍸

1227 Carouge

Hier finden Liebhaber eine reichhaltige und abwechslungsreiche Karte. 2012 unter die 100 besten Bars der Schweiz gewählt, bietet das Chat Noir zeitlose Klassiker, feine Signature Cocktails sowie eine breite Palette an Spirituosen, die man an der Bar geniesst, während man den Barkeepern bei der Arbeit zusieht.

Rue Vautier 13
+41 22 3071040
www.chatnoir.ch
Kategorie: Club

Drinks:	**44** I 50
Ambiente:	**18** I 20
Service:	**18** I 20
Sortiment:	**8** I 10
Gesamt:	88 I 100

Arthur's rivegauche 🍸🍸

1204 Genf

Fast ganz in Königsblau gehalten ist das stylishe Interieur von Arthur's rivegauche. Mitten in der Stadt geniesst man hier wunderbare Cocktails, auserlesene Weine und exquisite Tapas mit Blick auf die Rhône. Von dienstags bis samstags legen abends DJs auf, welche die Gäste zum Tanzen bringen.

Rue du Rhône 7	Drinks:	**44** / 50
+41 22 8103260	Ambiente:	**19** / 20
www.arthurs.ch	Service:	**19** / 20
Kategorie: Restaurantbar	Sortiment:	**7** / 10
	Gesamt:	89 / 100

Au Coin du Bar 🍷🍷🍷

1207 Genf

Ein schmuckes französisches Bistro mit hervorragendem Essen und einer vielfältigen Weinauswahl, das ist Au Coin du Bar. Die Weinauswahl ist vor allem von Tropfen kleiner französischer Produzenten geprägt. Wer sich nicht entscheiden kann, setzt am besten auf die vom Service abgegebenen Empfehlungen. **Schwerpunkt:** Frankreich

Rue François-Versonnex 17	Weinangebot:	**46** / 50
+41 22 7863819	Service	**17** / 20
	Essen	**18** / 20
Kategorie: Weinbar im Restaurant	Ambiente:	**9** / 10
	Gesamt:	90 / 100

Le Bar des Bergues 🍸🍸

1201 Genf

Die klassische Hotelbar des Four Seasons ist Hotspot für genussvolle Kulinarik. Direkt an der Rhône gelegen, geniessen Feinschmecker innovative Cocktailkreationen, köstliche Drinks und erlesene Spirituosen, zu denen das junge Team an der Bar beliebte internationale Snacks serviert.

Quai des Bergues 33	Drinks:	**44** / 50
+41 22 9087110	Ambiente:	**19** / 20
www.fourseasons.com	Service:	**18** / 20
Kategorie: Hotelbar	Sortiment:	**8** / 10
	Gesamt:	89 / 100

Le Rouge et le Blanc 🍷🍷🍷

1201 Genf

Im Le Rouge et le Blanc wird Bistronomie zelebriert. Zu der Auswahl spannender, biodynamisch produzierter Weine gibt es frisch in der Küche des Hauses zubereitete kleine Gerichte zum Teilen oder Alleine-Geniessen. Das gut informierte Team empfiehlt immer gerne den passenden Wein dazu. **Schwerpunkt:** Raw/Natural Wines, Biodynamische Weine

Quai des Bergues 27	Weinangebot:	**48** / 50
+41 22 7311550	Service	**19** / 20
www.lerougeblanc.ch	Essen	**18** / 20
Kategorie: Weinbar im Restaurant	Ambiente:	**9** / 10
	Gesamt:	94 / 100

Leopard Bar

1201 Genf

Die Leopold Bar strahlt grosse Eleganz aus. Zu den Klängen von Live-Jazz serviert das Team um Barchef Fabio Dotolo eine beeindruckend grosse Getränkeauswahl. Man lässt sich gerne beraten oder wählt den Signature Drink «Dom Louis XIII» aus Dom Pérignon Champagner und Louis XIII Cognac.

Quai du Mont-Blanc 17
+41 22 9065537
www.hoteldangleterre.ch
Kategorie: Hotelbar

Drinks:	**45** | 50
Ambiente:	**19** | 20
Service:	**18** | 20
Sortiment:	**8** | 10
Gesamt:	90 | 100

Little Barrel

1207 Genf

Das Little Barrel ist ein Paradies für Rumliebhaber. Die wohlsortierte Karte bietet über 100 verschiedene Rums aus rund dreissig Ländern. Das passionierte Barteam steht bei der Auswahl mit viel Know-how und Gespür für die passende Spirituose den Gästen beratend zur Seite.

Rue du Lac 15
+41 22 7007340
www.littlebarrel.ch
Kategorie: American Bar

Drinks:	**46** | 50
Ambiente:	**19** | 20
Service:	**19** | 20
Sortiment:	**9** | 10
Gesamt:	93 | 100

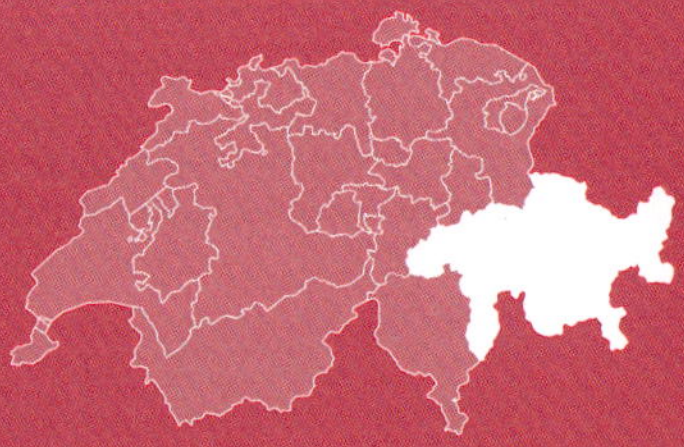

GRAUBÜNDEN

Tschuggen Bar

7050 Arosa

In der Tschuggen Bar kann man sich nach einem Tag im Schnee mit einem Glas prickelnden Champagner oder einem guten Cocktail vor dem prasselnden Kaminfeuer entspannen. Dazu spielt der DJ anregende Musik, manchmal wird auf dem grossen Flügel auch Livemusik gespielt.

Tschuggentorweg 1
+41 81 3789999
www.tschuggen.ch
Kategorie: Hotelbar

Drinks:	**44** | 50
Ambiente:	**18** | 20
Service:	**19** | 20
Sortiment:	**9** | 10
Gesamt:	90 | 100

Werkstatt Chur

7000 Chur

Die Werkstatt Chur lädt Feinschmecker, Kulturinteressierte und Connaisseurs zum Entdecken ein. Drei bis vier Mal im Jahr wird die saisonale Cocktailkarte angepasst und verfeinert. Das Team serviert Klassiker der letzten 150 Jahre, neue Rezepturen angesagter Bars und innovative Eigenkreationen.

Untere Gasse 9
+41 81 5254246
www.werkstattchur.ch
Kategorie: Restaurantbar

Drinks:	**44** | 50
Ambiente:	**18** | 20
Service:	**18** | 20
Sortiment:	**9** | 10
Gesamt:	89 | 100

Gianottis

7504 Pontresina

In Gianottis Weinbar kann man rare Tropfen in einem gediegenen alpinen Ambiente geniessen. Auf der umfangreichen Weinkarte findet jeder etwas nach seinem Geschmack, es gibt auch immer wieder Rares glasweise. Dazu gibts feine Plättli mit Trockenfleisch, Salsiz und Bergkäse. Schwerpunkt: Rotwein

Via Maistra 140
+41 81 8427090
www.gianottis.ch
Kategorie: Weinbar im Restaurant

Weinangebot:	**46** | 50
Service	**19** | 20
Essen	**18** | 20
Ambiente:	**9** | 10
Gesamt:	92 | 100

Kronenhof Bar & Lobby

7504 Pontresina

Nachmittags wird in der Kronenhof Bar & Lobby in edlem Ambiente Afternoon Tea nach englischem Vorbild mit lokalen Produkten serviert. Abends mixt das Barteam klassische Cocktails, entkorkt edle Weine und schenkt feine Cognacs aus, dazu sorgt Live-Pianomusik für eine gediegene Stimmung.

Via Maistra 130
+41 81 8303030
www.kronenhof.com
Kategorie: Hotelbar

Drinks:	**42** | 50
Ambiente:	**18** | 20
Service:	**19** | 20
Sortiment:	**9** | 10
Gesamt:	88 | 100

Donatz Wine Bar

7503 Samedan

Die Donatz Wine Bar punktet mit einer grossen Weinauswahl: Die von Weinspezialist René A. Donatz zusammengestellte Weinkarte umfasst 550 Positionen. 20 davon werden offen ausgeschenkt, freitags sogar grosse Flaschen entkorkt. Dazu passen wunderbar die Jahrgangssardinen oder das Beef Tatar.

Plazzet 15
+41 81 8524666
www.hoteldonatz.ch
Kategorie: Klassische Weinbar

Weinangebot:	**48** | 50
Service	**19** | 20
Essen	**17** | 20
Ambiente:	**9** | 10
Gesamt:	93 | 100

Anton's Bar

7500 St. Moritz

Die elegante Bar im Suvretta House St. Moritz ist nach dem Gründer des Hotels benannt. In der im Stil der 1920er-Jahre dekorierten Bar werden klassische Cocktails und Signature Drinks serviert. Legendär ist auch die Gin-Auswahl: 36 verschiedene Flaschen des Wacholderbrands findet man hier.

Via Chasellas 1
+41 81 8363636
www.suvrettahouse.ch
Kategorie: Hotelbar

Drinks:	**46** I 50
Ambiente:	**18** I 20
Service:	**19** I 20
Sortiment:	**9** I 10
Gesamt:	92 I 100

Devil's Place

7500 St. Moritz

Im Devil's Place im Hotel Waldhaus am See findet man satte 2500 Whiskysorten. Schon mehrmals wurde die Bar dafür vom Guinness-Buch der Rekorde ausgezeichnet. Aber auch Weinfans kommen auf ihre Kosten: Es gibt einen Keller mit über 1300 Positionen. Hier haben Bonvivants die Qual der Wahl.

Via Dimlej 6
+41 81 8366000
www.waldhaus-am-see.ch
Kategorie: Hotelbar

Drinks:	**45** I 50
Ambiente:	**18** I 20
Service:	**19** I 20
Sortiment:	**10** I 10
Gesamt:	92 I 100

Kempinski Bar

7500 St. Moritz

Tagsüber gibt es in der Bar des Kempinski St. Moritz High Tea mit Schweizer Patisserie, abends verwandelt sie sich in einen lebhaften Ort, in dem man zu sanften DJ-Klängen an Getränken nippt. Auf der Karte findet man von Champagner, edlen Weinen und klassischen Cocktails alles, was das Herz begehrt.

Via Mezdi 27
+41 81 8383057
www.kempinski.com
Kategorie: Hotelbar

Drinks:	**42** I 50
Ambiente:	**19** I 20
Service:	**18** I 20
Sortiment:	**9** I 10
Gesamt:	88 I 100

SEELBACH

- 1,5 cl Orangenlikör
- 3 cl Bourbon Whiskey
- 15 cl Champagner (trocken, eisgekühlt)
- 7 Dashes Angostura Bitters
- 7 Dashes Peychaud's Bitters
- Orangenzeste

Entdecken Sie die besten Cocktail-Rezepte!
falstaff.ch/cocktail-rezepte

Foto: Natascha Wagner-Berger

St. Moritz Sky Bar

7500 St. Moritz

Der atemberaubende Blick über die Dächer der Alpenmetropole, den St. Moritzer See und die umliegende Berglandschaft ist bereits Grund genug für einen Besuch der Rooftop-Bar. Die Bar setzt mit dem jungen und dynamischen Hotelkonzept neue Akzente und ist der Place to be auf dem Dach des Hotels Monopol.

Via Maistra 17	Drinks:	45 | 50
+41 81 8370404	Ambiente:	18 | 20
www.monopol.ch	Service:	18 | 20
Kategorie: Loungebar	Sortiment:	9 | 10
	Gesamt:	90 | 100

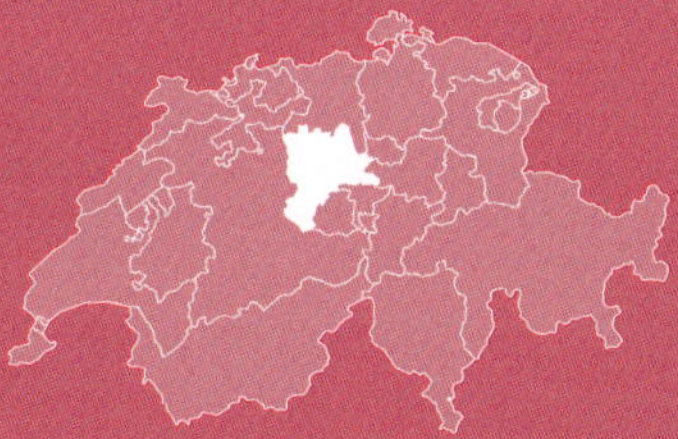

Alpineum

6006 Luzern

Die Bar im «Alpi» ist gemütlich, jung und hip. Hier gibt es feinen Kaffee, täglich wechselnde Mittagsmenus und eine gute Getränkeauswahl. Besonders empfehlenswert sind die spannenden Offen- und Flaschenweine und die hausgemachten Cocktails. Regelmässig finden auch thematische «Bistro-Events» statt.

Denkmalstrasse 11	Drinks:	41 | 50
+41 77 4249098	Ambiente:	18 | 20
www.alpineum.lu	Service:	18 | 20
Kategorie: Restaurantbar	Sortiment:	8 | 10
	Gesamt:	85 | 100

American Bar Château Gütsch 🍸🍸🍸 6003 Luzern

Das Ambiente der American Bar ist elegant, mit Samtsesseln, Ledersofas und grossen Fenstern, die den atemberaubenden Blick auf Luzern freigeben. Barchef Mike Müller betreibt höchste Barkultur, seine Auswahl an klassischen und modernen Cocktails, Mocktails, Weinen und Bieren ist unschlagbar.

Kanonenstrasse	Drinks:	**47** | 50
+41 41 2891414	Ambiente:	**19** | 20
www.chateau-guetsch.ch	Service:	**18** | 20
Kategorie: Hotelbar	Sortiment:	**9** | 10
	Gesamt:	93 | 100

Beach Club 🍸🍸 6002 Luzern

Sonne, Sand und Palmen verleihen dem Montana Beach Club in Luzern ein Mittelmeer-Feeling wie an der Côte d'Azur. Man geniesst zu erfrischenden Drinks und leichten Snacks die atemberaubende Aussicht über das Meer beziehungsweise den Vierwaldstättersee und die Zentralschweizer Bergwelt.

Adligenswilerstrasse 22	Drinks:	**43** | 50
+41 41 4190000	Ambiente:	**18** | 20
www.hotel-montana.ch	Service:	**17** | 20
Kategorie: Hotelbar	Sortiment:	**8** | 10
	Gesamt:	86 | 100

Capitol 🍸🍸🍸 6003 Luzern

In der Bar Capitol gibt es eine Spirituose für jeden Tag des Jahres: Satte 365 davon werden hier ausgeschenkt. Sie schmecken nicht nur pur, auch die daraus gemixten Cocktails sind hervorragend. Dazu die kosmopolitische Atmosphäre und der professionelle Service und man fühlt sich, als wäre man in London.

Zentralstrasse 45a	Drinks:	**46** | 50
+41 41 2109636	Ambiente:	**18** | 20
www.barcapitol.ch	Service:	**18** | 20
Kategorie: Loungebar	Sortiment:	**9** | 10
	Gesamt:	91 | 100

Das weisse Schaf 🍸🍸🍸 6003 Luzern

Im weissen Schaf im Zentrum Luzerns werden exklusive Cocktailkreationen in einem urbanen, gemütlichen Ambiente serviert. Wer den Cocktailgenuss auch bei sich zu Hause geniessen möchte, kann hier auch selbst entwickelte Cocktails in der Flasche mitnehmen.

Frankenstrasse 2	Drinks:	**45** | 50
+41 78 8680677	Ambiente:	**19** | 20
www.dasweisseschaf.ch	Service:	**18** | 20
Kategorie: Club	Sortiment:	**8** | 10
	Gesamt:	90 | 100

Glou Glou

6003 Luzern

Sorgfältig kuratierte Cocktails, Naturweine und Delikatessen haben das Glou Glou innert kürzester Zeit zu einem neuen Hotspot für Weingeniesser in Luzern gemacht. Die Bar am Helvetiagärtli kommt gediegen daher, ist zeitgemäss und weiss bei Drinks und Essen absolut zu überzeugen.

Waldstätterstrasse 7
+41 79 7964918
www.www.glouglou-luzern.ch
Kategorie: Weinbistro

Weinangebot:	**45** | 50
Service	**18** | 20
Essen	**18** | 20
Ambiente:	**9** | 10
Gesamt:	90 | 100

Hotel Des Balances

6004 Luzern

Das Hotel Des Balances liegt direkt an der Reuss, unweit der berühmten Kapellbrücke. Der Besuch würde sich also schon wegen der spektakulären Aussicht lohnen. Das Angebot kann aber mithalten: Serviert werden edle Weine, Cocktails und Spirituosen, manchmal untermalt von Pianoklängen.

Weinmarkt
+41 41 4182828
www.balances.ch
Kategorie: Hotelbar

Drinks:	**44** | 50
Ambiente:	**18** | 20
Service:	**18** | 20
Sortiment:	**9** | 10
Gesamt:	89 | 100

Karel Korner

6003 Luzern

Das Karel Korner hat sich zum Ziel gesetzt, dass alle Produkte und Zusätze auf der Karte aus der Schweiz oder aus Deutschland stammen. Daraus bereitet das Team innovative Eigenkreationen zu. Ausserhalb der Karte sind Klassiker, Sours, persönliche Lieblingscocktails und Favoriten der Crew erhältlich.

Winkelriedstrasse 30
+41 41 2100370
www.karelkorner.ch
Kategorie: Loungebar

Drinks:	**48** | 50
Ambiente:	**18** | 20
Service:	**19** | 20
Sortiment:	**9** | 10
Gesamt:	94 | 100

Kaspar

6003 Luzern

Das Kaspar setzt auf ein kreatives und abwechslungsreiches Programm, exquisite Drinks, eine aussergewöhnliche Architektur und Liebe zum Detail. Kaffeeliebhaber philosophieren über Röstaromen, Kinder toben im separaten Spielzimmer und die Barkeeper bereiten die ersten Apéro-Drinks vor.

Hirschmattstrasse 24
+41 41 2111166
www.kaspar-luzern.ch
Kategorie: American Bar

Drinks:	**44**	50
Ambiente:	**18**	20
Service:	**18**	20
Sortiment:	**9**	10
Gesamt:	89	100

La Bonne Cave

6004 Luzern

Das La Bonne Cave liegt in bester Lage direkt an der Reuss, neben der berühmten Kapellbrücke. Auch die Getränkeauswahl entspricht einem hohen Standard und lädt zum Verweilen ein. Es gibt Spezialitätenkaffee und eine sehr gut sortierte Weinkarte, die Raritäten mit Alltäglichem verbindet.

Rathausquai 1
+41 41 4104516
www.labonnecave.ch
Kategorie: Klassische Weinbar

Weinangebot:	**45**	50
Service	**18**	20
Essen	**18**	20
Ambiente:	**9**	10
Gesamt:	90	100

Louis Bar

6002 Luzern

Die Louis Bar ist Treffpunkt für Aperitifs, Liebhaber von Jazz und Blues und für inspirierende Begegnungen, und sie ist der perfekte Ort, um dem rauchig-torfigen Genuss zu frönen. Mit über 130 schottischen Classic Malts befindet sich hier die wertvollste Whisk(e)y-Sammlung der Zentralschweiz.

Adligenswilerstrasse 22
+41 41 4190000
www.hotel-montana.ch
Kategorie: Hotelbar

Drinks:	**44**	50
Ambiente:	**19**	20
Service:	**17**	20
Sortiment:	**8**	10
Gesamt:	88	100

National Bar 🍸🍸🍸

6006 Luzern

Die Bar im Luzerner Hotel National versprüht immer noch den Charme des vorletzten Jahrhunderts. Moderner ist das Angebot: Es gibt eine gut sortierte Auswahl an klassischen Cocktails und Signature Drinks, die besten Weine aus aller Welt und edle Spirituosen. So ist ein gelungener Abend garantiert.

Haldenstrasse 4	Drinks:	**45** I 50
+41 41 4190909	Ambiente:	**19** I 20
www.grandhotel-national.com	Service:	**18** I 20
Kategorie: Hotelbar	Sortiment:	**9** I 10
	Gesamt:	91 I 100

Opus 🍷🍷🍷

6003 Luzern

Wer nach einem Gefühl von Mittelmeer in Luzern sucht, ist in der Opus Bar, Restaurant & Vinothek an der richtigen Adresse. Die Weinauswahl im historischen Gewölbekeller ist riesig und bietet für jeden Gaumen etwas. Das fachkundige Personal steht mit seiner Weinkompetenz den Suchenden zur Seite.

Bahnhofstrasse 16	Weinangebot:	**47** I 50
+41 41 2264141	Service	**18** I 20
www.restaurant-opus.ch	Essen	**17** I 20
Kategorie: Weinbar im Restaurant	Ambiente:	**9** I 10
	Gesamt:	91 I 100

Penthouse Roof Top Bar 🍸🍸

6002 Luzern

Die Penthouse Roof Top Bar im Hotel Astoria bietet nicht nur eine atemberaubende Aussicht über Luzern, auch was die Getränkeauswahl angeht, ist man hier auf der Höhe. In modernem Ambiente lässt man bei einem guten Cocktail den Blick und die Gedanken schweifen und die Gespräche fliessen.

Pilatusstrasse 29	Drinks:	**44** I 50
+41 41 2268888	Ambiente:	**19** I 20
www.penthouse-luzern.ch	Service:	**18** I 20
Kategorie: Hotelbar	Sortiment:	**8** I 10
	Gesamt:	89 I 100

Schweizerhof Bar 🍸🍸

6002 Luzern

Die Schweizerhof Bar ist der After-Work-Treffpunkt in Luzern. Hier begegnen sich Trendbewusste der ganzen Stadt. Tägliche Pianomusik und regelmässige Events locken auch zahlreiche Passanten zu einem Aperitif oder Cocktail in die gemütliche Lounge oder im Sommer auf die Aussenterrasse.

Schweizerhofquai 3	Drinks:	**44** I 50
+41 41 4100410	Ambiente:	**18** I 20
www.schweizerhof-luzern.ch	Service:	**19** I 20
Kategorie: Hotelbar	Sortiment:	**8** I 10
	Gesamt:	89 I 100

Seebar ⅡⅡ

6005 Luzern

Ob vor einem Konzert, danach oder einfach so, der Besuch in der Seebar im KKL ist immer lohnenswert. Direkt am Ufer des Vierwaldstättersees gelegen, gibt es hier eine gut sortierte Getränkekarte mit Cocktails und erlesenen Weinen, abgerundet durch ein spannendes Angebot alkoholfreier Getränke.

Europaplatz 1	Drinks:	**44** | 50
+41 41 2267308	Ambiente:	**18** | 20
www.kkl-luzern.ch	Service:	**17** | 20
Kategorie: Loungebar	Sortiment:	**8** | 10
	Gesamt:	87 | 100

Shine Bar ⅡⅡ

6003 Luzern

Wer mehr als Mainstream erleben möchte und das gewisse Etwas sucht, der ist direkt neben dem Luzerner Vögeligärtli an der richtigen Adresse. Die Shine Bar verwöhnt mit feinen Schaumweinen, erlesenen Weinen und kreativen Signature Cocktails. Für den kleinen Hunger werden raffinierte Piadine angeboten.

Sempacherstrasse 16	Drinks:	**44** | 50
+41 41 2112626	Ambiente:	**18** | 20
www.shine-bar.ch	Service:	**18** | 20
Kategorie: Loungebar	Sortiment:	**8** | 10
	Gesamt:	88 | 100

Suite Smallplates & Cocktails ⅡⅡ

6003 Luzern

Hoch über den Dächern von Luzern, mit herrlichem Blick auf Berge, Stadt und See, kann man perfekt die Zeit vergessen. Im Suite geniesst man verführerische Speisen aus aller Welt, innovative Cocktailkreationen und elegante Sounds in stilistisch unverwechselbarem Ambiente.

Pilatusstrasse 1	Drinks:	**44** | 50
+41 41 2102131	Ambiente:	**19** | 20
www.suite-lounge.ch	Service:	**18** | 20
Kategorie: Loungebar	Sortiment:	**8** | 10
	Gesamt:	89 | 100

Vertu Sophisticated Bar ⲮⲮ — 6003 Luzern

Die Vertu Sophisticated Bar in Luzern bietet das gewisse Etwas ausserhalb des Mainstreams. Serviert wird ein aussergewöhnliches Sortiment an Offenweinen, Champagner von Ruinart und Dom Pérignon, Signature Cocktails des Gastgebers Helmut und für den kleinen Hunger delikate Tapas.

Kauffmannweg 20
+41 41 2105870
www.vertubar.ch
Kategorie: American Bar

Drinks:	**43** | 50
Ambiente:	**17** | 20
Service:	**19** | 20
Sortiment:	**8** | 10
Gesamt:	87 | 100

Verlinde Bar im Park Hotel ⲮⲮ — 6354 Vitznau

Die Verlinde Bar im Park Hotel Vitznau ist auf Armagnac und Cognac spezialisiert. Über 200 Sorten davon sind im Angebot, das Team mixt aber auch feine Cocktails. Die amberfarbenen Onyx-Elemente in der Dekoration verströmen Behaglichkeit, an den Wänden hängt die Kunst von Namensgeber Claude Verlinde.

Seestrasse 18
+41 41 3996060
www.parkhotel-vitznau.ch
Kategorie: Hotelbar

Drinks:	**43** | 50
Ambiente:	**18** | 20
Service:	**19** | 20
Sortiment:	**9** | 10
Gesamt:	89 | 100

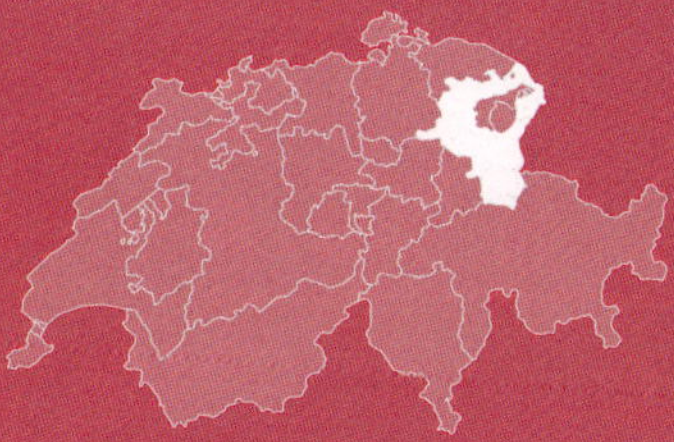

SANKT GALLEN

Golden Wave Bar ⲮⲮ — 7310 Bad Ragaz

140 Sorten Gin aus 34 Ländern gibt es in der Golden Wave Bar im Casino Bad Ragaz, 40 davon stammen aus der Schweiz. Dies ist die grösste Gin-Auswahl der Region. Der Besuch lohnt sich daher für jeden, der sich von der vielfältigen Gin-Geschmackswelt überraschen lassen möchte.

Hans-Albrecht-Strasse
+41 81 3033939
www.casinoragaz.ch
Kategorie: Loungebar

Drinks:	**43** | 50
Ambiente:	**18** | 20
Service:	**19** | 20
Sortiment:	**9** | 10
Gesamt:	89 | 100

Hof Bar

7310 Bad Ragaz

In der Hof Bar im Grand Resort Bad Ragaz geniesst man entspannte Stunden in besonders stilvoller Atmosphäre. Das gut geschulte Barteam mixt hervorragende klassische Cocktails und Eigenkreationen und serviert eine grosse Auswahl an Whisky und Rum. Dazu gibt es sanfte Pianoklänge.

Bernhard-Simon-Strasse 2	Drinks:	**45** | 50
+41 81 3033030	Ambiente:	**18** | 20
www.resortragaz.ch	Service:	**18** | 20
Kategorie: Hotelbar	Sortiment:	**9** | 10
	Gesamt:	90 | 100

verve by sven

7310 Bad Ragaz

In der Bar verve by sven trifft die klassische Barkultur auf alpin inspirierte Cocktailkreationen. Hier geniesst man «Strawberry Leaf Gimlet», «Beeswax Old Fashioned», hausgemachten «Hemp Ice Tea» und die alkoholfreien und Low-Alcohol-Spezialitäten. Dazu serviert Sven Wassmer feinste, regionale Snacks.

Bernhard-Simon-Strasse 1	Drinks:	**45** | 50
+41 81 3033035	Ambiente:	**19** | 20
www.resortragaz.ch	Service:	**19** | 20
Kategorie: Hotelbar	Sortiment:	**9** | 10
	Gesamt:	92 | 100

Einstein Bar

9000 St. Gallen

Die Einstein Bar bietet «Clubatmosphäre im englischen Stil». Zumindest beschreibt das die Stimmung, die in der Einstein Bar herrscht. Das Barteam serviert unterschiedlichste Cocktails. Gut 100 Whisk(e)ys und Spitzenweine, Bier vom Fass und köstliche Eigenkreationen lassen kaum einen Wunsch offen.

Berneggstrasse 2	Drinks:	**46** | 50
+41 71 2275520	Ambiente:	**19** | 20
www.einstein.ch	Service:	**19** | 20
Kategorie: Hotelbar	Sortiment:	**9** | 10
	Gesamt:	93 | 100

Maverick's Bar 🍸🍸

9000 St. Gallen

In Maverick's Cocktail Bar stehen die Cocktails im Rampenlicht. Die Bar ist die Bühne. Die Barcrew führt Regie und die Gäste bestimmen das Programm. Auf dem Spielplan stehen sowohl rauchgeschwängerte Dramen als auch bittersüsse Tragödien. Vollmundige Opern und exotische Musicals stimulieren die Sinne.

Augustinergasse 19

www.mavericks-bar.ch
Kategorie: Loungebar

Drinks:	**44** I 50
Ambiente:	**18** I 20
Service:	**18** I 20
Sortiment:	**9** I 10
Gesamt:	89 I 100

Soho 🍸🍸

9000 St. Gallen

In der Soho Lounge treffen dunkle Zigarrentöne auf goldene Likörnuancen und Cocktailklassiker auf innovative Eigenkreationen. Gediegene Pianoklänge erschaffen eine Atmosphäre, die an die geschmackvolle Lobby eines New Yorker Hotels erinnert – mitten in St. Gallen. Der Alltag wird hier zur Nebensache.

Löwengasse 1
+41 71 2234242
www.soho-switzerland.ch
Kategorie: American Bar

Drinks:	**44** I 50
Ambiente:	**18** I 20
Service:	**17** I 20
Sortiment:	**9** I 10
Gesamt:	88 I 100

Freischütz 🍷🍷

9500 Wil

Im Freischütz serviert der leidenschaftliche Gastgeber Errico Mirto täglich drei Antipasti und drei Hauptgänge, die man am besten als Tavolata geniesst. In der Vinothek stehen zehn italienische Weine im Offenausschank im Angebot. Eine Vielzahl an weiteren Kostbarkeiten wartet im Weinkeller. Schwerpunkt: Italien

Marktgasse 51
+41 71 9111756
www.vinothek-wil.ch
Kategorie: Klassische Weinbar

Weinangebot:	**44** I 50
Service	**18** I 20
Essen	**19** I 20
Ambiente:	**8** I 10
Gesamt:	89 I 100

Güterhof-Bar

8200 Schaffhausen

Die Güterhof-Bar trumpft mit einer modernen, eleganten Einrichtung in alter Bausubstanz und einem fantastischen Blick auf den Rhein auf. Dafür, dass auch der Gaumen verwöhnt wird, sorgt eine Auswahl kreativer Cocktails und feiner Speisen. Am Wochenende gibt es dazu noch musikalische Unterhaltung.

Freier Platz 10
+41 52 6304040
www.gueterhof.ch
Kategorie: Restaurantbar

Drinks:	**43** I 50
Ambiente:	**19** I 20
Service:	**18** I 20
Sortiment:	**7** I 10
Gesamt:	87 I 100

Swiss-Chalet-Bar

6402 Merlischachen

Die Bar empfängt ihre Gäste in einmaligem Ambiente mit hohen Decken und wuchtigen Holzbalken aus dem 17. Jahrhundert. Die Karte bietet neben einer hervorragenden Auswahl an Champagnern erlesene Weine und herrliche Cocktailkreationen, die man zu dezenten Pianoklängen geniesst. Schwerpunkt: Schweiz, Frankreich

Luzernerstrasse 204
+41 41 8545454
www.swiss-chalet.ch
Kategorie: Klassische Weinbar

Weinangebot:	**45** I 50
Service	**18** I 20
Essen	**18** I 20
Ambiente:	**9** I 10
Gesamt:	90 I 100

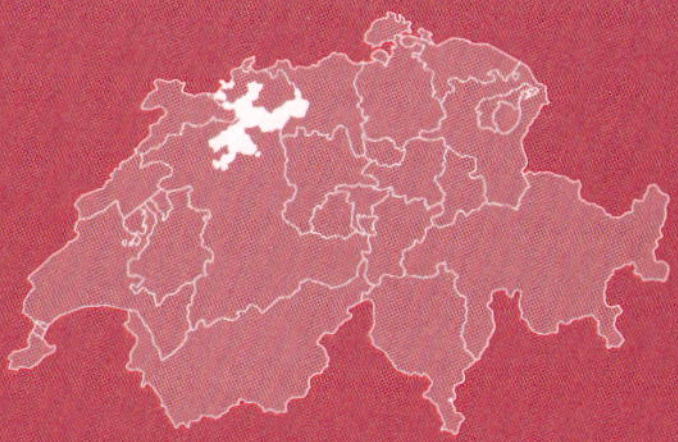

SOLOTHURN

Foto: Fabian von UnwerthPhotography&Arts

Vini al Grappolo 🍷🍷🍷 4500 Solothurn

Das Al Grappolo ist eine Weinbar nach italienischem Vorbild. Es soll ein Ort sein, an dem guter Wein im Offenausschank serviert wird, an dem man seine Lieblingsflaschen auch für zu Hause kaufen kann und wo man einen schönen Abend mit Freunden verbringen, fein essen und miteinander reden kann. **Schwerpunkt:** Italien

Prisongasse 4
+41 32 6235545
www.algrappolo.ch
Kategorie: Weinbar im Restaurant

Weinangebot:	**45** | 50
Service	**18** | 20
Essen	**18** | 20
Ambiente:	**9** | 10
Gesamt:	**90** | 100

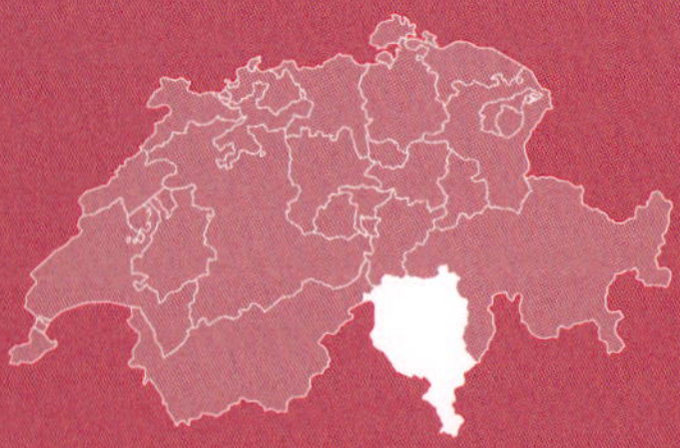

TESSIN

Eden Bar

6612 Ascona

Es gibt immer einen Anlass für einen Besuch in der Eden Bar: ob für den morgendlichen Cappuccino, einen Drink am Nachmittag oder einen feinen Cocktail am Abend. In der Eden Bar lässt es sich wunderbar zu jeder Tageszeit entspannt geniessen – die atemberaubende Sicht auf den Lago Maggiore inklusive.

Via Albarelle 16
+41 1 5127450
www.edenroc.ch
Kategorie: Hotelbar

Drinks:	**45** | 50
Ambiente:	**19** | 20
Service:	**18** | 20
Sortiment:	**9** | 10
Gesamt:	91 | 100

La Fontana

6600 Locarno

Ob wegen der besonderen Lage mit Blick auf den Lago Maggiore oder wegen der gut sortierten Getränkeauswahl, ein Besuch in der Bar des La Fontana lohnt sich immer. Durstige finden hier Drinks aus frischen Zutaten und eine grosse Auswahl an Weinen aus dem Tessin und anderen Schweizer Kantonen.

Via ai Monti 44
+41 91 7560079
www.lafontana-locarno.com
Kategorie: Restaurantbar

Drinks:	**43** | 50
Ambiente:	**18** | 20
Service:	**18** | 20
Sortiment:	**9** | 10
Gesamt:	88 | 100

Principe Bar

6900 Lugano

Nicht nur wegen der spektakulären Terrasse gleich am Lago di Lugano lohnt sich der Besuch in der Bar Principe, auch die Auswahl an gekonnt zubereiteten klassischen und modernen Cocktails und Spirituosen ist beeindruckend. Abends gibt es dazu dezente Livemusik zu geniessen.

Via Montalbano 5
+41 91 9858894
www.leopoldohotel.com
Kategorie: Hotelbar

Drinks:	**44** | 50
Ambiente:	**18** | 20
Service:	**19** | 20
Sortiment:	**9** | 10
Gesamt:	90 | 100

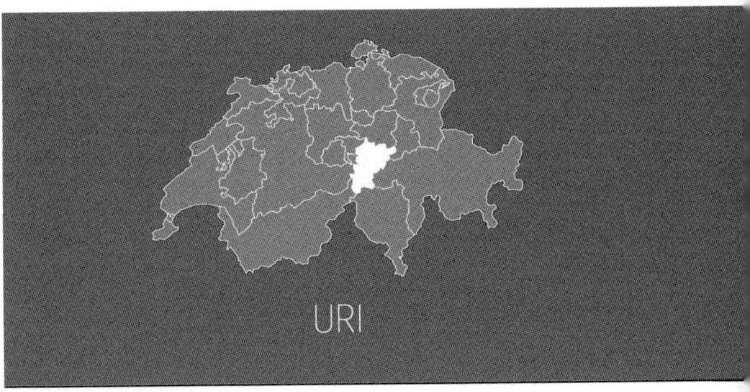

Chedi Bar & Living Room ŸŸŸŸ 6490 Andermatt

Hohe Räume, viel Holz und schöne Stoffe sorgen in der Chedi Bar & Living Room für heimeligen zeitgenössischen Alpenchic. Serviert werden Fusion-Cocktails, die ihre Inspiration in Asien und dem Alpenraum finden, und dazu passende Snacks. Zusätzlich gibt es eine grosse Auswahl an Weinen und Spirituosen.

Gotthardstrasse 4
+41 41 8887488
www.thechediandermatt.com
Kategorie: Hotelbar

Drinks:	**47** | 50
Ambiente:	**19** | 20
Service:	**20** | 20
Sortiment:	**9** | 10
Gesamt:	95 | 100

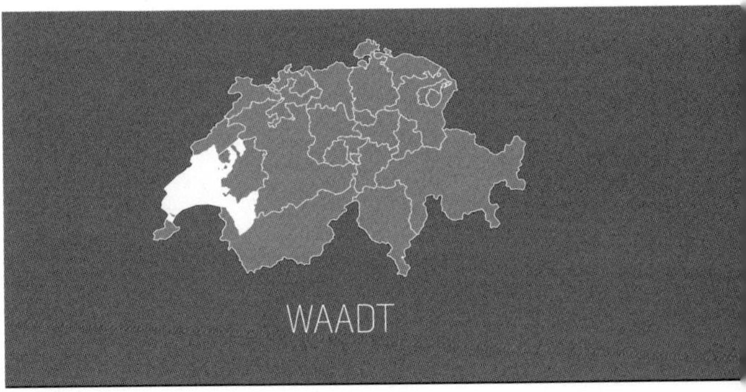

BAR im Beau-Rivage Palace ŸŸŸ 1006 Lausanne

Die Hotelbar des Beau-Rivage Palace, kurz und knackig BAR genannt, ist ein beliebter Treffpunkt, die Atmosphäre ist urban und kosmopolitisch. In geschmackvollem Retro-Chic-Ambiente geniesst man hier klassische und moderne Cocktails vom Feinsten, die Auswahl der Spirituosen ist beeindruckend.

Place du Port 17–19
+41 21 6133395
www.brp.ch
Kategorie: Hotelbar

Drinks:	**46** | 50
Ambiente:	**19** | 20
Service:	**19** | 20
Sortiment:	**8** | 10
Gesamt:	92 | 100

Bottle Brothers

1003 Lausanne

Nicht nur die Cocktails sind hier kreativ, sondern auch die Bistro-Gerichte, die aus lokalen, biologisch angebauten, saisonalen Produkten zubereitet werden. Zudem findet sich hier eine ansehnliche Auswahl an natürlich produzierten Weinen, die vom sympathischen Personal fachkundig empfohlen wird.

Place Pépinet 1
+41 22 7723032
www.bottlebrothers.ch
Kategorie: Restaurantbar

Drinks:	**46** | 50
Ambiente:	**18** | 20
Service:	**18** | 20
Sortiment:	**9** | 10
Gesamt:	91 | 100

Cipriano

1003 Lausanne

Das Konzept der Cipriano-Bar im Zentrum Lausannes ist einfach und bestechend: Es gibt Wine & Ham. Konkret heisst das, dass eine grosse Auswahl spannender Weine auf eine auserlesene Selektion von Charcuterie trifft. Wem das nicht reicht, bestellt einen der ebenfalls hervorragenden Cocktails. Schwerpunkt: Südeuropa

Rue du Port-Franc 11
+41 21 5330015
www.cipriano-bar.ch
Kategorie: Weinbistro

Weinangebot:	**45** | 50
Service	**18** | 20
Essen	**17** | 20
Ambiente:	**9** | 10
Gesamt:	89 | 100

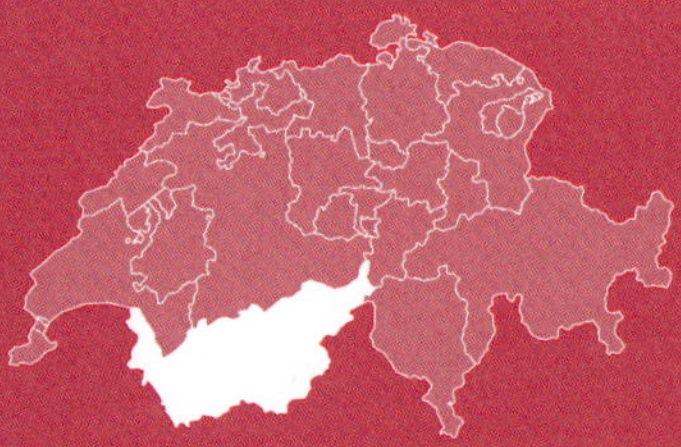

WALLIS

W Living Room

1936 Verbier

Ob draussen auf der Terrasse oder drinnen vor dem prasselnden Kaminfeuer, der W Living Room ist der perfekte Ort, um bei einem kreativen Signature Cocktail, einem feinen Glas Wein oder einer edlen Spirituose den Alltag zu vergessen. Für die passende Hintergrundmusik sorgt der DJ mit loungigen Klängen.

Rue de Médran 70
+41 27 4728888
www.wverbier.ch
Kategorie: Loungebar

Drinks:	**43** | 50
Ambiente:	**19** | 20
Service:	**18** | 20
Sortiment:	**9** | 10
Gesamt:	89 | 100

Grapes & Juniper

3920 Zermatt

Die Bar Grapes & Juniper des Cervo in Zermatt ist schwer zu finden, wer es aber geschafft hat, wird mit einer reichhaltigen Auswahl von Gins und Weinen belohnt, wie es schon der Name verspricht. Ganze 40 Sorten Gin kommen ins Glas, davon auch bewusst einige Raritäten.

Riedweg 156	Drinks:	44 | 50
+41 27 9681212	Ambiente:	18 | 20
www.cervo.swiss	Service:	18 | 20
Kategorie: Loungebar	Sortiment:	9 | 10
	Gesamt:	89 | 100

Felsenkeller

6300 Zug

Seit über 30 Jahren gibt es im Felsenkeller in Zug Wein zu trinken und zu kaufen. Hier findet der Weinliebhaber über 500 spannende Flaschen aus aller Welt. Dazu können Snacks aus der eigenen Backstube oder Speisen von den zwei benachbarten Restaurants bestellt werden.

Kolinplatz 8	Weinangebot:	46 | 50
+41 41 7103050	Service	19 | 20
www.felsenkeller.ch	Essen	17 | 20
Kategorie: Weinbar im Restaurant	Ambiente:	8 | 10
	Gesamt:	90 | 100

Platzhirsch
6300 Zug

Direkt am wunderschönen Hirschenplatz gelegen, bietet der Platzhirsch mit über 100 Weinen aus ganz Europa ein umfangreiches und exklusives Sortiment und die grösste Auswahl an frisch zubereiteten Tatars. «Nicht-Weintrinker» finden hier eine auserlesene Kollektion an Bieren und diversen Spirituosen. Schwerpunkt: Europa

Zeughausgasse 10
+41 41 7102727
www.platzhirschzug.ch
Kategorie: Klassische Weinbar

Weinangebot:	**44** | 50
Service	**18** | 20
Essen	**17** | 20
Ambiente:	**8** | 10
Gesamt:	87 | 100

Skylounge Bar
6300 Zug

Die Skylounge befindet sich im 18. Stock des Uptown-Gebäudes in Zug und bietet neben einer atemberaubenden Aussicht auf den Zugersee und die umliegenden Berge eine vielseitige Auswahl an klassischen Cocktails und Eigenkreationen, verschiedenen Offenweinen und kleinen kalten Gerichten.

General-Guisan-Strasse 6
+41 41 7090570
www.uptown-gastro.ch
Kategorie: Loungebar

Drinks:	**43** | 50
Ambiente:	**17** | 20
Service:	**18** | 20
Sortiment:	**8** | 10
Gesamt:	86 | 100

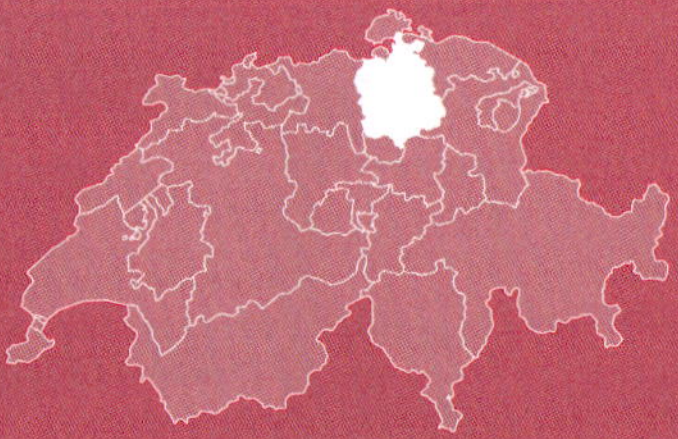

ZÜRICH

More
8608 Bubikon

Früher Moorbad Kämmoos, heute Bar und Cigar Lounge und seit 2015 eine Institution in Bubikon. Auf der Barkarte finden sich feine Spirituosen und Cocktailkreationen, die sorgfältig vom Barteam zusammengestellt wurden. Zu den flüssigen Gaumenfreuden werden leckere Flammkuchen und Snacks serviert.

Kämmoos 3
+41 55 2433111
www.more-bar.ch
Kategorie: American Bar

Drinks:	**43** | 50
Ambiente:	**18** | 20
Service:	**17** | 20
Sortiment:	**9** | 10
Gesamt:	87 | 100

Viniviva 🍷🍷🍷

8600 Dübendorf

Im Viniviva stehen biologisch-organische, biodynamische oder nach der Idee der «Vins Naturels» entstandene Weine im Fokus. Andreas Brunnegger legt Wert auf Winzerinnen mit Seele, deren Weine Identität haben. Zum Glas Wein geniesst man hier Charcuterie von Natur konkret und Brot von John Baker.

Oberdorfstrasse 113 +41 44 8207979 www.viniviva.ch **Kategorie: Klassische Weinbar**	Weinangebot: **48** | 50 Service **19** | 20 Essen **18** | 20 Ambiente: **9** | 10 Gesamt: 94 | 100

Thalvie 🍷🍷

8800 Thalwil

Im Thalvie Café & Bar werden die Gäste an sechs Tagen mit bester Qualität verwöhnt, und aus einem normalen Tag wird ein besonderer gemacht. Auf der vielleicht schönsten Terrasse am Zürichsee oder im einzigartigen Art-déco-Interieur geniesst man wöchentlich wechselnde Lunch-Menüs und hervorragende Drinks.

Im Park 2 +41 44 5784455 www.thalvie.cafe **Kategorie: American Bar**	Drinks: **44** | 50 Ambiente: **19** | 20 Service: **17** | 20 Sortiment: **9** | 10 Gesamt: 89 | 100

Blaser's 🍷🍷

8610 Uster

Neben guter Küche sind Kaffee und Wein Markus Blasers Leidenschaften, weswegen er sich entschloss, einen Ort zu gründen, der alle diese Dinge zelebriert. In Blaser's Café und Weinbar gibt es eine grosse Weinauswahl, edle Kaffeesorten, aber auch sehr feines Essen, und das von morgens bis abends. Schwerpunkt: Italien

Zentralstrasse 2 +41 44 5434045 www.blasers-cafe-weinbar.ch **Kategorie: Weinbistro**	Weinangebot: **44** | 50 Service **17** | 20 Essen **18** | 20 Ambiente: **8** | 10 Gesamt: 87 | 100

Boilerroom

8400 Winterthur

Im Boilerroom in der ehemaligen Heizzentrale des Sulzer-Areals am Winterthurer Bahnhof wird auch heute noch sprichwörtlich eingeheizt. Hier trifft man sich in der After-Work-Lounge, auf einen Cocktail von der grossen Karte oder zu feinen, amerikanisch inspirierten Snacks.

Zürcherstrasse 1
+41 52 2033149
www.boilerroom.ch
Kategorie: Restaurantbar

Drinks:	**41** I 50
Ambiente:	**17** I 20
Service:	**17** I 20
Sortiment:	**8** I 10
Gesamt:	83 I 100

Wein-Punkt

8400 Winterthur

Im Wein-Punkt geniesst man ausschliesslich handverlesene Weine aus natürlicher Produktion. Im behaglichen Lokal serviert man dazu die herrlichen Plättli mit lokalem Käse, Fleisch, Pickles und das hervorragende Sauerteigbrot. Wie die Weine, werden auch alle Speisen von Hand gemacht. Schwerpunkt: Bioweine, Natural Wine

Stadthausstrasse 53
+41 52 2125252
www.wein-punkt.ch
Kategorie: Klassische Weinbar

Weinangebot:	**46** I 50
Service	**18** I 20
Essen	**18** I 20
Ambiente:	**9** I 10
Gesamt:	91 I 100

169 West

8003 Zürich

Im trendigen Kreis 3 gelegen, ist das 169 West ein Mekka für Naturweinliebhaber. Auf der grossen Weinkarte findet man alles: von ausgefallenen Raritäten bis zu klassischeren Einsteiger-Naturweinen. Dazu gibt es kreative hausgemachte Snacks und jede Menge Hintergrundinformation zu Wein und Winzer. Schwerpunkt: Raw/Natural Wines

Weststrasse 169
+41 44 4610033
www.169west.ch
Kategorie: Weinbar im Restaurant

Weinangebot:	**44** I 50
Service	**19** I 20
Essen	**18** I 20
Ambiente:	**9** I 10
Gesamt:	90 I 100

4 Tiere

8004 Zürich

In der Bar 4 Tiere werden selbst anspruchsvolle Gin-Liebhaber fündig: Mit über 650 Sorten im Angebot bleibt dem Besucher die Qual der Wahl. Barkeeper Andrea, Andreas und Kunming servieren kreative und klassische Cocktails für jeden Geschmack. Auch lohnt es sich, einen ihrer Workshops zu besuchen.

Feldstrasse 61	Drinks: **47** | 50
+41 44 2400088	Ambiente: **19** | 20
www.viertiere.ch	Service: **19** | 20
Kategorie: American Bar	Sortiment: **9** | 10
	Gesamt: 94 | 100

Andorra Bar

8001 Zürich

Dem Charme der Andorra Bar kann man sich schwer entziehen. Mitten im Niederdorf treffen sich hier Geniesser und Nachtschwärmer auf ein Glas Wein, einen Cocktail, einen Whisk(e)y oder ein Bier. Untermalt wird das Ganze durch Jazz- und Bluesmusik, mal aus dem Lautsprecher, mal live gespielt.

Münstergasse 20	Drinks: **43** | 50
+41 79 3130082	Ambiente: **18** | 20
www.andorra.ch	Service: **19** | 20
Kategorie: American Bar	Sortiment: **8** | 10
	Gesamt: 88 | 100

Angels' Wine Tower Bar

8058 Zürich

Im Radisson Hotel am Flughafen Zürich befindet sich eine der wortwörtlich grössten Attraktionen für Weinliebhaber in der Schweiz: ein 16 Meter hoher Weinturm, bestückt mit über 4000 Flaschen Wein. Bei dieser Menge ist für jeden Geschmack etwas dabei. Alternativ gibt es eine Auswahl guter Cocktails.

Airport	Weinangebot: **45** | 50
+41 43 2107043	Service **18** | 20
www.radissonhotels.com	Essen **17** | 20
Kategorie: Weinbar im Restaurant	Ambiente: **9** | 10
	Gesamt: 89 | 100

Atelier Bar

8001 Zürich

In Dieter Meiers Bar am Paradeplatz gibt es eine feine Auswahl an Weinen, Cocktails und kleinen Köstlichkeiten. Das Team um Nicolas Maeder kümmert sich aufmerksam um die Gäste. Dank einer Kollaboration mit Horgenglarus ist die urban anmutende Einrichtung von Schweizer Designklassikern geprägt.

Talacker 16
+41 44 2100809
www.atelierbar.ch
Kategorie: Loungebar

Drinks:	**44** I 50
Ambiente:	**18** I 20
Service:	**17** I 20
Sortiment:	**9** I 10
Gesamt:	88 I 100

Aura

8001 Zürich

Das Aura Grill & Bar bespielt die Räumlichkeiten der alten Börse mitten in Zürich. Auf über 2000 Quadratmetern gibt es Spezialitäten vom 800 Grad heissen South-Bend-Grill und eine grosse Auswahl an kreativen Cocktails. Diese können auch in der Smoker's Lounge bei einer edlen Zigarre genossen werden.

Bleicherweg 5
+41 44 4481144
www.aura-zurich.ch
Kategorie: Restaurantbar

Drinks:	**44** I 50
Ambiente:	**19** I 20
Service:	**17** I 20
Sortiment:	**8** I 10
Gesamt:	88 I 100

Bar 63

8004 Zürich

Die Bar 63 in Zürichs pulsierendem Langstrassenquartier hat mittlerweile Kultstatus. In schummrigem Licht werden hier exzellente Cocktails serviert: Ob exotische Tiki-Drinks, saisonal inspirierte Kreationen oder elegante Klassiker, die Bartender beherrschen sie alle mit Bravour.

Rolandstrasse 19
+41 44 2417583
www.bar63.ch
Kategorie: American Bar

Drinks:	**47** I 50
Ambiente:	**18** I 20
Service:	**19** I 20
Sortiment:	**9** I 10
Gesamt:	93 I 100

Bar am Wasser 🍸🍸🍸🍸

8001 Zürich

Dirk Hanys Bar am Wasser ist seit ihrer Eröffnung 2018 zu einem beliebten Treffpunkt für Zürcher Cocktailliebhaber geworden. In einer eleganten, kosmopolitischen Atmosphäre servieren Hany und sein Team hier Eigenkreationen und perfekt ausgeführte Klassiker. Auch der Service ist Weltklasse.

Stadthausquai 1	Drinks:	**49** I 50
+41 44 5278001	Ambiente:	**20** I 20
www.baramwasser.ch	Service:	**19** I 20
Kategorie: Loungebar	Sortiment:	**9** I 10
	Gesamt:	97 I 100

Bar Münster 🍸🍸🍸

8001 Zürich

Die Bar Münster liegt mitten im Zürcher Oberdorf. Der Service in der gemütlich eingerichteten Bar ist freundlich und aufmerksam. Auf der Karte finden sich über 100 Cocktails, das kreative Barteam kann aber viele weitere zubereiten. Zudem gibt es hier verschiedene gute Biere und Weine zur Auswahl.

Münstergasse 30	Drinks:	**46** I 50
+41 44 2616061	Ambiente:	**18** I 20
www.barmuenster.ch	Service:	**18** I 20
Kategorie: American Bar	Sortiment:	**8** I 10
	Gesamt:	90 I 100

Barchetta 🍸🍸🍸

8001 Zürich

Die Barchetta-Bar vermittelt dem Gast mit ihrer Lage direkt am Wasser fast das Gefühl, in Venedig zu sein. Im stylish dekorierten Gastraum oder draussen unter den Arkaden serviert das Team um Barchef Daniel Boubraki eine Auswahl erlesener Cocktails, dazu gibt es kleine, feine Speisen.

Weinplatz 2	Drinks:	**44** I 50
+41 44 2272727	Ambiente:	**18** I 20
www.storchen.ch	Service:	**19** I 20
Kategorie: Hotelbar	Sortiment:	**9** I 10
	Gesamt:	90 I 100

Barfly'z ꟾꟾꟾ

8002 Zürich

Seinen Namen bekam das Barfly'z als Anspielung auf die Barflies, die sich in Harry's New York Bar in Paris versammelten. Diese Gesellschaft von viel gereisten Herren tat einiges, um Cocktails international zu etablieren. Im Geiste der Barflies wird man hier heute mit exquisiten Cocktails verwöhnt.

Gotthardstrasse 21	Drinks:	**45** I 50
+41 44 2020011	Ambiente:	**18** I 20
www.barflyz.ch	Service:	**18** I 20
Kategorie: American Bar	Sortiment:	**9** I 10
	Gesamt:	90 I 100

Baur's ꟾꟾꟾ

8001 Zürich

Die Baur's Bar im Zentrum Zürichs ist direkt mit dem legendären Hotel Baur au Lac verbunden. Im kleinen, elegant eingerichteten Gastraum geniesst man alles, was auf einer gut sortierten Barkarte zu finden ist: feine Cocktails, Champagner, Weine, anregende Aperitifs und Digestifs und feine Snacks.

Talstrasse 1	Drinks:	**44** I 50
+41 44 2205060	Ambiente:	**19** I 20
www.baurs-zurich.ch	Service:	**19** I 20
Kategorie: Restaurantbar	Sortiment:	**9** I 10
	Gesamt:	91 I 100

Brick ꟾꟾ

8004 Zürich

Die moderne Backsteinoptik verleiht der Brick Cocktailbar ihren Namen. In der Mitte befindet sich die u-förmige Bar aus Stahl und Holz. Serviert wird eine spannende Auswahl an Cocktailklassikern und Eigenkreationen, dazu gibt es regelmässig Livemusik.

Langstrasse 21	Drinks:	**43** I 50
+41 44 2412000	Ambiente:	**18** I 20
www.brickbar.ch	Service:	**18** I 20
Kategorie: American Bar	Sortiment:	**8** I 10
	Gesamt:	87 I 100

Canapé ꟾꟾ

8004 Zürich

Direkt an der Brauerstrasse – mitten im Kreis 4 gelegen – bespielen seit Oktober 2021 Simi und Paulina den ehemaligen Hirschen neu. Das Herzstück ist die Bar, an der sie ihre Gäste mit klassischen Cocktails, Eigenkreationen sowie einer grossen Auswahl an Spirituosen und Weinen verzaubern.

Brauerstrasse 80	Drinks:	**46** I 50
+41 77 4082870	Ambiente:	**17** I 20
www.canapebar.ch	Service:	**17** I 20
Kategorie: Restaurantbar	Sortiment:	**8** I 10
	Gesamt:	88 I 100

Canvas Bar im Dolder Grand

8032 Zürich

Der Besuch in der Canvas Bar & Lounge im Zürcher Luxushotel Dolder Grand lohnt sich nicht nur wegen der aufsehenerregenden Architektur und Einrichtung, auch die vom Barteam gemixten Cocktails sind hervorragend. Ob klassisch oder kreative Eigenkreation, hier findet jeder etwas für seinen Geschmack.

Kurhausstrasse 65
+41 44 4566000
www.thedoldergrand.com
Kategorie: Hotelbar

Drinks:	**47** I 50
Ambiente:	**19** I 20
Service:	**19** I 20
Sortiment:	**9** I 10
Gesamt:	94 I 100

Carlton

8001 Zürich

Die Carlton-Bar in der Nähe der Bahnhofstrasse ist ein beliebter Treffpunkt für Zürcher Mixology-Fans. In einer modern-gemütlichen Atmosphäre werden kreative und klassische Cocktails gemixt, spannende Weinflaschen entkorkt und feine Barsnacks serviert.

Bahnhofstrasse 41
+41 44 2271919
www.carlton.ch
Kategorie: Restaurantbar

Drinks:	**45** I 50
Ambiente:	**19** I 20
Service:	**19** I 20
Sortiment:	**8** I 10
Gesamt:	91 I 100

Cinchona

8004 Zürich

In der Cinchona-Bar sind Highballs die Hauptdarsteller – lecker erfrischende Drinks die in gefrorenen Gläsern serviert werden –, die ganz ohne Shaker auskommen. Hier kann man sich unkompliziert durch die Karte probieren und dazu kleine Snacks vom benachbarten Restaurant NENI geniessen.

Langstrasse 150
+41 44 57650004
www.cinchona.bar
Kategorie: Hotelbar

Drinks:	**46** I 50
Ambiente:	**18** I 20
Service:	**18** I 20
Sortiment:	**9** I 10
Gesamt:	91 I 100

Clouds Bar

8005 Zürich

Hier geniesst man nicht nur eine spektakuläre Sicht auf den Sonnenuntergang über dem Uetliberg und die langsam erstrahlenden Lichter in und über der Stadt. In der Clouds Bar werden spannende saisonale Cocktails serviert, die man sich in entspannter und angenehmer Atmosphäre munden lässt.

Maagplatz 5
+41 44 4043000
www.clouds.ch
Kategorie: Restaurantbar

Drinks:	**47** I 50
Ambiente:	**20** I 20
Service:	**18** I 20
Sortiment:	**9** I 10
Gesamt:	94 I 100

Coco Grill & Bar

8001 Zürich

Das Coco liegt gleich neben dem Paradeplatz, ist aber eine gut versteckte ruhige Oase. Die Bar ist gemütlich im Stile eines alten Schiffs dekoriert, davor befindet sich eine grosse Terrasse. Serviert werden spannende Weine und auserlesene Getränke, dazu darf man dank Fumoirlizenz Rauchringe blasen.

Bleicherweg 1a	Drinks:	**44** | 50
+41 44 2119898	Ambiente:	**17** | 20
www.restaurant-coco.ch	Service:	**18** | 20
Kategorie: Restaurantbar	Sortiment:	**9** | 10
	Gesamt:	88 | 100

Cranberry Bar

8001 Zürich

Die Cranberry Bar ist die beliebteste Gay-Bar und heisseste Beere in der Stadt Zürich. Seit Ende der 1990er geniesst man in ansprechendem Ambiente feine Cocktails und vor allem einen Abend in bester Gesellschaft. Die Cranberry Bar ist ein beliebter Treffpunkt für das bunte Zürich.

Metzgergasse 3	Drinks:	**46** | 50
+41 44 2612772	Ambiente:	**17** | 20
www.cranberry.ch	Service:	**18** | 20
Kategorie: American Bar	Sortiment:	**9** | 10
	Gesamt:	90 | 100

D-Vino Bahnhofstraße

8001 Zürich

Die grösste D-Vino-Filiale Zürichs liegt an der Bahnhofstrasse, mitten im pulsierenden Zentrum der Stadt. Die umfangreiche Offenkarte bietet einen Wein für jeden Geschmack, für eine Bestellung ab vier Deziliter wird sogar jede Flasche geöffnet. Dazu gibt es eine Auswahl frisch zubereiteter Tapas.

Schützengasse 12	Weinangebot:	**45** | 50
+41 44 4034860	Service	**18** | 20
www.d-vino.ch	Essen	**17** | 20
Kategorie: Weinbar im Restaurant	Ambiente:	**8** | 10
	Gesamt:	88 | 100

D-Vino Seefeld

8008 Zürich

Auch im modern eingerichteten D-Vino im Zürcher Seefeld gibt es eine grosse Offenweinauswahl. Bei Bestellungen ab vier Deziliter wird sogar jede Flasche geöffnet, ausser einige wenige Raritäten. Dazu gibt es eine feine Auswahl kleiner Gerichte gegen den Hunger.

Seefeldstrasse 113	Weinangebot:	**45** | 50
+41 44 3833001	Service	**18** | 20
www.d-vino.ch	Essen	**17** | 20
Kategorie: Weinbar im Restaurant	Ambiente:	**8** | 10
	Gesamt:	88 | 100

D-Vino Wiedikon

8003 Zürich

Das D-Vino im hippen Zürcher Stadtteil Wiedikon ist wie seine Schwesterbetriebe dank seiner grossen Auswahl an Offenweinen ein Paradies für Weinliebhaber. Im gemütlichen Gastraum oder auf der geräumigen Terrasse wird sogar jeder Wein für eine Bestellung ab vier Deziliter geöffnet, ausser wenige Raritäten.

Bremgartnerstrasse 70	Weinangebot: **45** I 50
+41 43 8115181	Service **18** I 20
www.d-vino.ch	Essen **18** I 20
Kategorie: Weinbar im Restaurant	Ambiente: **9** I 10
	Gesamt: 90 I 100

Dante Bar

8004 Zürich

Hier trifft sich ein bunt gemischtes Publikum und geniesst im stilvollen Ambiente der 1950er-Jahre das Besondere. Das sehr professionelle Barteam mischt aus der riesigen Auswahl an Gins grossartige Kreationen. Wer keine Lust auf einen Drink hat, bedient sich bei der feinen Auswahl an Bieren.

Zwinglistrasse 22	Drinks: **45** I 50
+41 76 6013383	Ambiente: **18** I 20
www.dante.bar	Service: **18** I 20
Kategorie: American Bar	Sortiment: **8** I 10
	Gesamt: 89 I 100

El Lokal

8001 Zürich

Wegen seines Ambientes sowie seines Kulturangebots mit Konzerten und Lesungen ist das El Lokal Kult! Hier trinkt man süffige Biere und ausgewählte Weine. Mittags werden ausgewählte Menus serviert. Abends – je nach Saison – werden grillierte und kalte Speisen oder wärmende Gerichte angeboten.

Gessnerallee 11	Drinks: **42** I 50
+41 43 3448750	Ambiente: **18** I 20
www.ellokal.ch	Service: **18** I 20
Kategorie: American Bar	Sortiment: **7** I 10
	Gesamt: 85 I 100

Felix

8003 Zürich

Die Felix-Bar ist ein Ort der Begegnungen, der Gastfreundschaft und der perfekt gemixten Cocktails. Mitten im lebhaften Kreis 3 können Geniesser, Stadtfüchse und Cocktailenthusiasten an sechs Tagen in der Woche aus einem spannenden Sortiment an Gins, Whisk(e)ys, Rums und anderen edlen Spirituosen auswählen.

Kalkbreitestrasse 8	Drinks: **46** I 50
+41 44 5451813	Ambiente: **18** I 20
www.felix-zuerich.ch	Service: **18** I 20
Kategorie: Loungebar	Sortiment: **9** I 10
	Gesamt: 91 I 100

Gamper Bar 🍸🍸🍸

8004 Zürich

Die Gamper Bar bietet eine spannende Auswahl an Weinen von kleinen, naturnah arbeitenden Produzenten und eine grosse Selektion an Wermut. Wer sich nicht entscheiden kann, hält sich an die Empfehlungen der gut informierten Crew. Dazu gibt es hervorragende Konserven, Charcuterie und Käse.

Dienerstrasse 75 +41 43 2437878 www.gamper-bar.ch **Kategorie: Klassische Weinbar**	Weinangebot: **47** | 50 Service **18** | 20 Essen **18** | 20 Ambiente: **9** | 10
	Gesamt: 92 | 100

Foto: Eduard Meltzer

George Bar & Grill 🍸🍸🍸

8001 Zürich

Die George Bar & Grill, benannt nach dem fiktiven Gastgeber George, liegt in einem Penthouse und hat eine fantastische Aussicht über die Dächer von Zürich. Ob für Feierabenddrinks oder fürs romantische Dinner, es lohnt sich hier vorbeizukommen und die kosmopolitische Stimmung zu geniessen.

Sihlstrasse 50 +41 44 4445060 www.george-grill.ch **Kategorie: Restaurantbar**	Drinks: **47** | 50 Ambiente: **19** | 20 Service: **19** | 20 Sortiment: **9** | 10
	Gesamt: 94 | 100

Igniv 🍸🍸🍸🍸

8001 Zürich

Das Igniv im Hotel Marktgasse ist der erste Ableger von Andreas Caminadas Sharing-Konzept, das über eine eigene Bar verfügt. Der talentierte Barchef Philipp Kössl mixt hier erstklassige klassische Cocktails und Eigenkreationen. Dazu gibt es vielseitige Snacks aus der Küche – Barfood der Extraklasse!

Marktgasse 17 +41 44 2661010 www.marktgassehotel.ch **Kategorie: Hotelbar**	Drinks: **49** | 50 Ambiente: **19** | 20 Service: **19** | 20 Sortiment: **9** | 10
	Gesamt: 96 | 100

James Joyce

8001 Zürich

Auch der irische Schriftsteller James Joyce hätte sich nicht über die Getränkeauswahl in der nach ihm benannten Bar beschwert. Über 300 Positionen Wein, 50 Whisk(e)y-Sorten, 20 Biere und eine grosse Auswahl an Gin und Rum findet man hier. Dazu gibt es feine Pub-Klassiker wie Burger und Fish and Chips.

Pelikanstrasse 8	Drinks:	43 | 50
+41 44 2211828	Ambiente:	19 | 20
www.jamesjoyce.ch	Service:	19 | 20
Kategorie: American Bar	Sortiment:	9 | 10
	Gesamt:	90 | 100

Jules Verne Panoramabar

8001 Zürich

Hier geniesst man Drinks und Cocktails mit den tollen Namen wie «Phileas Foggs Fantastische Flugmaschine» oder «Between The Sheets». Die Barkarte ist eine Hommage an den französischen Namensgeber Jules Verne. Auch der Name ist Programm: Das Panorama über die Stadt und den See sucht seinesgleichen.

Uraniastrasse 9	Drinks:	47 | 50
+41 43 8886667	Ambiente:	18 | 20
www.jules-verne.ch	Service:	19 | 20
Kategorie: American Bar	Sortiment:	9 | 10
	Gesamt:	93 | 100

Kasheme

8005 Zürich

Wohnzimmer, Plattenladen, Studio und Bar. Kasheme steht für bewusstes Zuhören der universellen Sprache der Musik. Das Team versteht Musik als heilende Kraft und hat das Ziel, Menschen aus verschiedenen Kulturen zu verbinden. Dazu serviert das Team hinter der Bar hervorragende Drinks und Cocktails.

Neugasse 56	Drinks:	44 | 50
+41 44 2726608	Ambiente:	18 | 20
www.kasheme.com	Service:	18 | 20
Kategorie: Loungebar	Sortiment:	8 | 10
	Gesamt:	88 | 100

Konrad

8001 Zürich

Bei Konrad findet man leckeren Kaffee, frische Säfte sowie feines Gebäck, hausgemachte Piadina oder ein Antipasti-Plättli. Getrunken werden lokales Bier, ausgewählte Weine und fachkundig zubereitete Cocktails, die am späteren Abend den perfekten Einstieg in das Zürcher Nachtleben bieten.

Lintheschergasse 23
+41 44 2110815
www.konrad.bar
Kategorie: Loungebar

Drinks:	**44** | 50
Ambiente:	**19** | 20
Service:	**17** | 20
Sortiment:	**8** | 10
Gesamt:	88 | 100

Kronenhalle Bar

8001 Zürich

Hier werden Cocktailklassiker und moderne Eigenkreationen auf höchstem Niveau serviert. Unweit des Zürcher Bellevues gelegen, treffen Kunst, Glamour und Tradition in bester Form aufeinander. Die Zürcher Kultbar überzeugt seit fast 60 Jahren mit zeitloser Eleganz und Exzellenz.

Rämistrasse 4
+41 44 2629911
www.kronenhalle.ch
Kategorie: Restaurantbar

Drinks:	**49** | 50
Ambiente:	**19** | 20
Service:	**19** | 20
Sortiment:	**10** | 10
Gesamt:	97 | 100

Kunsthausrestaurant

8001 Zürich

Im Kunsthausrestaurant im Zürcher Stadtzentrum gibt es eine grosse Auswahl an feinen Weinen. Eine beträchtliche Anzahl davon wird offen ausgeschenkt, was das Herz jedes abenteuerlichen Weinkenners höherschlagen lässt. Dazu gibt es unkomplizierte, schmackhafte Gerichte aus der Restaurantküche.

Heimplatz 1
+41 44 2515353
www.kunsthausrestaurant.ch
Kategorie: Weinbar im Restaurant

Weinangebot:	**46** | 50
Service	**18** | 20
Essen	**18** | 20
Ambiente:	**9** | 10
Gesamt:	91 | 100

Lenox Bar

8006 Zürich

In der gemütlichen Smoker's Lounge finden Tabak- und Whisk(e)yfreunde ein exklusives Ambiente für genüssliche Momente – mit einem der grössten Sortimente an erstklassigen Zigarren und Whisk(e)ys in Zürich, zu der man eine Vielzahl an leckeren Snacks und ausgezeichneten Gerichten geniesst.

Neumühlequai 42
+41 44 3607324
www.lenoxbar.ch
Kategorie: Hotelbar

Drinks:	**46** | 50
Ambiente:	**18** | 20
Service:	**18** | 20
Sortiment:	**9** | 10
Gesamt:	91 | 100

Loft Five Bar

8004 Zürich

Hier serviert ein engagiertes Team erstklassige Drinks und Cocktails. An der Europaallee gelegen, vereint das Loft Five Genuss, Style und Lebensfreude in entspannter Atmosphäre. Auf den Tellern findet man saftige Fleischstücke, aromatische Burger oder vegetarische Genüsse.

Europaallee 15
+41 44 7555050
www.loftfive.ch
Kategorie: Loungebar

Drinks:	**43** I 50
Ambiente:	**18** I 20
Service:	**17** I 20
Sortiment:	**9** I 10
Gesamt:	87 I 100

Lupo

8004 Zürich

Die Neueröffnung von Claudio Sacchi, Patrick Schindler und Armin Azadpour bringt das Konzept der unkomplizierten Gastrobar an die Kalkbreite. Es gibt feines italienisches Essen, dazu spannende Cocktailkreationen und eine grosse, zeitgenössische Auswahl an Weinen. Die Klientel ist urban und hip.

Badenerstrasse 155
www.lupo.bar
Kategorie: Restaurantbar

Drinks:	**47** I 50
Ambiente:	**18** I 20
Service:	**19** I 20
Sortiment:	**9** I 10
Gesamt:	93 I 100

Foto: www.tinasturzenegger.com

Manuel's

8001 Zürich

Auf drei Etagen verteilt, gibt es im Manuel's mitten im Zentrum Zürichs eine hervorragende Auswahl an edlen kubanischen Zigarren, Rum und Kaffee. In der Bar im Eingangsbereich werden Cocktails, Kaffee und Rum serviert, im ersten Stock lockt die Smoker's Lounge mit begehbarem Humidor.

Löwenstrasse 12
+41 44 5452140
www.manuels.ch
Kategorie: Loungebar

Drinks:	**45** I 50
Ambiente:	**17** I 20
Service:	**19** I 20
Sortiment:	**9** I 10
Gesamt:	90 I 100

Martel am Bellevue 🍷🍷🍷

8001 Zürich

Die Weinhandlung von Martel am Bellevue gehört zu den besten Adressen der Stadt. Auf über 250 Quadratmetern lagern hier edelste Weine, von denen ein Teil im hauseigenen Genusspunkt degustiert werden kann. Man trifft sich auf ein Glas Wein, zu dem feine Häppchen serviert werden.

Rämistrasse 14 +41 44 2120046 www.martel.ch **Kategorie: Weinbar in Vinothek**	Weinangebot: **49** | 50 Service **19** | 20 Essen **15** | 20 Ambiente: **9** | 10
	Gesamt: 92 | 100

Marvelous 🍸🍸🍸

8005 Zürich

Die Marvelous Bar des Hotels Rivington & Sons ist keine Hotelbar, sie befindet sich im Erdgeschoss des Prime Towers. Durch die Einrichtung mit dem massiven Holztresen aus den 1930er-Jahren fühlt man sich in der Zeit zurückversetzt. Es gibt eine gute Auswahl an klassischen Cocktails, Bier und kleinen Happen.

Prime Tower, Hardstrasse 201 +41 43 3669082 www.hotelrivingtonandsons.ch **Kategorie: American Bar**	Drinks: **48** | 50 Ambiente: **18** | 20 Service: **18** | 20 Sortiment: **9** | 10
	Gesamt: 93 | 100

Mehrspur 🍸🍸

8005 Zürich

Das Mehrspur legt Wert auf lokale Produkte oder bereitet diese selbst zu. Das Team zaubert hausgemachte Limonaden und für den kleinen Hunger schmackhafte Toasts. Das Herzstück des Mehrspur ist die liebevoll geführte Bar, an der ausgewählte Spirituosen, Weine und Cocktails serviert werden.

Förrlibuckstrasse 109 +41 43 4465076 www.mehrspur.ch **Kategorie: Loungebar**	Drinks: **44** | 50 Ambiente: **18** | 20 Service: **17** | 20 Sortiment: **8** | 10
	Gesamt: 87 | 100

Metropol 🍸🍸

8001 Zürich

Das Haus Metropol ist dank seiner in neobarockem Stil gebauten Fassade ein Wahrzeichen von Zürich. An bester Lage gibt es hier ein japanisches Restaurant, ein Café und eine Champagner-Bar mit einer fantastischen Auswahl an edlen Tropfen, die in gediegener Atmosphäre genossen werden.

Fraumünsterstrasse 12 +41 44 2005900 www.metropol-restaurant.ch **Kategorie: Restaurantbar**	Drinks: **44** | 50 Ambiente: **18** | 20 Service: **18** | 20 Sortiment: **9** | 10
	Gesamt: 89 | 100

Metzg 🍷🍷🍷

8004 Zürich

In der Metzg werden nicht nur feinste Fleischspezialitäten angeboten, auch für die Weinauswahl lohnt sich der Besuch. Der Schwerpunkt liegt dabei auf in Europa produzierten Naturweinen, die – wie die Stücke in der Fleischvitrine – entweder vor Ort konsumiert oder mitgenommen werden können. Schwerpunkt: Raw/Natural Wines

Langstrasse 31 +41 44 2910088 www.metzg-grill.ch **Kategorie: Weinbar im Restaurant**	Weinangebot:	**45** | 50
	Service	**18** | 20
	Essen	**19** | 20
	Ambiente:	**9** | 10
	Gesamt:	91 | 100

Mövenpick Wein-Bar 🍷🍷🍷

8001 Zürich

Mit rund 500 verschiedenen Weinen aus der ganzen Welt ist die Mövenpick Wein-Bar ein lebhafter Anziehungspunkt für Weinliebhaber in der Stadt Zürich. Jeden Dienstag wird hier Champagner von Pol Roger à discrétion ausgeschenkt und freitags lockt der Big Bottle Day auch das internationale Publikum an.

Nüschelerstrasse 1 +41 44 2119139 www.moevenpick-wein.com **Kategorie: Klassische Weinbar**	Weinangebot:	**49** | 50
	Service	**18** | 20
	Essen	**18** | 20
	Ambiente:	**9** | 10
	Gesamt:	94 | 100

Nachtflug 🍷🍷

8001 Zürich

Die Nachtflug-Bar Rosenhof Bar & Lounge bietet feine Biere, edle Weine und tolle Cocktailkreationen in einer lebendigen Atmosphäre. In der Loungebar im Niederdorf geniesst man sowohl einen entspannten Kaffee mit Zeitung als auch einen ausgelassenen Apéro mit Freunden.

Stüssihofstatt 4 +41 79 6136173 www.nachtflug.ch **Kategorie: Loungebar**	Drinks:	**44** | 50
	Ambiente:	**18** | 20
	Service:	**17** | 20
	Sortiment:	**7** | 10
	Gesamt:	86 | 100

Odeon

8001 Zürich

Legendär, weltoffen und Treffpunkt für alle, die der Hektik unserer Zeit entfliehen möchten. Seit 1911 gehen im Odeon Künstler aller Couleur, Politiker und berühmte Persönlichkeiten ein und aus. Hier gibt es neben exquisitem Champagner auch erlesenen Wein und grossartige Cocktails.

Limmatquai 2
+41 44 2511650
www.odeon.ch
Kategorie: Restaurantbar

Drinks:	**43** I 50
Ambiente:	**18** I 20
Service:	**18** I 20
Sortiment:	**8** I 10
Gesamt:	87 I 100

Ojo de Agua – Weinkontor

8001 Zürich

Das kleine, gemütliche Restaurant von Dieter Meier im Herzen Zürichs bietet seit über zehn Jahren hochwertiges Rindfleisch und Weine aus Argentinien an. Das angenehm lässige Ambiente des Ojo de Agua vermittelt argentinischen Touch und eignet sich perfekt für einen Kurzurlaub in der Limmatstadt. **Schwerpunkt: Argentinien**

Oetenbachgasse 13
+41 44 2104700
www.ojodeagua.global
Kategorie: Weinbar im Restaurant

Weinangebot:	**43** I 50
Service	**17** I 20
Essen	**18** I 20
Ambiente:	**9** I 10
Gesamt:	87 I 100

Old Crow

8001 Zürich

Das Old Crow steht für ein einmaliges Sortiment von über 1600 Spirituosen. Ein besonderes Augenmerk wird auf das Whisk(e)yangebot gelegt. Getreu dem Motto «Wir bieten nicht allen Gästen etwas, aber einigen Gästen vieles», werden die Cocktails mit grossem Know-how individuell auf die Gäste zugeschnitten.

Schwanengasse 4
+41 43 2335335
www.oldcrow.ch
Kategorie: American Bar

Drinks:	**49** I 50
Ambiente:	**19** I 20
Service:	**19** I 20
Sortiment:	**10** I 10
Gesamt:	97 I 100

Onyx Bar

8002 Zürich

In der eleganten Onyx Bar geniesst man Jahrgangsweine, exquisite Signature Cocktails, Malt Whiskys und hervorragende Wodkas in trendiger Atmosphäre. Im gemütlichen und chicen Aussenbereich steht den Gästen eine erlesene Auswahl an handgerollten Zigarren zur Verfügung.

Beethovenstrasse 21
+41 43 8831234
www.hyatt.com
Kategorie: Hotelbar

Drinks:	**46** I 50
Ambiente:	**18** I 20
Service:	**18** I 20
Sortiment:	**9** I 10
Gesamt:	91 I 100

Plaza Bar

8004 Zürich

Im Erdgeschoss des ehemaligen Kinos Plaza lässt sich ein Abend in Zürichs Ausgehviertel hervorragend beginnen oder ausklingen. Es gibt eine gut sortierte Auswahl an Cocktails und Longdrinks, von klassisch bis modern. Regelmässig finden Events statt, wie die legendäre Karaoke-nacht am Sonntag.

Badenerstrasse 109
+41 44 5429090
www.plaza-zurich.ch
Kategorie: American Bar

Drinks:	**43** I 50
Ambiente:	**18** I 20
Service:	**19** I 20
Sortiment:	**8** I 10
Gesamt:	88 I 100

Raygrodski

8003 Zürich

Im Raygrodski geniesst man Klassiker, grossartige Signature Cocktails und feine Specials, die kreativ und handwerklich auf hohem Niveau gemixt werden, in entspannter Stimmung. Die Bar gehörte zu den ersten Bars, die sich in dem heutigen Gastro-Hotspot rund um das Lochergut niederliessen.

Sihlfeldstrasse 49
+41 44 2414949
www.raygrodski.ch
Kategorie: Loungebar

Drinks:	**47** I 50
Ambiente:	**18** I 20
Service:	**18** I 20
Sortiment:	**9** I 10
Gesamt:	92 I 100

Roof Garden

8001 Zürich

Mit einem edlen Glas Wein oder einem angesagten Cocktail in der Hand bestaunt man auf der Rooftop-Terrasse – über den Dächern von Zürich – den Sonnenuntergang mit Blick auf die Stadt. Die französisch-mediterranen Gerichte von Dominik Altorfer begeistern und entspannen wie ein Kurzurlaub in Nizza.

Schweizergasse 11
+41 44 5217777
www.roofgarden.ch
Kategorie: Restaurantbar

Drinks:	**45** I 50
Ambiente:	**19** I 20
Service:	**17** I 20
Sortiment:	**8** I 10
Gesamt:	89 I 100

Rooftop Bar

8001 Zürich

Hoch über der Bahnhofstrasse geniesst man auf dem Dach des Modehauses Modissa eine Auszeit vom Alltag. Zu der spektakulären Aussicht über die legendäre Einkaufsmeile werden hier kühle Drinks, eine spannende Auswahl an Cocktails und feine Asian-Fusion-Gerichte serviert.

Bahnhofstrasse 74
+41 44 4000555
www.ooo-zh.ch
Kategorie: Restaurantbar

Drinks:	**44** I 50
Ambiente:	**19** I 20
Service:	**18** I 20
Sortiment:	**9** I 10
Gesamt:	90 I 100

Sacchi Bar

8003 Zürich

Die Auswahl an authentischen Drinks und das tolle Angebot an naturbelassenen Weinen sind einzigartig. Dazu werden exquisite Tramezzini und Panini gereicht. Die Sacchi Bar ist ein beliebter Treffpunkt in Zürich und lockt im Sommer mit Aussensitzplätzen in urbaner Atmosphäre am hippen Lochergut. Schwerpunkt: Raw/Natural Wines

Bertastrasse 1

www.sacchi.bar
Kategorie: Klassische Weinbar

Weinangebot:	**46** I 50
Service	**18** I 20
Essen	**18** I 20
Ambiente:	**9** I 10
Gesamt:	91 I 100

Smith and de Luma

8045 Zürich

Das Restaurant und Steakhouse ist Fleischtempel und Weinoase zugleich. Hier geniesst man unvergessliche Weine und exklusive Meat Cuts von Luma. Das Lokal bietet aber natürlich auch für Vegetarier kreative Speisen. Raritätenjäger kommen bei der exquisiten Raritätensammlung ganz auf ihre Kosten.

Grubenstrasse 27
+41 43 3330453
www.smithanddeluma.ch
Kategorie: Weinbar im Restaurant

Weinangebot:	**46** I 50
Service	**18** I 20
Essen	**17** I 20
Ambiente:	**9** I 10
Gesamt:	90 I 100

Spitz

8001 Zürich

Die Bar bietet eine grosse Auswahl an Spirituosen aus der ganzen Welt. Die von Klassikern inspirierte, kreative Cocktailauswahl – mit wechselndem, saisonalem Angebot – bietet für jeden Gast etwas Erfüllendes. Das Whisk(e)ysortiment bildet mit über 250 Flaschen das Herzstück.

Museumstrasse 2	Drinks:	**47** I 50
+41 44 2219477	Ambiente:	**19** I 20
www.restaurantspitz.ch	Service:	**17** I 20
Kategorie: Loungebar	Sortiment:	**9** I 10
	Gesamt:	92 I 100

Stubä

8004 Zürich

In der Stubä in Zürich wird das «beste Steak-Sandwich der Stadt» serviert. Dazu geniesst man feine Biere, innovative Signature Cocktails und andere Getränke. Hier trifft man sich am Wochenende zum Jazz infused (vegan) Brunch, zu dem Prosecco à discrétion serviert wird.

Brauerstrasse 42	Drinks:	**44** I 50
+41 79 2058448	Ambiente:	**18** I 20
www.stube.me	Service:	**19** I 20
Kategorie: American Bar	Sortiment:	**9** I 10
	Gesamt:	90 I 100

Südhang in Oerlikon

8050 Zürich

Südhang steht für neu gelebte Weinkultur abseits des Mainstreams. Die Weine stammen von kleinen, handwerklich arbeitenden Produzenten. Im Ladengeschäft findet man Wein – im Offenausschank zum Degustieren oder für zu Hause –, leckere Snacks, Hochprozentiges und regionale Craft-Biere.

Wallisellenstrasse 6	Weinangebot:	**46** I 50
+41 44 2424848	Service	**18** I 20
www.suedhang.com	Essen	**16** I 20
Kategorie: Weinbar in Vinothek	Ambiente:	**8** I 10
	Gesamt:	88 I 100

Tales Bar

8001 Zürich

Die Tales Bar ist ein Ort der Begegnung, des Genusses, der Trinkkultur und der Erholung. Die Bar ist bekannt für ihre Signature Cocktails und für die Klassiker, die das Team in Perfektion zubereitet und von denen man einige Kreationen als Bottled Cocktails zu Hause geniessen kann.

Selnaustrasse 29	Drinks:	**48** I 50
+41 44 5423802	Ambiente:	**19** I 20
www.tales-bar.ch	Service:	**19** I 20
Kategorie: American Bar	Sortiment:	**9** I 10
	Gesamt:	95 I 100

Terrasse

8001 Zürich

Im Gebäude des legendären Terrasse Restaurants gibt es gleich zwei Bars: In der River Bar werden bis spät in die Nacht edle Tropfen aus grossen Flaschen, Signature Drinks und spritzige Mocktails serviert, in den Nischen der Hyde Bar lässt sich der Tag hervorragend bei einem Glas Schaumwein ausklingen.

Limmatquai 3 +41 44 2511074 www.terrasse-zuerich.ch **Kategorie: Restaurantbar**	Drinks: Ambiente: Service: Sortiment:	**44** | 50 **19** | 20 **18** | 20 **9** | 10
	Gesamt:	90 | 100

Tina Bar

8001 Zürich

Die Tina Bar im oberen Stock der Brasserie Louis im Zürcher Niederdorf ist Kult. Das klassische Interieur dient oft als Kulisse für Film- und Fotoshootings. Der Service ist sehr freundlich und die Cocktailkarte gut sortiert. Auch Raucher sind willkommen, da die Bar ein Fumoir ist.

Niederdorfstrasse 10 +41 44 2507680 www.brasserie-louis.ch **Kategorie: Loungebar**	Drinks: Ambiente: Service: Sortiment:	**44** | 50 **19** | 20 **17** | 20 **9** | 10
	Gesamt:	89 | 100

Vineria Centrale

8005 Zürich

In der Vineria Centrale wird gut gespeist, angestossen und das Leben gefeiert. Gastgeber Dario Bischofberger empfängt seine Gäste in authentischer Atmosphäre einer süditalienischen Bar. In der charaktervollen Bar geniesst man Bier, Wein, Drinks sowie kleine Antipasti und Leckereien.

Neugasse 42 +41 76 5132204 www.vineriacentrale.ch **Kategorie: Weinbar im Restaurant**	Weinangebot: Service Essen Ambiente:	**43** | 50 **18** | 20 **18** | 20 **9** | 10
	Gesamt:	88 | 100

Weinschenke

8001 Zürich

Seit dem 14. Jahrhundert werden in einem der ältesten Hotels der Stadt Zürich Gäste beherbergt. Im mittelalterlichen Gewölbekeller findet man eine üppige Weinauswahl, zu der kulinarische Speisen wie das stadtbekannte Beefsteak Tatar und die gemischten Plättli mit Trockenfleisch serviert werden.

Niederdorfstrasse 13 +41 43 2683333 www.hirschen-zuerich.ch **Kategorie: Klassische Weinbar**	Weinangebot: Service Essen Ambiente:	**45** | 50 **17** | 20 **17** | 20 **9** | 10
	Gesamt:	88 | 100

Widder Bar im Widder Hotel 🍸🍸🍸🍸

8001 Zürich

Die Widder Bar ist eine Institution. Zürichs Kult-Bar ist täglich bis in die späten Abendstunden hinein geöffnet. Die Widder Bar bietet Raum und Zeit für einen schnellen Lunch, das wohlverdiente Feierabendgetränk am Abend und wird danach zum Ausgeh-Hotspot mit mehr als 1000 Spirituosen.

Rennweg 7
+41 44 2242526
www.widderhotel.ch
Kategorie: Hotelbar

Drinks:	**48** | 50
Ambiente:	**19** | 20
Service:	**19** | 20
Sortiment:	**10** | 10
Gesamt:	96 | 100

YAMAS 🍷🍷🍷

8004 Zürich

Das kleine Bistro mit Weinbar an der Europaallee steht für eine ausgezeichnete authentische griechische Küche und eine erlesene Auswahl an griechischen Weinen. Wer einen mediterranen Kurzurlaub vom Trubel der Stadt benötigt, für den ist das Bistro an der Lagerstrasse der richtige Ort. Schwerpunkt: Griechenland

Lagerstrasse 48
+41 44 5010020
www.yamas.ch
Kategorie: Weinbar im Restaurant

Weinangebot:	**45** | 50
Service	**19** | 20
Essen	**17** | 20
Ambiente:	**9** | 10
Gesamt:	90 | 100

BARS NACH NAME

DEUTSCHLAND

#

#Bornbar
17094 Groß Nemerow (MV) 131

20° Restobar
40213 Düsseldorf (NW) 140

22nd Lounge & Bar
60311 Frankfurt am Main (HE) 121

30 Leut'
63739 Aschaffenburg (BY) 57

3M Bar
86150 Augsburg (BY) 58

5 Jahreszeiten
35037 Marburg (HE) 129

51°
06632 Freyburg (Unstrut) (ST) 166

A

achtzehn97
90443 Nürnberg (BY) 75

Alexander
40219 Düsseldorf (NW) 140

Altrovino
10967 Berlin (BE) 81

AMANO Bar
10119 Berlin (BE) 81

Amaranto
22085 Hamburg (HH) 108

apart
79822 Titisee-Neustadt (BW) 55

Apartment Bar
10557 Berlin (BE) 81

Apples Bar
20095 Hamburg (HH) 108

Aresto
30159 Hannover (NI) 133

Auroom
80469 München (BY) 62

Aurum
76131 Karlsruhe (BW) 45

B

Baden im Wein
10435 Berlin (BE) 82

Balke
44139 Dortmund (NW) 139

Balthasar Ress
65183 Wiesbaden (HE) 130

Balthasar Ress
60311 Frankfurt am Main (HE) 121

Banmaai
24105 Kiel (SH) 168

Bar am Steinplatz
10623 Berlin (BE) 82

Bar Buena Vista Club
77977 Rust (BW) 50

Bar Colosseo Europa-Park
77977 Rust (BW) 51

Bar du Nord
22301 Hamburg (HH) 109

Bar El Circo
77977 Rust (BW) 51

Bar Eriksson
77977 Rust (BW) 52

Bar Fritz'n
14467 Potsdam (BB) 105

Bar im Severin's
25980 Keitum (SH) 167

Bar Noir
20355 Hamburg (HH) 109

Bar Seibert
34117 Kassel (HE) 128

Bar Tausend
10117 Berlin (BE) 82

Bar Zentral
10623 Berlin (BE) 82

Barock
93047 Regensburg (BY) 78

BARokoko
99867 Gotha (TH) 172

Barroom
81667 München (BY) 62

Bartenders
74564 Crailsheim (BW) 43

Bartista
72070 Tübingen (BW) 56

Barzani
44787 Bochum (NW) 138

Beavis.Bar
10119 Berlin (BE) 83

Becketts Kopf
10437 Berlin (BE) 83

Bent Bar
69117 Heidelberg (BW) 44

Berglund
22303 Hamburg (HH) 109

Berliner Bahnhof
20095 Hamburg (HH) 110

BEUYS Bar
40213 Düsseldorf (NW) 141

Bijou Bar
10178 Berlin (BE) 83

Black Forest Bar
20251 Hamburg (HH) 110

Blank Bar
32105 Bad Salzuflen (NW) 136

Blauer Fasan
28195 Bremen (HB) 106

Blaupause
89073 Ulm (BW) 56

Blumen
60316 Frankfurt am Main (HE) 122

Bobby Lane Bar
28209 Bremen (HB) 106

Boilerman
20253 Hamburg (HH) 110

Boilerman
20457 Hamburg (HH) 110

Boilerman
80335 München (BY) 62

Bonvivant Cocktail Bistro
10781 Berlin (BE) 83

Boothby's
40215 Düsseldorf (NW) 141

Bootshaus
20457 Hamburg (HH) 111

Booze Bar
10245 Berlin (BE) 84

Botanic District
20251 Hamburg (HH) 111

Botanik
50676 Köln (NW) 148

Botanist Bar
20354 Hamburg (HH) 111

Bouchon
40477 Düsseldorf (NW) 141

Breidenbacher
40212 Düsseldorf (NW) 141

Breuer's Rüdesheimer Schloss
65385 Rüdesheim am Rhein (HE) 130

Brick's
04109 Leipzig (SN) 163

Briefmarken
10243 Berlin (BE) 84

Brooklyn BBQ Bar
22765 Hamburg (HH) 111

Brooklyn Burger Bar
20457 Hamburg (HH) 112

Bryk Bar
10405 Berlin (BE) 84

Buck and Breck
10119 Berlin (BE) 84

Bungertshof Weinstube
53639 Königswinter (NW) 153

Bürkner Eck
12047 Berlin (BE) 85

C

Cabernet & Co.
44139 Dortmund (NW) 140

Call Soul
80802 München (BY) 62

Carlos CocktailBar
76133 Karlsruhe (BW) 45

Carls Weinbar
20457 Hamburg (HH) 113

Champagne Characters
80339 München (BY) 63

Chaplin's Bar
71634 Ludwigsburg (BW) 48

Charles Bar
06886 Lutherstadt Wittenberg (ST) 167

Christiansen's
20359 Hamburg (HH) 112

Château9
04103 Leipzig (SN) 163

Ciu'
20095 Hamburg (HH) 112

Clockers
22767 Hamburg (HH) 113

Clouds
20359 Hamburg (HH) 113

Club Bernstein
76530 Baden-Baden (BW) 42

Club Kaiser Skybar
74076 Heilbronn (BW) 45

Concept Riesling
40213 Düsseldorf (NW) 142

Crevette Rosé
50825 Köln (NW) 149

Cuvée 2.0
06108 Halle (ST) 166

D

DaCaio im Hotel "The George"
22087 Hamburg (HH) 113

Das schwarze Schaf
96049 Bamberg (BY) 59

Das Weinhaus
54290 Trier (RP) 158

Das Weinheim
80796 München (BY) 63

Dead End
63739 Aschaffenburg (BY) 57

Deck 8
24103 Kiel (SH) 168

Der große Gatsby
55131 Mainz (RP) 155

Der KofferRaum
76133 Karlsruhe (BW) 45

Der Plattenladen
96049 Bamberg (BY) undefined

Die alte Druckerei
20095 Hamburg (HH) undefined

Die Apotheken Bar
10997 Berlin (BE) 85

Die Blume von Hawaii
90403 Nürnberg (BY) 75

Die goldene Bar
80538 München (BY) 63

Die hängenden Gärten von Ehrenfeld
50823 Köln (NW) 149

Die Rote Bar
60311 Frankfurt am Main (HE) 122

Dietrich's
23552 Lübeck (SH) 169

drei/galerie - store - bar
34117 Kassel (HE) 128

Dresden Gin House
01067 Dresden (SN) 160

Drexlers Wein und Essen
79098 Freiburg im Breisgau (BW) 43

Drilling
22763 Hamburg (HH) 114

Drinksmith Bar
60594 Frankfurt am Main (HE) 122

Dripbar
20359 Hamburg (HH) 114

E

East End
96052 Bamberg (BY) 60

East Grape
60314 Frankfurt am Main (HE) 122

EINRAUM
67547 Worms (RP) 159

Eiskeller
40213 Düsseldorf (NW) 142

Elephant Bar
40213 Düsseldorf (NW) 142

Ellington
40215 Düsseldorf (NW) 142

Embury
60311 Frankfurt am Main (HE) 123

Emma 2
45130 Essen (NW) 148

Engel Weincafé
28203 Bremen (HB) 107

Esprit
37073 Göttingen (NI) 133

Europa Bar
90403 Nürnberg (BY) 76

Ezsra
12043 Berlin (BE) 85

F

Fabbro
20253 Hamburg (HH) 114

FABELEI Cocktailbar
10781 Berlin (BE) 85

Fahr Away
97332 Volkach (BY) 80

Fairytale Bar
10407 Berlin (BE) 86

Falco
04105 Leipzig (SN) 163

Falk's Bar
80333 München (BY) 63

Favorite
55131 Mainz (RP) 155

Fifty Cocktail Heroes
10405 Berlin (BE) 86

Fine Sparklings
65399 Kiedrich (HE) 129

Finns Wine & Kitchen
40476 Düsseldorf (NW) 143

Fontenay Bar
20354 Hamburg (HH) 114

Fou Fou
70182 Stuttgart (BW) 53

Frank
80333 München (BY) 64

Frank W.
60329 Frankfurt am Main (HE) 123

Frank's Bar
01099 Dresden (SN) 160

Franzotti
10965 Berlin (BE) 86

Fredericks
13351 Berlin (BE) 86

Frederick's
10785 Berlin (BE) 87

Freudenhaus
20359 Hamburg (HH) 115

Freundschaft
10117 Berlin (BE) 87

Friedrichs
78467 Konstanz (BW) 48

Friesen Barkultur
50670 Köln (NW) 149

G

Gabányi
80336 München (BY) 64

Galander Charlottenburg
10627 Berlin (BE) 87

Galander Haifischbar
10965 Berlin (BE) 87

Galander Kreuzberg
10965 Berlin (BE) 88

Galerie am Karlplatz
40213 Düsseldorf (NW) 143

Garibaldi Marienplatz
80331 München (BY) 64

Geeske & der swarte Roelf
26757 Borkum (NI) 132

Geisel
80335 München (BY) 64

Gelbes Haus
90419 Nürnberg (BY) 76

Genusserie
61118 Bad Vilbel (HE) 120

George R
10551 Berlin (BE) 88

Gin & Julep Bar
90403 Nürnberg (BY) 76

Gin Chilla Bar
10243 Berlin (BE) 88

Gin Chilla Selected
10245 Berlin (BE) 88

Gin Library Bar
52062 Aachen (NW) 136

glouglou
97070 Würzburg (BY) 80

Golden Glimmer Bar
86152 Augsburg (BY) 58

Goldfisch Bar
10245 Berlin (BE) 89

Goldstück
45657 Recklinghausen (NW) 154

GOLVET Restaurant
10785 Berlin (BE) 89

Gräfe's Wein & Fein
01445 Radebeul (SN) 165

Grapes
80331 München (BY) 65

Green Door
10781 Berlin (BE) 89

Greenhouse
16548 Glienicke/Nordbahn (BB) 105

Guts & Glory
76133 Karlsruhe (BW) 46

H

Hab und Gut
94315 Straubing (BY) 79

Habel
10117 Berlin (BE) 89

Hagestolz
68159 Mannheim (BW) 48

Hannes
63843 Niedernberg (BY) 75

Hardy's
25980 Westerland (SH) 170

Harry's New York Bar
60594 Frankfurt am Main (HE) 123

Harry's New York Bar
50667 Köln (NW) 150

Haus Zauberflöte Bar
77652 Offenburg (BW) 49

Hawker Bar & Kitchen
10625 Berlin (BE) 90

Hefner Bar
10623 Berlin (BE) 90

Heimat | Essen & Weine
60311 Frankfurt am Main (HE) 123

Heinrich's
90403 Nürnberg (BY) 77

Hemingway
79098 Freiburg im Breisgau (BW) 43

Hemingway
99084 Erfurt (TH) 171

HENNE.Weinbar
50672 Köln (NW) 150

Herbarium Bar
37073 Göttingen (NI) 133

Herder Zehn
09599 Freiberg (SN) 163

Herr Lindemann
12055 Berlin (BE) 90

Herr Noil
40219 Düsseldorf (NW) 143

Herz American Bar
01097 Dresden (SN) 161

Herzog
80333 München (BY) 65

High Fidelity
70182 Stuttgart (BW) 53

Hildegard
10789 Berlin (BE) 90

Holzmaler Bar
70182 Stuttgart (BW) 53

Hunky Dory
60329 Frankfurt am Main (HE) 124

HYGGE
22607 Hamburg (HH) 115

I

Ihro
68159 Mannheim (BW) 49

Il Calice
10629 Berlin (BE) 91

Immertreu
10405 Berlin (BE) 91

Imperii Bar
04109 Leipzig (SN) 164

Interieur No. 253
53424 Remagen (RP) 157

Isarbar
80335 München (BY) 65

J

Jahreszeiten Bar
20354 Hamburg (HH) 115

JAJA
12043 Berlin (BE) 91

Jigger & Spoon
70174 Stuttgart (BW) 54

Jivino
33602 Bielefeld (NW) 137

Jolandas Vinothek
80339 München (BY) 66

Josefa
80331 München (BY) 66

Juliet Rose
81667 München (BY) 66

Juliusspital Weingut
97070 Würzburg (BY) 80

K

KA5PER
93047 Regensburg (BY) 78

KaDeWe
10789 Berlin (BE) 91

Kaminbar
80335 München (BY) 67

KANTE
10997 Berlin (BE) 92

Karl May Bar
01067 Dresden (SN) 161

Kauz und Kiebitz
12047 Berlin (BE) 92

Kinfelts Kitchen & Wine
20457 Hamburg (HH) 116

King Schulz Bar
34117 Kassel (HE) 129

Kink
10119 Berlin (BE) 92

Kinkel-Stuben
53227 Bonn (NW) 138

Kinly Bar
60329 Frankfurt am Main (HE) 124

Kleines Phi
20357 Hamburg (HH) 116

Konträr
10405 Berlin (BE) 92

Kork Genuss
86152 Augsburg (BY) 59

Kröpcke
30159 Hannover (NI) 134

Kubaschewski
80335 München (BY) 67

Küche Bar
10963 Berlin (BE) 93

Kult-Hippo-Bar
02681 Schirgiswalde-Kirschau (SN) 165

Kurpfalz Weinstuben
10629 Berlin (BE) 93

L

L'angolo Caffé & Vino Bar
89257 Illertissen (BY) 60

Ladendorfs Weinhaus
55116 Mainz (RP) 155

Laurenz
55118 Mainz (RP) 156

Lausa
83022 Rosenheim (BY) 79

Le Grand – Brasserie
04109 Leipzig (SN) 164

Le Grand – Bar
04109 Leipzig (SN) 164

Le Lion
20095 Hamburg (HH) 116

Le Petit Coq
70178 Stuttgart (BW) 54

Lebensstern
10785 Berlin (BE) 93

Lemon Lounge
28195 Bremen (HB) 107

Lenz – Genuine Drinks
65183 Wiesbaden (HE) 130

Les Fleurs du Mal
80539 München (BY) 67

Lewy Wein-Bistro
14467 Potsdam (BB) 105

Liberate
10178 Berlin (BE) 93

Lieblingsbar
30419 Hannover (NI) 134

Liesl Weinwirtschaft
12051 Berlin (BE) 94

Limonadier
10961 Berlin (BE) 94

Liquid Kelter
72070 Tübingen (BW) 56

Little Link
50672 Köln (NW) 150

Little London
80331 München (BY) 68

LIV
33607 Bielefeld (NW) 137

Livingroom
44787 Bochum (NW) 138

Lochner Weinwirtschaft
10781 Berlin (BE) 94

Logenhaus
60322 Frankfurt am Main (HE) 124

Lorbass
50672 Köln (NW) 150

Loretta Bar
80469 München (BY) 68

Louis Bar
66740 Saarlouis (SL) 160

Lucky 7
30161 Hannover (NI) 134

Ludwig's
28209 Bremen (HB) 107

Lujah
06108 Halle (ST) 166

Lump, Stein und Küchenmeister
80331 München (BY) 68

Lützow Bar
10785 Berlin (BE) 94

Lux
48143 Münster (NW) 154

M

M-Lounge & Bar
55116 Mainz (RP) 156

Maerz
74321 Bietigheim-Bissingen (BW) 42

Manoamano
65183 Wiesbaden (HE) 131

Marie-Luise & Jypsie's
66625 Nohfelden (SL) 159

MASH
40213 Düsseldorf (NW) 143

MASH Hamburg
22767 Hamburg (HH) 116

Masi Wine Bar Munich
80539 München (BY) 68

Mauerwinzer
10435 Berlin (BE) 95

meisterschueler
10117 Berlin (BE) 95

Ménage Bar
80469 München (BY) 69

Milchbar Norderney
26548 Norderney (NI) 135

Miles
25980 Sylt (SH) 170

Milians
94315 Straubing (BY) 80

Mo's Daniel's
06108 Halle (Saale) (ST) 167

Modern Masters
99084 Erfurt (TH) 171

Mojito's Fine Cocktailbar
40219 Düsseldorf (NW) 144

Mon Bonheur
30163 Hannover (NI) 134

Monkey Bar
10787 Berlin (BE) 95

Monkey Rosé
38100 Braunschweig (NI) 132

Monte Christo
76530 Baden-Baden (BW) 42

Moralist
24105 Kiel (SH) 169

Mr. Susan
10115 Berlin (BE) 95

Mudita
89073 Ulm (BW) 56

N

Nakama
20457 Hamburg (HH) 117

Negroni Bar
81667 München (BY) 69

NEO
69115 Heidelberg (BW) 44

Neumanns Bistro
20146 Hamburg (HH) 117

Nikkei Nine
20354 Hamburg (HH) 117

nine0five
80803 München (BY) 69

nine0five
86150 Augsburg (BY) 59

nine0five
07743 Jena (TH) 172

nine0five
93055 Regensburg (BY) 78

Nö!
10117 Berlin (BE) 96

Noble Rot
10245 Berlin (BE) 96

O

o.T. Bar
70173 Stuttgart (BW) 54

Odeon Bar
68159 Mannheim (BW) 49

Oechsle
54290 Trier (RP) 158

Olive – Brot und Wein
28205 Bremen (HB) 108

Olli's
74523 Schwäbisch Hall (BW) 53

Omonia
60318 Frankfurt am Main (HE) 124

Ona Mor Bar Köln
50674 Köln (NW) 151

One Trick Pony
79098 Freiburg im Breisgau (BW) 44

Orania.Bar
10999 Berlin (BE) 96

Orientierbar
65719 Hofheim am Taunus (HE) 128

Ory
80331 München (BY) 69

Ottorink
10999 Berlin (BE) 96

P

Pacific Times
80469 München (BY) 70

Palletti
93047 Regensburg (BY) 78

Paris' Bar
60596 Frankfurt am Main (HE) 125

Parlin
40213 Düsseldorf (NW) 144

Paul & George
70182 Stuttgart (BW) 54

Pearly Gates
60313 Frankfurt am Main (HE) 125

Pelikan Bar im Sheraton Hotel
30177 Hannover (NI) 135

Petit Punch
40477 Düsseldorf (NW) 144

Piano Bar
50667 Köln (NW) 151

Pinta Cocktailbar
01099 Dresden (SN) 161

Pius' Weinwirtschaft
25980 Keitum (SH) 168

Poletto Winebar
20251 Hamburg (HH) 117

Portucalis
84028 Landshut (BY) 61

Provocateur Bar
10707 Berlin (BE) 97

Pure Wine & Food
80799 München (BY) 70

Pusser's New York Bar
80331 München (BY) 70

Puzzle Bar
20457 Hamburg (HH) 118

Q

Qomo
40221 Düsseldorf (NW) 144

R

Raum & Wein
60316 Frankfurt am Main (HE) 125

Reingold
10115 Berlin (BE) 97

Renkli
04107 Leipzig (SN) 165

Rheinhattan Bar
55116 Mainz (RP) 156

RheinTon
40479 Düsseldorf (NW) 145

Richter's Bar
32052 Herford (NW) 148

Rocaille
40476 Düsseldorf (NW) 145

Roomers
80339 München (BY) 70

Roomers Bar
60329 Frankfurt am Main (HE) 125

Rorschach
04275 Leipzig (SN) 165

Rose
80801 München (BY) 71

Rosebottel
89073 Ulm (BW) 57

Rosebud
50674 Köln (NW) 151

Rot & Vogel
60316 Frankfurt am Main (HE) 126

Rotisserie du Sommelier
45131 Essen (NW) 148

Rum Trader
10719 Berlin (BE) 97

Rutz – Zollhaus
10961 Berlin (BE) 97

S

Saittavini
40545 Düsseldorf (NW) 145

Salon Ruppel
76137 Karlsruhe (BW) 46

Salut!
10781 Berlin (BE) 98

Sansibar
25980 Rantum (Sylt) (SH) 169

Santo's Cocktailbar
76137 Karlsruhe (BW) 46

Saphire Bar
10407 Berlin (BE) 98

Schech's
14467 Potsdam (BB) 106

Schmidt Z&KO
12161 Berlin (BE) 98

Schoellmanns
77652 Offenburg (BW) 50

Schumann's Bar am Hofgarten
80539 München (BY) 71

Schumann's Tagesbar
80333 München (BY) 72

Schwarz Weiß Bar
70182 Stuttgart (BW) 55

Schwarze Traube
10997 Berlin (BE) 98

Seiberts
50672 Köln (NW) 151

Seven Swans & The Tiny Cup
60311 Frankfurt am Main (HE) 126

Shaker's
53111 Bonn (NW) 139

Sharlie Cheen Bar
10119 Berlin (BE) 99

Shuka Bar
60329 Frankfurt am Main (HE) 126

Sieferle & KØ Bar
68159 Mannheim (BW) 49

SIN
76133 Karlsruhe (BW) 47

Sir Walter
40213 Düsseldorf (NW) 146

Sitt Wein
70178 Stuttgart (BW) 55

Skyline Bar 20up
20359 Hamburg (HH) 118

SonderBar
01187 Dresden (SN) 161

Sophia's Bar
80333 München (BY) 72

Soul4Drinks
61231 Bad Nauheim (HE) 120

Spirit of India
32105 Bad Salzuflen (NW) 136

Spirit of St. Louis
77977 Rust (BW) 52

Spirits
50674 Köln (NW) 152

Spiritus
55116 Mainz (RP) 157

Squarebar
40476 Düsseldorf (NW) 146

Stagger Lee
10777 Berlin (BE) 99

Stairs
10717 Berlin (BE) 99

Stue Bar
10787 Berlin (BE) 99

Suderman
50670 Köln (NW) 152

Südstadt
50678 Köln (NW) 152

Sullivan
60311 Frankfurt am Main (HE) 126

Sushi- und Austernbar
01067 Dresden (SN) 162

Switch
65795 Hattersheim am Main (HE) 128

T

TA OS
70173 Stuttgart (BW) 55

Tamper meets Jigger
12053 Berlin (BE) 100

Tanica
50674 Köln (NW) 152

Tantris
80805 München (BY) 72

The Byrdcave
93047 Regensburg (BY) 79

The Chug Club
20359 Hamburg (HH) 118

The Coven
10178 Berlin (BE) 100

The Curtain Bar
76227 Karlsruhe (BW) 47

The Door
76133 Karlsruhe (BW) 47

The Flushing Meadows
80469 München (BY) 73

THE GIN ROOM
10707 Berlin (BE) 100

The Grand Bar
10178 Berlin (BE) 100

The Grid Bar
50670 Köln (NW) 153

The Hat Bar
10623 Berlin (BE) 101

The High
80331 München (BY) 73

The Local
22767 Hamburg (HH) 118

The Old Jacob
53111 Bonn (NW) 139

The Paris Club
40211 Düsseldorf (NW) 146

The Rabbithole
22767 Hamburg (HH) 119

The View
40221 Düsseldorf (NW) 147

Thelonious
12047 Berlin (BE) 101

TiER
12045 Berlin (BE) 101

Tiger Bar
10785 Berlin (BE) 101

Timber Doodle
10245 Berlin (BE) 102

Tipsy Baker Bar
20354 Hamburg (HH) 119

Toddy Tapper
50670 Köln (NW) 153

Trader Vic's
80333 München (BY) 73

Trisoux
80469 München (BY) 74

Tropeano Di-Vino
30559 Hannover (NI) 135

Trotte
79098 Freiburg im Breisgau (BW) 44

Truffle Pig
12047 Berlin (BE) 102

Twist Bar
01067 Dresden (SN) 162

U

Usagi
80337 München (BY) 74

V

VAIVAI
60322 Frankfurt am Main (HE) 127

Velvet
12043 Berlin (BE) 102

Venerie
40479 Düsseldorf (NW) 147

Verzauber Bar
54290 Trier (RP) 158

Vesper Bar
10709 Berlin (BE) 102

Victoria Bar
10785 Berlin (BE) 103

Vida
44229 Dortmund (NW) 140

Vie
53721 Siegburg (NW) 154

Vielharmonie
38100 Braunschweig (NI) 133

Villa Biedermeier
35037 Marburg (HE) 130

VIN PUR
33615 Bielefeld (NW) 137

Vineria
90408 Nürnberg (BY) 77

Vinocentral
64293 Darmstadt (HE) 121

Vintage
90403 Nürnberg (BY) 77

VOIMA
10781 Berlin (BE) 103

Vox Bar
10795 Berlin (BE) 103

W

W die Weinbar
22299 Hamburg (HH) 119

Wein | Kultur | Bar
01277 Dresden (SN) 162

Wein-Tanne
07743 Jena (TH) 172

Weinander
17033 Neubrandenburg (MV) 132

Weinander
17424 Heringsdorf (MV) 131

Weinba(a)r
78166 Donaueschingen (BW) 43

Weinbar Trier
54290 Trier (RP) 159

Weinbar Weimar
99423 Weimar (TH) 172

Weingarten
60487 Frankfurt am Main (HE) 127

Weinkommissar
53111 Bonn (NW) 139

Weinladen St. Pauli
22767 Hamburg (HH) 119

Weinlobbyist
10827 Berlin (BE) 103

Weinperle
26465 Langeoog (NI) 135

Weinraum
85221 Dachau (BY) 60

Weinraum
85049 Ingolstadt (BY) 61

Weinraum Sylt
25980 Sylt-Ost (SH) 170

Weinschmecker
85049 Ingolstadt (BY) 61

Weinzentrale
01099 Dresden (SN) 162

Wernings Weinstube
33602 Bielefeld (NW) 137

Westlage
60323 Frankfurt am Main (HE) 127

Williams Bar & Kitchen
40217 Düsseldorf (NW) 147

Windhorst
10117 Berlin (BE) 104

Winelive im Rheinhof
40667 Meerbusch-Büderich (NW) 154

Winzerkeller
97340 Marktbreit (BY) 61

Witwenball
20357 Hamburg (HH) 120

Woods
50670 Köln (NW) 153

Würgeengel
10999 Berlin (BE) 104

WYNO
40233 Düsseldorf (NW) 147

Y

Y Wine & Kitchen
65343 Eltville am Rhein (HE) 121

Yaldy
60329 Frankfurt am Main (HE) 127

Yamas Mezé
44787 Bochum (NW) 138

Z

Zephyr
80469 München (BY) 74

Zum Wolf
80469 München (BY) 74

Zyankali Bar
10961 Berlin (BE) 104

ÖSTERREICH

#

151 Restaurant & Bar
9073 Klagenfurt (K) 289

360°
6020 Innsbruck (T) 325

57 Lounge im Meliá
1220 Wien 255

5th Floor
6020 Innsbruck (T) 326

A

Acanto
4240 Freistadt (OÖ) 299

Achtundzwanzig
1080 Wien 244

Addicted to Rock
1060 Wien 233

Adlers Bar
6020 Innsbruck (T) 326

Agent Oscar
1070 Wien 239

Agrodolce
1010 Wien 200

Albert
1080 Wien 245

Alexander's
9500 Villach (K) 295

Alpinbar
5611 Großarl (S) 312

Alte Metzgerei
4020 Linz (OÖ) 301

Ambiente am Riesnerhof
5310 Mondsee (OÖ) 306

Amici Miei
2380 Perchtoldsdorf (NÖ) 265

Amici Miei
1020 Wien 224

Anna Neumann
9500 Villach (K) 296

Aperitivo Al Duomo
2700 Wiener Neustadt (NÖ) 269

Aristo Bar
1190 Wien 253

ARX Weinbistro
8971 Schladming (ST) 287

Astoria Bar
6100 Seefeld in Tirol (T) 339

Atelier Der Franzos Spezerei
9020 Klagenfurt (K) 289

Atmosphere Rooftop Bar
1010 Wien 200

Auenbrugger
8020 Graz (ST) 277

Aurora Rooftop Bar
1100 Wien 251

auswärts.bar
4910 Ried im Innkreis (OÖ) 307

B

Bar & Lounge im Arlbergerhof
9762 Weißensee (K) 297

Bar 8020
8020 Graz (ST) 278

Bar Amouro
8010 Graz (ST) 278

Bar Campari
1010 Wien 200

Bar im Grandhotel
9900 Lienz (T) 337

Bar Novum
6884 Damüls (V) 344

Bar Rakete
1200 Wien 255

Barfly's Club
1060 Wien 233

BARista
4780 Schärding (OÖ) 309

BarRock
3100 St. Pölten (NÖ) 266

Bei mir
1160 Wien 252

Béla's Wohnzimmer & Bar
1010 Wien 201

Bemelmans-Bar
6764 Lech (V) 345

BENGODI Wein.Genuss.Kulinarik.
6800 Feldkirch (V) 344

Berghof Bar
6764 Lech (V) 346

Bibers
6767 Warth (V) 347

BILLA Corso Weinbar
1010 Wien 201

Blaue Brigitte
6020 Innsbruck (T) 326

Boiler Room
4020 Linz (OÖ) 301

Bolena
1080 Wien 245

Bonbonniere
1010 Wien 201

Botanist im Forsthofgut
5771 Leogang (S) 313

Bristol Bar
1010 Wien 202

Bruder
1060 Wien 234

Bunt
6800 Feldkirch (V) 345

Burdock
5020 Salzburg (S) 315

burg.ring 1
1010 Wien 202

Burgbar
2380 Perchtoldsdorf (NÖ) 265

C

Café & Wein
3550 Langenlois (NÖ) 263

Cafe Bar Vino
9020 Klagenfurt (K) 289

Café Kandl
1070 Wien 240

Cantina Osteria Friulana
1010 Wien 203

Capsule
1010 Wien 203

Carinthia Weinbar
9220 Velden (K) 294

Casa del Vino
9800 Spittal an der Drau (K) 294

CASA DEL VINO Weinwerkstatt
2630 Ternitz (NÖ) 268

Casino Bar
1010 Wien 204

Cebu
7000 Eisenstadt (B) 271

Champagne Characters
1060 Wien 234

Chez Bernard
1060 Wien 234

Chez Paul
7000 Eisenstadt (B) 272

Chill Out Lounge
1010 Wien 204

Chin Chin
1010 Wien 204

Civediamo
1010 Wien 205

Cohibar
8010 Graz (ST) 279

Colono
1030 Wien 228

Comida y Ron
1010 Wien 205

Comodo
2542 Kottingbrunn (NÖ) 260

Connolly's
1120 Wien 251

Contor
1020 Wien 225

Csuk Wein & Specereien
8380 Jennersdorf (B) 273

Cuba
6900 Bregenz (V) 342

Cubo Skylounge
6380 St. Johann in Tirol (T) 338

Culinaria
6134 Vomp (T) 341

D

D-bar
1010 Wien 205

Da Maurizio
8600 Bruck an der Mur (ST) 276

Dachboden
1070 Wien 240

Daimler's
5020 Salzburg (S) 316

Dany's Weincabinet
1010 Wien 205

Darwin's
5020 Salzburg (S) 316

Das 1090
1090 Wien 248

Das Attersee
4864 Attersee (OÖ) 298

Das Bogerl
3610 Weißenkirchen in der Wachau (NÖ) 269

Das goldene Einhorn
4020 Linz (OÖ) 301

Das Ko'eck
3224 Mitterbach (NÖ) 264

Das Loft
1020 Wien 225

Das Schindler
6020 Innsbruck (T) 327

Das Wohnzimmer
9020 Klagenfurt (K) 290

De Merin
8345 Straden (ST) 287

DEWALDs Weinladen
6370 Kitzbühel (T) 333

Diana Bar
6060 Hall in Tirol (T) 324

Die Cocktailbar
4020 Linz (OÖ) 302

Die geheime Specerey
5020 Salzburg (S) 316

Die Genussquelle Rosalia
7202 Bad Sauerbrunn (B) 271

Die Parfümerie
1070 Wien 240

Die Pizzerei
6020 Innsbruck (T) 327

Die Vinothek
1080 Wien 245

Die Weinbank – Wirtshaus
8461 Ehrenhausen (ST) 277

Dino's Apothecary Bar
1010 Wien 206

Divino
4020 Linz (OÖ) 302

Divinotinto
5020 Salzburg (S) 316

Dogana
6800 Feldkirch (V) 345

Döllerers Enoteca
5431 Kuchl (S) 313

Dombar
4020 Linz (OÖ) 302

Dots Establishment
1070 Wien 240

Dots Nussdorf
1190 Wien 254

Drinx
1030 Wien 229

Dunlin
6020 Innsbruck (T) 327

Duzi's
1020 Wien 225

E

Eberts Bar
1060 Wien 234

Edelgreissler Herwig Ertl
9640 Kötschach (K) 291

Edelgreisslerei Opocensky
1040 Wien 230

Edelweiss Bar
6763 Zürs (V) 347

Eden Bar & Patisserie
6280 Zell am Ziller (T) 341

Einser Wein & Bar
5020 Salzburg (S) 317

Eissalon
1060 Wien 235

EL1
8010 Graz (ST) 279

Émile im Hilton Vienna Plaza
1010 Wien 206

Englhof Cocktailbar
6277 Zell am Ziller (T) 341

Enrico Panigl
1010 Wien 206

Ernst Fuchs
8010 Graz (ST) 279

Eulennest
1040 Wien 231

Everybody's Darling
1010 Wien 206

F

Fabios
1010 Wien 207

Färberei
8010 Graz (ST) 280

Fink's Bar
6380 St. Johann in Tirol (T) 338

Fino
1010 Wien 207

First American Bar
1010 Wien 207

Fischbar
3370 Ybbs an der Donau (NÖ) 270

Fitzcarraldo
1070 Wien 241

Flavour
5020 Salzburg (S) 317

Flip
5020 Salzburg (S) 317

Foggy Mix
3830 Waidhofen an der Thaya (NÖ) 268

Franz Michl
6886 Schoppernau (V) 347

Franz von Hahn
1020 Wien 226

Frau Bernhard
1060 Wien 235

Frau Dietrich
4020 Linz (OÖ) 303

Fräuleins fabelhafter Sommergarten
1010 Wien 208

Fredi's Bar
1220 Wien 256

Freiraum
5771 Leogang (S) 314

Friends
9360 Friesach (K) 288

Fritz Bar am Wasser
7121 Weiden am See (B) 276

Fritz Wein Café
6330 Kufstein (T) 334

Fux
6764 Lech (V) 346

G

Gebietsvinothek
2352 Gumpoldskirchen (NÖ) 258

Gemischter Satz
1190 Wien 254

Gerhards Pipistrello
6060 Hall in Tirol (T) 324

Gig
9020 Klagenfurt (K) 290

Ginhouse
5700 Zell am See (S) 322

Glasweise
1090 Wien 248

Glocke. Die Bar.
5771 Leogang (S) 314

Gold.Bar
5630 Bad Hofgastein (S) 311

Golser
1010 Wien 208

Grande Bar
1080 Wien 245

Grüner Kakadu
1010 Wien 208

Gustaria
5360 St. Wolfgang (OÖ) 308

GUTENBERG Stadtcafe & Bar
4663 Laakirchen (OÖ) 300

H

Haas&Haas
1010 Wien 209

Hafenstadt
9020 Klagenfurt (K) 290

Halbestadt
1090 Wien 248

Haltestelle
6020 Innsbruck (T) 327

Hammond Bar
1020 Wien 226

Hannelore
1010 Wien 209

Haschka Weinbar
4020 Linz (OÖ) 303

Hausbar
1010 Wien 209

Havana
5020 Salzburg (S) 317

Hemingway
4910 Ried im Innkreis (OÖ) 307

Herberstein
4020 Linz (OÖ) 303

Heuer am Karlsplatz
1040 Wien 231

Heunisch & Erben
1030 Wien 229

Hochsitz
5600 St. Johann im Pongau (S) 321

Hof Bar Wine & Cocktailbar
6290 Mayrhofen (T) 337

Hofbeisl zu Ischl
4820 Bad Ischl (OÖ) 299

Hopfi's
9772 Dellach im Drautal (K) 288

Hotelbar im Hotel Der Bär
6352 Ellmau (T) 323

I

If Dogs Run Free
1060 Wien 235

Ignacio Vinos e Ibéricos
1010 Wien 209

Il Magazzino
3500 Krems (NÖ) 261

Il Vino
4240 Freistadt (OÖ) 299

Imperial Bar Wien
1010 Wien 210

Incontro
6534 Serfaus (T) 339

Intermezzo Bar
1030 Wien 229

Invinum
6020 Innsbruck (T) 328

In's Haas
4600 Wels (OÖ) 310

Istros
1020 Wien 226

J

Jack Rabbit
9762 Weißensee (K) 297

Jedermann
1040 Wien 231

Jilly Beach
9210 Pörtschach (K) 291

Joma
1010 Wien 210

Jonas
1210 Wien 255

Jorge's Weinbar
1080 Wien 246

Josef Cocktailbar
1010 Wien 210

Josef Highball Bar
1010 Wien 211

Juffing
6335 Thiersee (T) 340

K

Kabuff
8020 Graz (ST) 280

Kalmuck
3390 Melk (NÖ) 264

Kalte Ente
8010 Graz (ST) 280

Käselands Weineck
1060 Wien 235

Katze Katze
8010 Graz (ST) 280

Kellerstoa
8455 Oberhaag (ST) 285

Kempinski Lobby Lounge & Bar
1010 Wien 211

Klapotetz
8010 Graz (ST) 281

Klaus & Wein
4020 Linz (OÖ) 304

Kleinod
1010 Wien 211

Kleinod Prunkstück
1010 Wien 212

Kleinod Stadtgarten
1010 Wien 212

KLYO
1010 Wien 213

Kork & Gloria
5611 Großarl (S) 312

Kornat
1010 Wien 213

Kraftwerk
5700 Zell am See (S) 322

Kramerey
3730 Eggenburg (NÖ) 257

Kreuz Bar
6900 Bregenz (V) 342

Krone-Bar
6764 Lech (V) 346

Kruger's Bar
1010 Wien 213

krypt.
1090 Wien 248

Kuba
3910 Zwettl (NÖ) 271

Kukka Bar im Hotel Forsthofalm
5771 Leogang (S) 315

L

L'Ase
1020 Wien 227

La Vita È Bella
1050 Wien 232

LAGANA Bar
9500 Villach (K) 296

LakeNight
9122 St. Kanzian (K) 293

Lakeside
9081 Reifnitz (K) 292

Lake's
9210 Pörtschach (K) 291

Lamée Rooftop
1010 Wien 214

Largo
7100 Neusiedl am See (B) 274

Laschenskyhof
5071 Wals (S) 322

Latino
4240 Freistadt (OÖ) 300

Le Bar Sans Souci
1070 Wien 241

Le Cru
1010 Wien 214

Lederergasse 29
9500 Villach (K) 296

Lemontree
2700 Wiener Neustadt (NÖ) 270

Lennox
4020 Linz (OÖ) 304

Leo Hillinger Wineshop & Bar
7111 Parndorf (B) 275

Leo Hillinger Wineshop & Bar
1010 Wien 214

Leo Hillinger Wineshop & Bar
6370 Kitzbühel (T) 334

Leopold
3500 Krems (NÖ) 261

Libelle
1070 Wien 241

Licca Lounge
6764 Lech (V) 347

Liebelei
6330 Kufstein (T) 335

Lindy's
5020 Salzburg (S) 318

Lions Lounge im Hotel Der Löwe
5771 Leogang (S) 315

Liquid Diary
6020 Innsbruck (T) 328

Living Room
1010 Wien 214

Loos Bar
1010 Wien 215

Lou
6020 Innsbruck (T) 329

Lukas Izakaya
4780 Schärding (OÖ) 309

Luke's
5630 Bad Hofgastein (S) 311

Lust
6900 Bregenz (V) 342

Luster
1060 Wien 236

Lvdwig
1060 Wien 236

L'Arc Brasserie
6020 Innsbruck (T) 329

M

M+M Bar
6020 Innsbruck (T) 329

Ma Belle
1060 Wien 236

Mader
4400 Steyr (OÖ) 310

Magazin
5020 Salzburg (S) 318

Magnothek & Wirtshaus
8461 Ehrenhausen (ST) 277

Mama Thresl – The Island Bar
5771 Leogang (S) 315

Mangoo
7000 Eisenstadt (B) 272

Marcellas Fein.Kost.Wein.
2020 Hollabrunn (NÖ) 258

Marcellos
6060 Hall in Tirol (T) 325

Market
1060 Wien 237

Mark's New York Bar
4880 St. Georgen (OÖ) 308

MAST Weinbistro
1090 Wien 249

Matiki
1070 Wien 242

Mayday Bar im Hangar-7
5020 Salzburg (S) 318

Mecs
9210 Pörtschach (K) 292

Mediteran Oase
3430 Tulln (NÖ) 268

Mentor's
5020 Salzburg (S) 318

Miami Rabbit
1070 Wien 242

Mini
1060 Wien 237

Miranda
1060 Wien 237

Moby Dick
1070 Wien 242

Mocca
8605 Kapfenberg (ST) 285

Mocca Lounge
2020 Hollabrunn (NÖ) 258

Mohee
2440 Reisenberg (NÖ) 266

Mojito Bar
8750 Judenburg (ST) 284

Mole West
7100 Neusiedl am See (B) 274

Momentum bar à vins
3370 Ybbs an der Donau (NÖ) 270

Monkey Circus
9220 Velden (K) 294

Monkeys University
9020 Klagenfurt (K) 290

Monte Ofelio Bar Augarten
1020 Wien 227

Motto 1050
1050 Wien 232

Moustache
6020 Innsbruck (T) 330

N

Needle Vinyl Bar
1010 Wien 215

Neni am Prater
1020 Wien 227

Neue Hoheit
1010 Wien 215

Nightfly's American Bar
1010 Wien 215

Novellis
6600 Reutte (T) 337

Nur! Gutes
5020 Salzburg (S) 319

Nussbaumer Delikatessen
8010 Graz (ST) 281

O

O boufés
1010 Wien 216

Ombra
6060 Hall in Tirol (T) 325

Organics Sky Garden
1010 Wien 216

Osteria Cucina & Vini
3100 St. Pölten (NÖ) 266

P

Palais Coburg Weinbar
1010 Wien 216

Palmira Cocktail Manufaktur
2500 Baden (NÖ) 256

Panorama 1830
6330 Kufstein (T) 335

Parkhotel Pörtschach
9210 Pörtschach (K) 292

Paschanga 2.0
6900 Bregenz (V) 343

Pastamara
1010 Wien 216

Pepe
5020 Salzburg (S) 319

Peperino
4081 Hartkirchen (OÖ) 300

Pfiffbar
6020 Innsbruck (T) 330

Pianino
4020 Linz (OÖ) 304

Pier 69
6900 Bregenz (V) 343

Planter's Club Bar
1010 Wien 217

Plus43
1070 Wien 242

Poolhall
4030 Linz (OÖ) 305

Post Bar
6380 St. Johann in Tirol (T) 338

Post Bar 67
6561 Ischgl (T) 332

Pro Tisch
2700 Wiener Neustadt (NÖ) 270

Promenade
8010 Graz (ST) 281

Pub Klemo
1050 Wien 233

Puff
1060 Wien 238

Pure
6330 Kufstein (T) 335

Q, R

Quartier/Neben Quartier
8230 Hartberg (ST) 284

Qube Wein&Bar
2100 Korneuburg (NÖ) 260

Q'ero
1010 Wien 217

R&Bar
1070 Wien 243

Rafael's Vinothek
1060 Wien 238

Rangoon Cocktailbar
8020 Graz (ST) 282

Rathaus Vinarium
8430 Leibnitz (ST) 285

Rätschkachl
6850 Dornbirn (V) 344

Rauch Club
6800 Feldkirch (V) 345

Raymond's
1060 Wien 238

Red Room
1010 Wien 217

Reznicek
1090 Wien 249

Rhythms Bar & Kitchen
1060 Wien 238

Rieders
4910 Ried im Innkreis (OÖ) 307

Rinkhy
1070 Wien 243

Roberto
1010 Wien 217

Roberto American Bar
1010 Wien 218

Ron con Soda
1010 Wien 218

Rooftop7
4020 Linz (OÖ) 305

Rössl Bar
6020 Innsbruck (T) 330

Ruby Marie Bar
1070 Wien 243

Ruby Sofie Bar
1030 Wien 229

Rudolf Polifka et Fils
1150 Wien 252

S

Sacher Bar
5020 Salzburg (S) 319

Sacher Blaue Bar
1010 Wien 218

Saitensprung
5020 Salzburg (S) 319

Salinas Delikatessen Bar
1190 Wien 254

Salon Bökermann
9220 Velden (K) 294

Salon Marie
8020 Graz (ST) 282

San Bar im San Pietro
8042 Graz (ST) 282

Santa Fe
5300 Hallwang (S) 313

Santa Lucia
8020 Graz (ST) 283

Santos
1040 Wien 231

Saso
2203 Eibesbrunn (NÖ) 257

Schenki's Vinothek
4020 Linz (OÖ) 305

schikaneder
1040 Wien 232

Schlossbar Charly Walker
9220 Velden (K) 295

Schlossbar – Schloss Seefels
9212 Pörtschach (K) 292

Schlosshotel
6533 Fiss (T) 323

Schubert
1010 Wien 218

Schüdlbauer's Bar
5280 Braunau (OÖ) 299

Schuhmeier
1160 Wien 252

Schwirtz
1090 Wien 249

See-Eck
5360 St. Wolfgang (OÖ) 309

Sektcomptoir Szigeti
1040 Wien 232

Selektion Vinothek Burgenland
7000 Eisenstadt (B) 272

SELLENY'S Bar
1030 Wien 230

Seppo
5020 Salzburg (S) 320

Seven North
1070 Wien 243

SHIKI Brasserie und Bar
1010 Wien undefined

Sip Song Bar
1080 Wien 246

Sissi's Weinbar
8330 Feldbach (ST) 277

Sitzwohl
6020 Innsbruck (T) 331

Sketch Bar
5020 Salzburg (S) 320

SKY
1010 Wien 219

Sky Restaurant Bar
5020 Salzburg (S) 320

Sky53
2380 Perchtoldsdorf (NÖ) 265

Skybar The Vue
6450 Sölden (T) 340

Slu Ginbar
1190 Wien 254

SOL Beachclub
9220 Velden (K) 295

Spelunke
1020 Wien 227

Sputnik Bar
1010 Wien undefined

stadt.Allee
1060 Wien 239

Stadtbeisl
4780 Schärding (OÖ) 309

Stadtcafe
1010 Wien 220

Stage Bar
1020 Wien 228

Stage Bar
6020 Innsbruck (T) 331

Stammtisch am Paulustor
8010 Graz (ST) 283

Stanglwirt Hotelbar
6353 Going (T) 324

Steiner's
4812 Pinsdorf (OÖ) 306

Steinterrasse
5020 Salzburg (S) 320

Steirerpub
8010 Graz (ST) 283

Stellas 7
1070 Wien 244

Stifterl
8813 St. Lambrecht (ST) 286

Stöcklwirt
5600 St. Johann im Pongau (S) 321

Stollen 1930
6330 Kufstein (T) 336

Suite Marnier
1010 Wien 220

Summa Kuchl
7142 Illmitz (B) 273

T

Tapaletta
4813 Altmünster (OÖ) 298

Taro
2460 Bruck an der Leitha (NÖ) 257

Teatro
9020 Klagenfurt (K) 291

Terra Rossa
1160 Wien 253

The 1st Eat-Drink-Ink
9300 St. Veit an der Glan (K) 293

The Bank Bar
1010 Wien 220

The Bar
7540 Güssing (B) 273

The Chapel
1150 Wien 252

The Churchill Bar
8010 Graz (ST) 284

The Sign
1090 Wien 249

Thurnhof
3580 Horn (NÖ) 258

TintoRosso
1010 Wien 221

Torberg
1080 Wien 246

Tredici Gradi 13°
1070 Wien 244

Treehaus
1010 Wien 221

Truksitz
1160 Wien 253

Truth & Dare
1010 Wien 221

Tür 7
1080 Wien 246

Tweets Rooftop
6284 Ramsau im Zillertal (T) 337

Two Rabbits
4020 Linz (OÖ) 305

U

Underdog
1080 Wien 247

Unger und Klein
1010 Wien 222

Unique Cocktailbar
3340 Waidhofen an der Ybbs (NÖ) 269

Urbanek
1060 Wien 239

Ursprung
6561 Ischgl (T) 333

V

Veit
3500 Krems (NÖ) 261

Vernissage
6863 Egg (V) 344

Vini per tutti
1080 Wien 247

Vino
3100 St. Pölten (NÖ) 267

Vino
1010 Wien 222

Vino en Paso
7423 Pinkafeld (B) 275

VINOE
1080 Wien 247

Vinofaktur
8461 Vogau (ST) 287

Vinogin Gin-Bar & Gin-Gallery
1010 Wien 222

Vinolino
4655 Vorchdorf (OÖ) 310

Vinophilia & Cetera
1180 Wien undefined

Vinothek Fohringer
3620 Spitz (NÖ) 267

Vinothek Rochus
1030 Wien 230

Vinothek Steiermark
8354 St. Anna am Aigen (ST) 286

Vinothek Vipresso
9300 St. Veit an der Glan (K) 293

Vinotheke
7100 Neusiedl am See (B) 274

Vintage Bar
7033 Pöttsching (B) 276

vinum.in
6020 Innsbruck (T) 331

vis-a-vis
1010 Wien 222

Vitus & Urban
6330 Kufstein (T) 336

Viva
6900 Bregenz (V) 343

Volksgarten Club – Oswald Haerdtl Bar
1010 Wien 223

Vulkanland Sekt Kulinarium
8333 Riegersburg (ST) 286

W

W-Einkehr
1010 Wien 223

Walletschek
1090 Wien 250

Waschers Bar
9500 Villach (K) 296

Wein & Brot
2721 Bad Fischau (NÖ) 256

Wein & Co
8010 Graz (ST) 284

Wein & Co Hietzing
1130 Wien 251

Wein & Co Mariahilfer Straße
1070 Wien 244

Wein & Co Naschmarkt
1060 Wien 239

Wein & Co Salzburg Platzl
5020 Salzburg (S) 321

Wein & Co Schottentor
1010 Wien 223

Wein & Co Stephansplatz
1010 Wien 223

Wein.laden
1020 Wien 228

Weinatelier Agnes
6306 Söll (T) 340

Weincult
1190 Wien 255

Weinfinder
2620 Neunkirchen (NÖ) 264

Weinfinder
8970 Schladming (ST) 287

Weinhaus Kirchberg
3470 Kirchberg am Wagram (NÖ) 259

Weinhimmel
3500 Krems (NÖ) 262

Weinkiste
6380 St. Johann in Tirol (T) 338

Weinorgel
1010 Wien 224

Weinplateau
1010 Wien 224

Weinquartier Retz
2070 Retz (NÖ) 266

Weinraum
1080 Wien 247

Weinstadt
1090 Wien 250

Weinstein
3500 Krems (NÖ) 262

WeinStein
2136 Laa an der Thaya (NÖ) 263

Weinstube Kinz
6900 Bregenz (V) 343

Weinwerk
7100 Neusiedl am See (B) 274

Weinzeit im Uhrhaus
9871 Seeboden (K) 293

Weritas
3470 Kirchberg am Wagram (NÖ) 259

Whispering Angel
1010 Wien 224

Wieś a Viś
8551 Wies (ST) 288

Wildwechsel
4600 Wels (OÖ) 310

Wine Lounge
3500 Krems (NÖ) 262

WineLounge
6631 Lermoos (T) 336

Wino
2170 Poysdorf (NÖ) 265

Wohnzimmer
6020 Innsbruck (T) 331

Wolferl und Wein
5340 St. Gilgen (S) 321

Woodfire
6020 Innsbruck (T) 332

Woods
6100 Seefeld in Tirol (T) 339

X, Y, Z

XO Bar & Lounge
3500 Krems (NÖ) 263

Yesterday
3100 St. Pölten (NÖ) 267

Ymás
1090 Wien 250

Zeitlos 989
6215 Achenkirch (T) 323

Zum echten Leben
7100 Neusiedl am See (B) 275

SCHWEIZ

#

169 West
8003 Zürich (ZH) 398

4 Tiere
8004 Zürich (ZH) 399

A

Abflugbar
3011 Bern (BE) 369

Allegro Bar
3013 Bern (BE) 370

Alpineum
6006 Luzern (LU) 381

American Bar Château Gütsch
6003 Luzern (LU) 382

Andorra Bar
8001 Zürich (ZH) 399

Angels' Share
4057 Basel (BS) 363

Angels' Wine Tower Bar
8058 Zürich (ZH) 399

Anton's Bar
7500 St. Moritz (GR) 380

Arthur's rivegauche
1204 Genf (GE) 377

Atelier Bar
8001 Zürich (ZH) 400

Atelier Classic Bar
3600 Thun (BE) 375

Au Coin du Bar
1207 Genf (GE) 377

Aura
8001 Zürich (ZH) 400

B

Baltazar
4051 Basel (BS) 364

Bar 63
8004 Zürich (ZH) 400

Bar am Wasser
8001 Zürich (ZH) 401

BAR im Beau-Rivage Palace
1006 Lausanne (VD) 393

Bar Münster
8001 Zürich (ZH) 401

Barchetta
8001 Zürich (ZH) 401

Barfly'z
8002 Zürich (ZH) 402

Baur's
8001 Zürich (ZH) 402

Beach Club
6002 Luzern (LU) 382

Bellevue Bar
3011 Bern (BE) 370

Bibliothek Bar
4051 Basel (BS) 364

Blaser's
8610 Uster (ZH) 397

Boilerroom
8400 Winterthur (ZH) 398

Bottle Brothers
1003 Lausanne (VD) 394

Brick
8004 Zürich (ZH) 402

C

Campanile da Marco
9100 Herisau (AR) 363

Campari Bar
4001 Basel (BS) 364

Canapé
8004 Zürich (ZH) 402

Canvas Bar im Dolder Grand
8032 Zürich (ZH) 403

Capitol
6003 Luzern (LU) 382

Carlton
8001 Zürich (ZH) 403

Chat Noir
1227 Carouge (GE) 376

Chedi Bar & Living Room
6490 Andermatt (UR) 393

Cinchona
8004 Zürich (ZH) 403

Cipriano
1003 Lausanne (VD) 394

Clouds Bar
8005 Zürich (ZH) 403

Coco Grill & Bar
8001 Zürich (ZH) 404

Consum
4058 Basel (BS) 364

Conto 4056
4056 Basel (BS) 365

Cranberry Bar
8001 Zürich (ZH) 404

Crapule Club
1700 Freiburg (FR) 376

D

D-Vino Bahnhofstraße
8001 Zürich (ZH) 404

D-Vino Seefeld
8008 Zürich (ZH) 404

D-Vino Wiedikon
8003 Zürich (ZH) 405

Dante Bar
8004 Zürich (ZH) 405

Das weisse Schaf
6003 Luzern (LU) 382

Department 66
3011 Bern (BE) 370

Devil's Place
7500 St. Moritz (GR) 380

Donatz Wine Bar
7503 Samedan (GR) 379

E

Eden Bar
6612 Ascona (TI) 392

Eden Bistro-Bar
3700 Spiez (BE) 374

Einstein Bar
9000 St. Gallen (SG) 388

El Lokal
8001 Zürich (ZH) 405

Enoteca Italia
3600 Thun (BE) 375

F

Felix
8003 Zürich (ZH) 405

Felsenkeller
6300 Zug (ZG) 395

Flore
4057 Basel (BS) 365

Freischütz
9500 Wil (SG) 389

G

Gamper Bar
8004 Zürich (ZH) 406

George Bar & Grill
8001 Zürich (ZH) 406

Gianottis
7504 Pontresina (GR) 379

Gin König
3011 Bern (BE) 370

Glou Glou
6003 Luzern (LU) 383

Golden Wave Bar
7310 Bad Ragaz (SG) 387

Grapes & Juniper
3920 Zermatt (VS) 395

Güterhof Bar
8200 Schaffhausen (SH) 390

H

Herz
4058 Basel (BS) 365

Hinz & Kunz
4051 Basel (BS) 365

Hof Bar
7310 Bad Ragaz (SG) 388

Hotel Des Balances
6004 Luzern (LU) 383

I

Igniv
8001 Zürich (ZH) 406

Imi
4058 Basel (BS) 366

Invino
4051 Basel (BS) 366

Irrsinn Bar
4058 Basel (BS) 366

J

James Joyce
8001 Zürich (ZH) 407

Jules Verne Panoramabar
8001 Zürich (ZH) 407

K

Karel Korner
6003 Luzern (LU) 383

Kasheme
8005 Zürich (ZH) 407

Kaspar
6003 Luzern (LU) 384

Kempinski Bar
7500 St. Moritz (GR) 380

Klösterli Weincafe
3013 Bern (BE) 371

Konrad
8001 Zürich (ZH) 408

Kornhauskeller Bar
3011 Bern (BE) 371

Kreissaal Bar
3011 Bern (BE) 371

Kronenhalle Bar
8001 Zürich (ZH) 408

Kronenhof Bar & Lobby
7504 Pontresina (GR) 379

Kunsthausrestaurant
8001 Zürich (ZH) 408

Kurt&Kurt
3011 Bern (BE) 372

L

La Bonne Cave
6004 Luzern (LU) 384

La Fontana
6600 Locarno (TI) 392

La passion du vin
3011 Bern (BE) 372

Le Bar des Bergues
1201 Genf (GE) 377

Le Grand Bellevue Bar
3780 Gstaad (BE) 374

Le Rouge et le Blanc
1201 Genf (GE) 377

Lenox Bar
8006 Zürich (ZH) 408

Leopard Bar
1201 Genf (GE) 378

Les Trois Rois
4001 Basel (BS) 367

Little Barrel
1207 Genf (GE) 378

Lobby Lounge Bar Schweizerhof
3001 Bern (BE) 372

Loft Five Bar
8004 Zürich (ZH) 409

Lora
4051 Basel (BS) 367

Louis Bar
6002 Luzern (LU) 384

Lupo
8004 Zürich (ZH) 409

M

Manuel's
8001 Zürich (ZH) 409

Martel am Bellevue
8001 Zürich (ZH) 410

Marvelous
8005 Zürich (ZH) 410

Maverick's Bar
9000 St. Gallen (SG) 389

Mehrspur
8005 Zürich (ZH) 410

Metropol
8001 Zürich (ZH) 410

Metzg
8004 Zürich (ZH) 411

Mike's Weinloft
5600 Lenzburg (AG) 362

More
8608 Bubikon (ZH) 396

Mövenpick Wein-Bar
8001 Zürich (ZH) 411

N

Nachtflug
8001 Zürich (ZH) 411

National Bar
6006 Luzern (LU) 385

O

Odeon
8001 Zürich (ZH) 412

Ojo de Agua – Weinkontor
8001 Zürich (ZH) 412

Old Crow
8001 Zürich (ZH) 412

One Million Stars
3778 Schönried (BE) 374

Onyx Bar
8002 Zürich (ZH) 413

Opus
6003 Luzern (LU) 385

P

Penthouse Roof Top Bar
6002 Luzern (LU) 385

Più im Kornhaus
3011 Bern (BE) 372

Platzhirsch
6300 Zug (ZG) 396

Plaza Bar
8004 Zürich (ZH) 413

Principe Bar
6900 Lugano (TI) 392

R

Raygrodski
8003 Zürich (ZH) 413

Renée
4058 Basel (BS) 367

Roof Garden
8001 Zürich (ZH) 413

Rooftop Bar
8001 Zürich (ZH) 414

S

Sacchi Bar
8003 Zürich (ZH) 414

St. Moritz Sky Bar
7500 St. Moritz (GR) 381

Sauvage
2502 Biel (BE) 373

Schweizerhof Bar
6002 Luzern (LU) 385

Seebar
6005 Luzern (LU) 386

Shine Bar
6003 Luzern (LU) 386

Skylounge Bar
6300 Zug (ZG) 396

Smith and de Luma
8045 Zürich (ZH) 414

SMUK Bar
4057 Basel (BS) 367

Soho
9000 St. Gallen (SG) 389

Spitz
8001 Zürich (ZH) 415

Stubä
8004 Zürich (ZH) 415

Südhang in Oerlikon
8050 Zürich (ZH) 415

Suite Smallplates & Cocktails
6003 Luzern (LU) 386

Swiss-Chalet-Bar
6402 Merlischachen (SZ) 390

T

Tales Bar
8001 Zürich (ZH) 415

Taube
3011 Bern (BE) 373

Terrasse
8001 Zürich (ZH) 416

Thalvie
8800 Thalwil (ZH) 397

Thun Ristorante
3600 Thun (BE) 375

Tina Bar
8001 Zürich (ZH) 416

Tredici
3011 Bern (BE) 373

Tschuggen Bar
7050 Arosa (GR) 378

Turbo Lama
3014 Bern (BE) 373

V

Veritas
5630 Muri (AG) 362

Verlinde Bar im Park Hotel
6354 Vitznau (LU) 387

Vertu Sophisticated Bar
6003 Luzern (LU) 387

verve by sven
7310 Bad Ragaz (SG) 388

Victoria Bar
3800 Interlaken (BE) 374

Viertel
4052 Basel (BS) 368

Vineria Centrale
8005 Zürich (ZH) 416

Vini al Grappolo
4500 Solothurn (SO) 391

Viniviva
8600 Dübendorf (ZH) 397

vino e/y vino
4051 Basel (BS) 368

VinOptimum
4051 Basel (BS) 368

W

W Living Room
1936 Verbier (VS) 394

Wein-Punkt
8400 Winterthur (ZH) 398

Weinschenke
8001 Zürich (ZH) 416

Werk 8
4053 Basel (BS) 368

Werkstatt Chur
7000 Chur (GR) 379

Widder Bar im Widder Hotel
8001 Zürich (ZH) 417

Y

YAMAS
8004 Zürich (ZH) 417

Z

Zum Kuss
4051 Basel (BS) 369

Zum Teufel
4051 Basel (BS) 369